Hans und Michael Eysenck:
Der durchsichtige Mensch

Richte
1/88

HANS UND MICHAEL EYSENCK

Der durchsichtige Mensch

Wie uns Psychologen sehen

Übersetzt von Edwin Ortmann,
Bettina Runge und Susanne Schaup

Kösel-Verlag München

Dieses Buch wurde entwickelt von
Multimedia Publications Inc

Die englische Originalausgabe
erschien unter dem Titel *Mindwatching*
bei Michael Joseph Ltd, London
© 1981 Multimedia Publications Inc Willemstad (Curaçao),
Personality Investigations, Publications and Services Ltd,
und Michael Eysenck

CIP-Kurztitelaufnahme der Deutschen Bibliothek

Eysenck, Hans Jürgen:
Der durchsichtige Mensch : wie uns Psychologen sehen / Hans u. Michael
Eysenck. Übers. von Edwin Ortmann . . . – München : Kösel, 1983.
Einheitssacht.: Mindwatching ⟨dt.⟩
ISBN 3-466-11035-1
NE: Eysenck, Michael:

Deutsche Ausgabe:
© 1983 Kösel-Verlag GmbH & Co., München
Alle Rechte vorbehalten
Umschlag: Design Team, München
Koordination der Übersetzung: Edwin Ortmann
Lektorat: Hubert Stadler
Satz und Bindearbeiten: Kösel, Kempten
Druck: Appl, Wemding
Printed in Germany
ISBN 3-466-11035-1

Inhalt

Einführung

Die Psychologie darf von sich behaupten, die wichtigste aller Wissenschaften zu sein, denn ihr Gegenstand ist der Mensch – und was könnte schon interessanter und wichtiger sein? Dabei erhebt sich sogleich die Frage, was sich die Psychologen von ihrem Studium des Verhaltens erhoffen. Nun, sie wollen verstehen, weshalb sich Menschen so und nicht anders verhalten, denn nur dadurch wird es möglich, das Verhalten von Menschen vorherzusagen und zu verändern. Die Wichtigkeit eines solchen Verständnisses für die Gesellschaft kann gar nicht stark genug betont werden. Denn immer wieder ist es wünschenswert oder nötig, das Verhalten von Personen auf bestimmte Weise zu ändern. Einschlägige Beispiele sind die Probleme der Alkoholiker, die absonderlichen Verhaltensmuster von Neurotikern und Schizophrenen, die Lernschwierigkeiten von vielen Kindern und das asoziale Verhalten von Verbrechern.

Natürlich ist es heute bereits so, daß die Psychologen unser Verständnis des menschlichen Verhaltens in einem solchen Maße vertieft haben, daß der Gesellschaft nun bereits wesentliche Vorteile daraus erwachsen. Verschiedene Kapitel des vorliegenden Buches befassen sich mit den erzielten Fortschritten; das gilt vor allem für den Teil E, aber auch für andere Teile. So befaßt sich zum Beispiel Kapitel 6 mit den im Labor durchgeführten Forschungsarbeiten auf dem Gebiet des Lernens und der Konditionierung, aber auch damit, wie die gewonnenen Erkenntnisse sich in Techniken umsetzen ließen, die heute von Verhaltenstherapeuten bei der Behandlung von psychisch Kranken benutzt werden.

In einer gewissen Hinsicht darf sich jeder von uns als Psychologe bezeichnen, denn jeder von uns versucht Tag für Tag das Verhalten seiner Mitmenschen zu verstehen und vorherzusagen. So erwarten wir zum Beispiel, daß Hans die Party so richtig in Schwung bringt, während Franz seit eh und je dafür bekannt ist, daß er schweigsam in seiner Ecke hockt. Aber was für eine Überraschung, wenn diese Vorhersagen nicht eintreffen! Trotzdem gibt es natürlich Unterschiede, was die Betrachtungsweisen des Psychologen und des Laien anlangt. Ein wesentlicher Unterschied besteht beispielsweise darin, daß der Psychologe Verhalten unter wesentlich stärker kontrollierten Bedingungen erforscht als wir Normalmenschen dies im Alltagsleben tun.

Natürlich begegnen wir immer wieder Skeptikern und Zynikern, die daran zweifeln, daß der professionelle Psychologe menschliches Verhalten besser versteht als der Laie. Diese Leute haben eine narrensichere Methode entwickelt, die es ihnen erlaubt, die Errungenschaften der Psychologie herunterzumachen. In ihren Augen nämlich bestätigen die meisten von Psychologen gemachten Entdeckungen das, was der gesunde Menschenverstand schon vorher wußte. Die Befunde aber, die weniger einleuchten, ja dem gesunden Menschenverstand eindeutig zu widersprechen scheinen, lösen die Reaktion aus: »Das kann doch nicht wahr sein, das glaub ich nicht!«

Diese Art zu argumentieren ist insofern verkehrt, als es ein gewaltiger Fehler ist, wenn man annimmt, daß es dem gesunden Menschenverstand gelungen sei, eine einzige umfassende Theorie menschlichen Verhaltens zu entwickeln. Ganz im Gegenteil muß hier gesagt werden, daß der gesunde Menschenverstand nicht sonderlich hilfreich ist, wenn es darum geht, menschliches Verhalten genau zu durchleuchten. In vielen Fällen können nur streng überwachte Experimente das, was wirklich geschieht, an den Tag bringen.

Aber für welche Probleme interessieren sich die Psychologen? Angesichts der Tatsache, daß in den Fachzeitschriften bislang über mehr als eine halbe Million psychologischer Experimente berichtet wurde, dürfen wir sagen, daß sich die

Psychologen mit praktisch jedem Aspekt menschlichen und tierischen Verhaltens auseinandersetzen. So interessiert sich zum Beispiel der jüngere Autor dieses Buches für das »Kitzelphänomen«: andere Leute können dich kitzeln, während du selbst dich nicht bis zum Lachen kitzeln kannst.

Am interessantesten finden Psychologen ihre experimentellen Befunde immer dann, wenn diese »gegen-intuitiv« sind, das heißt, wenn sie überraschend und völlig unerwartet kommen. Ein hervorragendes Beispiel für eine dieser gegenintuitiven Entdeckungen ist die Forschungsarbeit von Stanley Milgram, der sich mit der Fragestellung »Gehorsam und Autorität« auseinandersetzte (Kapitel 3). Milgram forderte seine Versuchspersonen auf, einer anderen Person, die sich gerade mit einer Lernaufgabe befaßte, Elektroschocks von zunehmender Stärke zu verabreichen. Dabei würde jeder vernünftige Mensch annehmen, daß die schockverabreichende Person bei gefährlich hohen Schockstärken sich weigern würde weiterzumachen. Das Gegenteil war der Fall: Milgram mußte feststellen, daß viele der Versuchspersonen bereit waren, fast schon tödliche Schocks zu verabreichen, und das sogar bei einem Mann, der einen Herzfehler hatte!

Erbmasse und Umwelt

Eine der wichtigsten Fragen, mit denen sich die Psychologen seit vielen Jahren herumschlagen, befaßt sich mit der Art und Weise, wie Erbmasse und Umwelt das Denken und Handeln des Menschen beeinflussen. In diesem Buch, vor allem in Teil C, setzen sich mehrere Kapitel mit verschiedenen Aspekten jener Kontroverse auseinander, bei der die eine Partei den Standpunkt vertritt, daß menschliches Verhalten angeboren und genetisch determiniert ist, während die Gegenpartei davon überzeugt ist, daß der Mensch vor allem durch seine Umwelt lernt und sich entwickelt. Die erste systematische Untersuchung auf diesem Gebiet stammt von dem glänzenden viktorianischen Wissenschaftler Sir Francis Galton. Am bekanntesten wurde Galton durch seine Forschungsarbeiten zum Thema Vererbung, doch zeichnete er sich darüber hinaus durch eine Vielfalt andersgerichteter Interessen aus. So prägte er beispielsweise den Begriff Antizyklone in der Wetterkunde zur Bezeichnung einer Windkonstellation um ein Hochdruckgebiet.

Galton war es, der darauf kam, daß Zwillinge bei der Erforschung von Erbmasse und Vererbung eine entscheidende Rolle spielen können: er trug Informationen über 94 Zwillingspaare zusammen. Von diesen waren mindestens 35 Zwillingspaare eineiig, das heißt, sie stammten aus einem einzigen Ei, das sich im Mutterleib geteilt hatte. Solche Zwillinge sind, was ihre genetische Anlage betrifft, so gut wie identisch, was übrigens für die zweieiigen Zwillinge nicht gilt – diese ähneln einander genetisch genauso viel oder wenig wie normale Geschwister.

Galton berichtete über einige amüsante Fälle, in denen eineiige Zwillinge eine ganze Menge Verwirrung stifteten. In fünf Fällen war sich eine Person, die sich mit einem eineiigen Zwilling verlobt hatte, niemals sicher, ob sie nun ihren künftigen Partner vor sich hatte oder nicht. In einigen anderen Fällen zeigten sich Zwillinge durch ihr Spiegelbild derart irritiert, daß sie mit ihm zu reden anfingen – in der Annahme, es sei ihr Zwillingsbruder bzw. ihre Zwillingsschwester.

Galton staunte über die ähnlichen Verhaltensweisen der meisten Zwillingspaare und deutete seine Befunde folgendermaßen: »Die Schlußfolgerung ist unausweichlich, daß das Erbgut den Einfluß von Umweltfaktoren bei weitem übersteigt, wenn die Unterschiede zwischen diesen Faktoren nicht die Gegebenheiten übersteigen, denen man gewöhnlich bei Personen von gleichem gesellschaftlichem Rang und im selben Land begegnet.«

Allerdings stoßen wir in Galtons Forschungsarbeiten auf ein offenkundiges Problem, das sich in folgender Frage zusammenfassen läßt: Waren die Ähnlichkeiten zwischen den von ihm beobachteten Zwillingen nicht auch auf die Tatsache zurückzuführen, daß diese Kinder in einer ähnlichen Umwelt aufwuchsen? Hinsichtlich dieser Frage waren Aufschlüsse zu gewinnen aus solchen Situationen, in denen eineiige Zwillinge getrennt aufwuchsen. Dabei konnte man davon ausgehen, daß solche Zwillinge, sollte die Vererbung entscheidend sein, ähnliche Verhaltens-

Sie teilen dasselbe Sofa, so wie sie vor dreiundsechzig Jahren dasselbe Ei teilten. Auf der ganzen Welt gibt es etwa 30 Millionen eineiige Zwillinge.

Ein weiterer Unfall für die Statistik – Erste Hilfe für einen männlichen Autofahrer.

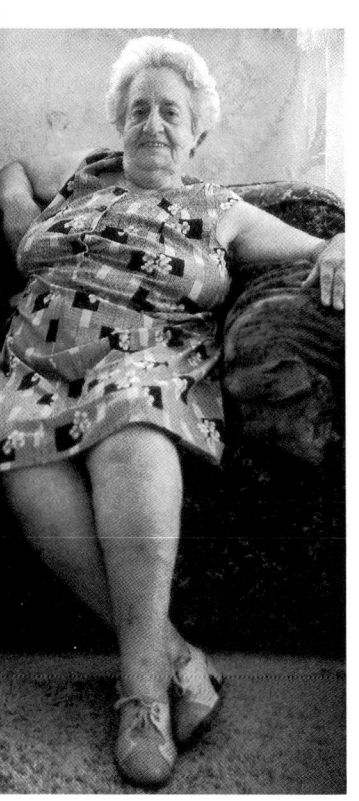

weisen entwickeln müßten; wohingegen Verhaltensungleichheiten die Regel sein müßten, wenn die Umweltfaktoren ausschlaggebend wären.

Derzeit führt man an der University of Minnesota interessante Untersuchungen mit gesondert aufwachsenden eineiigen Zwillingen durch. Die Psychologen dort waren ziemlich überrascht, als sie entdeckten, daß eineiige Zwillinge sich auch dann sehr stark ähneln, wenn sie einander jahrzehntelang nicht gesehen haben. So hatte zum Beispiel James Lewis, ein Wachmann in Lima (Ohio), seinen Zwillingsbruder James Springer, von Beruf Schriftführer in Dayton (Ohio), 39 Jahre lang nicht gesehen. Die beiden Brüder waren eineiige Zwillinge. Jeder von ihnen hatte zunächst ein Mädchen namens Linda geheiratet, sich von ihr wieder scheiden lassen und anschließend eine Frau namens Betty geehelicht. Lewis taufte seinen ersten Sohn James Alan, und Springer nannte seinen Erstgeborenen James Allan. Noch verblüffender aber ist, daß beide ihren Urlaub am gleichen Strand in Florida verbrachten (das heißt, an einer bestimmten Sandstrecke von weniger als 300 Metern Länge), und beide waren sie in derselben Automarke (einem Chevrolet) in diesen Urlaub und wieder nach Hause gefahren. Auch haben beide die schlechte Eigenschaft des Fingernägelbeißens – beide besitzen fast keine Fingernägel mehr. Und die Probleme, die sie mit ihrer Gesundheit haben, sind auch die gleichen . . .

Was besagen nun solche Befunde? David Lykken, einer der Psychologen, die an dem Minnesota-Projekt mitarbeiteten, gelangt zu folgender provokanter Schlußfolgerung: »Die Leute sind aufgebracht, wenn man ihnen sagt, daß der Schaltplan in den Genen das Denken beeinflußt. Jede andere Meinung würde jedoch bedeuten, daß mentale Vorgänge unabhängig von jeglicher Körpersubstanz stattfinden. Es liegt auf der Hand, daß, entgegen unserer bisherigen Annahme, wesentlich mehr Aspekte unseres Verhaltens genetisch beeinflußt sind.«

Der experimentelle Forschungsansatz

Psychologen halten es für sehr wichtig, daß bei der Fortentwicklung unseres Wissens über das menschliche Verhalten kontrollierte experimentelle Methoden zur Anwendung kommen, und sie neigen dazu, Informationen, die aus Alltagssituationen stammen, nicht zu beachten. Die Gründe für diese Einstellung lassen sich klar veranschaulichen anhand der interessanten Frage, ob Männer oder Frauen die besseren Autofahrer sind. Eine Möglichkeit, diese Frage zu beantworten, besteht darin, Unfallstatistiken heranzuziehen. Dabei würde man entdecken, daß Frauen zwar mehr Unfälle als Männer verursachen, daß diese Unfälle jedoch weniger schwerwiegend sind.

Doch sollten Statistiken nicht gleich für bare Münze genommen werden. Denn letztlich ist es doch so, daß Frauen häufig zu anderen Tageszeiten Auto fahren als Männer, daß sie sich seltener betrunken ans Steuer setzen, und daß sie häufig kleinere Autos fahren, mit denen wiederum leichter im Verkehr zurechtzukommen ist. Mit anderen Worten: das Leben ist so komplex, daß es in der Regel äußerst schwierig, wenn nicht unmöglich ist, festzustellen, welches die Ursachen oder Auslöser für die erzielten Folgen sind. Ein experimentelles Vorgehen im Rahmen dieser Fragestellung würde bedeuten, daß männliche und weibliche Autofahrer gleichen Alters und mit gleich langer Fahrpraxis getestet werden müßten, und daß sie dabei die gleichen Autos auf der gleichen Strecke unter den gleichen Bedingungen fahren. Der Zweck eines kontrollierten Experiments ist der, daß man die Auswirkungen eines einzigen Faktors (in unserem Fall die Geschlechtszugehörigkeit des Fahrers) untersucht, *während alle anderen Faktoren konstant gehalten werden.*

Der Experimentator als Fehlerquelle

Obwohl natürlich genau kontrollierte und korrekt durchgeführte Experimente die beste Möglichkeit abgeben, um die Geheimnisse menschlichen Verhaltens an den

Tag zu bringen, sollten wir uns hier doch auch mit einigen der Schwierigkeiten befassen, die jede Forschungsarbeit in sich schließt. Robert Rosenthal von der Harvard University hat sich eingehend mit den verschiedenen Einflüssen befaßt, denen der Experimentator, ohne sich dessen bewußt zu sein, ausgesetzt ist, und die dazu führen können, daß er im Rahmen des Experiments selbst zur Fehlerquelle wird.

Ein Beispiel hierfür dürfte Mendels bahnbrechende Arbeit auf dem Gebiet der Genetik sein. Er erwartete nämlich, daß, wenn man hybride Erbsenpflanzen der Selbstbefruchtung überließe, 75 Prozent des Nachwuchses vom dominanten Phänotyp sein würden, während der rezessive Phänotyp mit nur 25 Prozent vertreten sein würde. Das aber ist fast genau das Ergebnis, welches Mendel erzielte. Der Haken dabei ist nur, daß bei einer späteren Analyse die unwahrscheinliche Genauigkeit dieser Daten ins Auge stach.

Es gibt einen wohlbekannten Fall, bei dem einige Experimentatoren aufgefordert wurden, bei Plattwürmern die Anzahl an Kopfdrehungen und Körperkontraktionen innerhalb einer gewissen Zeit festzustellen. Dabei informierte man die Experimentatoren im vorhinein, daß die eine Hälfte der Würmer sehr aktiv, die andere hingegen äußerst passiv sich verhalten würde. In Wirklichkeit verhielten sich alle Würmer gleich. Trotzdem stellten die Experimentatoren bei den vermeintlich aktiveren Würmern doppelt so viele Kopfdrehungen und dreimal so viele Körperkontraktionen fest!

Von der psychologischen Forschung wird in einem zunehmenden Maße gefordert, daß sie sich auch mit sozialen Problemen auseinandersetzt; im Jargon unserer Zeit heißt das, daß sie auch »ökologisch wertvoll« sein soll. Während viele Politiker an der Forderung, daß die Psychologie auch sozial relevant werden solle, Gefallen finden, ist es jedoch häufig ungemein schwierig, in einem langfristigen Rahmen Forschungsergebnisse vorherzusagen. Mendels Untersuchungen auf dem Gebiet der Genetik sind von grundlegender Bedeutung gewesen, was freilich nicht hinderte, daß seine Schriften nach ihrem Erscheinen einige Jahrzehnte lang völlig ignoriert wurden.

Obwohl wir der Ansicht sind, daß es ein großer Fehler ist, Forschungsarbeit aufgrund ihrer offenkundigen sozialen Relevanz und nicht aufgrund ihrer eigenständigen Berechtigung zu finanzieren, besteht kaum ein Zweifel daran, daß es einem Großteil der frühen Forschungsarbeit im Bereich der Psychologie an ökologischem Wert mangelte. Viele Theorien zum menschlichen Verhalten stützten sich damals fast ausschließlich auf Forschungsarbeiten mit Nagetieren.

Kein Psychologe glaubt heute mehr daran, daß Rattenexperimente ihm notgedrungen Aufschlüsse geben müßten über Verhaltensweisen des Menschen. Nicht abgekommen sind die Psychologen indes davon, daß sie immer noch Studenten als Versuchspersonen in ihren Forschungsprojekten heranziehen. Aber verhalten sich Studenten wirklich ähnlich wie andere Bevölkerungsgruppen? Und wenn nicht, besteht dann nicht die Gefahr, daß sich Theorien, die ausschließlich aus Forschungsarbeiten mit Studenten hervorgegangen sind, auf die meisten anderen Leute gar nicht anwenden lassen? Glücklicherweise scheint diese Befürchtung unbegründet zu sein, denn in der Regel ist es so, daß Psychologen, die Forschungsarbeiten mit verschiedenen Nicht-Studenten-Gruppen durchgeführt haben, feststellen konnten, daß die Ähnlichkeiten zwischen Studenten und anderen Versuchsgruppen im Labor die Verschiedenheiten zwischen diesen beiden Gruppen bei weitem überwogen. Das galt für mannigfache Verhaltensmuster, auch wenn die Studenten häufig etwas intelligenter als andere Bevölkerungsgruppen waren.

Das ethische Problem

Psychologen setzen sich mittlerweile zusehends mit ethischen Fragen auseinander, vor allem dann, wenn es um die Sicherheit und das Wohlbefinden von Versuchspersonen geht. Die Lösung der in diesem Zusammenhang auftretenden Probleme kann sich sehr schwierig gestalten. Wollen zum Beispiel Forscher herausfinden, welche

Angsteffekte eine gestellte Aufgabe nach sich zieht, so bleibt ihnen nichts anderes übrig, als bei einigen ihrer Versuchspersonen gewisse Ängste zu erzeugen. Allerdings ist hier scharf zu trennen zwischen der Herstellung von relativ niedrigen Angstniveaus (die den meisten Leuten als annehmbar erscheinen würden) und der Erzeugung von heftigen Angstzuständen (die als unannehmbar gelten müssen). Die meisten Psychologen sind der Meinung, daß ein gewisses Ausmaß an Unbehagen gerechtfertigt ist, wenn das Experiment hinreichend wertvoll ist. Freilich sind sich Psychologen oft uneins über die Wichtigkeit bestimmter Forschungsprojekte. So sind zum Beispiel stürmische Kontroversen ausgebrochen, als Zimbardo seine Gefängnisstudie (Kapitel 4) und Milgram seine Untersuchung zum Thema Gehorsam und Autorität (Kapitel 3) veröffentlichten.

Über dieses Buch

Eines unserer Hauptanliegen beim Abfassen des vorliegenden Buches war die Beweisführung, daß die einzige Möglichkeit, durch die wir hoffen können, uns und unser Verhalten vollständig zu verstehen, darin besteht, daß wir Informationen aus den verschiedensten Disziplinen zusammenholen. Die Struktur dieses Buches geht von der Annahme aus, daß der Mensch unter verschiedenen Blickwinkeln betrachtet werden kann und soll.

In Zuständen der Unruhe, der Angst oder des Schreckens wird unsere Haut feucht und klebrig. Derartige Erregungszustände bewirken signifikante Veränderungen der elektrischen Leitfähigkeit der Haut, die mit Hilfe des hier abgebildeten Apparats gemessen werden kann.

Teil A des vorliegenden Werkes befaßt sich mit dem Menschen als sozialem Wesen und Gruppenmitglied. Unsere Mitmenschen sind die allerwichtigsten Faktoren in unserer Umwelt, eine Tatsache, der die Psychologie Rechnung tragen muß. In diesem Kontext ähnelt der Untersuchungsgegenstand dem der *Soziologie,* mit dem Unterschied allerdings, daß Sozialpsychologen eher als Soziologen dazu neigen, sich bei ihrer Auseinandersetzung mit sozialen Phänomenen eines naturwissenschaftlichen Ansatzes zu bedienen. Dieser Teil trägt den Titel »Warngeschichten«, weil einige der in ihm enthaltenen Kapitel aufzeigen, wie einfach es ist, das fehlzudeuten, was in sozialen Situationen geschieht.

Teil B befaßt sich mit dem Menschen als einer Art, die sich aus anderen Tierarten entwickelt hat. Dieser Ansatz überschneidet sich ganz offenkundig mit den Fachbereichen *Zoologie* und *Biologie,* und hier bekommen wir Einblick in die evolutionären Kräfte, durch die sich der Mensch nach und nach herausgebildet hat. Dabei legten wir das Schwergewicht auf Affen und andere Primaten, da uns diese Spezies noch am ehesten aufschlußreiche Informationen über den Menschen liefern.

Teil C setzt sich mit dem Menschen sozusagen von innen heraus auseinander. Dieser Bereich ist immer schon das Forschungsgebiet der *Physiologen* gewesen, doch gibt es heute schon viele Psychophysiologen, die (wie wir auch) der Ansicht sind, daß Physiologie und Psychologie eng miteinander verquickt sind. Auch befaßt sich dieser Teil mit gewissen Aspekten jener Kontroverse, bei der es um Vererbung und Umwelt geht, und daß die Genetik hier mit ins Spiel kommt, liegt auf der Hand.

Teil D beschäftigt sich mit dem Menschen als fehlbarem Problemlöser, der sich mit einer komplexen Umwelt auseinandersetzen muß. Dazu gehören mannigfache psychologische Prozesse – zum Beispiel Aufmerken, Wahrnehmen, Denken und Erinnern. Dieser Abschnitt darf insofern als rein *psychologisch* gelten, als andere Wissenschaften diese Prozesse im allgemeinen nicht eingehend erforschen.

Teil E untersucht hauptsächlich die wesentlichen *Anwendungsmöglichkeiten,* die für die psychologische Forschung in unserer Gesellschaft sich entwickelt haben. Die verschiedenen Kapitel in diesem Abschnitt belegen die große Bedeutung der Psychologie, wenn es darum geht, klinische Fälle und Kriminelle zu behandeln, Kinder zu erziehen, unser Erziehungssystem zu verbessern, ja sogar die Wurzeln von politischen Ideologien zu verstehen.

Summa summarum besteht die Hoffnung also darin, daß die Psychologie einen echten Fortschritt machen kann, indem sie Informationen aus den verschiedensten wissenschaftlichen Disziplinen miteinander kombiniert. Die Ansätze hierzu werden in diesem Buch ausführlich diskutiert, und es wird genau geschildert, welcher Fortschritt bereits gemacht worden ist.

Teil A
Warngeschichten

Wenn Menschen miteinander kommunizieren, finden äußerst komplizierte psychologische Prozesse statt. Psychologen haben immer wieder demonstriert (siehe Kapitel 16), daß unsere Mitmenschen uns mit einer regelrechten Flut an verbalen und nichtverbalen Informationen versorgen und daß es ungemein schwierig sein kann, all diese Dinge in einem sinnvollen Kontext zusammenzuschließen. Verblüffenderweise ist unser Eindruck, daß wir ein bestimmtes Geschehen in einer sozialen Situation verstanden haben, zuweilen völlig falsch. Derartige Irrtümer bilden die Grundlage oder den Ausgangspunkt der Forschung, mit der wir uns in diesem Teil des Buches auseinandersetzen.

Die Untersuchung von sozialen Interaktionen

Soziologen wie Sozialpsychologen interessieren sich für die sozialen Aktivitäten der Leute. Zwar sind ihre Interessen durch keine definitive Grenze auseinanderzuhalten, doch interessieren sich die ersteren eher für große Bevölkerungsgruppen – zum Beispiel politische Organisationen, Gesellschaftsschichten, Industriekonzerne – während Sozialpsychologen in erster Linie mit kleinen Gruppen von zwanzig Personen oder weniger arbeiten.

Praktisch ausgedrückt bedeutet das, daß die Soziologen dazu verurteilt sind, ein Geschehen lediglich zu beobachten und zu mutmaßen, weshalb es so und nicht anders geschieht. Anders ausgedrückt: Soziologen können keine Experimente im landläufigen Sinne dieses Wortes ausführen. Doch ist das, wie die Erfolgsgeschichte der Astronomie beweist, nicht unbedingt ein gravierender Nachteil. Der Astronom, der die geheimnisvollen Vorgänge im Weltall genau beobachten möchte, ist nicht in der Lage, sie zu beeinflussen; doch haben ihn, was sein Beobachtungsvermögen anlangt, technologische Fortschritte um einen guten Schritt vorangebracht.

Im Gegensatz zum Soziologen und Astronomen ist der Sozialpsychologe sehr wohl in der Lage, Experimente durchzuführen. Er kann kleine Gruppen zusammenstellen und die Aktivitäten, an denen solche Gruppen teilhaben, manipulieren.

Es hat einige Kontroversen gegeben bezüglich der Frage, ob es besser ist, den Menschen als soziales Wesen im Rahmen von kontrollierten Laborbedingungen zu erforschen oder aber in seiner natürlichen Umgebung. Wir selber vermuten, daß die Qualität des Forschers wesentlich wichtiger ist als die Bedingungen, unter denen er seine Forschungsarbeiten durchführt.

Verdirbt Macht den Menschen?

Viele Sozialpsychologen interessieren sich für die Auswirkungen von Macht und Status auf das Handeln der Leute. Die unter Umständen katastrophalen Folgen, die durch mächtige Führer entstehen können, sind ein fester Bestandteil der Menschheitsgeschichte geworden.

Auf den ersten Blick scheint es schwierig, derartige Machtmanifestationen im Labor zu untersuchen. Trotzdem hat Philip Zimbardo (Kapitel 4) an der Stanford University ein Scheingefängnis eingerichtet, mit Studenten als vermeintlichen Gefängniswärtern und Gefangenen. Dabei ging er natürlich von der Annahme aus, daß sich diese Versuchspersonen auf eine zivilisierte Weise verhalten würden. Und so war er denn ziemlich überrascht, als er entdecken mußte, daß die Gefängniswär-

Eine wohldisziplinierte Menschenschlange vor einem Gepäckschalter: Was verraten Ihre Kleidung, Körperhaltung, Koffer und Taschen, Ihr Haarschnitt und Ihre verbalen Äußerungen über Sie in einer ähnlichen Situation?

ter ihre Machtposition gegenüber den Gefangenen sehr bald zu mißbrauchen begannen. In einer noch bekannteren und beunruhigenderen Untersuchung in Yale entdeckte Stanley Milgram (Kapitel 3), daß viele Leute, wenn man es ihnen befahl, bereit waren, einem hilflosen Opfer beinahe tödliche Elektroschocks zu verabreichen.

Da man sich bei diesen Untersuchungen ebenso normaler wie angepaßter Personen bediente, folgerten Zimbardo und Milgram, daß Machtmißbrauch vor allem deshalb stattfinde, weil die Gesellschaft ihren Mitgliedern die Überzeugung eingetrichtert hat, daß die Untergebenen ihren Vorgesetzten einfach zu gehorchen hätten, ganz gleich, was für Befehle erteilt würden.

Wir selbst sind der Ansicht, daß individuelle Unterschiede hinsichtlich der Persönlichkeit wichtiger sind als Zimbardo und Milgram zuzugeben bereit waren. Nur einige an diesen Untersuchungen beteiligte Personen mißbrauchten die ihnen eingeräumte Machtstellung.

Etikettierungen

Eine der wesentlichen Erkenntnisse, die uns durch die Zimbardo- und Milgram-Untersuchungen vermittelt werden, besteht darin, daß sich die Leute wegen der *Situation*, in der sie sich befinden, häufig aggressiv und unangenehm verhalten. Ein weiterer Forschungszweig, der die Wichtigkeit der Situation betonte, befaßte sich mit der Diagnose von Leuten, die sich freiwillig in Nervenkliniken begaben (Kapitel 5). Rosenhan meinte zu diesen Fällen, daß die Psychiater stark dazu tendierten, völlig normalen Personen psychiatrische Etiketten anzuhängen.

Zum Glück scheint jedoch Rosenhans Folgerung, wonach der Geistesgesunde nicht vom Kranken unterschieden werden könne, unrichtig zu sein, obwohl es natürlich schon beunruhigend ist, daß unsere Art, auf andere Leute zu reagieren, sehr stark von den Etiketten abhängig ist, die wir diesen Leuten anhängen. Wenn wir jemanden auf einer Party kennenlernen, über den wir davor erfahren haben, daß er schizophren oder psychopathisch sein soll, so reagieren wir wahrscheinlich völlig anders als wenn wir gesagt bekommen hätten, diese Person sei Krankenpfleger. Selbstverständlich ist hier auch vernünftiges Handeln im Spiel. Aber was, wenn die Etikettierung falsch ist?

Würde er einer Fliege etwas zuleide tun? Wie reagieren Sie selbst auf unachtsame Autofahrer?

Eines der erschütterndsten Phänomene heutigen Großstadtlebens ist die Tendenz so mancher Passanten, sich prinzipiell herauszuhalten, wenn ein Unfall oder ein anderer Notfall sich ereignet. Man hat darin häufig einen Reflex jener selbstsüchtigen und achtlosen Einstellung gesehen, die möglicherweise ein Merkmal westlicher Lebensart ist. Allerdings haben Darley und Latané (Kapitel 1) überzeugende Beweise zusammengetragen, die auch auf andere Faktoren hindeuten. So behaupteten sie insbesondere, daß wir, wenn wir sehen, wie andere Leute auf einen Notfall nicht reagieren, zu der Überzeugung gelangen, es sei hier gar nichts Schlimmes passiert, und die Folgen sind natürlich unterlassene Hilfeleistungen.

Vom Vorteil attraktiv zu sein

Bei einer der interessantesten und wichtigsten Fragen der Sozialpsychologie geht es um die Gründe dafür, weshalb sich Menschen zueinander hingezogen fühlen. Während die Leute in der Regel behaupten, daß die persönlichen Qualitäten, die am meisten zählen, Freundlichkeit, Ehrlichkeit und menschliche Wärme seien, weist doch einiges darauf hin, daß die körperliche Attraktivität oder das einnehmende Äußere einer Person eine wesentlich wichtigere Rolle spielt, als wir gewöhnlich annehmen (siehe Kapitel 2). In der Tat mußte Michael Efran von der University of Toronto feststellen, daß sich Geschworene bei der Schuldzuweisung von attraktiven Angeklagten schwerer taten und wesentlich mildere Strafen für sie forderten.

Ein wichtiger ethischer Punkt ist noch zu nennen, den Sie im Verlauf der Lektüre dieser Kapitel im Auge behalten sollten. Viele der erstaunlichsten und erschreckendsten Erkenntnisse, mit denen wir uns in diesem Buch auseinandersetzen, sind das Ergebnis von Untersuchungen, bei denen die Partizipanten im Hinblick auf wesentliche Aspekte des Experiments hinters Licht geführt werden mußten. Auch war es in einigen Fällen so, daß die Versuchspersonen praktisch nicht umhin konnten, sich gedemütigt, gepeinigt oder geängstigt zu fühlen.

Die meisten Psychologen würden in diesem Zusammenhang argumentieren, daß der Zweck doch stets die Mittel heilige. Das heißt, wenn die Befunde eines Experiments von entscheidender Bedeutung sind, dann wäre auch das Unwohlbefinden von Versuchspersonen zu rechtfertigen. Dieser Standpunkt erscheint uns nicht unvernünftig, doch zieht er sogleich zwei wichtige Fragen nach sich: (1) Wieviel Übereinstimmung herrscht über die relative Bedeutung dieses oder jenes Experimentes? (2) Ist es möglich, das Ausmaß an Unwohlbefinden noch *vor* Beginn des Experiments vorherzusagen? Noch gibt es keine allgemeingültigen Antworten auf solche Fragen. Doch haben in den letzten Jahren die British Psychological Society und die American Psychological Association Richtlinien veröffentlicht, die solche ethischen Grundsätze zum Gegenstand haben.

1 Wo bleibt der gute Samariter?

Es gehört zu den immer wiederkehrenden Bildern unserer Zeit, daß ein Mensch inmitten einer großen, unpersönlichen Stadt überfallen wird und um Hilfe schreit, ohne daß seine Hilfeschreie gehört werden – die Passanten haben es eilig und gehen ihren eigenen Geschäften nach. Außerdem wollen sie in nichts hineingezogen werden. Diese offenkundige Gleichgültigkeit ist immer wieder als ein Beweis dafür angeführt worden, wie weit die besten Eigenschaften des Menschen in der Großstadt verkommen und wie ein inhumanes Verhalten zusehends um sich greift.

In der Wirklichkeit hat es sicherlich viele Fälle gegeben, die diesem düsteren Bild entsprechen. Ein berühmtes Beispiel war der Fall von Kitty Genovese, die im Bezirk von Queens in New York City erstochen wurde, als sie um drei Uhr morgens von ihrer Arbeit nach Hause ging. Trotzdem gab es 38 Zeugen, die den Mord nicht nur sahen, sondern ihn von den Fenstern ihrer Wohnungen aus *beobachteten*, aber keiner versuchte einzugreifen. Nur eine Person ergriff die relativ bescheidene Maßnahme, die Polizei zu verständigen.

Als diese schauderhafte Geschichte in der *New York Times* massive Publicity bekam, waren die Leser wie vom Schlag gerührt, und manche von ihnen forderten in Leserbriefen die Veröffentlichung der Namen der Zuschauer, um diese dem Volkszorn zu überantworten, den sie reichlich verdienten. Verschiedene namhafte Psychiater äußerten spekulative Erklärungen für die apathische Haltung der Zeugen des Mordes. Interessanter als die Erklärungen an sich war die Tatsache, daß die Zeugen so gut wie nichts Gemeinsames hatten. Dr. George Serban argumentierte folgendermaßen: »Es liegt an der Atmosphäre von ganz New York, einer Atmosphäre der Ungerechtigkeit; an dem Gefühl, daß man verletzt werden könnte, wenn man handelt, und daß man, was immer man auch tut, dabei draufzahlt.« Dr. Ralph S. Banay meinte, daß die Apathie der Zuschauer von der Verwirrung zwischen Phantasie und Wirklichkeit verursacht würde, einer Verwirrung, die von dem

Zwischenfall in einer Straße in Paris: alle Schattierungen der Reaktionen von Gleichgültigkeit bis zu leichter Neugier. Aktive Hilfeleistung bleibt den Gefährten des Opfers und einem Polizisten überlassen.

endlosen Strom von Gewalttaten im Fernsehen hervorgerufen wird: »Wir unter-schätzen den Schaden, den diese Häufung von Bildern im Gehirn anrichtet . . . die Leute waren taub, gelähmt, hypnotisiert vor Erregung. Sie waren fasziniert von dem Drama, von der Aktion, und trotzdem waren sie nicht ganz sicher, ob das, was dort vorging, auch wirklich geschah.«

Bei einem anderen Vorfall in New York, diesmal in der Bronx, wurde eine achtzehnjährige Telefonistin vergewaltigt und zusammengeschlagen, als sie sich allein in ihrem Büro befand. Sie konnte sich von dem Gewalttäter losreißen, rannte nackt und blutend auf die Straße und schrie um Hilfe. An die 40 Menschen versammelten sich und sahen am hellichten Tag zu, wie der Täter versuchte, sie wieder zurück- und die Treppe hochzuzerren; trotz ihrer Schreie kam ihr kein einziger zu Hilfe. Sie wurde schließlich von zwei Polizisten gerettet, die zufällig vorbeikamen.

Dann ereignete sich der Fall von Andrew Mormille, einem siebzehnjährigen Jungen, der ein Messer in den Bauch bekam, als er in Manhattan mit dem Zug nach Hause fuhr. Obwohl die Angreifer das Abteil prompt verließen, kam keiner der anderen elf Leute in dem Abteil dem Jungen zu Hilfe, so daß dieser verblutete.

Es geht darum, daß diese besonderen Vorfälle sich tatsächlich ereignet haben, so unglaublich sie uns auch vorkommen mögen. Zwei Forscher an der New York University kamen gegen Ende der sechziger Jahre auf die Idee, die noch bedeutsa-mere Frage zu stellen: »Sind diese Fälle von Zuschauerapathie das, was sie scheinen?« Sie versuchten, darauf eine Antwort zu finden.

Schlüsselexperiment: Abschieben von Verantwortung (John Darley und Bibb Latané)

Der Fall von Kitty Genovese gab John Darley und Bibb Latané[1,2] zu denken, und sie fanden einen scharfsinnigen Grund für die von den Zuschauern an den Tag gelegte Apathie. Sie sagten: obwohl man annehmen würde, daß das Opfer um so eher Hilfe bekommt, je größer die Zahl der Menschen ist, die Zeuge eines solchen Vorfalls wird, erwies diese Annahme sich im Fall Genovese schockierenderweise als falsch.

Darley und Latané führten aus, daß, so paradox dies klingen mag, ein Opfer in einer glücklicheren Lage sein könnte, wenn es nur einen Zuschauer gibt anstatt

Ein Fall von diffuser Verant-wortung: besorgte Zuschauer, die nicht wissen, was tun.

mehrere, da dann die Verantwortung zu helfen eindeutig auf eine Person fällt, und nicht auf viele verteilt ist.

Darley und Latané testeten ihre Ideen in einer Reihe von Experimenten, in denen der Versuchsleiter erklärte, daß er an den persönlichen Problemen von solchen Collegestudenten interessiert sei, die dem Druck des Großstadtlebens ausgesetzt sind. Um ihnen jede Verlegenheit zu nehmen, vor Fremden über ihre persönlichen Probleme zu sprechen, wurde den Studenten gesagt, daß sie anonym bleiben und in separaten Räumen sitzen würden. Der Versuchsleiter versicherte ihnen, daß er ihrem Gespräch nicht zuhören würde, weil die Gegenwart eines Zuhörers sich hemmend auswirken könnte. Die Kommunikation sollte mit Hilfe von Mikrophonen aufrechterhalten werden, wobei jede Versuchsperson die Mitteilungen anderer mittels Kopfhörer hören würde. Den Versuchspersonen wurde suggeriert, daß durchwegs zwei, drei oder sechs Personen an dem Gespräch teilnehmen würden. Tatsächlich gab es in jedem »Gespräch« aber nur eine echte Versuchsperson, während die Beiträge der anderen »Versuchspersonen« von einem Tonband kamen.

Das zukünftige »Opfer«, ein Student, ergriff in der Diskussion zuerst das Wort und sagte, daß er Schwierigkeiten habe, sich auf New York City und sein Universitätsstudium einzustellen. In einem Tonfall, der zum Ausdruck brachte, wie peinlich ihm dies sei, erwähnte er, daß er öfters Anfälle bekomme, besonders wenn er angestrengt studiere oder Prüfungen ablegen müsse. Dann sagten die anderen »Versuchspersonen« der Reihe nach etwas, und danach sprach wiederum das »Opfer«. Die Stimme des Studenten wurde laut, er redete unzusammenhängend und endete folgendermaßen: »Ich-äh-ich-äh-bekomme einen von meinen-äh-Anfäl-äh-äh-das überkommt mich so und-und . . . wenn mir jemand-äh-äh-helfen könnte-äh-äh-ch (würgende Geräusche) . . . ich sterbe-äh-äh-ich . . . (er würgt, dann Stille).«

Am interessantesten dabei war die Feststellung, ob die echten Versuchspersonen den Raum verlassen und dem Studenten zu Hilfe kommen würden, der offensichtlich einen epileptischen Anfall erlitt. Von den Studentinnen, die dachten, daß sie die einzige Person seien, die wußte, daß das »Opfer« einen epileptischen Anfall hatte, verließ jede einzelne ihr Zimmer und meldete den Notfall. Andererseits reagierten nur 62 Prozent derjenigen, die meinten, daß vier weitere Versuchspersonen die Bitte des Opfers um Hilfe gehört hatten. Da jede Versuchsperson die gleiche Tonbandaufnahme von dem vermeintlichen Notfall hörte, liegt klar auf der Hand, daß hier wechselseitig Verantwortung abgeschoben wurde.

Natürlich kommen derartige Versuche und Ausführungen einem tatsächlichen Opfer etwas abgeschmackt vor. Denn dem Opfer ist es ziemlich gleichgültig, wer ihm hilft, Hauptsache ist, daß ihm überhaupt jemand hilft. Aus seiner Sicht gesehen lautet die wesentliche Frage: Stehen meine Chancen besser mit einem oder mit fünf Zuschauern? Bei fünf Zuschauern bestünde logischerweise die fünffache Hoffnung auf Hilfe, doch wie wird diese Möglichkeit konterkariert durch das Abschieben von Verantwortung? Wenn man die Ergebnisse vom Standpunkt des Opfers aus analysiert und den Zeitfaktor mitberücksichtigt, dann sieht es so aus, daß seine Chance, innerhalb von 45 Sekunden nach dem Einsetzen des Anfalls Hilfe zu bekommen, etwa 50 Prozent bei einem einzigen Zuschauer und 0 Prozent bei fünf Zuschauern beträgt. Das aber bedeutet, anders ausgedrückt, daß eine Hilfe häufiger und rascher erfolgt, wenn es nur einen Zuschauer gibt.

Eine weitere interessante Beobachtung von Darley und Latané betraf das Bewußtsein der Teilnehmer, aufgrund welcher Faktoren sie auf den Hilferuf reagierten. Versuchspersonen, die glaubten, daß es noch vier weitere Zuschauer gab, und aussagten, daß sie sich dieses Umstands bewußt waren, als der epileptische Anfall sich ereignete, behaupteten konsequent, daß dies keinen Einfluß auf ihr Verhalten gehabt habe.

Darley und Latané berücksichtigten auch das Verhalten derjenigen Teilnehmer, die es unterlassen hatten, den Notfall zu melden. Im Gegensatz zu der stereotypen Ansicht über Leute dieser Art, waren diese Personen nämlich keineswegs »apathisch«. Die meisten fragten den Versuchsleiter, wie es dem Opfer gehe und ob es versorgt würde. Viele zeigten verschiedene Anzeichen von Nervosität (zitternde Hände, schwitzende Handflächen) und schienen emotional sogar mehr erregt als die Teilnehmer, die den Notfall gemeldet hatten.

Ist es nun ein Notfall oder nicht?

Die Reaktion auf einen Notfall erfolgt in mehreren Stufen. Zuerst muß der Zwischenfall bemerkt und interpretiert werden. Der Vorgang des Interpretierens ist äußerst wichtig, weil viele Notfälle nicht eindeutig zu erkennen sind – der Mann, der in der Gosse liegt, hatte vielleicht einen Herzinfarkt, aber vielleicht hatte er auch nur zu viel getrunken. Im Licht der von ihm gewählten Interpretation muß der Zuschauer entscheiden, wo und wann seine Verantwortung anfängt.

Latané und Darley argumentieren ganz richtig, daß dem Vorgang des Interpretierens eine besondere Bedeutung zukommt. Notfälle sind in der Regel sehr selten,

Landstreicher und Trinker werden gewöhnlich ignoriert, weil wir annehmen, daß ihnen nicht zu helfen ist und daß sie selbst schuld sind. Aber ist dieser Mann ein Landstreicher oder ein Trinker? Wenn er das Opfer eines Herzinfarkts oder einer Schlägerei wäre, würde er dringend Hilfe benötigen.

und die meisten von uns besitzen kaum das Rüstzeug, sie zu erkennen oder auf sie zu reagieren. Welcher Art von Information bedienen wir uns also, um die Situation zu klären? Meistens lassen wir uns dabei von anderen leiten: wenn sie besorgt aussehen, ist es ein Notfall; wenn sie ruhig und gelassen bleiben, kann der Vorfall ohne weiteres ignoriert werden.

Latané und Darley studierten die soziale Beeinflussung anhand einer simplen Untersuchung, in der zwei Mädchen im Wartesaal des Grand Central Bahnhofs in New York begannen, Frisbee zu spielen. Wenn der Frisbee einer eingeweihten Person zugeworfen wurde, machte diese entweder begeistert mit oder sie bezichtigte die Mädchen kindischen Benehmens und einer gefährlichen Handlungsweise und warf den Frisbee ungehalten zurück. Wenn die eingeweihte Person negativ reagierte, machte keiner der anderen Leute in dem Wartesaal bei dem Spiel mit; doch wenn die eingeweihte Person mitmachte, dann taten dies auch 86 Prozent der Anwesenden.

Die Bedeutung des sozialen Einflusses auf das Eingreifen von Zuschauern wurde in einer Untersuchung demonstriert, die John Darley und seine Mitarbeiter an der Princeton University durchführten. Die Teilnehmer wurden alle gebeten, eine Zeichnung anzufertigen, dabei wurden sie entweder in einem Raum allein oder mit einem anderen Teilnehmer zusammen untergebracht. Die Teilnehmer saßen einander entweder gegenüber oder Rücken an Rücken. Während sie zeichneten, warf ein Arbeiter im Nebenzimmer einige schwere Bretter um, die mit großem Krach zu Boden fielen. Darauf folgte sofort ein Schrei: »Mein Bein!«, dazu ein lautes Stöhnen. 90 Prozent der Teilnehmer, die allein saßen, kamen dem Arbeiter zu

Hilfe; 80 Prozent der sich gegenübersitzenden Teilnehmerpaare reagierten auf den Krach; aber nur 20 Prozent der Rücken an Rücken sitzenden Paare versuchten zu helfen.

Der wirklich markante Unterschied ergab sich zwischen den Paaren, die einander gegenüber, und denen, die Rücken an Rücken saßen. Warum machte es so viel aus, ob sie sich ansahen oder nicht? Die Antwort könnte lauten, daß die Interpretation eines mehrdeutigen Ereignisses, wie es ein solches Krachen ist, stark von den Reaktionen anderer abhängt. Wenn die Teilnehmer einander ins Gesicht sahen, konnte jeder die erregte Reaktion des Partners auf das Krachen sehen, und dadurch wurde die Interpretation, daß es sich um einen echten Notfall handelte, verstärkt. So gut wie alle Leute, die einander gegenübersaßen, ließen erkennen, daß sie dieses Krachen ernstnahmen; jedoch nur die Hälfte derjenigen, die Rücken an Rücken saßen, interpretierten das Krachen auf diese Weise. Das Verhalten anderer Zuschauer ist daher von entscheidender Bedeutung und kann sehr verschiedene Wirkungen haben. Es gibt zahlreiche Fälle von Massenpanik, wo jede Person in der Menge auf einen Notfall übertrieben reagiert, was manchmal zu verheerenden Ergebnissen geführt hat. Wenn andererseits einzelne Personen in einer Menge durch ihr passives und unbesorgtes Verhalten andeuten, daß es sich *nicht* um einen Notfall handelt, so kann sich das durch denselben Prozeß der sozialen Beeinflussung hemmend auf die Reaktion der übrigen Menge auswirken.

Diese negative Wirkung der sozialen Beeinflussung wurde von Latané und Darley in einer Untersuchung erforscht, in der die Versuchspersonen mit einer mehrdeutigen, doch potentiell gefährlichen Situation konfrontiert wurden (durch eine kleine Öffnung drang Rauch in den Experimentierraum). Die Teilnehmer wurden dieser Situation allein oder mit zwei anderen Teilnehmern oder mit zwei von Latané und Darley bestimmten Helfern ausgesetzt, wobei diese angewiesen worden waren, einen Augenblick in den Rauch zu starren, mit den Schultern zu zucken und ihn dann völlig zu ignorieren.

75 Prozent der Soloteilnehmer verließen das Zimmer, um den potentiellen Notfall zu melden, im Vergleich zu nur 10 Prozent derjenigen, deren Helfer die Gefahr einfach ignorierten. Das gelassene Verhalten der beiden Helfer beeinflußte eindeutig die Reaktion der Teilnehmer; und häufiger gemeldet wurde der Rauch, wenn drei echte Teilnehmer anwesend waren, wobei jeder die Befürchtungen der anderen verstärkte.

Das Spiel mit der Zahl

Kurz gesagt, es kann gefährlich sein, sich auf das alte Sprichwort »Je mehr, desto besser« zu verlassen. Wenn es bei einem Notfall mehrere Zuschauer gibt, können diese weniger geneigt sein, etwas Konstruktives zu unternehmen, als ein einzelner Zuschauer. Das ist vermutlich darauf zurückzuführen, daß jeder der Zuschauer meint, eigentlich sei es nicht unbedingt seine Sache, hier einzugreifen, oder aber das passive und zurückhaltende Benehmen der anderen Zuschauer läßt ihn folgern, daß es sich hier höchstwahrscheinlich um gar keinen Notfall handle. Das Abschieben von Verantwortung in einer Menschenmenge scheint übrigens bei Frauen häufiger zu sein als bei Männern, was vermutlich auf die kulturelle Norm zurückzuführen ist, wonach das Handeln in Notfällen von den Frauen den Männern überlassen werden sollte.

Bibb Latané und seine Mitarbeiter forderten außerdem Leute auf, so laut wie möglich zu klatschen oder zu schreien, und dies entweder allein oder in kleinen Gruppen von verschiedener Größe; sie fanden heraus, daß der Lärm von zwölf klatschenden Händen nicht einmal dreimal so intensiv ausfiel wie das Geräusch von zweien; und dasselbe galt für das Schreien. Sie zogen daraus den Schluß, daß dies ein Beweis für das gleiche sozial bedingte Abschieben von Verantwortung ist.

Gibt es irgendwelche Umstände, unter denen die Anwesenheit anderer Zuschauer das direkte Eingreifen fördern könnte, anstatt es zu hemmen? Vielleicht könnte der Wunsch nach dem Beifall der anderen einen Zuschauer manchmal veranlassen, einem Menschen zu Hilfe zu kommen? In einem Experiment zur

»Das geht mich nichts an . . .
außerdem komme ich sowieso
schon zu spät . . . überhaupt
helfen ihm schon andere
Leute . . .«

Untersuchung dieser Frage wurde den Teilnehmern erzählt, daß vier andere Leute
in dem Experiment entweder wissen oder nicht wissen würden, wie sie (die
Teilnehmer) auf eine tätliche Auseinandersetzung zwischen einem anderen Teilnehmer und einem »Störenfried«, deren Zeugen sie wurden, reagierten. Der Vorfall
endete damit, daß der Störenfried mit dem Kassettenrecorder des anderen Teilnehmers »flüchtete«. Von den Zuschauern, die dachten, daß ihre Reaktionen nicht von
den anderen gesehen würden, kamen 39 Prozent zu Hilfe, verglichen mit 74 Prozent
derer, die sich für beobachtet hielten. So kann also die Anwesenheit von Zuschauern positive wie negative Folgen nach sich ziehen. Nach dem Versuch erklärten viele von den sich unter Beobachtung glaubenden Partizipanten, daß sie sich
durch diesen Glauben in ihrer Hilfeleistung *gehemmt* gefühlt hätten, so daß hier also
eine interessante Diskrepanz sichtbar wird zwischen ihrem tatsächlichen Verhalten
und ihrem Bewußtseinszustand.

Es kann also die Anwesenheit anderer Zuschauer die Wahrscheinlichkeit auch
steigern, daß man anderen in einem Notfall zu Hilfe kommt, aber nur dann, wenn
die Situation als ein echter Notfall interpretiert wird. Leonard Bickman stellte dies
unter Beweis, indem er ein Experiment ausführte, bei dem die einzelnen Teilnehmer hörten, wie ein Büchergestell offensichtlich auf einen anderen Teilnehmer
stürzte, worauf ein Schrei erfolgte. Wenn ein Assistent des Versuchsleiters den
Krach und den Schrei als einen Notfall interpretierte, bot der teilnehmende
»Zuschauer« viel schneller Hilfe an, als wenn der Assistent zu verstehen gab, daß
nichts Schlimmes passiert sei. Wie erwartet, beeinflußte die Interpretation, die der

Assistent dem Vorfall gab, die Hilfeleistung, indem jene Interpretation wiederum die Interpretation des Zuschauers veränderte: 93 Prozent der Zuschauer, denen der Assistent sagte, daß es sich um einen Notfall handelte, hielten das Opfer für verletzt, während es nur 54 Prozent bei der Gruppe waren, der gesagt worden war, daß es sich um keinen Notfall handelte.

Das Opfer: wem wird geholfen?

Die meisten liberalen, die Gleichheit aller Menschen befürwortenden Individuen unserer Gesellschaft möchten gerne glauben, daß in einem Notfall wahrscheinlich jedem Typ von Mensch geholfen würde. Das zur Verfügung stehende Beweismaterial läßt jedoch erkennen, daß Zuschauer in ihrem Entschluß, einem anderen zu helfen, ziemlich selektiv vorgehen.

Lance Shotland und Margaret Straw von der Penn State University arrangierten einen heftigen Streit und einen Kampf zwischen einem Mann und einer Frau, der in Anwesenheit oder in Hörweite von Zeugen stattfinden sollte. Um die »Beziehung« zwischen den beiden für die Zuschauer klarzustellen, schrie die Frau entweder: »Gehen Sie weg! Ich kenne Sie nicht!« oder: »Geh weg! Ich weiß nicht, warum ich dich je geheiratet hab'!«

Die Tendenz einzugreifen wurde sehr stark von der mutmaßlichen Beziehung zwischen dem Angreifer und seinem Opfer beeinflußt: 65 Prozent der Zuschauer griffen ein, wenn sie der Meinung waren, daß sich der Kampf zwischen Unbekannten abspielte, aber nur 19 Prozent, wenn sie dachten, daß es sich um ein Ehepaar handelte.

Es gibt vermutlich mehrere Gründe, warum weniger Leute dem Ehepaar zu Hilfe kamen. Erstens meinten sie, daß es einer verheirateten Frau wahrscheinlich peinlich wäre, wenn ein Außenstehender eingreifen würde; zweitens nahmen sie an, daß eine von einem Unbekannten überfallene Frau Hilfe nötiger hätte als eine von ihrem Ehemann angegriffene Frau; und zum dritten dachten sie, daß ein Mann eher mit Gewalt auf das Eingreifen eines anderen reagieren würde, wenn die Frau, die er attackierte, seine Ehefrau war.

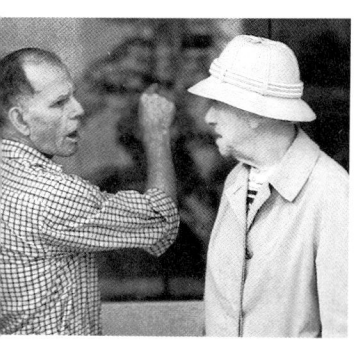

Ein entstehender Streit: die meisten Leute werden sich selbst überlassen, damit sie ihren Streit allein austragen.

Eine von der Justizbehörde in Washington, USA, vor kurzem veröffentlichte Erhebung zeigt, daß bei 60 Prozent aller Überfälle die Opfer dem Täter völlig unbekannt sind. Doch als Shotland und Straw Filme von einer schlimmen Prügelei zwischen einem Mann und einer Frau zeigten, äußerte nur eine Person von dreißig die Vermutung, daß die beiden einander nicht kannten; die überwältigende Mehrheit nahm an, daß eine enge Beziehung zwischen den beiden bestünde. Interessanterweise bestätigen Zeitungsinterviews mit Zeugen echter aggressiver Handlungen, daß Zuschauer für gewöhnlich annehmen, Männer würden immer nur ihre nächsten Angehörigen verprügeln. Kurz gesagt, es ist weniger wahrscheinlich, daß bei aggressiven Handlungen in Großstädten eingeschritten wird als in kleineren Kommunen, vielleicht weil die Beziehung zwischen den beiden kämpfenden Parteien in einer größeren Kommune seltener bekannt ist und daher häufiger fehlinterpretiert wird.

In der Regel haben wir mehr Mitleid mit Opfern, die wir für schuldlos halten, als für Opfer, denen »recht geschieht«. Irving Piliavin und seine Mitarbeiter untersuchten dieses Phänomen, indem sie einen Vorfall in der U-Bahn in New York inszenierten. Ein männliches »Opfer« torkelte herein, brach zusammen und blieb, mit dem Gesicht nach oben, auf dem Boden liegen. Manchmal trug er einen eleganten Spazierstock und wirkte völlig nüchtern, und manchmal roch er nach Alkohol und trug eine in eine braune Papiertüte gewickelte Schnapsflasche. Er bekam weniger Hilfe, wenn er »betrunken« als wenn er »krank« war, vermutlich weil der »Betrunkene« für seinen Zustand verantwortlich gemacht wurde, und weil der »Einsatz« größer ist, wenn man einem stinkenden Betrunkenen hilft, der sich erbrechen oder unflätig werden könnte. Interessant in diesem Zusammenhang ist jedoch, daß, wenn ein einziger guter Samariter seine Hilfe anbot, alsbald noch einige andere Samariter auf der Bildfläche erschienen, wobei es nichts zur Sache tat, ob das Opfer betrunken schien oder krank.

In manchen Notfällen sind die Zuschauer gezwungen, trotz relativ dürftiger Evidenz sehr schnell zu handeln. Ein Merkmal des Opfers, das jedoch sofort ins Auge springt, ist seine Rasse, und wir können annehmen, daß dies einer der Faktoren ist, den der Zuschauer in Betracht zieht. Samuel Gaertner von der University of Delaware hat die interessante Theorie aufgestellt, daß sich die meisten weißen Bürger der Vereinigten Staaten selbst nicht gerne für die Art von Leuten halten, die den Hilferuf eines schwarzen Opfers ignorieren würden, wenn es klar ist, daß die Verantwortung zu helfen auf ihnen alleine lastet. Wenn die Situation es ihnen aber gestattete, so führte er aus, ihr Vorurteil zu rationalisieren, dann würde das Vorurteil, wenngleich auf subtile Weise, wirksam werden.

Gaertner untersuchte diese Hypothese, indem er einige weiße Frauen mitansehen ließ, wie ein Stapel von Stühlen auf ein schreiendes Mädchen fiel, das entweder schwarz oder weiß war. Die Frauen waren dabei entweder allein oder aber in Gesellschaft eines ruhigen, ungerührten Assistenten des Versuchsleiters. Alle Frauen, die allein Zeuge des Zwischenfalls wurden, kamen dem verletzten Opfer zu Hilfe, ohne daß dessen Rasse eine Rolle gespielt hätte. Im Unterschied dazu halfen 90 Prozent von denen, die mit dem Assistenten waren, dem weißen Opfer, aber nur 30 Prozent halfen dem schwarzen. In der letztgenannten Situation konnten sie ihr Vorurteil einfach dadurch rationalisieren, daß sie den Vorfall nicht ernstnahmen und ihre Verantwortung abschoben. Übrigens hat sich bei dieser und bei anderen Untersuchungen herausgestellt, daß sich die Leute, die sich in Fragebögen vorurteilslos gaben, genauso vorurteilsbefangen verhielten wie jene Leute, die ihre Vorurteile eingestanden.

Es wurde eindeutig festgestellt, daß bestimmte Merkmale des Opfers mitentscheiden, ob es Hilfe bekommt oder nicht. Außer den bereits erwähnten Faktoren – also die rassische Zugehörigkeit des Opfers, die vermutete Beziehung zwischen Opfer und Angreifer, sowie die mutmaßliche Verantwortung, die das Opfer für seine mißliche Lage trägt – muß auch die physische Attraktivität des oder der Betroffenen berücksichtigt werden. Denn einem gutaussehenden Opfer wird wahrscheinlich eher geholfen als einer Person, die beim ersten Blick schon als Penner, Wermutbruder oder Vollsäufer eingestuft wird (siehe auch das folgende Kapitel).

Warum sind die Merkmale des Opfers so wesentlich? Eine Theorie besagt, daß der Zuschauer sich für oder gegen ein Eingreifen entscheidet aufgrund des mit der Hilfeleistung verbundenen Aufwands (z. B. eine mögliche Körperverletzung oder eine peinliche Situation), aufgrund der Nachteile, die ihm entstehen, wenn er nicht hilft (Selbstvorwürfe oder Tadel durch andere), oder aufgrund der »Belohnung« für die Hilfeleistung (Selbstlob, Lob durch das Opfer und durch andere) bzw. der »Belohnung«, wenn er nicht hilft (Fortsetzen anderer Aktivitäten). Bei diesem heiklen Ausbalancieren von Gewinn und Verlust wird der Aufwand als hoch veranschlagt, wenn das Opfer als unangenehm oder widerwärtig erfahren wird. Im Rahmen eines anderen Experiments fand man heraus, daß ein in der U-Bahn offenbar kollabierender Fahrgast langsamer und seltener Hilfe geleistet bekam, wenn ihm Blut (also ein künstlicher Farbstoff) zu den Mundwinkeln herausrann, obgleich seine Hilfsbedürftigkeit viel klarer auf der Hand lag. Der innere Aufwand, einem »blutigen« Opfer zu helfen, ist vermutlich deshalb größer, weil die meisten Menschen beim Anblick von Blut Angst oder Ekel empfinden.

Doch von allen Faktoren, die sich für die Bereitschaft der Zuschauer zum Eingreifen als wesentlich erwiesen haben, wirkt sich keiner so stark aus wie die Verkennbarkeit oder Unverkennbarkeit des jeweiligen Notfalls. Wenn klar ist, daß jemand verzweifelt Hilfe braucht, dann spielen Überlegungen zur Rasse des Opfers, zur Verantwortung des Hilfeleistenden und zur sozialen Beeinflussung eine nur geringe Rolle.

Russell Clark und Larry Word von der Florida State University führten ein Experiment durch, in welchem Zuschauer hörten, wie ein Handwerker entweder stürzte und vor Schmerz schrie oder einfach nur so stürzte, ohne zu schreien. In der ersten Situation, die unzweideutig ein Notfall war, kam jede Anordnung von Versuchspersonen, ob allein, zu zweit, oder in Gruppen von fünfen, dem Betreffenden zu Hilfe. Mit anderen Worten, es kam zu überhaupt keinem Abschieben von Verantwortung. Wenn Unklarheit herrschte, ob der Vorfall ein Notfall war oder

Sie ist weiß, hübsch, wurde mißhandelt und bekommt Hilfe. Aber unter anderen Umständen würde sie nicht so viel Glück haben.

24

nicht, wie in der letztgenannten Situation, war die Wahrscheinlichkeit der Hilfeleistung nur ein Drittel so groß. Bezeichnenderweise reagierten Gruppen von Zuschauern in zweideutigen Situationen überhaupt nicht.

Der Grund, warum Verkennbarkeit und Unverkennbarkeit eine so wichtige Rolle spielen, ist darin zu suchen, daß es für einen Zuschauer, der einen zweideutigen Vorfall *nicht* als Notfall interpretiert, einfach zu viel Mühe bedeutet, sich über eine angemessene Handlungsweise Gedanken zu machen, sich zu entscheiden und für sein Tun die Verantwortung zu übernehmen. Mit anderen Worten, das Opfer muß, was die Echtheit seiner Notlage und seine Hilfsbedürftigkeit anlangt, auf den Zuschauer völlig überzeugend wirken.

Folgerungen

Eines der wichtigsten Ergebnisse der verschiedenen angeführten Untersuchungen besteht darin, daß die Vorstellung vom apathischen Zuschauer außerordentlich irreführend ist. Unter zahlreichen Umständen werden beinahe alle Zuschauer ihr möglichstes tun, um einem verletzten oder bedrängten Opfer beizustehen. Doch um das Verhalten von Zuschauern zu begreifen, muß man nicht nur die angeführten Merkmale des Zuschauers, sondern auch die Art der Situation, der er sich gegenübersieht, in Rechnung stellen.

Wir müssen erkennen, daß Zuschauer oft gezwungen sind, unter großem Druck und beinahe aus dem Stegreif heraus äußerst komplexe Probleme zu lösen. Das Problem der Entscheidung, ob ein Ereignis ein Notfall ist oder nicht, und wenn ja, was man tun soll, ist deshalb so schwierig, weil die meisten von uns keine Erfahrung mit Notfällen haben.

Der Zuschauer kennt gewöhnlich weder das Opfer noch den Angreifer und hat keine Zeit, irgend etwas über sie in Erfahrung zu bringen. Er muß aufgrund von Wahrscheinlichkeiten anstelle von Gewißheiten reagieren, und so nimmt er das Verhalten anderer Zuschauer und das Äußere des Opfers als Wegweiser für sein Handeln. Unter diesen Umständen ist ein solches Verhalten vernünftig.

Das Problem des Zuschauers wird noch kompliziert durch seine Angst, die sich auf eine wirksame Verhaltensweise häufig störend auswirkt. Wenn Soldaten z. B. glaubten, daß einer von ihnen durch einen Sprengkörper schwer verletzt war, versuchten sie, das Angemessene zu tun (Reparatur eines zerstörten Telefons, um Hilfe herbeizurufen), aber ihre Angst machte sie viel ungeschickter und langsamer als gewöhnlich. Tatsächlich verdienen Zuschauer in der Regel vermutlich mehr Lob als Tadel. Meistens werden sie erstaunlich gut mit angsteinflößenden, komplizierten und sich überstürzenden Ereignissen fertig.

Einem verwundeten Kameraden beizustehen, ist unter Soldaten, Seeleuten und Fliegern auf der ganzen Welt selbstverständlich.

2 Warum manche Leute sich alles erlauben können

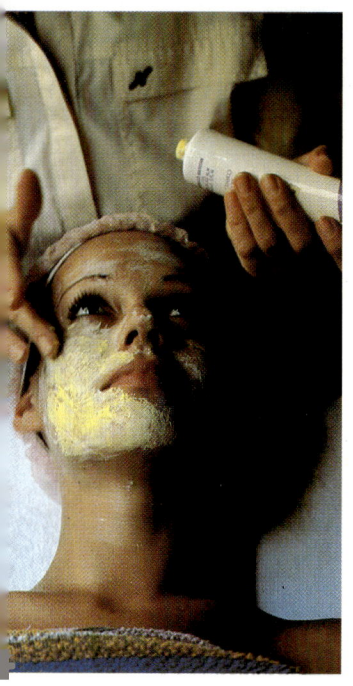

Die ungeheuren Geldsummen, die jedes Jahr für Make-up, kosmetische Chirurgie, modische Kleider, Schmuck und dergleichen aufgewendet werden, zeigen, daß die meisten unserer Mitmenschen der persönlichen Attraktivität große Bedeutung beimessen. Aber ist physische Attraktivität wirklich so wichtig?

Wir wissen alle, daß schöne Frauen mit viel mehr Achtung und Respekt behandelt werden als unattraktive Frauen – wenigstens von Männern. Und man dürfte erwarten, daß Sozialpsychologen ein offensichtlich so wichtiges Phänomen schon längst eingehend untersucht hätten. Doch erst in jüngster Zeit wurde dieser ganzen Idee, daß zwischenmenschliche Beziehungen von Unterschieden der Attraktivität möglicherweise entscheidend beeinflußt werden, ernsthafte Aufmerksamkeit zuteil. Wir wissen nicht genau, warum das so ist. Es ist jedoch interessant festzustellen, daß amerikanische Psychologen viel Mühe darauf verwendet haben, die Theorie zu untermauern, daß jeder Mensch mit harter Arbeit und Fleiß alles erreichen kann. Es ist natürlich ein Verstoß gegen diese Ansicht, wenn man die Vorteile betont, die sehr attraktiven Menschen durch Vererbung zugute kommen.

Vor fünf Jahren wußten wir mehr über die Stimuli der Anziehung unter Fischen als unter Menschen. Selbstverständlich sind Menschen komplizierter als Fische. Während man davon ausgehen kann, daß der Stichling durch einen roten Gegenstand, selbst wenn es sich nur um ein aufgeweichtes Stück Pappe handelt, sexuell erregt wird, sind die Reaktionen von Menschen meist weniger vorhersagbar. Es stimmt zwar, daß Menschen in verliebtem Zustand sich gegenseitig physisch attraktiver finden als im Normalfall. Aber es stimmt auch, daß mehrere Leute, wenn sie aufgefordert werden, verschiedene Fotoporträts ihrer Attraktivität nach einzu-

Sechs Gesichter Evas. Über-gepflegtes Aussehen, zerzauste Unschuld und pure Herausforderung haben alle den einen Zweck: uns attraktiver zu machen für uns selbst und für die Welt im allgemeinen.

stufen, meistens in ihrem Urteil übereinstimmen. Die Filmindustrie schlägt Kapital aus dieser breiten Übereinstimmung, wenn sie ihr Geld in Filmstars von ungewöhnlicher physischer Attraktivität investiert.

Die Kleinen und die Großen

Man nimmt gewöhnlich an, daß physische Attraktivität bei Frauen leichter zu identifizieren und wichtiger sei als bei Männern. Es scheint jedoch, daß Körpergröße bei Männern in unserer Gesellschaft ebenfalls ein wichtiges Merkmal darstellt. Wie der bedeutende amerikanische Soziologe Feldman sagte: »Eine Prämisse der amerikanischen Gesellschaft ist Körpergröße: wer groß ist, ist gut; wer klein ist, ist gezeichnet.« Zur Unterstützung dieser Behauptung bemerkt Feldman, daß jeder in diesem Jahrhundert gewählte amerikanische Präsident größer war als sein Hauptkonkurrent. Es fällt also den meisten Menschen offenbar schwer, sich vorzustellen, daß auch ein ungewöhnlich kleiner Mann »das Zeug zum Präsidenten« haben könnte.

Es ist interessant, die verschiedenen Reaktionen auf die Debatten zwischen John F. Kennedy und Richard Nixon während der Präsidentschaftswahl von 1960 zu vergleichen. Die Leute, welche die beiden Kandidaten im Radio hörten, gaben Nixons Beiträgen den Vorzug, während die Leute, die diese Debatten im Fernsehen verfolgten, Kennedy bevorzugten. Der Unterschied spiegelte vermutlich die größere physische Attraktivität Kennedys wider.

Amerikanischen Collegestudenten verschiedener Semester wurde einmal ein gewisser »Mr. England« vorgestellt, und zwar mit unterschiedlichem Status, angefangen von einem verhältnismäßig niedrigen (»Mr. England, ein Student aus Cambridge«) bis zu einem hohen (»Professor England aus Cambridge«). Danach wurden die Studenten aufgefordert, die Größe des Mannes bis auf den Zentimeter annähernd zu schätzen. Während Mr. England die akademische Erfolgsleiter emporkletterte, wuchs er in den Augen der Studenten insgesamt um über 10 Zentimeter. Dies bestätigt die Vorstellung, daß an Männern Körpergröße ein wichtiges Merkmal ist. Noch erstaunlicher sind die Ergebnisse eines Gutachtens, das vor kurzem über männliche Absolventen der University of Pittsburgh erstellt wurde. Es zeigte, daß die größten Studenten (2,11 Meter) ein durchschnittliches

Hugh Hefner und Playmates – Blondinen überwiegen.

Hübsche Kurven, geflochtenes Haar, ein weiches Profil – ein attraktives Mädchen in jeder Hinsicht.

Anfangsgehalt empfingen, das mindestens 12 Prozent höher lag als das Gehalt derjenigen, die weniger als zwei Meter groß waren.

Gesichter

Da die Merkmale des Gesichts einen erheblichen Anteil an der Attraktivität beider Geschlechter ausmachen, ist es interessant festzustellen, welche Gesichtszüge die größte Rolle spielen. Es wurde herausgefunden, daß die Attraktivität eines Gesichts am stärksten von seinem Ausdruck abhängt, dem folgen die Kriterien Mund, Teint, Augenbrauen, Augen, Haare, Kinn und Nase genau in dieser Reihenfolge. Die relative Unwichtigkeit der Augen, des »Spiegels der Seele«, scheint verwunderlich: doch dies erklärt sich aus der weiteren Entdeckung, wonach die Bedeutung der Augen bei Brillenträgerinnen abnimmt. Für diejenigen, die keine Brillen tragen, sind die Augen bestimmendes Kriterium der Schönheit des ganzen Gesichtes.

Die Attraktivität eines Gesichts läßt sich auch auf die Weise eruieren, daß man die Gesamtkombination aus Teilen des Gesichts in Betracht zieht statt der Attraktivität jedes einzelnen Zuges für sich.

Männlicher und weiblicher Körper

Jerry Wiggins von der University of Illinois ging bei seiner Untersuchung der physischen Attraktivität von Frauen von der Annahme aus, daß die Männer, was ihre jeweiligen Vorlieben anlangt, in drei große Kategorien eingeteilt werden können – in Busenmänner, Gesäßmänner und Beinmänner. Er führte seinen Versuchspersonen nackte weibliche Umrisse verschiedener Gestalt und Größe vor; im großen und ganzen wurde großen Brüsten, langen Beinen und einem kleinen Gesäß der Vorzug gegeben.

Der stereotype Muskelprotz von der Gestalt eines Atlas (breiter Brustkorb, kleines Gesäß) wurde früher oft als der ideale männliche Körper bezeichnet. Es scheint jedoch zweifelhaft, ob Frauen damit übereinstimmen. Eine Untersuchung in der Zeitschrift *Cosmopolitan* wartete mit der Befragung von hundert Frauen auf, die das Körpermerkmal beim Mann nennen sollten, das sie sexuell am stärksten erregte. Nur eine dieser Frauen schrieb die sexuelle Erregung einem muskulösen Brustkorb und muskulösen Schultern zu, während 39 Frauen das männliche Gesäß nannten. Untersuchungen auf der Basis von Merkmalsschätzungen unter Verwendung von verschiedenen männlichen Körperprofilen ergaben, daß Frauen Männer mit nur mittelgroßem Brustkorb, kräftigen Beinen und kleinem Gesäß bevorzugen. Manche Frauen bevorzugten verhältnismäßig kleine Männer; diese Frauen waren meist reserviert in ihrem Benehmen, doch von hohem sozialen Status – für Jockeys vielleicht eine Freudenbotschaft!

Selbsteinschätzung

Sehen wir uns selbst, was unsere physische Attraktivität anlangt, genauso wie andere uns sehen? Viele Menschen halten sich selbst für viel weniger hübsch oder gutaussehend als sie wirklich sind, eine Tendenz, die bei der Jugend vielleicht noch ausgeprägter ist. Unter zehn- oder elfjährigen Mädchen glaubten, wie sich herausstellte, drei Viertel ernstlich, daß sie die unattraktivsten Mädchen in ihrer Schulklasse seien.

Ein Faktor, der die Attraktivität beeinflußt, wurde von dem amerikanischen Country- und Western-Sänger Mickey Gilley erkannt: »Alle Mädchen werden hübscher, wenn die Sperrstunde kommt. Dann sehen sie alle aus wie Filmstars.« Bei einer an einem Donnerstagabend in einigen Bars durchgeführten Studie entdeckte eine Gruppe von Psychologen, daß die Leute in jeder Bar Vertreter des anderen Geschlechts um Mitternacht für attraktiver hielten als um 22 Uhr 30 – ein Befund, der die besprochene Hypothese unterstützt.

Der Traum eines . . . -Mannes.
Ergänze das fehlende Wort!

Obwohl die meisten von uns versuchen, vernünftig zu handeln und vernünftige Entscheidungen zu treffen, kennen Werbefachleute unsere Schwächen nur allzu gut. Diese Reklame nutzt schamlos weibliche Nacktheit, um Männerkleidung zu verkaufen. Ihre unterschwellige Aussage ist, daß Männer ihre Kleider nicht danach einkaufen, welche Qualität sie für ihr Geld bekommen, sondern als Mittel zur Erlangung eines Sexualobjekts.

Unten: Augen nach rechts und eine momentane Gesprächspause. Wenige von uns sind unempfänglich für das Auftauchen von Passanten.

Ganz unten: Im Zweifelsfall begünstigen wir oft, obwohl das verkehrt ist, die Gutaussehenden.

Schlüsselexperiment: Attraktivität und Urteilsfindung von Geschworenen (Michael Efran)

Eine der denkwürdigsten und beunruhigendsten Studien über körperliche Attraktivität führte Michael Efran[1] von der University of Toronto im Jahre 1974 durch. Dabei ging Efran von der banalen Erkenntnis aus, daß die meisten Kulturen und Gesellschaften körperliche Attraktivität für wünschenswert halten und hoch bewerten, und daß diejenigen, die derart attraktive Vorzüge ihr eigen nennen, immer wieder in den Genuß von Privilegien kommen, die unattraktiven Menschen vorenthalten bleiben. Das faszinierende Thema, das Efran sich stellte, lautete: Wie weit reichen die Vorteile einer physischen Attraktivität? Können schöne Menschen sich alles erlauben?

Viele Rechtsanwälte hegen den Verdacht, daß Geschworene und Richter zu größerer Milde neigen, wenn der oder die Angeklagte attraktiv ist statt häßlich, jedoch zu weniger Milde, wenn das Opfer eines Verbrechens ein anziehendes Äußeres aufweist. In einem berühmten Fall im Jahr 1857 wurde Madeleine Smith, die junge, lebenslustige und schöne Tochter eines wohlhabenden schottischen Architekten, angeklagt, ihren Liebhaber Pierre L'Angelier mit Hilfe von Arsen ermordet zu haben. Dies allein war schon schockierend genug, aber die schottische Gesellschaft empörte sich noch mehr, als aus Madeleines Tagebüchern hervorging, daß sie ihre sexuellen Beziehungen auch noch weidlich genossen hatte. Trotz der Tatsache, daß sie die einzige Person war, die durch seinen Tod profitierte (er hatte ihr mit Erpressung gedroht, wenn sie ihn nicht heiratete), und daß sie erwiesenermaßen bei drei verschiedenen Gelegenheiten Arsen gekauft hatte, sprachen die Geschworenen sie »in Ermangelung von Beweisen« frei.

Denken wir doch einmal an unsere stereotype Vorstellung vom Verbrecher. Wenn man die Augen schließt und sich einen typischen Verbrecher vorstellt, wird man wahrscheinlich eher einen häßlichen oder irgendwie mißgestalteten Menschen vor sich sehen als einen schönen und wohlgebauten. Sir Francis Galton, der begabte Wissenschaftler aus dem viktorianischen Zeitalter, behauptete, daß in den kriminellen Bevölkerungsgruppierungen »grobe Gesichter von niedrigem Typus« vorherrschten, und den Nachweis hierfür erbrachte er mit Hilfe eines bestimmten Porträtverfahrens, bei dem mehrere Gesichter übereinandergelegt werden. Diese Porträts von Dieben und Männern, die damals wegen Mordes und anderer Verbre-

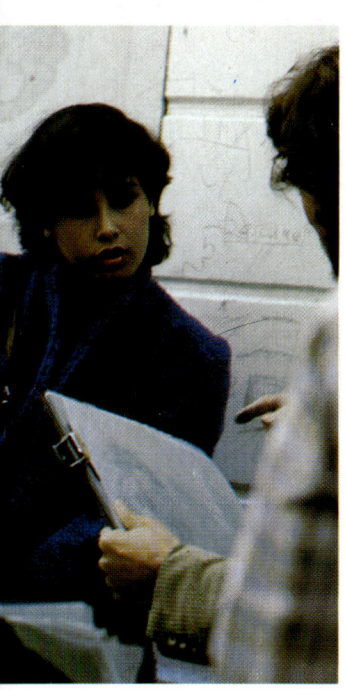

Eine Straßenumfrage, bei der es um Reaktionen auf Gesichtstypen ging.

chen lange Haftstrafen absaßen, machen auf den Betrachter einen ziemlich unangenehmen Eindruck, obgleich Sir Francis Galton offenbar ziemlich enttäuscht war, als er zugeben mußte, daß die Sträflinge von sich selbst derartige Porträts produzierten, die »nichts Gemeines erkennen ließen«.

Efran hatte den Eindruck, daß Urteile von Geschworenen sehr wohl von der physischen Attraktivität des oder der Angeklagten beeinflußt werden. Er begann mit einer Untersuchung, in der eine große Anzahl von Studenten befragt wurde, ob sie der Ansicht seien, daß Geschworene von der physischen Attraktivität eines Angeklagten beeinflußt werden sollten; sie wurden außerdem gefragt, ob der Charakter und die Geschichte des Angeklagten berücksichtigt werden müßte. Die Antworten auf diese beiden Fragen fielen auffallend unterschiedlich aus: 79 Prozent meinten, daß die Geschworenen den Charakter des Angeklagten in Betracht ziehen sollten, während nur 7 Prozent glaubten, daß physische Attraktivität eine Rolle in Gerichtsurteilen spielen dürfte.

Wenn man davon ausgeht, daß die meisten Menschen fest überzeugt sind, daß das Aussehen des Angeklagten unerheblich ist, ist es vermutlich sehr schwierig (wenn nicht unmöglich) nachzuweisen, daß Geschworene durch die äußere Erscheinung des Angeklagten beeinflußt werden. Michael Efran stellte jedoch eine ausgesprochene Beeinflussung fest. Schein-Geschworenengerichte wurden gebildet, von denen manche nur aus Männern und andere nur aus Frauen bestanden, und die Geschworenen sollten sich vorstellen, daß sie studentische Teilnehmer eines aus Studenten und Fakultät bestehenden gerichtlichen Verhörs eines Studenten seien, der des Betrugs in einer Prüfung angeklagt war. Die Indizien erlaubten keinen Schluß, da der Beschuldigte zwar gesehen wurde, wie er während der Prüfung mit einem anderen Studenten redete, doch wurde die Unterhaltung von niemandem mitgehört. Der Beschuldigte war einmal ein Er, ein anderes Mal eine Sie, und den Geschworenen wurde jeweils ein attraktives oder unattraktives Foto gezeigt. Ihre Aufgabe war, über die Gewißheit der Schuld und die Härte der Strafe zu befinden.

Efrans wichtigste Entdeckungen betrafen die Auswirkung der physischen Attraktivität auf die Entscheidungen der Geschworenen. Trotz ihrer ausdrücklichen Meinung, daß physische Attraktivität keine Rolle spielen dürfe, zeigten sich die Geschworenen in bezug auf die Schuld von attraktiven Angeklagten weniger sicher.

Diese Studie Efrans wirft wie alle guten Untersuchungen mehr Fragen auf, als sie beantwortet. Die wichtigste Frage ist die, ob echte Geschworene in einem echten Prozeß ihre Urteile auf dieselbe Weise treffen würden wie Schein-Geschworene in einem hypothetischen Fall. Wenn ja, wäre einiges zu fürchten.

In einer genialen Untersuchung wurden zwei »experimentelle« Geschworenengerichte gebildet, die echte Prozesse zusammen mit wirklichen Geschworenen beobachteten. Die wirklichen Geschworenen waren weniger geneigt, den Angeklagten schuldig zu sprechen als der Richter oder die beiden »experimentellen« Geschworenengruppen. Wenn die Wahrscheinlichkeit besteht, daß ein Schuldspruch äußerst ernste Folgen hat, sind Geschworene vielleicht vorsichtiger. Da die meisten Menschen sich jedoch nicht bewußt sind, daß die Attraktivität des Angeklagten ihr Urteil möglicherweise beeinflußt, können wir auch nicht annehmen, daß die Attraktivität die Urteile echter Geschworener unbeeinflußt läßt.

Es ist natürlich besorgniserregend, daß unattraktive Menschen Gefahr laufen, von Geschworenen weniger nachsichtig behandelt zu werden als attraktive Leute. Die meisten uns zugänglichen Untersuchungen deuten jedoch darauf hin, daß physische Attraktivität wenig oder gar keinen Einfluß auf Geschworene hat, wenn es sich um Kapitalverbrechen handelt.

Eine weitere Frage, die sich aus Efrans Untersuchung ergibt, lautet, ob auch die Attraktivität des Opfers die Entscheidungen der Geschworenen beeinflussen kann. Billy Thornton von der University of Maine untersuchte das Affektverbrechen der Vergewaltigung hinsichtlich des potentiellen Einflusses, den die physische Attraktivität des Opfers auf das Urteil einer Gruppe von Schein-Geschworenen ausübt. Übereinstimmend mit der stereotypen Geschlechterrolle neigten weibliche Geschworene mehr dazu, den Angeklagten zu verurteilen, als männliche Geschworene. Die Attraktivität des Opfers hatte keinen Einfluß auf das Urteil der Geschworenen hinsichtlich der Glaubwürdigkeit des Zeugnisses der Frau oder des Ausmaßes ihres Mitverschuldens; der angeklagte Mann hingegen wurde zu einer längeren Gefängnisstrafe verurteilt, wenn das Opfer hübsch war und nicht reizlos.

In einer anderen Studie versuchte man, den Schein-Prozeß realistischer zu gestalten. Den Geschworenen wurde eine Stunde lang ein Tonband von einem Fall vorgespielt, bei dem es sich um einen fahrlässig verschuldeten Autounfall handelte; zugleich wurden ihnen Lichtbilder des Klägers und des Beklagten gezeigt. War der Kläger unattraktiv und der Beklagte attraktiv, entschieden nur 17 Prozent der Urteile zugunsten des Klägers, und dieser erhielt nur eine durchschnittliche Entschädigungssumme von 5500 Dollar; war der Kläger jedoch attraktiv und der Beklagte unattraktiv, so betrugen die entsprechenden Daten 49 Prozent und 10 000 Dollar. Und demjenigen der hat, soll gegeben werden . . .

Diese Voreingenommenheit, der man im Hinblick auf Kläger und Beklagte begegnet, fordert einen zur Ursachenforschung geradezu heraus, zumal es eine ganze Menge Leute gibt, die fest und steif behaupten, daß sie sich niemals durch die äußere Erscheinung von Kläger oder Beklagtem beeinflussen lassen würden. Sie würden, so hören wir, mit größtmöglicher Unparteilichkeit auf Schuldig oder Unschuldig erkennen. Aber vielleicht sind wir einer attraktiven Frau gegenüber deshalb nachsichtiger als gegenüber einem Mauerblümchen, weil wir in ihr von vornherein positive Qualitäten vermuten, die uns wiederum folgern lassen, daß diese Frau künftig – im Gegensatz zu ihrer häßlichen Geschlechtsgenossin – wohl nie wieder straffällig werden würde.

Die Vorstellung, daß attraktive Frauen nur deshalb milde behandelt werden, weil wir von ihnen erwarten, daß sie den Fehltritt nicht noch einmal begehen, kann getestet werden, indem wir Verbrechen betrachten, die sehr gutaussehende Leute mit größerer Wahrscheinlichkeit wieder begehen würden als unattraktive. Stellen wir uns zum Beispiel vor, daß eine Frau sich an einen Junggesellen in mittleren Jahren heranmacht und ihn überredet, eine erhebliche Geldsumme in eine nicht existierende Firma zu investieren, und daß sie daraufhin des Diebstahls und der Geldbeschaffung unter Vorspiegelung falscher Tatsachen angeklagt wird. Wir stimmen vermutlich alle überein, daß Junggesellen in mittleren Jahren sich ihr Geld leichter von attraktiven als von reizlosen Frauen abnehmen lassen. Da es für eine schöne Frau leichter ist, durch Betrug zu Geld zu kommen, wird sie ihren Trick eher wiederholen als eine unattraktive Frau. Aufgrund dieser Erwägung bestraften die Schein-Geschworenen die schöne Betrügerin härter als die weniger schöne.

Trotz dieser Entdeckung liegt es auf der Hand, daß unter den meisten Umständen attraktive Erwachsene im Zweifelsfall begünstigt werden. Laut Karen Dion hat diese Tendenz ihren Ursprung in der frühen Kindheit. Sie gab Studentinnen einen kurzen schriftlichen Bericht über das Fehlverhalten (physische Aggression gegenüber einem anderen Kind oder einem Tier) eines siebenjährigen Kindes. Das Kind wurde eher für schuldig befunden, wenn es häßlich war, und seine Verfehlungen wurden strenger beurteilt, als wenn diese von einem attraktiven Kind begangen wurden. Wenn die geschilderte Aggression ernsthafter Natur war, neigten die Studentinnen mehr dazu, dem unattraktiven Kind eine antisoziale Anlage zu bescheinigen als dem attraktiven Kind, und sie waren außerdem der Ansicht, daß unattraktive Kinder sich künftig eher eine solche Verfehlung zuschulden kommen lassen würden als gutaussehende Kinder.

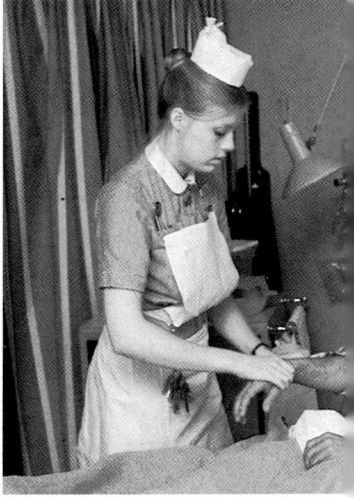

In diesem Zusammenhang könnte man natürlich mit dem Argument aufwarten, wonach die Attraktivität eines Angeklagten nur in solchen Fällen die Wirkungsweise der Justiz beeinflusse, in denen die Beweislage zwiespältig und unklar ist. Das aber wiederum sind genau die Fälle, die am häufigsten vor Gericht kommen, denn jeder Angeklagte, der unter einer erdrückenden Beweislast steht, neigt in der Regel dazu, sich schuldig zu bekennen. Wäre es also sinnvoll, Geschworene vor einer möglichen Voreingenommenheit aufgrund der vorhandenen oder nicht vorhandenen Attraktivität von Angeklagten und Opfern zu warnen? In einem Fall von fahrlässigem Totschlag verpflichteten sich Geschworene ausdrücklich zur Unparteilichkeit; danach teilten sie den sozial und physisch unattraktiven Angeklagten sogar *weniger* harte Strafen zu als allgemein attraktiven Angeklagten. Es scheint

Eine gegen die Nachteile und Härten physischer Unattraktivität abgeklärte alte Frau.

Wenige Leute sehen im Krankenhaus besonders gut aus.

Ein hübsches Kind wächst in einer nachsichtigeren und freundlicheren Welt auf als ein unscheinbares Kind.

daher so zu sein, daß die bewußte Ausschaltung von Voreingenommenheit eine »umgekehrte« Voreingenommenheit zur Folge hätte.

Das Handicap der Unattraktivität

Es ist schon oft überzeugend nachgewiesen worden, daß physisch attraktive Menschen in verschiedenster Hinsicht als überragender gelten als physisch unattraktive Menschen. Die erstgenannten sollen aufgeweckter, zuversichtlicher, selbstbewußter, glücklicher, liebenswürdiger, humorvoller, flexibler, freundlicher, anregender, intelligenter und begabter sein als die Vertreter der zweiten Kategorie. Auch weist einiges darauf hin, daß attraktive Menschen sich selbst in einem doch etwas schmeichelhaften Licht sehen. Und nicht zuletzt haben attraktive Leute wesentlich mehr amouröse Verabredungen als unattraktive, und ihre Meinung gilt mehr, und ihre Umwelt überhaupt unterstützt sie wesentlich bereitwilliger.

Alles in allem ist es also so, daß für gut gehalten wird, was schön ist. Es gibt jedoch eine große Ausnahme zu dieser Ansicht, die vielleicht auf Gefühle der Eifersucht zurückgeht. Unattraktive Frauen schreiben schönen Frauen *keine* bessere soziale Persönlichkeit zu als unscheinbaren Frauen. Sie halten schöne Frauen für eitel, selbstsüchtig, für unfähige Mütter, für statusbewußt, snobistisch und ohne Beziehung zu den weniger Privilegierten; sie trauen ihnen außereheliche Beziehungen und den Wunsch nach einer Scheidung eher zu.

Im allgemeinen leben die schönen Menschen dieser Erde in einer angenehmeren, nachsichtigeren und hilfsbereiteren Welt als unscheinbare Menschen. Unattraktive haben es schwerer, sich ihren Lebensbedingungen anzupassen. Amerigo Farina und seine Mitarbeiter an der University of Connecticut dachten diese Vorstellung logisch zu Ende und untersuchten die Frage, ob physische Unattraktivität indirekt zu geistigen Erkrankungen mit beitragen könnte. Das erste Problem, auf das sie im Kontext dieser Untersuchung stießen, bestand darin, daß die Belegschaft der in Frage kommenden Nervenklinik eine gewisse Feindseligkeit an den Tag legte, denn manche Ärzte und Pfleger empfanden es als ungehörig, den Leuten, die sowieso schon emotional labil und nicht sonderlich anpassungsfähig waren, auch noch nachzuweisen, daß sie häßlich seien.

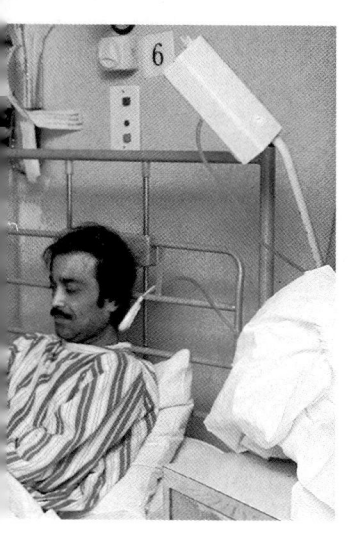

Farina entdeckte, daß weibliche Geistesgestörte tatsächlich weniger attraktiv erscheinen als Frauen beim Einkaufen oder weibliche Universitätsangestellte. Natürlich läßt sich anführen, daß Patientinnen einer Nervenklinik weniger Gelegenheit oder auch Lust haben, ihr Äußeres zu pflegen, als andere Frauen. Dennoch waren unter den unattraktivsten Patientinnen mehr anzutreffen, die schon öfter in eine Klinik eingewiesen wurden, als unter den attraktiveren; auch hatten die unattraktivsten während ihres gegenwärtigen Aufenthalts schon mehr Tage in der Klinik verbracht, und die Diagnose auf eine ernsthafte Störung oder auf Schizophrenie war bei ihnen eher gegeben. Die weniger attraktiven Patientinnen wurden auch als weniger angenehm beurteilt. Sie hatten weniger Umgang mit anderen Leuten und wurden seltener besucht.

Natürlich wäre es lächerlich anzunehmen, daß physische Unattraktivität der einzige oder auch nur der wichtigste Faktor bei geistigen Erkrankungen wäre. Es ist jedoch plausibel, daß Menschen, die bereits Probleme haben (Angst, unzureichende soziale Anpassung), diese noch stärker erleben, wenn sie mit dem zusätzlichen Problem physischer Unattraktivität fertig werden müssen.

Wenn die Probleme, sich in der Gesellschaft zurechtzufinden, für die physisch unattraktiven größer sind, dann könnte die plastische Chirurgie unter bestimmten Umständen eine Hilfe sein. Bei einer in New York durchgeführten Untersuchung wurden an Strafgefangenen, die an verschiedenen Entstellungen litten, kosmetische Eingriffe vorgenommen. 56 Prozent der Strafgefangenen, die nicht operiert worden waren, wurden erneut straffällig, verglichen mit nur 30 Prozent von denen, die eine kosmetische Operation erhalten hatten. Kosmetische Chirurgie war eine besondere Hilfe für diejenigen, die im Gesicht entstellt waren, und schien die Täter zu motivieren, auch andere Aspekte ihrer Persönlichkeit ändern zu wollen.

Gleich zu gleich gesellt sich gern: sie sind sich ebenbürtig, was ihre physische Attraktivität betrifft.

Junge trifft Mädchen

Eine Situation, in der die äußere Erscheinung bekanntlich sehr wichtig ist, ist ein Flirt. Wenn man sich jedoch an das hält, was die Leute sagen, dann spielt das Aussehen dabei keineswegs eine so bedeutende Rolle wie andere Attribute. Studenten beiderlei Geschlechts führten an, daß das wichtigste Attribut eines potentiellen Flirts die Persönlichkeit des oder der Betreffenden sei, danach kommen der Charakter, das Aussehen und später erst (also viel weiter unten auf der Skala) die Intelligenz.

Es ist interessant, daß sich die Menschen häufig offenbar überhaupt nicht bewußt werden, wie sehr die äußere Attraktivität anderer ihr Verhalten wirklich beeinflußt. Dies gilt anscheinend für viele Situationen, den Flirt miteingeschlossen.[2] Einmal wurde ein Tanzabend für Studenten im ersten Semester an der University of Minnesota veranstaltet, bei dem die je nach ihren Interessen und ihrer Persönlichkeit zueinander passenden Paare angeblich per Computer ausgewählt worden waren. Als die Tanzerei fast drei Stunden voll im Gang war, wurden alle Studenten gefragt, wie ihnen ihre Partner gefielen, ob sie noch einmal mit ihnen ausgehen würden usw. Für die Männer wie für die Frauen war die physische Attraktivität des Partners der allein entscheidende Faktor bei der Frage, wie er oder sie ihnen gefiel. Persönlichkeit zählte wenig, und die Studenten mit guten akademischen Leistungen waren weniger beliebt als die akademisch schwächeren.

Vielleicht zählt das Aussehen bei der ersten Begegnung mehr als später, wenn man sich besser kennt. Manche Zyniker behaupten, daß ein Flirt eine Art Geschäft sei: jeder versucht die soziale Interaktion so profitabel als möglich zu gestalten, wobei Profit als der einer sozialen Interaktion entspringende Lohn definiert wird, abzüglich der zu entrichtenden Kosten. Daher muß ein Mädchen, für das ein Verehrer eine Strecke von fünf Meilen in Kauf nimmt, um es zu besuchen, schon ungewöhnlich attraktiv sein, um eine Fahrt von fünfzig Meilen zu gewährleisten. Wenn physische Attraktivität eine »Belohnung« darstellt, dann gibt es einen Ausgleich, wenn zwei Leute annähernd gleich attraktiv sind. Verlobte und verheiratete Paare zeigen in der Tat die Tendenz, vom Aussehen her ähnlich anziehend zu sein, obwohl es Ausnahmen gibt. Sophia Loren ist bestimmt schöner als ihr Ehemann Carlo Ponti; der jedoch bietet eine andere Art von »Belohnung« in Form von Talent und Reichtum, die als Ausgleich wirkt. So profitieren beide in gleichem Maße.

Die Tatsache, daß ein attraktiver Partner sich gern dem anderen zuwendet und daß das Sprichwort »Gleich zu gleich gesellt sich gern« auch auf diesem Gebiet gilt, leuchtet wohl ein, doch bleiben trotzdem einige Fragen offen. Denn schließlich ist es doch so, daß jeder Mensch die attraktivsten Vertreter des anderen Geschlechts am meisten begehrt, was uns sogleich auf die Frage bringt, weshalb dann unattraktive Männer häßliche Frauen und unansehnliche Frauen unattraktive Männer heiraten. Die Antwort dürfte wohl die sein, daß unsere Wahl nicht so sehr bestimmt wird durch das, was wir uns wünschen, als durch das, was wir bekommen können. Der Wunsch, den Mount Everest zu besteigen, ist purer Nonsense für den, der keine Bergsteigerausrüstung besitzt, oder etwa nicht?

Soziologen haben festgestellt, daß Attraktivität die soziale Mobilität erleichtert. Mädchen aus der Arbeiterschicht, die »über ihrem Stand« heiraten, sind äußerlich viel attraktiver als andere. Diese nach oben mobilen Mädchen werfen ihr Netz viel weiter und wählerischer aus als andere Mädchen ihres Alters: es ist viel weniger wahrscheinlich, daß sie sich schon in der Schule an einen Jungen binden, und sie sind nach eigenen Angaben während der Schulzeit viel weniger sexuell aktiv (10 Prozent gegenüber 70 Prozent der nicht-mobilen Mädchen).

Das richtige Gesicht für den richtigen Job

Schließlich spielt physische Attraktivität auch oft eine entscheidende Rolle auf dem Stellenmarkt. Robert Dipboye und seine Mitarbeiter an der University of Tennessee forderten Collegestudenten auf, die Qualifikationen von 12 Bewerbern und Bewerberinnen für die Stelle eines künftigen Verkaufsleiters auszuwerten. Den Studenten wurde eine knappe Beschreibung der Qualifikationen und ein Foto der Bewerber gegeben, und die meisten hätten einen physisch attraktiven Mann mit hohen Qualifikationen angestellt. Als sie aufgefordert wurden, nur einen Kandidaten auszuwählen, wählten 11 Prozent den hochqualifizierten, unattraktiven Mann, während 35 Prozent den hochqualifizierten, attraktiven männlichen Bewerber wählten. Dann sollten die Studenten annehmen, daß sie alle Bewerber angestellt hätten, und ein angemessenes Anfangsgehalt vorschlagen. Höhere Gehälter wurden für die Hochqualifizierten, für die Männer allgemein und für die gutaussehenden Bewerber angesetzt.

Carlo Ponti und Sofia Loren: eine Verbindung zweier sehr unterschiedlicher Talente, von der jedoch beide in ähnlichem Umfang profitieren.

In einer Studie, in der Collegestudenten und echte Personalleiter verschiedene Bewerber für die Stellung eines Abteilungsleiters in der Möbelabteilung eines großen Kaufhauses im Zentrum einer Großstadt interviewten, wurden attraktive Bewerber fast immer unattraktiven Bewerbern mit gleichwertiger Ausbildung vorgezogen; dies galt genau so für die echten Personalchefs wie für die Studenten.

Eine interessante Ausnahme stellten Thomas Cash und seine Mitarbeiter fest. Sie fanden, daß attraktive Männer gegenüber unattraktiven Männern im Vorteil sind, wenn sie sich um »Männer«posten bewerben (Autoverkäufer, Leiter einer Versandabteilung), jedoch nicht, wenn sie sich um »weibliche« Stellen bewerben (Telefonist, Rezeptionist). In ähnlicher Weise wurden attraktive Frauen gegenüber unattraktiven für »weibliche« Stellungen vorgezogen, nicht aber für Männerjobs.

Folgerungen

Es ist zwar allgemein bekannt, daß physische Attraktivität eine wichtige Rolle bei ersten Begegnungen zwischen Männern und Frauen spielt, aber nur wenige erfassen, wie weitreichend diese Beeinflussung wirklich ist. Äußerlich anziehende Menschen werden von Geschworenen nachsichtiger behandelt als unattraktive, sie laufen weniger Gefahr, geisteskrank zu werden, sie sind sozial mobiler, und sie nehmen potentielle Arbeitgeber mehr für sich ein. Es erscheint unfair, daß die Attraktiven alle diese wichtigen Vorteile genießen. Der erste Schritt zur Verbesserung der Situation besteht darin, die Tatsachen klarzustellen, und dies haben wir in diesem Kapitel getan, wenn auch notgedrungen in knapper Form. Als nächstes stellt sich die Aufgabe, so viele Leute wie möglich über die Gefahren der Diskriminierung von physisch unattraktiven Mitmenschen aufzuklären.

3 Die Gefahren des Gehorsams

So gut wie jede Gesellschaft entwickelt hierarchische Strukturen, in denen bestimmte Menschen Macht und Autorität über andere ausüben. So besitzen z. B. in unserer Gesellschaft Eltern, Betriebsräte, Schuldirektoren und Geschäftsführer Autorität in verschiedenem Ausmaß. Die Beziehung zwischen diesen Autoritätspersonen und ihren Untergebenen führt fast zwangsläufig zu moralischen Konflikten. Ein Musterbeispiel hierfür ist die Geschichte von Abraham, der von Gott den Befehl erhielt, er solle seinen Sohn Isaak töten. Abrahams Dilemma bestand darin, daß er Gott und seinen, Abrahams, Sohn gleichermaßen liebte, was freilich nicht hinderte, daß er nun eine dieser beiden Beziehungen verraten mußte. Wie weit durfte sein Gehorsam gegenüber Gott gehen?

Ein ähnlicher Konflikt stellt sich ein, wenn Soldaten im Krieg den Befehl erhalten, wehrlose Zivilisten zu töten, wie es in Vietnam geschah, als Leutnant Calley das Massaker an der Zivilbevölkerung in My Lai anordnete. Calleys Verteidigung stützte sich auf die Behauptung, daß er den Befehlen seiner Vorgesetzten nachgekommen sei – mit anderen Worten, daß er lediglich »seine Pflicht erfüllt« hatte. Der Konflikt des Soldaten besteht zwischen den Erfordernissen der militärischen Disziplin und seiner Achtung vor dem Leben.

Schlüsselexperiment: Gehorsam und Autorität (Stanley Milgram)

Die wichtigste und bekannteste Untersuchung über das Problem Gehorsam und Autorität wurde von Stanley Milgram[1,2] an der Yale University zwischen 1960 und 1963 durchgeführt. Diese Arbeit erzielte eine so nachhaltige Wirkung, daß Milgram im Jahre 1964 mit dem Socio-Psychological Prize der American Association for the Advancement of Science ausgezeichnet wurde.

Einer der zahlreichen faszinierenden Aspekte der Milgramschen Untersuchung besteht darin, daß die Resultate nicht nur ihn selbst, sondern auch seine Kollegen überraschten, vom allgemeinen Publikum ganz zu schweigen. Auch war es so, daß bei dieser Forschungsarbeit der so gern gegen die Psychologie erhobene Vorwurf entfiel, wonach deren experimentelle Befunde in der Regel nur das bestätigen, was dem gesunden Menschenverstand schon seit langem bekannt ist. Für diejenigen, die mit Milgrams Arbeit nicht vertraut sind, dürfte es interessant sein abzuschätzen, wie groß der Gehorsam war, der von einem breiten Spektrum von Individuen verschiedener Altersstufen und Berufe, die an dem folgenden Experiment teilnahmen, der Autorität des Versuchsleiters entgegengebracht wurde.

Stellen Sie sich vor, Sie wären eben in der Yale University angekommen, um an einem Experiment über Lernen und Behalten teilzunehmen. Sie gehen in ein Zimmer, wo Sie von einem 31jährigen Biologielehrer, dem Versuchsleiter, empfangen werden, dessen Benehmen während des ganzen Experiments ziemlich streng ist. Die zweite Person in dem Raum ist ebenfalls hier, um an dem Experiment teilzunehmen. Es ist ein rundlicher, 47jähriger Buchhalter irisch-amerikanischer Abstammung, ein sympathischer Mann mit angenehmen Manieren.

Der Versuchsleiter sagt Ihnen, daß er an der Auswirkung von Strafe auf die Lernfähigkeit interessiert ist. Durch Los wird entschieden, daß der Buchhalter der Lernende und Sie der Lehrer sein sollen. Sie gehen alle in das Nebenzimmer, wo der Lernende an einen Apparat, einen »elektrischen Stuhl«, geschnallt und wo eine Elektrode an seinem Handgelenk befestigt wird. Dann wird eine Elektrodensalbe aufgetragen, »um Blasen und Verbrennungen zu verhindern«. Ihnen wird gesagt, daß die Elektrode an ein Elektroschockgerät in der Nähe angeschlossen ist.

Sie gehen dann in ein anderes Zimmer, wo ein Elektroschockerzeuger steht. Dieser hat 30 Schalthebel, von denen jeder mit einer Stromstärke von 15 bis 450 Volt gekennzeichnet ist. Gruppen von je vier Hebeln mit steigender Voltstärke haben die folgenden Etiketten: Leichter Schock, Mittlerer Schock, Starker Schock, Sehr Starker Schock, Intensiver Schock, Extrem Intensiver Schock und – Gefahr: Heftiger Schock. Die letzten beiden Schalthebel tragen einfach die Bezeichnung XXX.

Ihnen wird gesagt, daß Sie dem Lernenden jedesmal einen Schock verabreichen sollen, wenn er eine falsche Antwort auf eine Frage gibt, und Sie werden angewiesen, »jedesmal, wenn der Lernende wieder falsch antwortet, am Schockgenerator eine Stufe höherzugehen«. Außerdem wird Ihnen gesagt, daß die Schocks zwar außerordentlich schmerzhaft sein können, jedoch keine bleibenden Schädigungen des Gewebes verursachen. Ihnen selbst wird probeweise ein Schock von 45 Volt gegeben, um zu demonstrieren, daß die Geräte funktionieren.

Im Verlauf der Aufgaben macht der Lernende eine Anzahl von Fehlern und erhält immer intensivere Elektroschocks. Wenn er Elektroschocks von 75, 90 und 105 Volt verabreicht bekommt, gibt er lediglich ein Stöhnen von sich. Doch bei 120 Volt signalisiert er dem Versuchsleiter, daß die Schocks nun aber doch schmerzhaft werden. Bei 150 Volt ruft er: »Versuchsleiter, holen Sie mich hier raus! Ich will das Experiment nicht mehr mitmachen! Ich weigere mich, weiterzumachen!« Bei 180 Volt brüllt er: »Ich halte die Schmerzen nicht mehr aus!« und bei 270 Volt reagiert er mit einem gequälten Aufschrei. Danach hören Sie intensive Schmerzensschreie und vehemente Proteste, mit dem Experiment fortzufahren oder die Aufgaben zu beantworten. Wenn der Schock von 300 Volt erreicht ist, trommelt er an die Wand. Wenn Sie, der »Lehrer«, zu irgendeinem Zeitpunkt sagen, daß Sie das Experiment abbrechen wollen, sagt Ihnen der Versuchsleiter, daß Sie das nicht dürfen.

Was würden Sie in dieser unangenehmen Situation tun? Was, meinen Sie, würden andere Leute tun? Stanley Milgram legte diese beiden Fragen einigen Gruppen von Psychiatern, Studenten und Erwachsenen aus dem Mittelstand vor. Wenn sie ihr eigenes Verhalten voraussagten, erklärte jeder einzelne, daß er sich dem Versuchsleiter widersetzen und sich weigern würde, das Experiment fortzusetzen, entweder wenn die Schockstärke 300 Volt erreicht hätte oder, was die typische Aussage war, schon viel früher. Vermutlich weil der Mensch eine bessere Meinung von sich als von anderen hat, war bei dieser Befragung die Tendenz zu verzeichnen, daß andere Leute von vornherein geneigter wären, das Leiden des Lernenden zu

Seite 34: Autoritätspersonen haben im Verlauf der Geschichte immer wieder ihre Untergebenen und ihre Feinde brutal behandelt und entmenschlicht. Hitler tat dies in einem noch nie dagewesenen, barbarischen Ausmaß.

Ein Gefreiter, der von seinem Vorgesetzten abgekanzelt wird. Wieviel läßt er sich gefallen? Inwieweit erfordert es seine Soldatenpflicht, daß er nicht aufmuckt?

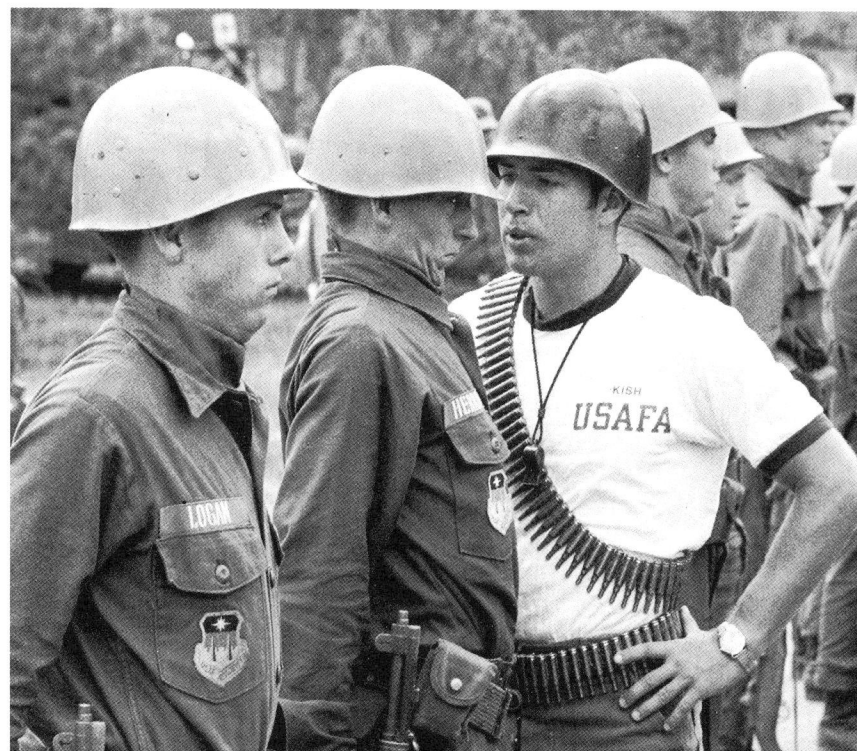

37

Der Papst, Nachfolger des heiligen Petrus und höchste moralische Autorität der römischkatholischen Gläubigen in der ganzen Welt. Das Veto des Vatikans zur Geburtenkontrolle hat akute moralische und soziale Konflikte erzeugt.

verlängern. So gab es zum Beispiel eine Gruppe von Psychiatern an einer Uniklinik, die vorhersagten, daß 3,73 Prozent der Versuchspersonen dem Versuchsleiter auch bei 300 Volt noch gehorchen würden, während es nur eine Person unter 1000 sein würde, die den »Mut« hätte, sich bis 450 Volt hinaufzuwagen.

Viele, denen die wirklichen Resultate nicht bekannt sind, würden voraussagen, daß nur der vereinzelte Psychopath oder Sadist bereit wäre, einer offensichtlich entsetzten und sich wehrenden Versuchsperson weiterhin Elektroschocks zu verabreichen. Milgram stellte jedoch fest, daß 62 Prozent der Personen, die den geschilderten Bedingungen tatsächlich ausgesetzt wurden, dem Versuchsleiter weiter gehorchten und bis zur Stufe von 450 Volt hinaufgingen. In der Tat waren 500mal mehr Individuen bereit, den maximalen Schock zu verabreichen, als die Gruppe der vorher befragten Psychiater vorhergesagt hatte!

Milgrams Ergebnisse stehen offensichtlich im Widerspruch zu dem, was man vernünftigerweise erwarten würde, und scheinen darauf hinzudeuten, daß Menschen zu extremen Zugeständnissen bereit sind, um den Befehlen einer höheren Autorität zu gehorchen. Denken wir jedoch daran, wie Menschen an ihrem Arbeitsplatz sich gegenüber ihren Vorgesetzten verhalten. Autoritätspersonen sagen oder tun ziemlich häufig etwas, das falsch oder unzulänglich ist, und trotzdem zögern Untergebene überall, ihre Entscheidungen in Frage zu stellen.

Die Milgram-Studie wurde aus ethischen Gründen angegriffen, und zwar nicht wegen der Schädigung des Lernenden, sondern wegen ihrer Auswirkung auf den Lehrer. Tatsächlich war der Lernende ein Mitarbeiter des Versuchsleiters und erhielt gar keine wirklichen Elektroschocks.

Aber die Auswirkungen des Experiments auf die »Lehrer« waren dramatisch. So ging z. B. bei einem 46jährigen Vertreter für Lexika das nervöse Lachen in so heftige Konvulsionen über, daß das Experiment abgebrochen werden mußte. Wie ein Beobachter berichtete: »Ich beobachtete einen gestandenen, ursprünglich gelassenen Geschäftsmann, der lächelnd und selbstsicher das Labor betrat. Innerhalb von 20 Minuten war er nur mehr ein zuckendes, stotterndes Wrack und näherte sich rapide dem Augenblick eines Nervenzusammenbruchs.«

Dies war kein Ausnahmefall. Viele Leute brachen in nervöses Gelächter aus, schwitzten, stöhnten, zitterten und gruben sich ihre Fingernägel ins Fleisch. Es nimmt nicht wunder, daß die Öffentlichkeit mit erheblichen Bedenken, ja, sogar mit Empörung die Frage stellte, ob es moralisch zu verantworten sei, Menschen einem solchen Konflikt auszusetzen. Haben Psychologen das Recht, irgendeinen Menschen zu einem »zuckenden, stotternden Wrack« zu reduzieren? Könnte die Selbsteinschätzung eines Menschen nicht dauerhaften Schaden leiden durch die

Erkenntnis, daß er bereit gewesen war, der Autorität des Versuchsleiters in einem so extremen Maße Folge zu leisten? Darüber hinaus argumentierte man, daß Milgrams Versuchspersonen ihr ganzes Vertrauen in den Versuchsleiter gesetzt hätten und davon ausgegangen seien, daß dieser auf eine ebenso umsichtige wie verantwortungsvolle Weise handeln würde; und wurde dieses Vertrauen nicht mißbraucht, indem die Versuchspersonen einer derart degradierenden Erfahrung ausgesetzt worden waren? Und schließlich beruhte das ganze Experiment auch noch auf einer Täuschung, einer Irreführung – eine Scheinsituation wurde als eine tatsächliche ausgegeben.

Mit einem Hornissennest moralischer Probleme konfrontiert, führte Milgram eine Reihe vernünftiger Gegenargumente an, um seine Forschungsarbeit zu rechtfertigen. Er wies darauf hin, daß dem Experiment eine volle Aufklärung folgte, wobei allen Teilnehmern gesagt wurde, daß der Lernende in Wirklichkeit keine gefährlichen Elektroschocks bekommen hatte; außerdem wurde ihnen der wahre Zweck des Experimentes dargelegt. 84 Prozent der Teilnehmer erklärten, daß sie froh seien, bei dem Experiment mitgemacht zu haben, 15 Prozent verhielten sich neutral, und nur eine Person von hundert drückte negative Gefühle aus. Eine weitere Befragung zeigte, daß vier Fünftel der Teilnehmer der Ansicht waren, daß mehr Experimente dieser Art durchgeführt werden sollten, und 74 Prozent sagten, daß sie eine wichtige Erfahrung gemacht hätten. Viele Partizipanten erklärten, daß sie künftig wesentlich mehr auf der Hut sein würden, wenn es um die Frage ginge, ob einer Autoritätsperson nun zu gehorchen sei oder nicht.

Ein weiteres Argument, das Milgram ins Feld führte, war, daß sich seine Kritiker weniger an der Täuschungsstrategie stießen, die seinem Experiment zugrunde lag, als an dem ungeschminkten Bild, das hier von der Natur des Menschen entstand. Wäre die Milgram-Studie Gegenstand öffentlicher Empörung geworden, wenn alle Teilnehmer beim ersten Anzeichen des Unbehagens seitens des Lernenden dem Versuchsleiter den Gehorsam verweigert hätten? Die Indizien widersprechen dieser Annahme. Verschiedenen Leuten wurde eine Beschreibung der Untersuchung gegeben; manchen wurde gesagt, daß die meisten Teilnehmer dem Versuchsleiter gehorcht, und den übrigen, daß die meisten nicht gehorcht hätten. Sie stuften das Experiment immer dann als schädlicher und als eine schlimmere Erfahrung ein, wenn ein hohes Maß an Gehorsam gegeben war. Obwohl viele Psychologen ethische Einwände gegen die Täuschung erhoben und geltend machten, daß es prinzipiell falsch sei, Teilnehmer eines Experiments irrezuführen, waren nur wenige Laienbeobachter der Meinung, daß das ethische Problem der Milgram-Studie in der Frage bestehe, ob die Teilnehmer getäuscht wurden oder nicht.

Das erschreckendste Ergebnis der Milgram-Studie liegt darin, daß die halbe Bevölkerung von Nordamerika entweder sadistisch oder psychopathisch oder beides zu sein scheint, was natürlich absurd ist, was immer wir auch auf dem Fernsehschirm sehen oder in den Zeitungen lesen. Als ähnliche Untersuchungen in Rom, Südafrika, Australien und München durchgeführt wurden, war das Maß an Gehorsam gegenüber dem Versuchsleiter sogar noch größer als das von Milgram festgestellte. Es erwies sich, daß 85 Prozent der Menschen, die in München getestet wurden, dem Versuchsleiter vollen Gehorsam leisteten.

Da über die Hälfte der Bevölkerung in den meisten Ländern offensichtlich bereit ist, anderen Menschen sehr starke Elektroschocks zu verabreichen, müssen die meisten gehorsamen Teilnehmer an ähnlichen Untersuchungen ganz gewöhnliche Leute sein.

Wenden wir uns nun drei von Milgrams Versuchspersonen zu. Eine unter ihnen war ein 39jähriger Sozialarbeiter, der von Milgram Morris Braverman genannt wurde; er hatte eine Glatze, ein eher ernstes Auftreten und machte den Eindruck eines intelligenten, teilnahmsvollen Menschen. Als die Intensität der Schocks sich steigerte, begann er zu kichern; allmählich wurde sein Gelächter, das offensichtlich von den Schreien des Lernenden ausgelöst wurde, insistenter und heftiger. Manchmal rieb er sich sogar sein Gesicht und versuchte, sein Lachen zu unterdrücken. Nachher schien er sein Verhalten ziemlich verwirrend zu finden: »Meine Reaktionen waren äußerst merkwürdig ... Ich mußte kichern und versuchte mein Lachen zu ersticken. Für gewöhnlich bin ich nicht so ... Und dabei reagierte ich auf eine

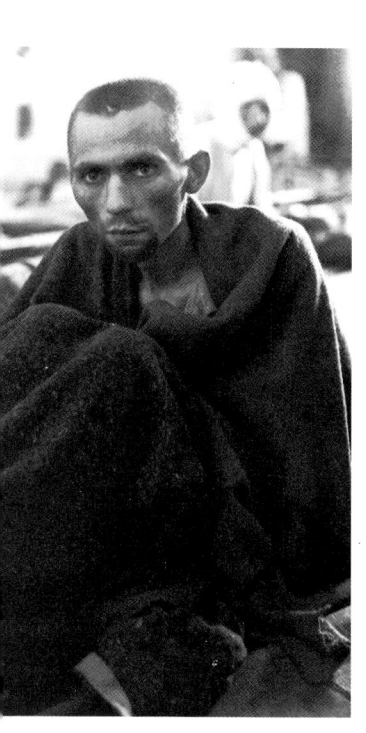

Ein Flüchtling, das Opfer eines Gewaltregimes und derjenigen, die sich gehorsam an der Unterdrückung beteiligen.

»Legale« Gewalttätigkeit aufgrund der Meinung, daß Macht und Uniform immer im Recht sind.

Situation, in der ich einen Menschen verletzen mußte. Und ich war völlig hilflos und in Umstände verstrickt, wo ich einfach mitmachen mußte und nicht versuchen konnte zu helfen. Das hat mich fertig gemacht.«

Eine gehorsame Teilnehmerin war auch eine Hausfrau, die Milgram Mrs. Elinor Rosenblum nannte. Mrs. Rosenblum war stolz darauf, daß sie vor etwas mehr als 20 Jahren ein Studium an der University of Wisconsin absolviert hatte. Einmal in der Woche arbeitete sie ehrenamtlich mit Gruppen jugendlicher Verbrecher und war auch in der Pfadfinderorganisation am Ort tätig. Sie sprach unentwegt von ihren sozialen Leistungen und hatte eine angenehme, wenn auch etwas geschwätzige Art. Während des Experiments sagte sie zwar ständig, daß sie zittere, fuhr aber trotzdem fort und verabreichte schließlich den Schock von 450 Volt. Als sie gefragt wurde, welch maximalen Schock sie bereit wäre, über sich ergehen zu lassen, antwortete sie entrüstet: »Fünfzehn Volt. Aber das halte ich gar nicht für nötig. Fünfzehn, wenn überhaupt, und nicht einmal den möchte ich haben. Ich halte es nicht für nötig.« Sie beschrieb ihre Gefühle während des Experiments mit den folgenden Worten: »Jedesmal, wenn ich den Hebel drückte, starb ich. Haben Sie gesehen, wie ich zitterte? Es brachte mich einfach um, wenn ich daran dachte, daß ich dem armen Mann Elektroschocks geben mußte.« Aber offenbar kam die gute Frau von alleine nicht darauf, daß es doch wider alle Vernunft und Menschlichkeit sei, wenn man einem anderen einen Elektroschock verpaßt, der dreißigmal so stark ist als jener Schock, den sie selbst eben noch zu ertragen bereit schien!

Ein besonders bemerkenswerter Fall totalen Gehorsams war der von Pasqual Gino, einem 43jährigen Wasserinspektor italienischer Herkunft. Er machte weiter bis zum Ende der Schockreihe. Als der Lernende keine Antworten auf die Aufgaben mehr gab, sagte er sich, wie er später berichtete: »Mein Gott, er ist tot; na ja, kann man nichts machen, geben wir ihm den Rest. Und ich machte einfach weiter bis 450 Volt.« Zwar war er erleichtert, als er nach dem Experiment entdeckte, daß der Lernende noch am Leben war, doch gab er zu erkennen, daß es ihn nicht berührt hätte, wenn der Lernende tatsächlich gestorben wäre, denn schließlich erledigte er selbst ja nur eine ihm aufgetragene Aufgabe.

Worin das Milgram-Experiment wirklich erfolgreich war, war die Schaffung einer Konfliktsituation, in der die Versuchsperson sich zweierlei Kräften ausgesetzt sah – die einen drängten sie zum Gehorsam, während die anderen den Ungehorsam forderten. In unserer Kultur wird die Notwendigkeit des Gehorsams gegenüber einer Autorität stark betont mit der Begründung, daß eine funktionierende, gut organisierte Gesellschaft nur dann existieren kann, wenn sie eine stabile Hierarchie besitzt, in der manche Menschen Macht und Autorität über andere ausüben. Die meisten Gesellschaften versuchen den Gehorsam sicherzustellen, indem sie das gehorsame Individuum in der Hierarchie eine Stufe weiter nach oben befördern. Dies ist doppelt clever insofern, als das Individuum für seinen Gehorsam belohnt wird und motiviert ist, zur nächsten Stufe hinaufzugelangen, und auf diese Weise wird die Hierarchie selbst erhalten und gestärkt. In der Milgram-Studie stellt der Versuchsleiter eine Autoritätsperson dar. Seine Autorität wird dadurch verstärkt, daß er einen besonderen Mantel trägt und mit der Yale University zu tun hat, und daß ihn eine gewisse Wissensaura umgibt, aus der man schließen möchte, daß er sich in menschlichen Verhaltensweisen gut auskennt und über das durchzuführende Experiment bestens informiert ist. In unserem eigenen Alltag vertrauen wir uns, wenn wir krank sind, dem Arzt an, und wenn wir Geld anlegen wollen, wenden wir uns an einen Finanzberater und so fort. Wir alle verlassen uns vielleicht allzu sehr auf die Meinung von Autoritätspersonen, und so erging es auch den Milgramschen Versuchspersonen.

Andererseits unternimmt der »Lernende« in der Milgram-Studie alles, um die Versuchsperson davon abzubringen, ihm weitere Schocks zu verabreichen. Er schreit, er fleht die Versuchsperson an, doch aufzuhören, und in einigen Fällen erklärt er sogar, daß er einen Herzfehler habe. Doch können die Teilnehmer nicht sowohl den Versuchsleiter als auch das »Opfer« befriedigen, und dieser Konflikt verursacht die Spannung und das nervöse Lachen.

Aus dieser Analyse des Milgram-Experiments geht hervor, daß der Gehorsam gegenüber dem Versuchsleiter reduziert werden könnte, indem man entweder die

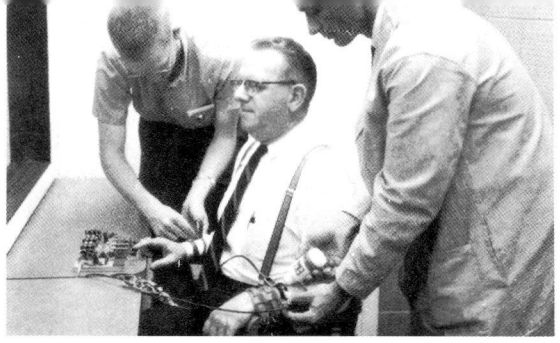
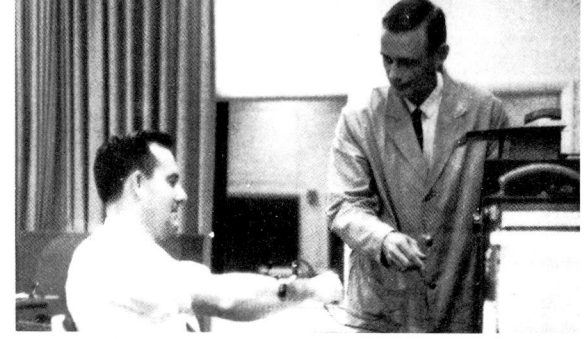

Links oben: Das »Opfer« von Milgrams Experiment wird an den Schock-Generator angeschlossen.

Rechts oben: Im Nebenraum gibt der »Lehrer« sich selbst einen leichten elektrischen Schock, um sich zu überzeugen, daß der Apparat wirklich funktioniert.

Links unten: Die Schreie des »Opfers« sind durch die Trennungswand zu hören (Situation: Feedback über die Stimme).

Rechts unten: Ein anderer »Lehrer« drückt die Hand des Opfers mit Gewalt auf die Schockplatte (Situation: Berührungsnähe).

Notlage des Lernenden deutlicher hervorhebt oder die Autorität des Versuchsleiters herabsetzt. Milgram untersuchte eine Serie von je vier Situationen, in denen der »Lernende« der Versuchsperson, die ihm die Elektroschocks verabreichte, in einem psychologischen Sinne immer näher gebracht wurde. In der Situation mit Fernrückkoppelung (remote feedback) konnte das Opfer weder gehört noch gesehen werden, außer daß es einmal an die Wand pochte. In der Situation mit Rückkoppelung über die Stimme (die am Anfang des Kapitels beschriebene Situation) konnte man zwar die Schreie des Opfers hören, dieses aber nicht sehen. In der dritten Situation (Nähe) war das Opfer nur einen halben Meter von der Versuchsperson entfernt und konnte daher gesehen und gehört werden. Die vierte Situation (Berührungsnähe) war identisch mit der dritten, außer daß die Versuchsperson die Hand des Opfers mit Gewalt auf die Platte drücken mußte, um Schocks über 150 Volt verabreichen zu können.

Milgram fand, daß die Versuchspersonen um so besorgter um das Opfer waren und um so mehr zögerten, dem Versuchsleiter zu gehorchen, je näher sie dem Opfer kamen. 66 Prozent der Versuchspersonen in der Fernsituation verhielten sich gehorsam, 62 Prozent beim Feedback über die Stimme, 40 Prozent in der Nähe und 30 Prozent bei Berührungsnähe. Offenkundig ist es einfacher, die Folgen des eigenen Handelns dann zu ignorieren, wenn das Opfer weder gehört noch gesehen werden kann. Mit anderen Worten, den meisten Leuten fiele es, psychologisch gesehen, leichter, eine Atombombe aus einer Höhe von 7000 Metern auszuklinken und dadurch unter Umständen Tausende von Menschen umzubringen, als eine einzige Person kaltblütig mit einem Messer zu töten.

Was geschieht, wenn Schritte unternommen werden, um den Einfluß des Versuchsleiters zu reduzieren? Um diese Frage zu beantworten, verglich Milgram eine Situation, in der der Versuchsleiter nur ein oder zwei Meter von der Versuchsperson entfernt saß, mit einer zweiten Situation, in der er, nachdem er seine ersten Anweisungen gegeben hatte, das Labor verließ, um von jetzt an seine Befehle telefonisch durchzusagen. Der Vergleich führte zu einem dramatischen Ergebnis: 65 Prozent der Versuchspersonen gehorchten in der ersten Situation, aber nur 22,5 Prozent in der zweiten. Wenn der Versuchsleiter jedoch ins Labor zurückkehrte, nachdem die Versuchsperson sich geweigert hatte, höhere Elektroschocks zu verabreichen, konnte er die Versuchsperson oft zu neuerlichem Gehorsam überreden. Manche sabotierten das Experiment, indem sie dem Versuchsleiter telefonisch versicherten, daß sie die Intensität der Schocks nach Anweisung erhöhten, jedoch weiterhin den niedrigsten Schock verabreichten!

Wenn das Leiden des Opfers hervorgehoben oder die Autorität des Versuchsleiters reduziert wurde, war das Maß an Gehorsam wesentlich geringer. Doch wenn die Notlage des Opfers der Versuchsperson *nicht* gewaltsam nahegebracht und der Versuchsleiter als Autoritätsperson anerkannt wurde, dann war Gehorsam die Norm.

Viele Kritiker von Milgrams Arbeit machten geltend, daß unerwartete Ergebnisse vielleicht auf den Rahmen des Experiments zurückzuführen seien, da die Yale University eine angesehene und distinguierte Institution ist. In der Tat beriefen sich mehrere Versuchspersonen auf diesen Umstand, der ihnen Zutrauen zur Integrität des Versuchsleiters gegeben habe. Ein Mann entblößt seine Kehle bereitwillig vor dem Rasiermesser beim Herrenfriseur, doch mit einem Rasiermesser im Schuhladen sähe die Sache schon völlig anders aus. Die meisten Frauen scheuen sich davor, im Beisein eines Fremden alle Kleider abzulegen, doch beim Gynäkologen verhalten sie sich gegenteilig.

Und so versuchte Milgram denn herauszufinden, was für eine Rolle die unmittelbare Umgebung für eine Handlungsweise spielt. Aus diesem Grunde schaffte er seinen Versuchsapparat in ein Büro mit drei Zimmern in einem heruntergewirtschafteten Geschäftshaus in einer ebenso heruntergewirtschafteten Gegend. Die Untersuchung wurde angeblich durchgeführt von einer Privatfirma namens Research Associates of Bridgeport, und man behauptete, sie realisiere Forschungsprojekte für die Industrie. Milgram fand heraus, daß es zwar etwas ausmachte, wenn man das Experiment von der Eleganz der Yale University in ein schäbiges Bürogebäude verlegte, aber der Unterschied war geringer als erwartet. 48 Prozent der Bridgeport-Personen waren bereit, sämtliche Schockstärken zu verabreichen im Vergleich zu 65 Prozent der Versuchspersonen in Yale.

Es kam nicht überraschend, daß das unerwartete Verhalten der gehorsamen Versuchspersonen bei den Fachleuten am meisten Interesse erregte und eine Reihe von anderen Experimenten nach sich zog. Viele spätere Forscher entdeckten, daß zwischen einem Drittel und der Hälfte aller Versuchspersonen nicht gehorchten – sie widersetzten sich der Autorität des Versuchsleiters. Unterscheiden sich ungehorsame Leute von gehorsamen? In diesem Zusammenhang möchte man zum Beispiel annehmen, daß Männer eher intensive Schocks verabreichen als Frauen, denn schließlich nimmt man von ihnen an, daß sie von Natur aus aggressiver seien. Auf der anderen Seite möchte man davon ausgehen, daß Frauen sich bei vielen Tests nachgiebiger verhalten, was Grund genug wäre, daß sie dem Versuchsleiter bereitwilliger gehorchen könnten. Doch Milgram entdeckte, was den Gehorsam anlangt, keinen Unterschied zwischen männlichen und weiblichen Teilnehmern. Dagegen stellte er fest, daß gehorsame Frauen viel nervöser und besorgter wurden als gehorsame Männer. Als sie aber angewiesen wurden, in einer ähnlichen Untersuchung einem jungen Hund echte Elektroschocks zu verabreichen, führten nur 54 Prozent der männlichen Teilnehmer den Befehl aus – gegenüber 100 Prozent der weiblichen Teilnehmer, die bereit waren, dem heulenden und winselnden Hund die härtesten Schocks zu verabreichen!

In Reih und Glied . . . Aber durch welche Überzeugungen weisen sich diejenigen aus, an die die Verantwortung abgetreten wurde?

Wie sind diese erstaunlichen Entdeckungen zu erklären? Bisher können wir nur das eine sagen, daß noch nicht genügend Studien durchgeführt wurden, als daß Psychologen in der Lage wären vorauszusagen, wer sich gehorsam und wer sich ungehorsam verhalten wird. Es ist jedoch bezeichnend, daß eine Verweigerung des Gehorsams bei gebildeteren Leuten wahrscheinlicher ist, vielleicht deshalb, weil sie von dem Versuchsleiter weniger eingeschüchtert sind. Leute, die einige Jahre Militärdienst hinter sich haben, neigen stärker zum Gehorsam, woraus zu entnehmen ist, daß die militärische Disziplin sich sehr langfristig auswirkt.

Gehorsam: Verzicht auf Verantwortung

Von allen Fragen, die Milgrams bemerkenswerte Studie aufwarf, ist die aufregendste die, ob seine Entdeckungen sich auf einige der schrecklichen Kriegsverbrechen

Ein erstarrter Augenblick in der langen Qual des Holocaust des Zweiten Weltkrieges, in dem 6 Millionen Juden ausgerottet wurden.

dieses Jahrhunderts beziehen lassen oder nicht. Milgram bejaht diese Fragen offensichtlich und beruft sich dabei auf Beweismaterial aus Interviews mit ehemaligen Mitgliedern der SS, mit Aufsehern von Konzentrationslagern und Gestapo-Leuten. Zwei Themen, die immer wiederkehrten, waren die Dehumanisierung der Opfer solcher Verbrechen und die Haltung (»hilfloses Rädchen«) derer, die für sie verantwortlich waren.

Eines der wichtigsten Merkmale von Nazideutschland war die systematische Verfemung der Juden während einer Periode von mehr als einem Jahrzehnt durch heftige antijüdische Propaganda. Diese wurde noch dadurch verschärft, daß man Juden die deutsche Staatsbürgerschaft aberkannte und schließlich ihr Menschentum überhaupt leugnete. In viel kleinerem Maßstab setzten auch viele von Milgrams gehorsamen Versuchspersonen ihre Opfer schnöde herab. Eine Versuchsperson rechtfertigte sich, indem sie sagte, daß das Opfer »so dumm und widerspenstig ist, daß es den Schock verdient«. Als Milgram einige Teilnehmer seiner Studie aufforderte, die Persönlichkeit des Lernenden zu beschreiben, fanden die gehorsamen Versuchspersonen weniger positive und mehr negative Worte als die ungehorsamen Versuchspersonen.

Wesley Killam und Leon Mann von der University of Sydney verglichen den Gehorsam bei zwei Gruppen von Versuchspersonen; die eine Gruppe hatte die »Rolle des Weiterleitens« (wobei man einem anderen den Befehl gibt, dem Lernenden im Milgram-Experiment die Schocks zu verabreichen) und die andere die »Rolle des Ausführens« (wobei man die Schocks selbst verabreicht). Die weiterleitende Gruppe, die den Befehl nicht selbst auszuführen hatte, war doppelt so gehorsam wie die ausführende Gruppe; dies aber dürfte ein Spiegelbild dessen sein, was allgemein in der Gesellschaft geschieht.

Gehorsam: ein fataler Charakterfehler?

Die potentiellen Implikationen seiner Arbeit ließen Milgram mit tiefem Pessimismus in die Zukunft blicken: »Die Fähigkeit des Menschen, sein Menschentum aufzugeben, ja, die Unvermeidlichkeit dieser Handlungsweise, wenn er seine einzigartige Persönlichkeit mit größeren, institutionellen Strukturen verschmilzt . . ., ist der fatale Charakterfehler, mit dem die Natur uns ausgestattet hat und der unserer Spezies auf lange Sicht nur eine geringe Überlebenschance gibt.« Er ging sogar so weit zu behaupten, daß das Gewissen eines Individuums außer Kraft tritt, wenn er oder sie sich dem Befehl einer Autorität beugt. Unter solchen Umständen gerät das Individuum in einen »agentenhaften« Zustand, in dem es sich nur mehr als das Instrument der Autoritätsperson betrachtet.

Ist dieser Pessimismus gerechtfertigt? Es gibt Gründe anzunehmen, daß dem nicht so ist. Milgrams Vorstellung, daß Leute, die einer Autoritätsperson gehorchen, ihr Gewissen zum Schweigen bringen oder es einfach vergessen, mag für manche Aufseher in den Nazi-KZs zutreffend gewesen sein, aber sie galt mit Sicherheit nicht für die meisten seiner Versuchspersonen. Es wäre in der Tat beunruhigend gewesen, wenn die Versuchspersonen gepfiffen und entspannt und fröhlich ausgesehen hätten, während sie die starken Elektroschocks verabreichten. Die sichtliche Spannung und das Unbehagen der meisten gehorsamen Versuchspersonen zeigte jedoch deutlich, daß sie die ethischen Fragen nicht aus den Augen verloren hatten. Ihre moralische Verwirrung äußerte sich auch darin, daß sie ungern in die Richtung des Lernenden blickten, ein Umstand, der kaum auf das sadistische Vergnügen, anderen Schmerzen zu bereiten, hinweist.

Ein weiteres ermutigendes Ergebnis trat zutage, als Milgram jeder echten Versuchsperson zwei Helfer beigab, die als unechte Versuchspersonen fungierten. Alle spielten die Rolle des Lehrers. Als die beiden Helfer das Experiment mittendrin abbrachen, folgten ihnen 90 Prozent der echten Versuchspersonen und widersetzten sich ebenfalls dem Versuchsleiter. Während es in Nazideutschland viele Leute gab, die das Geschehen heftig mißbilligten, hatten die Versuchspersonen in Milgrams Experiment kaum eine Ahnung, ob andere ihren Ungehorsam billigen würden, obwohl sie wußten, daß der Versuchsleiter ihn nicht billigen würde. In gewissem Sinn mogelte Milgram also, indem er seinen Versuchspersonen jede effektive moralische Unterstützung versagte, die sie in ihrem Wunsch hätte bestärken können, den Gehorsam zu verweigern.

Fehlinterpretationen

Kehren wir schließlich zu der quälenden Frage zurück, weshalb Beobachter von außen das wahrscheinliche Maß des Ungehorsams gegenüber der Autorität auf so eklatante Weise überschätzen. Eine interessante Ansicht dazu wurde von Stephen West und seinen Mitarbeitern vorgelegt. Ihr Argument lautete, daß »Handelnde« (jeder, der in einer Situation auf irgendeine Weise aktiv wird) und äußere Beobachter oft eine sehr unterschiedliche Wahrnehmung der Gründe eines Verhaltens in einer gegebenen Situation haben. Die Aufmerksamkeit des Handelnden richtet sich vor allem auf die Umgebung, der er die Information entnimmt, die seine Handlungen leitet, während der Beobachter seine Aufmerksamkeit auf den Handelnden und dessen Verhalten richtet. Folglich neigt der Handelnde dazu, die Gründe für sein Verhalten der Umgebung zuzuschreiben, während der Beobachter die Taten des Handelnden dessen Charaktereigenschaften zuschreibt. Wenn man z. B. verschiedene Leute fragt, warum eine bestimmte Person einen Bankraub verübt hat, sagen sie einem vermutlich, daß er ein zwielichtiger, antisozialer und durch und durch verdorbener Charakter sei. Wenn man den Bankräuber selbst befragt, sagt er wahrscheinlich, daß er den Tip bekam, in dieser Bank sei leicht einzubrechen, oder daß er das Geld brauchte.

Der Ayatollah Khomeini: absolute Macht, solange sie währt . . .

Charles Manson (oben), einer der Massenmörder der jüngeren Geschichte. Die Macht, die er an sich riß, war schockierend.

Machtausübung auf eine völlig andere Art: eine Polizistin agiert als *Zutritt Verboten*-Zeichen.

Nach der Analyse von West unterschätzt man das Ausmaß an Gehorsam in der Milgram-Situation, weil die Tendenz besteht, die Autorität des Versuchsleiters zu ignorieren. Man fragt sich, was für Leute gehorchen würden und zieht den Schluß, daß nur Sadisten dem Versuchsleiter Folge leisten würden.

West überredete – erstaunlicherweise – eine Reihe von Leuten, sich an einem Einbruch in eine Werbefirma zu beteiligen; ihre Aufgabe bestand darin, drinnen Schmiere zu stehen und die Unterlagen der Firma auf Mikrofilm aufzunehmen. Die Beteiligten sagten aus, daß sie sich wegen der Geldsumme, um die es ging, und des angeblich trottelsicheren Vorgehens bereit erklärt hatten mitzumachen. Äußere Beobachter jedoch schrieben ihr zweifelhaftes Verhalten ihrem Charakter zu und beschrieben sie als extravertiert, unintelligent, arm, unsicher, unglücklich, unzuverlässig, ungebildet und impulsiv.

Folgerungen

Gewaltige Konflikte können entstehen, wenn Menschen von einer Autoritätsperson den Befehl erhalten, unmoralische Handlungen auszuführen, und diese Konflikte können ein beinahe unerträgliches Maß an Spannung erzeugen. Das Individuum wird eher gehorchen, wenn es der Autoritätsperson näher steht als dem Opfer; es wird den Gehorsam eher verweigern, wenn es in irgendeiner Weise Zeuge der Notlage des Opfers wird. Milgrams Studie wirft eine Reihe moralischer Probleme sowohl für den Versuchsleiter als auch für die Versuchsperson auf.

4 Das Gefängnisexperiment von Stanford: Zimbardos Hölle

Eines der berüchtigsten Experimente in der Geschichte der Psychologie war ein Versuch, genau herauszufinden, wie und warum ein Aufenthalt im Gefängnis zu einer so entwürdigenden Erfahrung wird. Es liegt auf der Hand, daß beim Strafvollzug bei uns vieles im argen liegt. Während allgemein anerkannt wird, daß eine Reform des Strafvollzugs angezeigt ist, besteht jedoch keine Übereinstimmung darüber, was für eine Art von Reform nötig oder wünschenswert wäre, hauptsächlich deshalb, weil man über die Gründe des gegenwärtigen Problems verschiedener Ansicht ist.

Was ist falsch an unserem Gefängnissystem? Sind es die Wärter, die Gefangenen oder ist es die organisatorische Struktur der Gefängnisse?

Mindestens drei Hauptkomponenten des Strafvollzugs sind zu berücksichtigen: die Bewachungsorgane oder Wärter, die Gefangenen selbst sowie die organisatorische Struktur und die räumlichen Anstaltsverhältnisse. Sind die Wärter schuld an dem derzeitigen Klima des Aufruhrs? Wir wissen, daß es in erster Linie Menschen mit gewissen aggressiven und sadistischen Anlagen sind, die den Beruf eines Gefangenenwärters ergreifen. Die zweite Möglichkeit wäre, daß Häftlinge, die von Haus aus subversiv und antisozial eingestellt sind, dazu tendieren, in jeder Art von Umgebung eine unangenehme Atmosphäre zu erzeugen. Die dritte Möglichkeit bestünde darin, daß das Gefängnis selbst, mit seiner kalten, unwirtlichen Atmosphäre und seiner starren Machtstruktur, die Hauptverantwortung trägt.

Es spricht viel dafür, daß jeder einzelne dieser Faktoren und alle zusammen die Ursache der Unzufriedenheit mit unseren Gefängnissen bilden; dies ist jedoch äußerst schwer nachzuweisen. Wie können Psychologen zum Verständnis der Mißstände im Strafvollzug beitragen? Es war Philip Zimbardo von der Stanford University, der eine glänzende Idee für ein entsprechendes Experiment hatte. Dieses Experiment sollte genau untersuchen, wie und warum die Mißstände in den Strafanstalten entstehen. Viele Kritiker haben Zimbardo und seine Kollegen

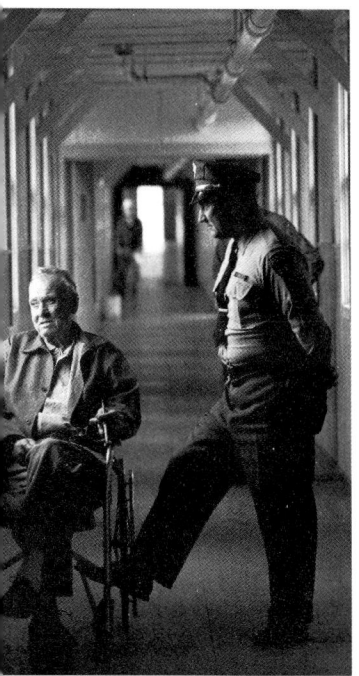

Häftlinge verwirken ihr Recht auf Privatsphäre. Sie verwirken außerdem das Recht, sich individuell zu kleiden, sich zu bewegen, zu essen und zu arbeiten wie Individuen.

beschuldigt, im Rahmen ihrer wissenschaftlichen Forschungsarbeit die Grenzen des Erträglichen und Erlaubten überschritten zu haben, indem sie die Versuchspersonen herabwürdigten und demütigten. Doch konnten die Versuchsleiter natürlich nicht vorhersagen, was ihre Experimente genau bringen würden. Die Zimbardo-Untersuchung ist in die Annalen der Psychologie als eine der berühmtesten und – in den Augen so mancher – sicherlich auch eine der berüchtigtsten eingegangen.

Schlüsselexperiment: Die Scheingefängnis-Untersuchung (Philip Zimbardo, Craig Haney, Curt Banks und David Jaffe)

Philip Zimbardo und seine Mitarbeiter an der Stanford University waren daran interessiert, den Gründen für die in Haftanstalten so häufige Entmenschlichung nachzugehen. Angenommen, es ließen sich normale Durchschnittsbürger überreden, als Wärter und Häftlinge in einem Scheingefängnis zu agieren, das die Umgebung und den Tagesablauf eines wirklichen Gefängnisses nachahmt. Würde sich dabei herausstellen, daß das Scheingefängnis nicht die Feindseligkeit und Entfremdung eines echten Gefängnisses erzeugt, so wäre dies sicherlich ein Indiz dafür, daß die persönlichen Charaktereigenschaften der Wärter oder der Gefangenen oder beider im wesentlichen verantwortlich sind für die Unerfreulichkeit einer echten Anstalt. Wenn das beobachtete Verhalten in einem Scheingefängnis dem Verhalten in einem echten Gefängnis jedoch sehr ähnlich sein sollte, dann würde dies dafür sprechen, daß die Umwelt in der Anstalt selbst der entscheidende Faktor ist, der diese Unerfreulichkeit bewirkt.

Das Experiment begann am 14. August 1971 in Palo Alto, Kalifornien. Die Stille eines Sonntagmorgens wurde von der heulenden Sirene einer Funkstreife zerrissen, als Polizisten durch die Stadt rasten und die an dem Experiment teilnehmenden Collegestudenten in einer überraschenden »Massenverhaftung« aus ihren Wohnungen holten. Alle »Verdächtigen« wurden des Diebstahls bezichtigt, auf ihre verfassungsmäßigen Rechte aufmerksam gemacht, mit Händen überm Kopf gegen das Polizeiauto gestellt, durchsucht, mit Handschellen gefesselt und im Polizeiauto auf die Wache gebracht. Die ganze Operation wirkte – dank der Mitarbeit des Palo Alto City Police Department – so realistisch, daß die erschrockene Mutter eines achtzehnjährigen Studenten, den man angeblich wegen eines bewaffneten Raubüberfalls verhaftet hatte, ausrief: »Mein Gott, was hat mein Junge nur verbrochen – die Polizei hat meinen Sohn abgeführt!«

Nach der Ankunft auf dem Polizeirevier wurden von jedem Verdächtigen Fingerabdrücke gemacht und eine »Personalakte« für die Zentralkartei angelegt. Dann wurde er in einer Zelle des Untersuchungsgefängnisses sich selbst überlassen. Später am selben Tag brachte man die Verdächtigen mit verbundenen Augen in das »Bezirksgefängnis von Stanford«, wo sie sich nackt ausziehen mußten, einer Leibesvisitation unterzogen und entlaust wurden und eine Uniform, Bettzeug und ein paar wesentliche Utensilien ausgehändigt bekamen. Die Häftlingskleidung bestand aus einem locker sitzenden Arbeitskittel, dem man vorne und hinten die Gefangenennummer aufgenäht hatte. Unterwäsche war verboten. Jeder Häftling trug eine leichte Kette mit einem Schloß an einem seiner Knöchel, dazu Gummisandalen und eine Art Mütze, die aus einem Nylonstrumpf verfertigt war.

Der Gefängnisaufseher holte die Häftlinge zusammen und brachte ihnen die 16 Grundverhaltensregeln für Gefangene bei, angefangen mit: »Häftlinge haben die Bewachungsorgane mit ›Herr Aufseher‹ anzureden«, bis zu: »Der Verstoß gegen eine der obengenannten Regeln kann bestraft werden.«

Den »Wärtern« war vorher gesagt worden, daß ihre Aufgabe darin bestehe, »für ein vernünftiges Maß an Ordnung innerhalb des Gefängnisses zu sorgen, um den reibungslosen Ablauf sicherzustellen.« Es wurde ihnen nur ein Minimum an Richtlinien dafür gegeben, wie sie sich zu verhalten hatten; ausdrücklich verboten war lediglich die Anwendung physischer Gewalt. Diese Wärter unterschieden sich deutlich von den Häftlingen durch ihre Uniform, die aus einfachen Khakihemden und -hosen bestand, durch eine Trillerpfeife, einen Gummiknüppel und verspiegelte Sonnenbrillen.

Die Wärter und Gefangenen wurden auf eine Zeitungsannonce hin unter 75 Bewerbern ausgewählt. Diese Annonce suchte freiwillige männliche Teilnehmer an einer psychologischen Untersuchung des »Gefängnislebens« für 15 Dollar pro Tag während einer Zeitspanne von zwei Wochen. Bei den 10 Häftlingen und 11 Wärtern, die dann an dem Experiment teilnahmen, handelte es sich um diejenigen, denen man die größte (körperliche und geistige) Stabilität, die größte persönliche Reife und die geringste Neigung zu antisozialem Verhalten zugeschrieben hatte. Die meisten von ihnen waren Studenten der Mittelschicht.

Die Häftlinge und Wärter sollten im »Bezirksgefängnis von Stanford« wohnen, das im Kellergeschoß des Instituts für Psychologie der Stanford University untergebracht war. Diese Scheinanstalt war absichtlich so widerwärtig wie möglich konzipiert. Sie enthielt drei kleine Zellen (à drei mal zwei Meter), die je drei Häftlingen zugeteilt wurden. Die Fenster waren wie in einem echten Gefängnis vergittert, und neben den Wärtern gab es noch einen Aufseher, einen Gefängnisdirektor (Zimbardo), eine Kommission für bedingte Haftentlassungen und einen Beschwerdeausschuß. Alle Versuchspersonen hatten sich bereit erklärt, an dem Experiment teilzunehmen, obwohl man ihnen gesagt hatte, daß diejenigen, die die Gefangenen spielen würden, streng überwacht und schikaniert und in ihren persönlichen Rechten beschnitten werden könnten.

Die Vorgänge in dieser Scheinanstalt waren so unerfreulich und potentiell gefährlich, daß das ganze Experiment bereits nach sechs und nicht erst – wie geplant – nach 14 Tagen abgebrochen werden mußte. Gewalt und Rebellion brachen innerhalb von zwei Tagen nach Beginn des Experiments aus. Die Häftlinge rissen sich die Gefangenennummern ab und danach die Kleider vom Leib, sie brüllten und beschimpften die Wärter und verbarrikadierten sich in ihren Zellen. Die Wärter schlugen den Aufstand mit Gewalt nieder, sie mußten Feuerlöscher einsetzen, und sie wandelten die Rechte der Häftlinge in »Privilegien« um, spielten die Insassen gegeneinander aus und schikanierten sie systematisch. Einer der Häftlinge zeigte schon nach einem Tag so schwere Symptome einer emotionalen Störung (unzusammenhängendes Denken, unkontrolliertes Weinen und Schreien), daß er entlassen werden mußte.

Am dritten Tag verbreitete sich im »Gefängnis« das Gerücht, daß die Häftlinge einen Massenausbruch planten. Dies veranlaßte den Direktor und die Wärter, verschiedene repressive und vorbeugende Maßnahmen zu ergreifen. Am vierten Tag zeigten zwei weitere Häftlinge Symptome einer schweren emotionalen Gestörtheit und wurden entlassen; ein dritter bekam einen psychosomatisch bedingten Ausschlag am ganzen Körper und mußte ebenfalls entlassen werden. Mit der Zeit schienen die Wärter aus der Ausübung ihrer Macht und aus ihrem sadistischen Verhalten eine große Befriedigung zu ziehen. Eine besonders interessante Beobachtung war, daß die Anwendung von Gewalt, Schikanen und Aggressionen seitens der Wärter von Tag zu Tag stetig zunahm, trotz der Tatsache, daß der Widerstand der Häftlinge abnahm und schließlich ganz aufhörte. Die Wärter stellten auch auf indirekte Weise ihre Macht zur Schau, indem sie sich mit dem Gummiknüppel in die Hand schlugen oder den Knüppel gegen das Mobiliar donnerten. Und sie stolzierten einher und legten sich ein regelrechtes Imponiergehabe zu. Die Häftlinge hingegen ließen sich gehen, schlurften die Gänge entlang und hielten ihren Blick fast ständig gesenkt.

Die eindrucksvollsten Berichte darüber, wie die Teilnahme an einer so entwürdigenden Erfahrung erlebt wurde, waren vermutlich die Tagebuchaufzeichnungen der unmittelbar Beteiligten. Vor dem Experiment schrieb einer der Wärter in sein Tagebuch, daß er Pazifist und so unaggressiv sei, daß er sich nicht vorstellen könne, ein anderes Lebewesen zu mißhandeln. Am dritten Tag schien er die Macht, Menschen zu manipulieren, weidlich zu genießen. Bevor die Häftlinge Besuche empfingen, warnte er sie davor, sich zu beschweren, da sonst der Besuch vorzeitig abgebrochen würde. Was ihm am besten gefiel, so sagte er, war die fast totale Kontrolle über alles, was gesprochen und getan wurde.

Am fünften Tag gab es Probleme, weil ein neuer Häftling sich weigerte, seine Wurst zu essen. Die diesbezügliche Tagebucheintragung des Wärters lautet: »Wir werfen ihn ins ›Loch‹ und befehlen ihm, in jeder Hand Würste zu halten ... Wir

Das Experiment »Bezirksgefängnis von Stanford«: Erster Tag.

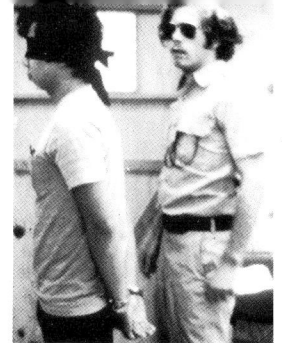

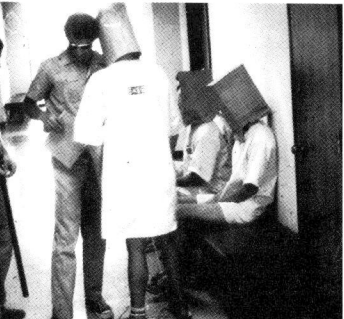

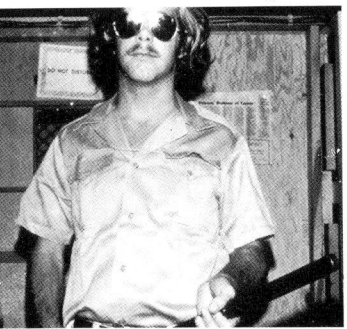

Oben: Ein »Häftling«, der mit verbundenen Augen in das »Bezirksgefängnis von Stanford« abgeführt wird, mit einem der »Wärter«.

Mitte: »Stanford-Häftlinge« warten auf dem Korridor mit über den Kopf gestülpten Säcken.

Unten: Die Symbole unpersönlicher Autorität: verspiegelte Sonnenbrillen und ein Knüppel.

Gegenüber: Die auf das Notwendigste beschränkte Einrichtung einer Zelle in einem Frauengefängnis, aufgelockert nur durch Kosmetikflaschen; und die klinische Monotonie eines Gefängnisarbeitsraums.

Gegenüber (unten): Heulende Sirenen, kreischende Bremsen, gaffende Zuschauer, eine weinende Frau ... der Augenblick einer Festnahme.

beschließen, die Solidarität unter den Gefangenen auszuspielen und sagen dem Neuen, daß allen anderen die Besuche gestrichen würden, wenn er seine Mahlzeit nicht ißt ... Ich gehe vorbei und schmettere meinen Knüppel gegen die Tür des ›Lochs‹ ... Ich ärgere mich sehr über diesen Häftling, weil er den anderen Unannehmlichkeiten macht. Ich beschloß, ihn gewaltsam zum Essen zu bringen, aber er wollte nicht. Ich ließ ihm das Essen übers Gesichts rinnen ... Ich war wütend auf mich, daß ich ihn zum Essen zwang, aber noch wütender war ich auf ihn, weil er nicht aß.«

Wie bereits bemerkt, wurden die Wärter im Verlauf des Experiments immer brutaler und aggressiver und ignorierten die Anweisung, keine körperliche Gewalt anzuwenden. Allerding berichteten Zimbardo und seine Kollegen, daß unter den Wärtern hinsichtlich ihrer Vorgehensweisen Meinungsverschiedenheiten bestanden, und daß sich nur etwa ein Drittel der Gefangenenaufseher so feindselig und aggressiv verhielt, daß man diese Leute als sadistisch bezeichnen konnte.

Die Häftlinge hingegen wurden von Tag zu Tag passiver und sanken in einen Zustand der Depression und Hilflosigkeit. Der Grund dafür war vielleicht darin zu suchen, daß sie zu erkennen begannen, wie wenige Mittel ihnen zur Verfügung standen, um ihre Lage zu verbessern oder ihre Umgebung zu beeinflussen. Sie konnten mit dem Kopf gegen die Wand rennen, aber das war auch alles.

Trotz des vorzeitigen Abbruchs zeigte Zimbardos Experiment, daß es auch dann zu brutalen Ausschreitungen im Gefängnis kommen kann, wenn unbescholtene Bürger die Rollen von Häftlingen und Wärtern spielen. Die menschliche Verrohung, der man im Experiment von Stanford begegnete, war wohl kaum der »abweichenden Persönlichkeit« der Beteiligten zuzuschreiben; die natürlichste Erklärung war, daß in erster Linie das Gefängnismilieu für das Verhalten der Teilnehmer verantwortlich ist. Zimbardo sagte selbst, daß seine Untersuchung offenbarte, »wie die Macht der gesellschaftlich institutionalisierten Gewalt anständige Menschen veranlaßt, Böses zu tun«.

Doch wie sehr ähnelte diese Scheinanstalt einem echten Gefängnis? Die Aussagen von echten Strafgefangenen sind zwar etwas konfus, doch erklärten Sträflinge aus dem Trakt mit den schärfsten Sicherheitsvorkehrungen des Zuchthauses von Rhode Island, daß die Reaktionen der Scheinhäftlinge stark an das verwirrte und überemotionale Verhalten solcher Gefangenen erinnerten, die zum ersten Mal einsaßen. Die Bemerkung eines Ex-Häftlings wirft ein bezeichnendes Licht auf die Passivität der Scheinhäftlinge: »Die einzige Möglichkeit, um mit den Bossen [in Texas-Gefängnissen] fertigzuwerden, ist die, daß du dich körperlich und geistig in dich selber zurückziehst – daß du dich so klein machst als irgend möglich. Das ist eine andere Art, mit der sie dich entmenschlichen. Sie wollen, daß du keine Unruhe im Gefängnis stiftest.«

Was die Kritiker meinten

Der Gefängnisdirektor von San Quentin äußerte sich, wie vorauszusehen war, in einem Fernsehinterview ziemlich skeptisch über Zimbardos Experiment. Auf die Frage, ob es dem Strafvollzug gerecht werde, antwortete er, daß dieses Experiment wertlos, voreingenommen und von der Methode her anfechtbar sei; freilich gründete er sein Urteil nur auf einen kurzen Zeitungsartikel, den er gelesen hatte. Darauf wurde Zimbardo vom Leiter des Strafvollzugs der Zutritt zu sämtlichen Gefängnissen in Kalifornien untersagt. Wollte man zynisch sein, könnte man diese Verfügung so deuten, daß die Beamten Angst hatten, weil Zimbardo im Recht war.

Die schwerwiegendsten Angriffe kamen von den Psychologen Ali Banuazizi und Siamak Movahedi aus Boston, die geltend machten, daß die Teilnehmer an dem Gefängnisexperiment von Stanford sich in keiner sozialen Situation befanden, die der eines echten Gefängnisses entsprochen hätte. Sie hätten lediglich die Rollen von Häftlingen und Wärtern gespielt, und da sie äußerst stereotype Vorstellungen vom Verhalten von Wärtern und Häftlingen in einem wirklichen Gefängnis verinnerlicht gehabt hätten, hätten sie sich einfach auf ein bewußtes Rollenspiel mittels dieser Stereotypen eingelassen. Daher sei nichts anderes zu erwarten gewesen, als daß die

Ergebnisse die Richtigkeit dieser stereotypen Vorstellungen bestätigten! In diesem Zusammenhang sollte darauf hingewiesen werden, daß die meisten Wärter, nach ihrem aggressiven Verhalten befragt, erklärten, sie hätten die Rolle eines harten und unnachsichtigen Aufsehers »doch nur gespielt«.

Banuazizi und Movahedi untersuchten einige dieser Vorstellungen, indem sie Leute aufforderten, einen Fragebogen auszufüllen, der eine Beschreibung des Gefängnisexperiments von Stanford gab, der sich eine Reihe von Fragen anschlossen. 81 Prozent der Befragten errieten ziemlich genau, was der Versuchsleiter beweisen wollte; einer von ihnen schrieb z. B.: »Er glaubt, daß die Leute in den Gefängnissen drangsaliert, unterdrückt und gedemütigt werden.«

Die überwiegende Mehrheit der Befragten (90 Prozent) sagten voraus, daß sich die Scheinwärter unterdrückerisch, feindselig und aggressiv verhalten würden. Eine so breite Übereinstimmung deutet auf eine stereotype Vorstellung vom Verhalten von Gefängniswärtern und Aufsehern hin. Über die möglichen Reaktionen der Scheinhäftlinge gab es weniger Übereinstimmung. Annähernd 30 Prozent dachten, daß die Häftlinge rebellieren und sich widersetzen, weitere 30 Prozent mutmaßten, daß sie sich passiv und gefügig verhalten würden, und die meisten anderen meinten, daß sie wohl zwischen diesen beiden Extremen schwanken würden.

Diese Daten sprechen also dafür, daß die Scheinwärter möglicherweise nur so taten, als stimmten sie mit der stereotypen Vorstellung vom aggressiven, unfreundlichen Gefängniswärter überein, das heißt, sie ließen sich auf die Rolle, die sie spielten, vielleicht gar nicht »wirklich« ein. Trotzdem bleibt zu fragen, ob das

Oben: Einer von den »Stanford-Häftlingen«, die sich die Kleider vom Leib rissen und sich aus Protest in ihren Zellen verbarrikadierten.

Ganz oben: Weitere Schikanen an den »Häftlingen« durch die »Wärter« von Stanford; Strafen waren Liegestütze und langes Stehen in unbequemer Stellung.

Verhalten der Scheinhäftlinge so leicht mit jener stereotypen Vorstellung zu erklären ist, zumal es, was das typische Verhalten von Häftlingen anlangt, keine kulturspezifischen Erwartungen gibt.

Es ist sicherlich richtig, daß die Verhaltensmuster derjenigen, die in ein Rollenspiel eintreten, viele verschiedene Dinge reflektieren: das, was der Rollenspieler tun möchte, was er für sozial wünschenswert hält, sowie das, von dem er glaubt, daß der Versuchsleiter es von ihm erwartet. In diesem Zusammenhang hatten Banuazizi und Movahedi recht, als sie Zimbardo, der seine Ergebnisse mit leichter Hand interpretierte, kritisierten. Doch ihre eigene Erklärung der Resultate Zimbardos war auch nicht ganz zutreffend. Denn konnte es sich denn wirklich bei der Passivität, der Depression, der Hilflosigkeit und selbst der psychischen Dysfunktion der Häftlinge lediglich um eine bemerkenswerte schauspielerische Leistung handeln, mit dem Ziel, den Versuchsleitern einen Gefallen zu tun? Schwere emotionale Störungen können zwar simuliert werden, ein psychosomatischer Ausschlag aber wohl nicht.

Das stärkste Indiz gegen die Vorstellung, daß Zimbardos Versuchspersonen lediglich kulturell definierte Rollen »ausagierten«, besteht darin, daß extreme Ausprägungen dieser Rollen hauptsächlich gegen Ende des Experiments beobachtet wurden. Wenn Banuazizi und Movahedi recht hätten, warum trat das volle stereotype Verhalten dann nicht von Anfang an in Erscheinung? Außerdem schienen die physische Gewaltanwendung und die Schikanen der Wärter bei weitem über das hinauszugehen, was man von einem reinen Rollenspiel erwarten könnte. Ein Rollenspiel ist am wahrscheinlichsten im Beisein eines Publikums, doch Zimbardo fand, daß das Schikanieren der Gefangenen größer war, wenn die einzelnen Wärter mit den jeweiligen Häftlingen allein oder außer Hörweite der Aufnahmegeräte waren.

Eine genauere Untersuchung der von Zimbardo gesammelten Daten spricht dafür, daß in den frühen Stadien des Experiments ohne Zweifel Rollenspiel vorkam, wobei stereotype Einstellungen dazu beitrugen, das Verhalten der Teilnehmer zu determinieren. Dabei ist jedoch zu bedenken, daß auch echte Gefängniswärter im Verlauf ihrer Probezeit zunächst einmal »Rollen spielen«. Während des Experiments schienen sich die Teilnehmer in die ihnen zugewiesenen Rollen immer mehr hineinzusteigern.

Der Aspekt des Gefängnisexperiments von Stanford, der die meisten Bedenken weckte, war der, ob es moralisch zu vertreten sei, die Teilnehmer einer solchen Entwürdigung und Feindseligkeit auszusetzen. Ist eine Untersuchung wirklich zu rechtfertigen, in der vier Teilnehmer wegen »extremer Depression, zusammenhanglosem Denken, unkontrollierbaren Weinkrämpfen und Wutausbrüchen« entlassen werden mußten? War es sinnvoll von Zimbardo zuzusehen, wie Wärter die Häftlinge zwangen, mit den bloßen Händen Toiletten zu reinigen, wie sie sie mit Feuerlöschern bespritzten und sie wiederholt zu Liegestützen kommandierten, wobei manchmal ein Wärter auf ihrem Rücken stand?

Professor Harris Savin von der University of Pennsylvania bezeichnete das Scheingefängnis zum Beispiel als eine »Hölle« und verglich Zimbardo und seine Kollegen mit Gebrauchtwagenhändlern und anderen, »deren Rolle dazu angetan ist, sich so widerwärtig zu verhalten als es das Gesetz erlaubt«. Savin schloß folgendermaßen: »Professoren, die im Verfolg ihrer eigenen akademischen Interessen und ihres beruflichen Fortkommens ihre eigenen Studenten täuschen, herabwürdigen und sonstwie mißhandeln, untergraben die Atmosphäre wechselseitigen Vertrauens und intellektueller Aufrichtigkeit, ohne die weder Bildung noch freie Forschung blühen können.«

Zimbardos Verteidigung

Zimbardo argumentierte, daß psychologische Forschung dann moralisch gerechtfertigt ist, wenn der Gewinn – z. B. neue Erkenntnisse – den Verlust übersteigt.[1] Er machte geltend, daß sich die von den Teilnehmern erlittenen »Verluste« nach dem Ende der Untersuchung von selbst gaben. Dies wurde mit Hilfe von Fragebögen

Zwei Alternativen, in denen wertvolle Beziehungen bis zu einem gewissen Grad aufrecht erhalten bleiben: ein offenes Gefängnis, in dem Familienbesuche in einem informellen Rahmen stattfinden; und ein Gefängnis, in dem Ehepaare einige Zeit zusammensein und sich auch zurückziehen können.

ermittelt, die den Teilnehmern einige Wochen nach dem Experiment sowie mehrere Monate später und dann in jährlichem Abstand zugeschickt wurden.

Zimbardo gab zu, daß das Leiden während des Experiments groß war, wies aber darauf hin, daß alle Teilnehmer durch Unterschrift ihre formelle Zustimmung gegeben hatten und informiert worden waren, daß mit dem Experiment eine Verletzung der Privatsphäre, der Verlust einiger bürgerlicher Rechte, sowie verschiedene Schikanen verbunden wären.

Pro und Kontra

Positiv ist zu werten, daß die meisten Teilnehmer berichteten, sie hätten wichtige Dinge über sich selbst gelernt. Einige Teilnehmer stellten einen Teil ihrer Sommerferien zur Verfügung, um freiwillig in Strafanstalten zu arbeiten, und die meisten von ihnen befürworteten von nun an eine Reform des Strafvollzugs. Eine weitere, möglicherweise günstige Auswirkung der Untersuchung war der Einfluß, den sie auf ein breiteres Publikum hatte. So nutzte z. B. eine Bürgerinitiative die Ergebnisse der Studie für ein Gerichtsverfahren gegen die Errichtung eines riesigen neuen Gefängnisses in Contra Costa County, Kalifornien, zugunsten von kleineren Einrichtungen des Strafvollzugs innerhalb der Kommunen.[2]

Der moralische Standpunkt Zimbardos ist der, daß die Mittel den Zweck rechtfertigen und daß eine Forschungsarbeit nach dem mit ihr verbundenen Nutzen und den anfallenden Belastungen gewertet werden müsse. Dies deckt sich mit der Ansicht der meisten Psychologen und wurde mit folgenden Worten von dem American Psychological Association Committee on Ethical Standards in Psychological Research zum Ausdruck gebracht: »Generell besteht die ethische Frage immer darin, ob es zu einer negativen Auswirkung auf die Würde und das Wohlbefinden der Teilnehmer kommt, die durch die Bedeutung der Forschungsarbeit nicht gerechtfertigt ist.« Aber Fragen bleiben dennoch offen.

Zum ersten wäre folgendes zu bedenken: Es ist gut und schön, Forschung auf der Basis des mutmaßlichen Nutzens und der anfallenden psychischen Belastungen zu rechtfertigen, aber wir wissen über die Folgen oft erst *hinterher* Bescheid, das heißt nachdem das Experiment durchgeführt worden ist. Zimbardo behauptet, daß ihn die hohen psychischen Belastungen in seinem Gefängnisexperiment, also die Entwürdigung und die physischen Übergriffe der Teilnehmer, überrascht hätten. Doch war unter Zimbardos Leitung an der Stanford University bereits zu einem früheren Zeitpunkt ein im Grunde ähnliches Experiment in kleinerem Rahmen gelaufen – und das mit denselben beunruhigenden Ergebnissen.

Zweitens ist es möglich, daß die Auswertung einer Forschungsarbeit durch eine Person mit der Auswertung einer anderen Person nicht übereinstimmt. Viele Menschen würden Zimbardo nämlich widersprechen und sagen, daß die Belastungen der Teilnehmer durch die erzielten Informationen nicht zu rechtfertigen seien.

Was bedeutet das für eine Gefängnisreform?

Trotz der Kritik produzierte das Gefängnisexperiment von Stanford offensichtlich Resultate, die bemerkenswert sind und zum Nachdenken anregen. Woran liegt es, daß sich die organisatorische Struktur der Gefängnisse so nachteilig auf die geistigseelische Verfassung und das Verhalten der Insassen auswirkt? Zimbardo argumentierte, ein relevanter Faktor bestehe darin, daß Gefängnisse ihrer ganzen Anlage nach eine größtmögliche Anonymität anstreben. Alle Häftlinge werden in Standarduniformen gesteckt, ihr Haar muß nach Standardlänge geschnitten sein, und es werden ihnen Standardmahlzeiten auf Standardtellern zu Standardzeiten verabreicht. Selbstverständlich wird ihre persönliche Identität dadurch bedroht.

Es ist jedoch die Machtstruktur in den Gefängnissen, die Zimbardo als den wichtigsten Faktor identifiziert. Innerhalb des Gefängnissystems sind es natürlich die Wärter oder Aufseher, die die Macht ausüben. Bezeichnenderweise erwarten sie von den Häftlingen, daß sie alle Gefängnisregeln befolgen, belohnen sie jedoch nicht für ihren Gehorsam. Wenn Gefangene aber gegen die Regeln verstoßen, so wird dies augenblicklich registriert und bestraft. Unter solchen Umständen kann ein Häftling bestenfalls hoffen, daß die Wärter sich voraussehbar verhalten, so daß er weiß, wie er sich zu benehmen hat, um Bestrafung zu vermeiden. Wenn echte Gefangene gefragt werden: »Wodurch zeichnet sich ein guter Wärter aus?«, antworten sie meistens, daß ihnen die Wärter am liebsten sind, die »sich an die Regeln halten« und keine Ausnahmen machen.

Die Tatsache, daß Häftlinge kaum in der Lage sind, ihre Umgebung zu beeinflussen, und daß sie nicht dafür belohnt werden, daß sie bestimmte Dinge tun, ist möglicherweise von entscheidender Bedeutung. Versuche im Labor deuten darauf hin, daß solche Umstände einen apathischen Zustand hervorrufen, der als »erworbene Hilflosigkeit« bekannt ist und der Passivität und Teilnahmslosigkeit von Zimbardos Scheinhäftlingen offenbar weitgehend entspricht.

Folgerungen

Philip Zimbardo richtete ein Scheingefängnis ein, um Mängel des Strafvollzugs zu untersuchen. Er stellte fest, daß Normalbürger, die aufgefordert wurden, die Rolle von Gefängniswärtern zu übernehmen, sich gegenüber anderen Normalbürgern, die die Rolle der Häftlinge spielten, auf eine entwürdigende und unmenschliche Weise verhielten. Dies deutet darauf hin, daß es eher das Milieu und die Machtstruktur des Gefängnisses und nicht das sadistische Wesen der Wärter bzw. die unsoziale Mentalität der Häftlinge sind, die zu den Schrecken des Gefängnislebens führen. Allerdings gibt es auch Hinweise darauf, daß sich Kriminelle ihrer Persönlichkeit nach von der Normalbevölkerung unterscheiden (siehe Kapitel 21).

In einer Untersuchung, deren Belastungen mehrere Tage äußerster seelischer Not und Entwürdigung für einige der Teilnehmer bedeuteten, müßte der Nutzen schon sehr substantiell sein, um das Experiment zu rechtfertigen. Viele sind der Ansicht, daß Zimbardos Studie ein klarer Fall ist, in dem die Belastungen den angeblichen Nutzen bei weitem überstiegen, und daß die Untersuchung nicht durchgeführt oder früher hätte abgebrochen werden sollen.

Noch mehr Schikanen – sind sie gerechtfertigt?

5 Wer erklärt wen für verrückt?

Eine der großen Kontroversen unter Psychiatern und klinischen Psychologen betrifft das Wesen der Geisteskrankheit. Die vorherrschende Meinung besagt, daß es zwischen geistiger und körperlicher Krankheit bedeutende Ähnlichkeiten gibt und daß Behandlungsmethoden diesem Umstand Rechnung tragen sollten. Die Behandlung einer körperlichen Erkrankung beginnt damit, daß der Arzt die Natur der Krankheit identifiziert. Die Erstellung einer richtigen Diagnose (das ist der medizinische Begriff für die Klassifizierung einer Krankheit) ist eine der allerwichtigsten Aufgaben des Arztes. Erst wenn er die wahren Gründe für das Unwohlbefinden seines Patienten entdeckt hat, kann er ihm die entsprechende Behandlung angedeihen lassen.

In gleicher Weise wird oft angenommen, daß psychische Störungen von Symptomen begleitet sind, die auf eine bestimmte Diagnose hinweisen (z. B. Schizophrenie oder manisch-depressive Psychose). Diese Diagnose wird dann eingesetzt, um die Behandlung zu steuern. Es ist natürlich oft viel schwieriger, ein Problem richtig zu diagnostizieren, das psychischer und nicht physischer Natur ist: sogar Nichtmediziner erkennen im Bedarfsfall eine Warze oder ein gebrochenes Bein. Die Schwierigkeit dieses Problems wurde hervorragend illustriert mittels einer Untersuchung, bei der drei Psychiater dieselben männlichen Patienten befragten, wobei sie sich jedoch nur in 20 Prozent der Fälle auf eine einhellige Diagnose einigen konnten.

Ein sehr ernster Widerspruch gegen die Vorstellung, wonach Geisteskrankheiten medizinisch zu betrachten seien, hat sich etwa in den letzten 20 Jahren entwickelt. Fachleute wie Thomas Szasz und R. D. Laing behaupteten, daß Geisteskrankheiten ein Mythos seien. Ihr Argument lautet im wesentlichen, daß sich ein Mensch, der angeblich seelisch erkrankt, einfach in einer von der Norm abweichenden Weise verhält. Die Gesellschaft reagiert auf dieses abweichende Verhalten mit Mißbilligung und neigt dazu, die betreffende Person ein für allemal als geisteskrank zu etikettieren. Wenn der Betreffende dieses Etikett einmal hat, dann erwartet die Gesellschaft, daß er sich auch dementsprechend verhält. So erwarten wir von Leuten, die als »schizophren« etikettiert worden sind, daß sie sich auf seltsame und unberechenbare Weise verhalten, genauso wie wir von einem Komiker erwarten, daß er uns mit seinen Späßen und Witzen amüsiere. Ein Ergebnis dieser Sachlage ist, daß Psychiater und andere, deren Aufgabe darin besteht, geistes- oder gemütskranken Patienten eine Diagnose zu stellen, genau für die Leute, denen sie helfen sollen, neue Probleme in die Welt setzen.

Auf die Bedeutung solcher Etiketten wies Laing eindringlich hin. Wenn jemand, so argumentierte er, versehen mit dem Etikett eines Wissenschaftlers, behauptet: »Alle Menschen sind Maschinen«, bekommt er vielleicht dafür den Nobelpreis. Wenn dagegen jemand mit dem Etikett eines Schizophrenen erklärt: »Ich bin eine Maschine«, würde man ihn sofort in eine psychiatrische Klinik sperren.

Diese Herausforderung der psychiatrischen Orthodoxie hat bereits zu einer Anzahl von Veränderungen in psychiatrischen Rehabilitationsprojekten geführt. In Kalifornien fanden manche Ideen von Leuten wie Szasz und Laing Eingang in die Formulierung des Lanterman-Patris-Short-Gesetzes. Dieses Gesetz bewirkte, daß es schwieriger wurde, Patienten in Nervenheilanstalten einzuweisen und sogar noch schwieriger, sie für längere Zeit dort festzuhalten.

Die erbitterten persönlichen Kontroversen zwischen den Anhängern des medizinischen Modells psychischer Störungen und denen, die glauben, daß psychiatrische Diagnosen reine Hirngespinste der Beobachter seien, hat vermutlich mehr Dampf erzeugt als Erkenntnisse hervorgebracht. Ein genialer Versuch, die relativen Vorzüge dieser beiden diametral entgegengesetzten Positionen herauszuarbeiten,

Auf der Bühne geht alles. Bizarre Verhaltensweisen scheinen in der fiktiven Welt der Kunst akzeptabel zu sein, aber im wirklichen Leben sind sie uns unangenehm, peinlich – sie treiben uns in die Defensive.

wurde vor einigen Jahren von Rosenhan unternommen; und die Auswirkungen seiner Arbeit sind heute noch zu spüren.

Schlüsselexperiment: Ist Wahnsinn feststellbar? (David L. Rosenhan)

David Rosenhan von der Stanford University interessierte sich sehr für die verschiedenen Verfahrensweisen bei der Behandlung von psychischen Störungen. Insbesondere stellte er in Frage, ob es, dem medizinischen Modell entsprechend, wirklich so leicht ist, zwischen Normalität und Anomalität zu unterscheiden. In Mordprozessen ist es z. B. nicht ungewöhnlich, daß namhafte Psychiater der Verteidigung und ebenso namhafte Psychiater der Anklage einander, was die Zurechnungsfähigkeit des Angeklagten anlangt, widersprechen. Rosenhan wies außerdem darauf hin, daß das, was in einer Kultur als normal gilt, in einer anderen als gefährliche Anomalität gelten kann. Schließlich hatte er einen klugen Einfall, um herauszufinden, wie gut wir zwischen Normalen und Anomalen oder zwischen Geistesgesunden und Geisteskranken zu unterscheiden vermögen.

Er fragte sich, was geschehen würde, wenn eine Anzahl geistig völlig gesunder Leute versuchen würde, durch Vorschützen eines Symptoms von Geisteskrankheit in eine Nervenheilanstalt aufgenommen zu werden.[1,2] Würden diese gesunden Individuen für geistig unzurechnungsfähig erklärt werden? Wenn sie in die Klinik aufgenommen würden, würde das Personal erkennen, daß ihnen ein Irrtum unterlaufen war?

Die Antworten auf diese und andere Fragen lieferte eine Untersuchung, in der acht normale Menschen, fünf Männer und drei Frauen, bei zwölf verschiedenen psychiatrischen Kliniken den Versuch machten, aufgenommen zu werden. Es waren dies ein junger Graduierter der Psychologie, ein Kinderarzt, ein Psychiater, drei Psychologen, ein Maler und eine Hausfrau. Die zwölf psychiatrischen Kliniken lagen in verschiedenen Staaten an der Ost- oder Westküste der USA. Diese Einrichtungen wichen auch in qualitativer Hinsicht sehr stark voneinander ab: sie rangierten von alt und schäbig bis modern, von ausgezeichneter Personalbesetzung bis zu Unterbesetzung.

Jeder der acht Teilnehmer rief die Klinik an und bat um einen Termin. In der Aufnahme angekommen klagte jeder, daß er Stimmen höre (diese Stimmen waren oft unklar, aber sie schienen »leer«, »hohl« und »bums!« zu sagen; sie klangen unbekannt, waren jedoch gleichgeschlechtlich mit dem Teilnehmer).

Die einzigen wesentlichen Bestandteile des Täuschungsmanövers war erstens die Behauptung der Partizipanten, daß sie Stimmen hörten, und zweitens die Fälschung von Namen und Beruf der Teilnehmer. Die bedeutenden Ereignisse im Leben eines jeden Teilnehmers wurden so geschildert, wie sie sich wirklich zugetragen hatten. All diese gesunden Leute wurden für geisteskrank erklärt und in die Klinik aufgenommen – offensichtlich aufgrund ihrer »Halluzinationen«. Bei einem von ihnen wurde eine manisch-depressive Psychose diagnostiziert; bei den anderen lautete die Diagnose auf Schizophrenie.

Sobald diese Scheinpatienten in die Klinik aufgenommen worden waren, hörten sie auf mit ihrem Simulieren. Allerdings gab es einige unter ihnen, die nun eine kurze Phase der Angst und Nervosität durchmachten, weil sie befürchteten, nun gleich als Betrüger entlarvt zu werden – eine für sie höchst peinliche Vorstellung.

Geht sie nur schnell mal schwimmen? Oder hat sie alle ihre Kleider in der Wäscherei gelassen? In manchen Ländern wäre das Tragen eines Bikinis in der Stadt ein Vergehen, das mit Verhaftung bestraft wird.

Wer wahrt das Gesicht auf wessen Kosten? In den meisten Ländern der Erde gibt es Gesetze gegen unsittliches Entblößen, doch »Unsittlichkeit« ist eine Sache des Kontexts.

Während sie sich auf der psychiatrischen Station befanden, erklärten die Pseudopatienten, daß sie sich wohl fühlten und keine Symptome mehr hätten. Im allgemeinen verhielten sie sich freundlich und kooperativ. Der einzige ungewöhnliche Aspekt ihres Verhaltens bestand darin, daß sie ziemlich viel Zeit damit verbrachten, ihre Beobachtungen über die Station, die Patienten und das Personal niederzuschreiben. Am Anfang machten sie ihre Notizen im geheimen, doch als sich herausstellte, daß niemand ihr Tun beachtete, erledigten sie diese Niederschriften in aller Öffentlichkeit.

Die hierarchischen Strukturen der verschiedenen psychiatrischen Kliniken waren so beschaffen, daß diejenigen, die in professioneller Hinsicht den besten Ruf genossen, mit ihren Patienten (und Scheinpatienten) am wenigsten zu tun hatten.

Oben: Spätzündung . . . ein Börsianer in einer Flaute!

Unten: Ein einheimischer Exzentriker, der die auf einer Parkbank in New York sitzenden Leute unterhält.

Die tägliche Kontaktnahme von Psychiatern, Psychologen und Ärzten mit den Scheinpatienten betrug 6,8 Minuten. Angesichts solchen Mangels an sorgfältiger Beobachtung überrascht es einen nicht, daß es einige Zeit dauerte, bis die Scheinpatienten entlassen wurden. Die Dauer ihrer Hospitalisierung belief sich auf durchschnittlich 19 Tage, wobei die längste Hospitalisierung 52 und die kürzeste 7 Tage betrug.

Die Tatsache, daß alle Pseudopatienten innerhalb weniger Wochen nach ihrer Aufnahme entlassen wurden, könnte ein Zeichen dafür sein, daß das Personal auf der Psychiatrie dahinterkam, daß die Pseudopatienten die ganze Zeit hindurch gesund gewesen waren. Das ist jedoch nicht der Fall. Alle Pseudopatienten wurden mit der Diagnose »Schizophrenie in Remission« entlassen, woraus hervorgeht, daß die Täuschung nicht entdeckt worden war. Interessanterweise schöpften einige der echten Patienten Verdacht.

Wenn wir diese Entdeckungen für bare Münze nehmen, so geht aus ihnen hervor, daß die Grenze zwischen Geistesgesunden und Geisteskranken so verschwommen ist, daß es durchaus vorkommen kann, daß Gesunde irrtümlich für Kranke gehalten werden können – wenigstens von Psychiatern. Rosenhan wollte herausfinden, ob er auch das Gegenteil demonstrieren könnte, nämlich daß Geisteskranke für gesund gehalten werden. Als Testfeld für seine Untersuchung verwendete er eine Universitätsklinik, deren Personal von der eben beschriebenen Untersuchung gehört und Rosenhan informiert hatte, daß man an ihrer Klinik nicht so leichtgläubig gewesen wäre.

Rosenhan teilte dem Personal dieser Klinik zunächst mit, daß noch ein oder mehrere Pseudopatienten irgendwann während der nächsten drei Monate versuchen würden, aufgenommen zu werden. Jedes Mitglied des Personals wurde aufgefordert, alle Patienten, die Aufnahme beantragten oder schon auf der Station waren, zu beobachten und zu melden, ob sie diese für Pseudopatienten oder echte Kranke hielten.

Es lagen Urteile vor über insgesamt 193 Patienten, die zur psychiatrischen Behandlung eingewiesen worden waren. 41 echte Patienten wurden von mindestens einem Mitglied des Personals mit Sicherheit für unecht gehalten. 19 Patienten wurden von einem Psychiater und einem anderen Mitarbeiter der Täuschung verdächtigt. In Wirklichkeit beantragte aber keiner von Rosenhans Pseudopatienten während dieser Zeit eine Aufnahme. Es scheint also so zu sein, daß das Personal einer psychiatrischen Klinik die Menschen in ihrer Obhut manchmal für geistig gesund hält.

Die hauptsächliche Folgerung Rosenhans, die ungemein wichtig ist, wenn sie zutrifft, lautete: »Es liegt auf der Hand, daß wir geistig Gesunde von geistig Kranken in psychiatrischen Kliniken nicht unterscheiden können.« Das Problem erklärt sich vielleicht zum Teil damit, daß unter normalen Umständen Ärzte und Psychiater stärker dazu neigen, eine gesunde Person für krank als eine kranke Person für gesund zu halten. Es ist offensichtlich gefährlich für einen Arzt, geeignete Maßnahmen zu unterlassen, wenn ein Kranker um Behandlung nachsucht. In England kann ein Psychiater, der sich weigert, eine Person in die Klinik einzuweisen, obwohl diese Person verdächtige Symptome aufweist und eine Einweisung verlangt, gerichtlich belangt werden, wenn die Person daraufhin Selbstmord verübt oder einen Mord begeht. Daher ist es verständlich, daß ihm aus reiner Vorsicht ein Irrtum unterlaufen kann.

Wenn Psychiater jedoch übervorsichtig werden, dann etikettieren sie möglicherweise auch völlig normale Menschen als geisteskrank. Dies aber würde die Betroffenen schwer schädigen, denn die Gesellschaft mißtraut den Geisteskranken zutiefst. Es herrscht heute zwar mehr Toleranz als in der Vergangenheit, als die Geisteskranken in Asylen hinter Gitter gesperrt oder als Hexen verbrannt wurden, doch wird Geisteskrankheit immer noch als ein Schandfleck betrachtet. So mußte Thomas Eagleton als Mitkandidat von George McGovern während der Präsidentschaftswahl von 1972 zurücktreten, weil er lange davor vorübergehend geistig erkrankt war.

Die anderen wichtigen Themen, die Rosenhan anschnitt, betrafen die ziemlich entwürdigenden Zustände, die einige seiner Pseudopatienten während ihres Aufent-

Eine exzentrische Erscheinung fällt auf. Ist sie jedoch wesentlich unnormaler als das »Joggen« im Morgengrauen oder das Verstecken Ihrer gesamten Ersparnisse unter der Matratze?

halts in der Klinik erlebten. Rosenhan selbst sah, wie einer der Patienten geschlagen wurde, weil er zu einem der Pfleger gesagt hatte: »Ich mag dich.« Und am Morgen wurden die Patienten gewöhnlich dadurch geweckt, daß man ins Zimmer brüllte: »Los, aufstehen, ihr Scheißkerle, raus aus dem Bett!«

Mehrmals richteten die Pseudopatienten an ein Mitglied des Personals höfliche Bitten um Information. 88 Prozent der Krankenschwestern und Wärter ignorierten einfach die Bitte und gingen mit abgewandtem Kopf weiter, während es bei den Psychiatern »nur« 71 Prozent waren.

Da Rosenhan anzudeuten schien, daß die meisten Psychiater ihre Zeit verschwendeten und zwischen normalen und anomalen Personen nicht unterscheiden konnten, wurde seine Untersuchung erwartungsgemäß mit einem Sturm des Protests aufgenommen.[3]

Einer der Hauptangriffe auf Rosenhans Arbeit lautete, daß es unlogisch von ihm sei zu argumentieren, daß psychiatrische Diagnosen *niemals* von Wert seien, da der Prozeß der psychiatrischen Diagnose bei Pseudopatienten ja nicht richtig funktionieren könne. Am schärfsten wurde Rosenhan von Seymour Kety angegriffen: »Wenn ich einen Liter Blut trinke, unter Geheimhaltung dieser Tatsache in die Notaufnahme einer Klinik kommen und Blut spucken würde, wäre das Verhalten des Personals durchaus vorhersehbar. Wenn daraufhin die Diagnose eines blutenden Magengeschwürs gestellt und ich entsprechend behandelt würde, so bezweifle ich, daß von daher überzeugend zu argumentieren wäre, die medizinische Wissenschaft sei nicht in der Lage, diesen Zustand zu diagnostizieren.«

Ein weiterer Einwand seitens verschiedener Psychologen und Psychiater betraf Rosenhans hartes Urteil über Psychiater, die aufgrund geringfügiger Indizien (d. h. auditive Halluzinationen) Schizophrenie diagnostiziert hatten. Ein anderer relevanter Faktor ist natürlich auch, daß die Pseudopatienten freiwillig den Wunsch äußerten, in eine psychiatrische Klinik aufgenommen zu werden. Wie viele normale und geistig gesunde Menschen würden wohl den verzweifelten Wunsch äußern, ein so stark eingeschränktes Leben führen zu dürfen und sich mit derart anomalen Leuten zu umgeben?

Rosenhan machte geltend, daß es einen wohlbekannten Unterschied zwischen einer physischen und einer psychischen Krankheit gäbe: von der ersteren erholt man sich gewöhnlich, während die letztere als bleibend gilt. Als seine Pseudopatienten aus der Klinik entlassen wurden, wurde bei ihnen prompt eine Schizophrenie in Remission diagnostiziert; sie wurden also *nicht* für völlig normal gehalten. Daraus ist jedoch gewiß nicht zu entnehmen, daß die Entlassung nach weniger als drei Wochen in der Klinik darauf hindeutet, daß das Personal bemerkenswert hellhörig und aufmerksam gewesen war. Es ist eine bekannte Tatsache, daß Schizophrene oft kurze Remissionsperioden haben, in deren Verlauf sie völlig normal erscheinen.

Eine Diagnose auf Schizophrenie in Remission kann so klingen, als hätten die Psychiater noch ernsthaft an der geistigen Gesundheit der Pseudopatienten gezweifelt. (»In Remission« bedeutet einfach »ohne Krankheitsmerkmale«.) Anscheinend

wurde kein Hinweis auf weiter andauernde ernste Probleme gegeben. Tatsache ist, daß ein Drittel aller entlassenen Schizophrenen innerhalb eines Jahres und 50 Prozent innerhalb von zwei Jahren wieder in die Klinik eingewiesen werden müssen, daher kann die Diagnose als eine Vorsichtsmaßnahme ausgelegt werden.

Besonders bedauerlich fand Rosenhan, daß die geistige Gesundheit der Pseudopatienten nicht erkannt wurde, obwohl ihr Verhalten während ihres Aufenthalts in der Klinik völlig normal war. Aus verschiedenen Gründen läßt sich jedoch bezweifeln, ob die Pseudopatienten sich wirklich wie unter normalen Umständen verhielten. Da sechs der Pseudopatienten eine klinische bzw. professionelle Ausbildung hatten, wäre es vermutlich »normal« gewesen, wenn sie mit ihren Kollegen über Medizin oder Psychologie gesprochen hätten, was sie nicht taten. Es wäre außerdem »normal« gewesen, wenn sie dem Personal gesagt hätten, daß sie sich nur zum Zweck eines Experiments in die Klinik hatten aufnehmen lassen, aber auch das taten sie nicht.

Ein damit verbundenes und möglicherweise noch schwerwiegenderes Problem besteht darin, daß die Pseudopatienten sich vielleicht unwissend auf eine Weise verhalten haben, die mit ihrer psychiatrischen Diagnose übereinstimmte, und dadurch ihren Aufenthalt in der Klinik verlängerten.

Weitere Untersuchungen zur psychiatrischen Begutachtung

Rosenhan wies außerdem darauf hin, daß die Indizien dafür, wie leicht psychiatrische Diagnosen verzerrt werden können, sich mehren. In einer Studie spielte Temerlin Gruppen von Psychiatern und klinischen Psychologen eine auf Band aufgenommene Unterhaltung zwischen einem Arzt und einer interviewten Person vor. Einige der Zuhörer bekamen vom Arzt vorher gesagt, daß die interviewte Person »neurotisch tut, aber in Wirklichkeit psychotisch ist«. Der Betreffende gab jedoch »gesunde« Antworten auf eine Reihe von diagnostisch relevanten Fragen. Ohne diese vorherige Ankündigung stimmten alle darin überein, daß der Interviewte nicht psychotisch sei. Dagegen beurteilten 60 Prozent der Psychiater und 28 Prozent der klinischen Psychologen, denen eine Psychose suggeriert worden war, den Betreffenden als psychotisch.

Die Studie von Temerlin zeigt sicherlich, daß die psychiatrische Diagnose eine komplexe und unzuverlässige Prozedur sein kann. In einer ähnlichen Studie nahmen Langer und Abelson ein Interview auf Videoband auf, in dem die Unterhaltung sich auf den beruflichen Werdegang des Klienten und auf die Schwierigkeiten konzentrierte, die er bei seiner Arbeit hatte. Das Videoband wurde zwei Gruppen von gut ausgebildeten Psychiatern und Spezialisten für Psychodynamik vorgeführt, denen entweder gesagt wurde, daß sie einem Vorstellungsgespräch oder daß sie einem psychiatrischen Interview beiwohnten. Obwohl sie alle dasselbe Videoband sahen, hielten diejenigen, die meinten, daß sie ein Vorstellungsgespräch für einen Job gesehen hatten, den Klienten für weit besser angepaßt als diejenigen, die unter dem Eindruck standen, daß sie einem psychiatrischen Interview beiwohnten.

Daraus scheint hervorzugehen, daß psychiatrische Gutachten oft voreingenommen und unverläßlich sind. Man würde natürlich erwarten, daß echte Bewerber um eine Stellung besser angepaßt sind als der durchschnittliche psychiatrische Patient, und in diesem Fall ist eine Information über die Art des Interviews (Vorstellungsgespräch oder psychiatrisches Interview) relevant und sollte einen Einfluß haben.

Worum es hier geht, läßt sich veranschaulichen, wenn Sie sich einmal vorstellen, daß Sie ein Wachposten in irgendeinem Militärlager wären. Während Ihres Dienstes hören Sie ein Geräusch und sehen die verschwommenen Umrisse einer Gestalt. Wenn Sie wissen, daß die Bewohner der Gegend im großen und ganzen freundlich sind und daß der Feind nicht in unmittelbarer Nähe ist, werden Sie die Person einfach auffordern, sich auszuweisen. Wenn andererseits die Einwohner überwiegend feindlich eingestellt und die Streitkräfte des Feindes bekanntermaßen in der Nähe sind, werden Sie vermutlich zuerst schießen und nachher Fragen stellen. Mit anderen Worten, Sie ziehen die gesamte Situation in Betracht, wenn Sie Ihre

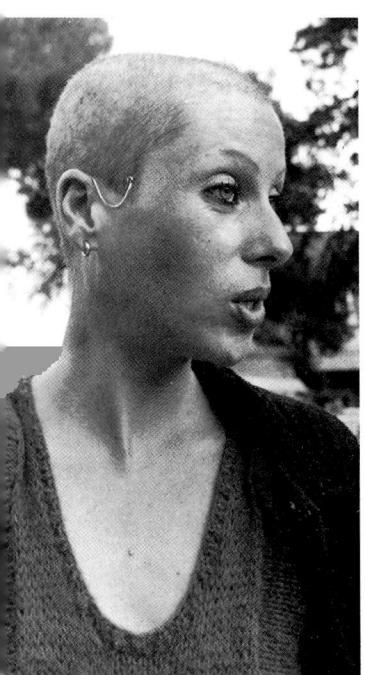

Der letzte Schrei der »Skinhead«-Mode und eine Eskimofrau, die Leder kaut, um es geschmeidig zu machen. Versetzte man sie in verschiedene Kulturen, würden beide als verrückt bezeichnet werden.

Entscheidung treffen. In ähnlicher Weise ist die Annahme vernünftig, daß Leute, die eine Aufnahme in eine psychiatrische Klinik beantragen, mit viel größerer Wahrscheinlichkeit geisteskrank sind als irgendwelche Durchschnittsbürger. Rosenhan will damit sagen, daß Psychiater einen Fehler machen, wenn sie beim Stellen einer Diagnose diese Tatsache berücksichtigen. Es wäre jedoch vernünftiger zu argumentieren, daß die Psychiater recht haben, wenn sie alle ihnen zur Verfügung stehenden Informationen heranziehen.

Rosenhan hat jedoch in einem Punkt recht, wenn er darauf hinweist, daß Psychiater vorsichtiger sein sollten, wenn sie einen Patienten als psychiatrischen Fall etikettieren. Dieses Etikett wirkt sich nicht nur auf die Art und Weise aus, wie andere Menschen den Betroffenen beurteilen, sondern auch auf dessen Selbsteinschätzung und seinen Umgang mit anderen.

Schizophrenie: Mythos oder Faktum

Ungeachtet der Kritik an Rosenhans Untersuchung ließe sich immer noch behaupten, daß Schizophrenie etwas ist, was eher im Geist des Beobachters als im Patienten selbst existiert. Mit anderen Worten, wenn eine Person gegen die *Vorstellung* dessen verstößt, was die Gesellschaft für normal hält, dann ist dies anomal, und was eine Kultur als normal betrachtet, kann in einer anderen als völlig anomal gelten.

Jane Murphy, eine amerikanische Anthropologin, studierte verschiedene Begriffe von Normalität während einer Feldstudie, in der sie eine ziemlich lange Zeit in zwei sehr verschiedenen, nichtwestlichen Gemeinschaften verbrachte, den Yupik-sprechenden Eskimos auf einer Insel im Bering-Meer und den Egba Yorubas in Afrika. Die Eskimos verwendeten das Wort *nuthkavihak,* um anzudeuten, daß die Seele oder der Geist eines Menschen aus dem Gleichgewicht ist. *Nuthkavihak* manifestiert sich auf verschiedene Weise, z. B. wenn man mit sich selbst redet, nichtexistierende Menschen anschreit, sich selbst für ein Tier hält, Urin trinkt, merkwürdige Grimassen schneidet und Menschen bedroht.

Die Yorubas haben ein Wort, *were,* das man mit »Geisteskrankheit« übersetzen kann. Zu den typischen Symptomen von *were* gehören das Hören von Stimmen, Gelächter, wenn es nichts zu lachen gibt, sich selbst Fragen zu stellen und zu beantworten, eine Waffe zu nehmen und plötzlich damit auf jemanden loszugehen, in der Öffentlichkeit zu defäkieren und dann um die Fäkalien herumzugehen.

Es ist auffallend, daß diese beiden primitiven Gemeinschaften, die sich voneinander und von der westlichen Gesellschaft so stark unterscheiden, trotzdem einen Zustand von Geisteskrankheit oder Verrücktheit erkennen, der der westlichen Diagnose der »Schizophrenie« sehr genau entspricht.

Sind die Eskimos und die Yorubas Personen gegenüber, die unter *nuthkavihak* oder *were* leiden, toleranter als wir? In keiner Weise. Die Eskimos stecken einen Wahnsinnigen manchmal in einen Iglu mit einem Gitter vor der Öffnung, durch das Essen gereicht werden kann. Sie überwältigen Geisteskranke, die gewalttätig werden, und zwingen sie, nach Hause zurückzukehren, wenn sie weglaufen. In Nigeria hat der Heiler der Yorubas oft zwischen 12 und 15 Patienten gleichzeitig in seinem Gewahrsam. Denjenigen, die gerne weglaufen möchten, werden gewöhnlich Fußeisen angelegt, und zur Beruhigung bekommen sie verschiedene Kräutertränke.

Wenn Schizophrenie *nicht* etwas ist, das lediglich im Geist der Beobachter existiert, was ist sie dann? Die bemerkenswerten Ähnlichkeiten in der Definition, Behandlung und Häufigkeit von Schizophrenie in sehr verschiedenen Gesellschaftssystemen sprechen dafür, daß Schizophrenie von der Umwelt relativ unabhängig ist. Dies würde natürlich bedeuten, daß Erbfaktoren eine wichtige Rolle spielen. Andere Indizien erhärten diese Ansicht. Betrachten wir Paare von eineiigen Zwillingen, von denen mindestens einer schizophren ist. Wie hoch ist die Wahrscheinlichkeit, daß auch der *andere* Zwilling schizophren ist? Die Antwort lautet, daß die Wahrscheinlichkeit 50 Prozent beträgt, und das ist erstaunlich hoch, wenn man bedenkt, daß Schizophrenie in der breiteren Bevölkerung verhältnismäßig

selten vorkommt. Man könnte jedoch einwenden, daß dies in Wirklichkeit die Umwelteinflüsse widerspiegelt, denn es muß sich doch als sehr schädigend auswirken, wenn man in einer Familie aufwächst, in der das andere Geschwisterteil geistesgestört ist. Dieses Argument klingt plausibel, erklärt aber nicht eine weitere Entdeckung: wenn einer von zwei eineiigen Zwillingen schizophren ist, beträgt die Wahrscheinlichkeit, daß auch der andere schizophren ist, sogar dann 50 Prozent, *wenn die Zwillinge kurz nach der Geburt getrennt werden.*

Folgerungen

Viele Menschen (aber nicht lauter Schizophrene) sind geteilter Meinung über den Wert von Rosenhans Forschung. Wenige würden jedoch leugnen, daß es ihm gelungen ist, das Dilemma der Psychiater zu durchleuchten. Wenn ein Psychiater es einerseits unterläßt, Personen, die um Aufnahme ersuchen, in eine Klinik einzuweisen und mit psychiatrischen Etiketten zu belegen, riskiert er ein Gerichtsverfahren, sobald diese abgewiesene Person Selbstmord verübt oder einen Mord begeht. Wenn andererseits ein Psychiater jemandem eine psychiatrische Diagnose stellt, der in Wirklichkeit nicht geisteskrank ist, wird diese Person fast mit Sicherheit von der Gesellschaft stigmatisiert werden, und vermutlich wird auch ihr Selbstbild großen Schaden leiden.

Die Bereitschaft der Psychiater, aufgrund nur *eines* wesentlichen Symptoms von Schizophrenie (hier Halluzinationen) diese Diagnose zu stellen, erhärtet die Ansicht, daß sie die Vorsicht zu weit treiben. Mehrere Psychiater wunderten sich jedoch über diesen Aspekt von Rosenhans Entdeckungen und wiesen darauf hin, daß Beschwerden wie auditive Halluzinationen gewöhnlich ambulant behandelt würden.

Rosenhans Forschung ist zwar provokativ und originell, aber seine hauptsächlichen Schlußfolgerungen müssen zurückgewiesen werden. Es gibt eine Unmenge von Beweisen dafür, daß Geistesgesunde sehr wohl von Geisteskranken unterschieden werden können, und zwar mit einem recht hohen Maß an Genauigkeit, ausgenommen vielleicht unter den äußerst ungewöhnlichen Bedingungen von Rosenhans Experiment.

Für US-Bürger ist die Wahrscheinlichkeit fünfmal größer, schizophren genannt zu werden, als für Bürger von Großbritannien.

Teil B
Was können wir von Tieren lernen?

Die meisten Menschen, auch wenn sie nur ein oberflächliches Wissen über Psychologie besitzen, haben von Iwan P. Pawlows Experimenten mit Hunden und möglicherweise auch von B. F. Skinners Forschungsarbeiten mit Ratten und Tauben gehört. Trotzdem reagierte die Öffentlichkeit, was die Relevanz von Tierversuchen für das Verständnis der menschlichen Psyche betrifft, in der Regel skeptisch. Diese Skepsis war eine gewisse Zeit lang insofern wohlbegründet, als sich viele Psychologen derart auf Tierexperimente versteiften, daß ihnen offenbar nur mehr wenig Zeit und Energie blieb, um sich mit dem Menschen auseinanderzusetzen.

Doch sind sich die Psychologen heute durchaus bewußt, daß der Rückschluß von irgendwelchen tierischen auf die menschliche Spezies keineswegs in allen Fällen gültig sein muß. Der Mensch ist sicherlich keine ungewöhnlich komplizierte Art von Ratte oder Hund. Doch warum machen die Forscher dann weiterhin so viele Versuche mit Tieren? Dafür gibt es zahlreiche Gründe, und es ist zweckmäßig, einige der wichtigsten darzulegen.

1. In der medizinischen Forschung ist es üblich, neue Mittel an Tieren auszuprobieren, bevor man sie menschlichen Patienten verabreicht. Obwohl dieses Verfahren keine Garantie gewährt, daß Menschen vor schädigenden Medikamenten bewahrt werden, trägt es dennoch eindeutig dazu bei, die Risiken zu vermindern. Psychologische Methoden bei der Behandlung von Neurosen und Psychosen können ebenfalls gefährlich sein; daher ist es nur vernünftig, neue Verfahren, wo immer es möglich ist, zuerst an Tieren auszuprobieren (Kapitel 6).

2. In vielen Fällen haben sich Tierversuche als eine fruchtbare Quelle für Ideen erwiesen, wie man menschliches Verhalten verändern und verbessern kann. Obwohl der Mensch sich von anderen Tieren derart unterscheidet, daß manche dieser Ideen sich als relativ fruchtlos erweisen, ergibt sich doch im großen und ganzen ein äußerst ermutigendes Bild.

3. Einige Experimente können aus ethischen Gründen mit Menschen nicht durchgeführt werden. So würde es zum Beispiel keinem Psychologen einfallen, ein Menschenkind für lange Zeit von seiner Mutter zu trennen, nur um herauszufinden, welchen Einfluß die Mutter auf die Entwicklung des Kindes hat. Aber genau solche Experimente hat man mit Schimpansen durchführen können (Kapitel 8).

4. Tierexperimente sind auch dann zu rechtfertigen, wenn sie uns die Möglichkeit geben, unsere natürliche Neugier in bezug auf unsere Umwelt zu befriedigen. So ist es z. B. faszinierend herauszufinden, ob Schimpansen eine Sprache lernen können (Kapitel 7). Und noch faszinierender wäre es natürlich, wenn wir Schimpansen dahin bringen könnten, daß sie uns erzählten, wie sie die Welt genau erleben!

Die Kapitel in diesem Teil behandeln einige der aufschlußreichsten und am meisten zum Nachdenken anregenden Tierexperimente, die jemals durchgeführt wurden. In Kapitel 6 diskutieren wir z. B. das »Vermeidungslernen« bei Hunden. Hunde springen auch dann noch über eine Hürde, um einen elektrischen Schock zu vermeiden, wenn diese Schocks nicht mehr erfolgen! Dieses scheinbar sinnlose Verhalten gleicht dem Verhalten von Menschen, die an Zwangsneurosen leiden.

Doch der eigentliche Wert dieser Studien an Hunden bestand darin, daß durch sie neue Behandlungsmethoden für Menschen angeregt wurden, die unter Zwangsneurosen leiden.

Unser Verstand sagt uns, daß wir wertvolle Informationen aus Tierexperimenten am ehesten dann gewinnen können, wenn wir sie an Tiergattungen durchführen, die uns so ähnlich sind wie nur möglich, also an Affen oder Menschenaffen wie z. B. Schimpansen. Herbert Terrace (Kapitel 7) setzt sich mit einer der wichtigsten und umstrittensten Fragen auf dem Gebiet der Tierforschung auseinander: Können Schimpansen eine klar erkennbare Sprache erlernen? Aus seinen Ergebnissen lassen sich bedeutsame Rückschlüsse auf eine Theorie des Spracherwerbs beim Menschen ziehen. Noam Chomsky, Altmeister der Linguistik, ist der Ansicht, daß Kleinkinder nur deshalb imstande sind, eine Sprache zu meistern, weil das menschliche Gehirn so »verkabelt« ist, daß es die entsprechenden grammatischen Transformationen vornehmen kann. Andere Arten seien nicht in dieser Weise verkabelt und somit nicht in der Lage, eine Sprache zu erlernen. Die Möglichkeit des Spracherwerbs von Schimpansen ist natürlich schon von anderen Forschern untersucht worden, aber die Studie von Terrace ist bisher die gründlichste auf diesem Gebiet, und es kommt ihr deshalb ein besonderer Wert zu, weil sie die soziale, physische und emotionale Entwicklung junger Schimpansen mit der von Menschenkindern vergleicht.

Ein weiterer Aspekt menschlicher Lebensbedingungen, der unter Anwendung von Tiermodellen mit Gewinn untersucht werden konnte, ist das Problem des Mutterentzugs. Die Konsequenzen unzulänglicher mütterlicher Pflege sind für ein Kind weitreichend und von großer sozialer Bedeutung. Was ist es denn, das die Mutter ihrem Kind gibt und das für die normale Entwicklung dieses Kindes so wesentlich ist? Was kann man tun, um die traurigen Folgen des Mutterentzugs zu mildern? In Kapitel 8 legen wir dar, zu welchen Antworten auf diese und andere faszinierende Fragen Harry Harlow aufgrund seiner Arbeit mit Rhesusaffen gelangte.

Im großen und ganzen liefern die Kapitel in diesem Teil einen überzeugenden Beweis dafür, daß wir eine Menge aus Tierexperimenten lernen können.

6 Die sanfte Kunst der Konditionierung

Immer wieder werden den Psychologen drei sehr berechtigte Fragen gestellt, deren Beantwortung ihnen manchmal schwerfällt. Die erste lautet: »Welchem Zweck dient die Psychologie?« Die Medizin ist offensichtlich nützlich, weil sie es uns ermöglicht, Patienten zu heilen, die an mannigfaltigen körperlichen Krankheiten leiden. Die Physik ist offensichtlich nützlich, weil unser ganzes Handeln physikalischen Gesetzen unterworfen ist. Und es gibt ähnliche Gründe, warum die Biologie, die Botanik, die Geologie, die Chemie usw. offensichtlich von Nutzen sind. Aber welchen Nutzen hat die Psychologie? Die Psychologen fechten ständig Kontroversen aus, und sie gründen Schulen und lassen sich auf philosophische Auseinandersetzungen ein, die mit ihrem praktischen Arbeitsbereich offenbar nur wenig zu tun haben. An diesem Einwand ist mehr dran als manche Psychologen zugeben möchten, doch glauben wir, daß es auch auf diese Frage eine Antwort gibt.

Die zweite Frage ist etwas komplizierter: »Die Psychologen verbringen Stunden damit, Ratten durch ein Labyrinth laufen und Hunde beim Klang einer Klingel Speichel absondern zu lassen, und überhaupt veranlassen sie Tiere, ziemlich merkwürdige Dinge zu tun, wie Pedale zu treten, um dem Versuchsleiter gefällig zu sein (und Nahrung zu bekommen). All dies hat sicherlich nur wenig mit dem Verhalten von Menschen zu tun. Immerhin besitzen die Menschen Sprache und eine hochentwickelte Intelligenz sowie die Früchte einer Kultur, die über Jahrtausende weitergegeben wurden. Tiere besitzen diese Dinge nicht. Was ist es also, was wir von Tieren lernen und nicht viel besser von Menschen lernen könnten? Psychologen wissen offenbar wesentlich mehr über das Verhalten von Ratten als das von Menschen, doch ihr eigentlicher Forschungsbereich sollte wohl der Mensch und keine andere Spezies sein.« Auch diese Kritik ist zum Teil berechtigt, doch hoffen wir aufzeigen zu können, daß das Vorgehen der Forscher keinem perversen Wunsch entspringt, sondern durchaus Methode und Ziel hat.

Der moderne Mensch in einem von Menschenhand geschaffenen Labyrinth.

Die dritte Frage lautet: »Ein großer Teil der Forschungsarbeiten, die von Psychologen an Hunden, Ratten, Hamstern, Tauben usw. durchgeführt wird, ist offenbar grausam und bedeutet, daß unschuldige, wehrlose Tiere Elektroschocks und anderen schmerzhaften Prozeduren ausgesetzt werden. So etwas sollte nicht erlaubt sein. Es ist vielleicht nötig, Visisektion und andere grausame Praktiken für medizinische Zwecke zu dulden, wenn sie die einzige Möglichkeit sind, bessere Heilmethoden für gewisse Krankheiten zu finden, aber in der Psychologie scheinen solche Praktiken nur deshalb angewandt zu werden, weil sie eine Neugier ohne Ziel und Zweck befriedigen.« Auch in dieser Hinsicht haben die Psychologen teilweise gefehlt und Schuld auf sich geladen. Solche Anschuldigung aber auf die gesamte Psychologie ausweiten zu wollen, wäre gewiß ungerecht. Wie wir später in diesem Kapitel zeigen werden, gelten diese und die beiden anderen Kritiken nicht für alle Arbeitsbereiche der Psychologen.

Die Experimente, die wir gleich schildern wollen, können vielleicht einen weiteren Einwand entkräften, der häufig von Psychologen selbst erhoben wird: »Die Psychologen führen ihre Experimente in Laboratorien durch und leiten dann aus ihren Ergebnissen Folgerungen von großer Tragweite für das tägliche Verhalten von Menschen bei ihrer Arbeit, beim Spiel oder in ihrer häuslichen Umgebung ab. Aber ist es nicht an und für sich unrealistisch, ein Experiment in einem Labor, unter Verwendung hochspezialisierter Apparate, durchzuführen? Ist die Wahrscheinlichkeit nicht gegeben, daß die Künstlichkeit des Labors sich in solchem Maße auf das Verhalten der Versuchspersonen auswirkt, daß keine allgemeingültige Erkenntnis aus den Experimenten gewonnen werden kann? Die Versuchspersonen der Experimente sind meistens Studenten; repräsentieren sie wirklich den Mann von der

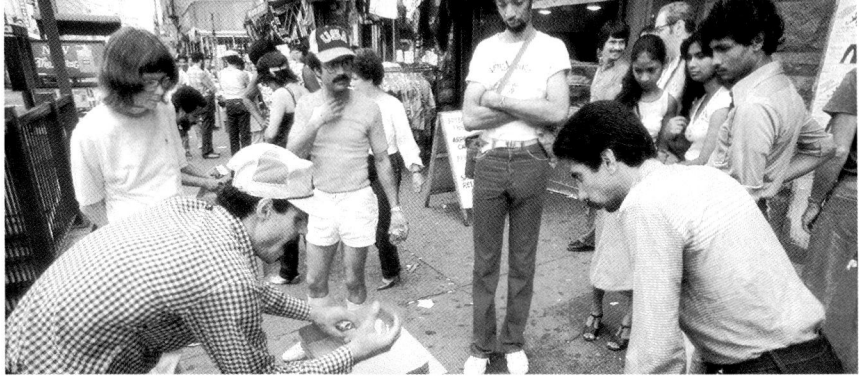

Oben: Freßsucht ist ein Zwang, unter dem viele Amerikaner leiden. Techniken der Reaktionsverhinderung wurden mit einigem Erfolg angewandt, um Fettsucht zu bekämpfen.

Ganz oben: »Manche lernen's nie« – ein Sprichwort, aus dem professionelle Schwindler Kapital schlagen.

Straße? Können wir aus dem Verhalten von Studenten in Laborsituationen wirklich etwas über das Verhalten von gewöhnlichen Menschen in gewöhnlichen Situationen lernen?

Es gibt eine Reihe berühmter Tierversuche, die veranschaulichen, was wir von Tieren über uns selbst lernen können und wie wertvoll solche Erkenntnisse als Grundlage für wesentliche Verbesserungen des menschlichen Wohlbefindens sind. Diese Reihe von Experimenten betrifft das »Vermeidungslernen« und die »Reaktionsverhinderung«. Das von uns als Beispiel gewählte Schlüsselexperiment ist in diesem Fall kein Einzelexperiment, sondern eine Mischung einer ganzen Serie von Untersuchungen an Hunden, Ratten sowie anderen Tieren.

Vermeidungslernen

Stellen Sie sich einen großen Laborraum vor, der durch eine Barriere in der Mitte in zwei Teile getrennt ist. Diese Barriere ist so niedrig, daß Hunde sie leicht überspringen können. Sie kann jedoch erhöht werden, so daß die Tiere nicht mehr hinüberkommen. In beiden Teilen – nennen wir sie A und B – sind auf dem Boden Metallstäbe angebracht, die mit Strom aufgeladen werden, so daß die Hunde über die Ballen ihrer Pfoten einen milden Elektroschock verabreicht bekommen.

Das Experiment selbst ist sehr einfach und betrifft das »Vermeidungslernen«, das heißt, der Hund wird dressiert, auf einen Reiz zu reagieren, den er mit einem Elektroschock assoziieren lernt. Der Reiz kann ein Blinklicht sein. Nehmen wir an, daß der Hund sich in Raum A befindet; das Blinklicht wird angeknipst, und zehn Sekunden später wird der Boden in diesem Teil elektrifiziert, so daß der Hund einen leichten Schock erhält. Sehr bald springt er über die Barriere in den Raum B, wo er für eine Weile sicher ist. Nach einigen Minuten erscheint wieder das Blinklicht, und zehn Sekunden später wird der Boden von Raum B elektrifiziert; der Hund springt nach A zurück, wo er jetzt sicher ist. Dies wird eine Weile fortgesetzt, und der Hund springt von A nach B und von B nach A, so lange, bis er nicht mehr nur dann springt, wenn er einen Schock bekommt, sondern auch dann, wenn er den »bedingten Reiz« empfängt, das heißt, das Blinklicht, das dem Schock vorausgeht. Die meisten Hunde (und Ratten) lernen dieses Verhalten sehr schnell und reagieren auch dann noch auf den bedingten Reiz mit Springen, wenn ihm nicht die unangenehme Empfindung des Elektroschocks folgt. Wenn dieser Typ von Konditionierung bei menschlichen Versuchspersonen vorkäme, würden wir sie wahrscheinlich mit dem Etikett »neurotisch« belegen.

Wie bei einer menschlichen Neurose ist die Gewohnheit des Vermeidens außerordentlich stark und schwer zu brechen. Viele Methoden wurden ausprobiert, um derart konditionierte Hunde zu veranlassen, die Gewohnheit des Springens bei Blinklicht zu verlernen, aber die meisten funktionierten nicht. Man möchte annehmen, daß die Elektrifizierung des Teiles des Raumes, *in* den der Hund springt, seine Gewohnheit, auf das Licht zu reagieren, brechen würde. Aber der Schock beim Landen hält den Hund überhaupt nicht ab; im Gegenteil, er springt noch eifriger, obwohl er jedesmal, wenn er landet, mit einem Schock bestraft wird. Dies ist wiederum ziemlich typisch für neurotisches Verhalten beim Menschen, das normalerweise durch keine Form der Bestrafung, und sei sie noch so hart, abzustellen ist.

Zwangsneurosen

Bevor wir beschreiben, wie diese Gewohnheit verändert werden kann, wollen wir eine typisch menschliche Neurose betrachten, die dem Vermeidungslernen stark ähnelt, nämlich die Zwangsneurose. Für einen Patienten, der unter dieser Art von Neurose leidet, ist es typisch, daß er eine große Angst vor Ansteckung zeigt, vor dem Kontakt mit Bazillen, Schmutz oder anderen Substanzen. Er versucht, diese Angst zu reduzieren, indem er sich reinigt und wäscht und jeden Kontakt mit bestimmten Substanzen vermeidet. Dieses Verhalten des Reinigens und Waschens nimmt allmählich an Häufigkeit zu, bis er unverhältnismäßig viel Zeit damit verbringt, sich zu reinigen und zu waschen, Türklinken, Stühle und Tische zu säubern, den Fußboden zu saugen, usw. Schließlich wird das Verhalten des ständigen Reinigens so zwanghaft, daß es praktisch alle wachen Stunden des

Fernsehen, vielleicht die am weitesten verbreitete (und nicht diagnostizierte) Sucht.

Patienten in Anspruch nimmt. Er verliert seine Stellung, hat keinen geselligen Umgang mit Freunden oder Verwandten mehr, und wenn er verheiratet ist, verliert er vermutlich auch seine Frau. Eine Störung dieser Art ist offensichtlich sehr ernstzunehmen, und vor der Forschung über »Reaktionsverhinderung« bei Hunden gab es wenig Aussicht auf Heilung. Die Psychiater versuchten viele verschiedene Methoden der Behandlung von Zwangsneurosen, einschließlich Psychoanalyse, Elektroschockbehandlung, Psychotherapie, Leukotomie (eine Gehirnoperation, bei der Teile der vorderen Gehirnlappen vom übrigen Gehirn abgetrennt werden; – siehe Kapitel 11). Doch keine dieser Behandlungsweisen erwies sich als wirksam, und keine von ihnen zeitigte Ergebnisse, die besser gewesen wären als bei der spontanen Remission (das heißt, der natürlichen Selbstheilung, die man bei neurotischen Störungen beobachten konnte und die sich ohne Behandlung im Lauf der Zeit einstellte). Diese Selbstheilung spielt bei vielen neurotischen Störungen eine wichtige Rolle, doch gilt das nicht oder kaum für Zwangsneurosen: in diesen Fällen erholt sich selbst nach einem Zeitraum von fünf Jahren nur ein Patient von dreien aus eigener Kraft, was ein ziemlich kläglicher Anteil ist, wenn man die entsprechende Quote bei Angstneurosen und reaktiven Depressionen betrachtet – hier beträgt der Selbstheilungsanteil nach zwei Jahren etwa 70 Prozent.

Wenige Menschen, die nicht schon mit Zwangsneurosen in Kontakt gekommen sind, können sich einen Begriff davon machen, wie behindernd diese Störung ist. Wir geben eine Schilderung der Ängste und Rituale, von denen ein 19jähriger Junge besessen war und über die sein ältlicher Vater folgendes berichtete: »Wenn George morgens aufwacht, gewöhnlich um 11 Uhr, hat er das Gefühl, daß seine Hände verunreinigt sind, und daher kann er seine Kleider nicht anfassen. Er will sich nicht im Badezimmer waschen, weil er meint, daß der Teppich schmutzig ist, und er geht nicht hinunter, bevor er angezogen ist. Daher muß ich ihn anziehen, nachdem ich zuerst seine Schuhe geputzt und ein frisches Hemd, frische Unterwäsche, Socken und Hose hergerichtet habe. Er hält seine Hände über dem Kopf hoch, während ich ihm die Unterwäsche und die Hose anziehe, und wir beide sind mit äußerster Vorsicht darauf bedacht, daß er seine Kleider außen nicht beschmutzt. Bei dem geringsten Fehler oder Mißgeschick muß er wieder frische Kleider haben, weil er um jeden Preis vermeiden will, die Verunreinigung an andere weiterzugeben. Dann geht George hinunter und wäscht sich in der Küche die Hände, und danach verbringt er 20 Minuten auf der Toilette. Das ist ein umständliches Geschäft. Er muß sein Hemd und sein Unterhemd aufrollen, um sicherzugehen, daß sie nicht das Klosettbrett berühren, und er muß nachsehen, ob er es auch richtig macht. Dann muß ich in der Tür stehen und ihn beaufsichtigen, wobei meine Hauptfunktion darin besteht, ihm zu versichern, daß er nichts Dummes gemacht hat, was seine Kleider beschmutzen könnte. Gottseidank kommt er jetzt schon manchmal alleine in der Toilette zurecht, auch ohne meine Aufsicht, aber ich muß immer noch abrufbar sein, um ihm zu helfen, wenn er aus irgendeinem Grund in Panik gerät. Außerdem muß ich Zeitungen auf den Boden der Toilette legen und sie jeden Tag wechseln, damit seine Hose nie in Berührung mit irgendwelchem Schmutz kommt. Wenn er nur urinieren will, ist meine Aufgabe einfacher. Dann muß ich bloß nachsehen, ob seine Hose und seine Schuhe bespritzt sind, manchmal auf allen vieren und mit einer Taschenlampe. Sobald er den Reißverschluß seiner Hose hochgezogen hat, muß ich mit einem Bausch kommen, der mit einem antiseptischen Mittel getränkt ist, und den Reißverschluß schnell abreiben. Wenn er sich dann nach der Toilette die Hände wäscht, schrubbt er sich sorgfältig jeden Finger ab und arbeitet sich methodisch bis zum Ellbogen hoch. Früher mußte ich auf jede Kleinigkeit achtgeben, aber jetzt ruft er mich nur noch gelegentlich. Manchmal hat er seine Hände gewaschen und abgetrocknet, und dann fällt ihm ein, daß er nicht sicher ist, ob er sie ordentlich gewaschen hat. Dann muß ich ihn gewöhnlich beaufsichtigen, damit er, wenn er fertig ist, absolut sicher sein kann, daß er seine Sache perfekt gemacht hat, ohne einen Quadratzentimeter verunreinigter Haut auszulassen.«

Und so zieht sich diese Geschichte in allen möglichen Variationen über den ganzen Tag hin, doch wäre es langweilig, sie fortzuerzählen, da das Grundmuster immer das gleiche bleibt. Es bedarf keiner sonderlichen Vorstellungskraft zu der Erkenntnis, daß ein derart betroffener Mensch kaum in der Lage ist, sich im Alltag zu behaupten.

Warum verhalten sich Leute wie George so? Die Indizien sprechen dafür, daß sie es tun, um ihre Angst zu vermindern, die sonst unerträglich würde. Es läßt sich leicht beweisen, daß diese Theorie stimmt: wenn sie daran gehindert werden, sich zu reinigen, steigert sich ihre Angst; manchmal packt sie ein sichtbares Entsetzen. Wenn sie sich waschen und reinigen dürfen, vermindert sich ihre Angst, und diese Verminderung läßt sich mit psychophysiologischen Methoden messen.

Es besteht eine offenkundige Ähnlichkeit zwischen dem Fall des Hundes, der als Reaktion auf ein Blinklicht springt (obwohl er objektiv nichts zu fürchten hat, da der Strom ausgeschaltet bleibt) und dem sich zwanghaft waschenden Patienten (obgleich objektiv keine Gefahr der Beschmutzung besteht).

Reaktionsverhinderung

Sowohl bei Hunden als auch bei Menschen können neurotische Störungen, trotz aller Heilungsversuche, monate-, sogar jahrelang anhalten. Doch *eine* erfolgreiche Heilmethode wurde im Fall von Hunden gefunden, und es stellt sich die Frage, ob diese Methode nicht auch auf menschliche Patienten anzuwenden wäre.

Diese Methode wurde »Reaktionsverhinderung«[1,2,3,4] genannt. Im wesentlichen funktioniert sie folgendermaßen: Wenn das Blinklicht angeknipst wird und der

Drei weitere Süchte, die auf die Technik der Reaktionsverhinderung ansprechen: Nägelkauen, Rauchen und Trinken.

Hund versucht, in den »sicheren« Bereich hinüberzuspringen, wird die Barriere so stark erhöht, daß er sie einfach nicht überspringen kann. Die Tatsache, daß er daran gehindert wird zu springen, hat zur Folge, daß der Hund »mit Emotionen überflutet« wird (der Terminus »Überflutung« ist inzwischen weit verbreitet als Bezeichnung für diese Behandlungsmethode). Der Hund winselt, heult, bellt, rennt wild im Käfig herum und wird vor lauter Angst vielleicht sogar urinieren oder sich entleeren. Nach einer Weile lassen diese Gefühlsäußerungen jedoch nach, und nach etwa einer halben Stunde hat er sich offenbar mit seinem Schicksal abgefunden, zumal er keinen elektrischen Schock empfangen hat. Wenn man diese Behandlung einige Male wiederholt, ist der Hund endgültig geheilt.

Psychologisch gesehen, ist das natürlich vernünftig. Wenn wir den Fall einen Augenblick anthropomorph betrachten, dann sprang der Hund in dem Glauben, daß er einen Elektroschock bekommen würde, wenn er es nicht täte. Durch unsere Technik der Reaktionsverhinderung konnten wir ihm zeigen, daß er keinen Schock bekommt, wenn er nicht springt, und daß seine Angst folglich unbegründet ist. Der Hund begreift das und handelt gemäß seiner neuen Erfahrung. Vorher hat seine Angst es ihm unmöglich gemacht, »die Wirklichkeit zu testen«; wir haben ihn gezwungen, dies zu tun, und jetzt ist er in der Lage, sich vernünftiger zu verhalten.

Schlüsselexperiment

Können wir die Technik der »Reaktionsverhinderung« bei Menschen anwenden, und hat sie dieselbe Wirkung? Die Antwort auf beide Fragen lautet ja. Natürlich haben die Forscher leicht voneinander abweichende Methoden verwendet, um den Nachweis zu führen; daher wollen wir eine ziemlich verallgemeinerte Beschreibung der Verfahrensweise geben (eine detaillierte Schilderung findet sich bei S. J. Rachman und R. J. Hodgson in ihrem Buch *Obsession and Compulsion*[5]).

Zuerst erläutert der Psychologe die Einzelheiten der Behandlung, und der Patient gibt ihm danach seine Zustimmung. (Denn ohne die aktive Mitarbeit des Patienten kann die Behandlung keinen Erfolg haben. Außerdem hat der Patient ein Recht darauf zu wissen, wie und warum mit ihm so und so verfahren wird). Auch muß der Patient das Recht haben, die vorgeschlagene Behandlung, so sie ihm mißfällt, einfach abzulehnen.

Wenn er eingewilligt hat, wird der Patient in einen Raum geführt, der nichts anderes enthält als einen Tisch, zwei Stühle, einen für den Psychologen und einen für den Patienten, und ein Gefäß mit Schmutz oder einem anderen Stoff, den der Patient bekanntermaßen für »beschmutzend« hält. Der Therapeut steckt dann seine Hand in den Schmutz in dem Gefäß und überredet den Patienten, das gleiche zu tun. Jetzt kommt der springende Punkt: der Patient wird dringend aufgefordert, nicht aufzustehen und seine Hände zu waschen (wie er es normalerweise getan hätte, um seine Angst zu verringern), sondern sitzenzubleiben und die sehr starken Emotionen von Angst und Schmerz zu ertragen, die ihn beinahe überwältigen. Die emotionale »Überflutung« ist eine unangenehme Erfahrung, aber die Emotion läßt allmählich nach, und nach etwa einer halben Stunde ist der Patient imstande, die Situation mit einem Maß an Gefaßtheit zu ertragen, das er am Anfang für unmöglich gehalten hätte.

Das ist sozusagen der Kern der Prozedur, die heute im klinischen Rahmen bei vielen zwanghaften Störungen angewandt wird. Natürlich muß dieser Prozeß mehrfach wiederholt werden, doch zeichnet sich die gesamte Behandlung durch ihre Kürze aus. In der Regel genügen für die Patienten 20 bis 30 Konfrontationen dieser Art.

Abbildung 1 auf Seite 70 zeigt das typische Geschehen in solchen Fällen. Die gestrichelten Linien veranschaulichen das Unwohlbefinden des Patienten und die festen Linien den Drang des Patienten, sich zu waschen; der Verlauf beider Linien ist ähnlich, wie wir sehen. Auf der linken Seite entdecken wir die graduell gemessene Menge an Drang und Unwohlbefinden, die der Patient vor und nach der Konfrontation mit dem auslösenden Stimulus (Schmutz), sowie nach dem angstreduzierenden Ritual erlebt – die drei Stadien sind gekennzeichnet mit VV (vor

Verunreinigung), NV (nach Verunreinigung) und NR (nach Ritual). Interessant ist, bis zu welchem Grad das Ritual den Drang und das Unwohlbefinden verringert. Auf der rechten Seite begegnen wir einem genauso hohen Niveau an Drang und Unwohlbefinden nach der Verunreinigung. Aus dem restlichen Verlauf der Kurve können wir ersehen, wie sich dieses Niveau verändert, wenn der Patient an seinem Wasch- und Reinigungsritual gehindert wird. Das Niveau nimmt mit der Zeit mehr oder minder konstant ab. Nach einer Stunde ist in etwa das Niveau erreicht, das auch dann zustande gekommen wäre, wenn der Patient sein Ritual ausgeführt hätte, und nun fällt die Kurve noch weiter ab, bis nach drei Stunden der Schlußpunkt der Prozedur erreicht ist.

Wir müssen uns nun zwei Fragen stellen. Erstens, funktioniert die Behandlung wirklich? Und zweitens, erleiden Patienten nach ihrer Heilung Rückfälle? Die Beantwortung der ersten Frage ist einfach. Ja, die Behandlung funktioniert in 80–90 Prozent der Fälle, und zwar in sehr kurzer Zeit. Gewöhnlich sind weniger als 20 Sitzungen nötig, in denen der Patient unter Aufsicht einer Beschmutzung ausgesetzt wird, um entweder eine vollständige Heilung oder eine beträchtlich verringerte Anzahl von Waschritualen zu erzielen. Abbildung 2 auf S. 70 zeigt die typische Besserung eines Patienten während der Behandlung. Die gestrichelte Linie bezeichnet die Stundenzahl pro Woche, die der Patient während sukzessiver Therapiewochen auf verschiedene Reinigungsvorgänge verwendet. In diesem Fall verbrachte der Patient anfangs 26 Stunden pro Woche damit, sich zwanghaft zu waschen und zu reinigen. In der 16. Woche hatte er sein Verhalten beinahe auf die Zielstufe von nur zwei Stunden pro Woche reduziert. Allein für sich beweist eine solche graphische Darstellung nichts, sie illustriert jedoch den typischen Verlauf einer Behandlung durch Reaktionsverhinderung. Die Behandlung funktioniert, und zwar gut. Bis vor ganz kurzer Zeit wurden Patienten mit Zwangsneurosen in den meisten psychiatrischen Kliniken mit Bestürzung und ohne Hoffnung aufgenommen, weil man nichts für sie tun konnte. Jetzt werden sie gerne empfangen, und die Ärzte freuen sich darauf, diese neue Methoden auszuprobieren, in der fast sicheren Hoffnung, daß sie die Patienten heilen können.

Aber was geschieht, wenn der Patient geheilt ist oder sein Zustand sich stark gebessert hat, und die Behandlung hört auf? Freud hätte eine solche Behandlung »rein symptomatisch« genannt; das bedeutet, daß man zwar die Symptome, aber nicht die zugrundeliegende »Krankheit« oder die »Komplexe« behandelt hatte. Laut Freud ist eine solche Symptombehandlung zwecklos. Sie führt unweigerlich zu Rückfällen oder zu einer Symptomverschiebung (das heißt, zur Ausbildung neuer Symptome), auch wenn das ursprüngliche Symptom zum Verschwinden gebracht werden konnte. Die psychoanalytische Lehre besagt, daß Symptome lediglich äußere Anzeichen einer komplexen tieferliegenden Störung sind. Wenn man diese tiefere Störung nicht heilt, können die Symptome entweder nicht verschwinden, oder sie werden durch andere ersetzt. Dieses »Krankheitsmodell« von Zwangsneurosen ist unter Psychiatern das gängigste. Psychologen andererseits sind der Meinung, daß das Krankheitsmodell nicht für Verhaltensstörungen gilt. Sie machen geltend, daß man es im Fall von Verhaltensstörungen lediglich mit falschen Lern- oder Konditionierungsmustern zu tun habe; daher brauche der Patient keine ärztliche Behandlung, sondern eine Form von Umerziehung oder Rekonditionierung. Das Auftreten von Rückfällen oder von Symptomverschiebungen würde ein entscheidender Beweis für das Krankheitsmodell sein, aber gibt es überhaupt solche Beweise? Was geschieht mit den Patienten wirklich nach einer erfolgreichen Behandlung durch Reaktionsverhinderung?

Die Antwort ist sehr einfach. Obwohl viele Patienten mehrere Jahre überprüft wurden, konnten weder Rückfälle noch Symptomverschiebungen beobachtet werden – genau das Gegenteil dessen, was Freud verausgesagt hatte. Dagegen stellte man gewöhnlich eine weitere Besserung der geistigen Gesundheit und des Verhaltens des Patienten fest, sogar in Bereichen, die nicht behandelt worden waren. Die Arbeitsberichte vieler Patienten bessern sich zusehends, ebenso ihre allgemeine Zufriedenheit, ihre ehelichen Beziehungen und andere Aspekte ihres Lebens. Ähnliche Befunde bei anderen Arten neurotischer Störungen, die mit anderen Verfahren der Verhaltenstherapie behandelt werden, bestätigen dieses Ergebnis.

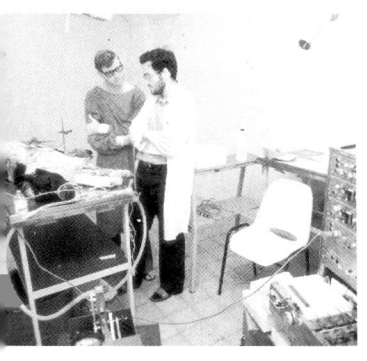

Jährlich werden Tausende von Tieren in Forschungslaboratorien psychologischen Experimenten unterworfen. Hier wird an einem Hund eine verhaltensändernde Gehirnoperation durchgeführt.

Ein Hund, der dressiert wurde, auf einen bedingten Reiz hin durch zwei Reifen zu springen.

Warum versagt die Behandlung in bestimmten Fällen? Die Antwort dürfte die sein, daß sie bei den Patienten versagt, die das zu Beginn ausgelöste Maß an Furcht und Angst so schmerzhaft erleben, daß sie es nicht ertragen können. In solchen Fällen müßte es möglich sein, Beruhigungsmittel oder andere Medikamente zu verabreichen, um diese extremen Niveaus des Unwohlbefindens zu verringern, obwohl man betonen sollte, daß die Störung an sich durch Medikamente nicht geheilt werden kann.

Es gibt verschiedene andere Wege, diese schwierigen 10 oder 15 Prozent von Patienten zu behandeln, die auf eine Betreuung durch Reaktionsintervention nicht ansprechen, aber es ist noch zu früh, um zu sagen, ob eine dieser neuen Methoden erfolgreich ist.

Der Wert der Tierpsychologie

Kehren wir nun zu den Einwänden gegen die Psychologie zurück, die wir am Anfang dieses Kapitels erwähnten. Welchen Nutzen hat die Psychologie? Wenigstens in diesem Fall ist es ihr gelungen, eine große Anzahl von Menschen, die an quälenden psychischen Störungen litten, einer Behandlung zuzuführen, die ihnen ein gesundes und glückliches Weiterleben ermöglichte. Darauf dürfen wir stolz sein. Wir haben mit Absicht nur einen Fall zur Veranschaulichung herangezogen; die Verhaltenstherapie kann aber viele ähnliche Erfolge verzeichnen.

Wie steht es nun mit dem Wert von Tierexperimenten? Die Untersuchung der Reaktionsverhinderung bei Tieren ging der Anwendung dieser Technik bei Zwangsneurotikern voraus. Im Rückblick erscheint es zweifelhaft, ob man diese Technik ohne vorherige Erfahrung mit Tieren für Menschen in Betracht gezogen hätte. Hätten die Psychologen den Mut gehabt, sie anzuwenden, angesichts des akuten Schreckens und Unbehagens der Patienten, wenn sie nicht aus den Experimenten mit Tieren gewußt hätten, wie erfolgreich diese Technik sein kann? Das ist natürlich kein Beweis dafür, daß Menschen einfach größere, kompliziertere Ausgaben von Ratten oder Hunden sind – kein Psychologe würde diese Ansicht vertreten. Diese Forschungsarbeiten demonstrieren jedoch, daß wir, was unser Nervensystem betrifft, gewisse Ähnlichkeiten mit Ratten und Hunden haben, und daß es möglich ist, diese Ähnlichkeiten zu nutzen. Daraus folgt nicht, daß dieselben Mechanismen, die wir bei Ratten und Hunden beobachten, genauso auch im Menschen ablaufen – es wäre einfältig, dies zu glauben, und Tierpsychologen hüten sich vor solchen Analogien. Wir wollen lediglich sagen, daß Ähnlichkeiten, wo es möglich ist, genutzt werden sollten und daß wir neue Methoden der Behandlung zuerst an Tieren erproben, bevor wir sie beim Menschen anwenden. Die Methoden, die bei Tieren funktionieren, funktionieren nicht unbedingt beim Menschen, aber es gibt eine Reihe von Verfahren, die wir aus ethischen Gründen beim Menschen ablehnen müßten, wenn wir von Tierversuchen vorher nicht die Gewißheit hätten, daß sie eine gute Chance auf Erfolg haben. Genau diesen Standpunkt nehmen Forscher im Bereich der Medizin ein, wenn sie neue Medikamente prüfen oder neue physiologische und neurologische Theorien auswerten. Es ist schwer zu begründen, warum man von Psychologen eine andere Einstellung erwarten sollte.

Letztlich müssen wir uns der Frage der damit verbundenen Grausamkeit stellen und inwieweit wir das Recht haben, Tiere bei Experimenten einzusetzen. Dies ist keine wissenschaftliche, sondern eine ethische Frage, und wie bei den meisten ethischen Problemen, geht es nicht um Schwarz oder Weiß, sondern um verschiedene Schattierungen von Grau. Auf beiden Seiten gibt es Recht und Unrecht, Vorteile und Nachteile, aber wir meinen, daß in den eben beschriebenen Fällen der relativ geringe Schmerz und das Unwohlbefinden, das die betreffenden Tiere erdulden, gerechtfertigt sind, weil sie letztlich dem leidenden Menschen zugute kommen. Manche mögen uns widersprechen. Sie, der Leser, müssen für sich selbst entscheiden, denn in solchen Fragen gibt es keine bequemen und keine unumstößlichen Antworten.

Folgerung

Zusammenfassend stellen wir fest, daß scheinbar triviale Versuche in der Tierpsychologie Folgen von großer Tragweite für das Glück von Menschen und die Behandlung bestimmter neurotischer Störungen haben können, die bisher als nicht heilbar galten. Außerdem erkennen wir, daß solche Experimente wichtige Konsequenzen für die Theoriebildung haben; sie zeigen auf, daß die psychoanalytische Theorie in der Beurteilung bestimmter Störungen tatsächlich irrt – und daß einfachere verhaltenstheoretische Darstellungen neurotischer Erkrankungen eher zutreffend sind. Schließlich legen solche Versuche nahe, daß es falsch sein könnte, Tierexperimente abzulehnen und ihre Aussagekraft für menschliches Verhalten zu bestreiten.

Abb. 2

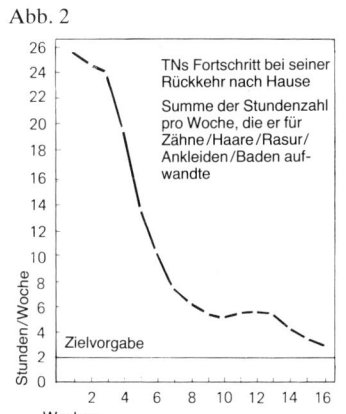

Abbildung 1 zeigt, wie Zwangsneurotiker ihr Unwohlbefinden und den Drang, sich zu waschen und zu reinigen, in bestimmten Situationen einstufen. Die Kurven auf der linken Seite zeigen eine verhältnismäßig niedrige Stufe des Reinigungsdranges und Unwohlbefindens vor der Verunreinigung (VV) durch Schmutz; nach der Verunreinigung (NV) findet eine erhebliche Steigerung sowohl des Dranges als auch des Unwohlbefindens statt. NR bezeichnet den Zustand des Patienten nach dem Ritual (NR) seiner Wasch- und Reinigungsprozeduren. Daraus ist zu entnehmen, daß diese rituellen Prozeduren dem Patienten die Möglichkeit geben, sowohl seinen Drang als auch sein Unwohlbefinden in etwa auf die ursprüngliche Stufe herabzusetzen.

Die Kurven auf der rechten Seite zeigen die Wirkung der Reaktionsverhinderung auf das Niveau von Reinigungsdrang und Unwohlbefinden. NV bezeichnet wiederum die Verunreinigung des Patienten durch Schmutz. Die Kurve zeigt darauf das Nachlassen des Dranges und des Unwohlbefindens, wenn der Patient daran gehindert wird, sein Reinigungsritual für eine Zeitdauer von insgesamt drei Stunden zu vollziehen. Die starken Angstgefühle am Anfang dieser Periode (unmittelbar nach der Beschmutzung) werden schnell auf viel niedrigere Stufen reduziert, so daß der Patient nach einer Stunde fast das gleiche Niveau wie vor der Beschmutzung erreicht. Eine weitere Reaktionsverhinderung während der nächsten zwei Stunden führt zu einem noch stärkeren Nachlassen des Reinigungsdranges und des Unwohlbefindens.

Abbildung 2 zeigt den Fortschritt eines bestimmten Patienten (TN): die Kurve stellt die Stundenzahl dar, die er wöchentlich für Zähneputzen, Kämmen, Rasieren, Anziehen und Baden/Waschen während einer Zeitspanne von 16 Wochen aufwendete. Am Anfang verbrachte er insgesamt 26 Stunden pro Woche mit diesen Aktivitäten. Es wurde ihm ein Ziel von 2 Stunden pro Woche gesetzt, dem durchschnittlichen Zeitaufwand der meisten Menschen für diese Tätigkeiten. Nach Ablauf der 16 Wochen war sein rituelles Reinigungsverhalten praktisch verschwunden.

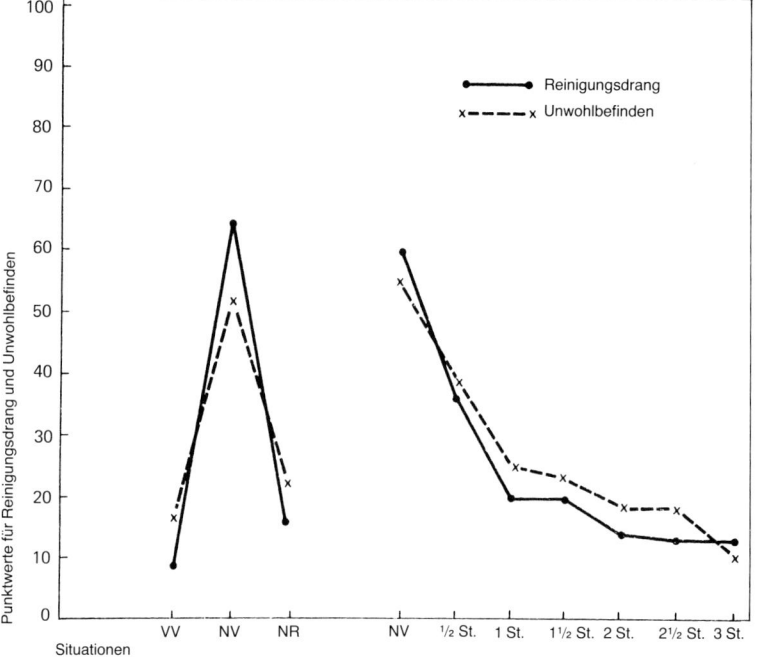

Abb. 1

7 Der Schimpanse, der wie ein Kind aufwuchs

Von allen Primaten hat der *Homo sapiens* in bezug auf Schwangerschaft und Lebensspanne die längste Entwicklungszeit.

Einige der interessantesten Experimente in der Geschichte der Psychologie wurden mit Schimpansen durchgeführt, unseren nächsten Verwandten unter den Tieren. Die meisten Forscher konzentrierten sich auf folgende Hauptfrage: Können Schimpansen sprechen lernen? Dahinter steht die noch größere Frage: Besitzen junge Schimpansen das Potential, so aufzuwachsen und sich so zu entwickeln wie Menschenkinder? Eine ehrgeizige Studie aus jüngster Zeit von Herbert Terrace von der Columbia University, New York, untersuchte die Sozialisation eines jungen Schimpansen.

Wozu Schimpansen sprechen lehren?

Bevor wir auf die Arbeit von Terrace im einzelnen eingehen, wollen wir den Hintergrund etwas näher beleuchten. Warum ist es z. B. wichtig zu wissen, ob man Schimpansen eine Sprache lehren kann? Der einfachste Grund ist der, daß wir einen natürlichen Drang haben, das Unbekannte zu erforschen, selbst wenn die entstehenden Kosten immens hoch sind (wie zum Beispiel bei der ersten bemannten Landung auf dem Mond). Die Vorstellung, mit einer anderen Spezies richtig kommunizieren zu können und mit einer Wahrnehmungs- und Gedankenwelt, die sich von der unsrigen stark unterscheidet, Kontakt aufzunehmen, diese Vorstellung ist wahrhaft faszinierend.

Ein zweiter triftiger Grund wurde von Terrace so ausgedrückt: »Die Möglichkeit zu beobachten, wie der Erwerb von Sprache, wie wir sie kennen, die Kultur einer Gruppe von Schimpansen beeinflussen würde, könnte uns unschätzbare Aufschlüsse über die Uranfänge der menschlichen Zivilisation geben.«

Ein dritter Grund, warum wir wissen wollen, ob Schimpansen eine Sprache erlernen können, ist der, daß der Erfolg oder das Scheitern eines solchen Unternehmens dazu beitragen kann, die scharfe theoretische Kontroverse über den Erwerb von Sprache beim Menchen beizulegen. Der berühmte Verhaltensforscher B. F. Skinner behauptet, daß Menschen eine Sprache weitgehend so lernen, wie eine Ratte einen Knopf drücken lernt, um Nahrung zu bekommen: jede Art von Verhalten, der sich eine Belohnung oder Verstärkung anschließt, wird wiederholt. Wenn Skinner recht hat, so ist nicht einzusehen, weshalb Schimpansen keine Sprache lernen sollten, immer vorausgesetzt freilich, daß ihre Bemühungen in diese Richtung entsprechend belohnt werden.

Der Standpunkt von Skinner hat offenbar manches für sich. Wenn ein Säugling einen Laut ausstößt, der als Wort oder als Annäherung an ein Wort erkennbar ist, drücken die Eltern meistens verbal (»Braves Mädchen!«) oder physisch (durch Umarmungen und Küsse) ihren Beifall aus und verstärken damit wahrscheinlich das Verhalten des Säuglings. Wenn man jedoch die Kommunikation zwischen einer Mutter und ihrem Kind während des ersten Lebensjahres genauer betrachtet, stellt sich heraus, daß die Mutter praktisch alle Laute des Babys belohnt, nicht nur diejenigen, die der Sprache von Erwachsenen ähnlich sind.

Es hat zahlreiche Fachleute gegeben, die Skinners Standpunkt heftig kritisierten und behaupteten, seine Auffassung vom Spracherwerbsprozeß sei mehr als übersimplifiziert. Der Psycholinguist Noam Chomsky vertrat die Ansicht, daß allein die Vielfalt der Sätze, die Kinder produzieren, und ihre Fähigkeit, neue Sätze zu bilden, nicht mit der simplifizierenden Vorstellung von Verstärkung erklärt werden könne. Chomsky macht geltend, daß das menschliche Gehirn so »verkabelt« ist, daß es die grammatischen Transformationen, die in jeder Sprache vorkommen,

Nim gebraucht und reagiert auf Zeichensprache. Sein Gesicht hat auf allen Bildern den typischen neugierig-interessierten Ausdruck der Schimpansen außer im dritten von oben. Auf diesem Bild drückt Nims Gesicht freudige Erregung aus im Unterschied zur Katze, die ziemlich ängstlich aussieht.

ausführen kann; andere haben diese Fähigkeit, eine Sprache zu erlernen, die »Vorrichtung zum Spracherwerb« genannt. Die Existenz einer derart angeborenen Fähigkeit würde sicher dazu beitragen, die erstaunliche Fähigkeit von Kindern zu erklären, die schon Jahre vor jedem formellen Grammatikunterricht in der Lage sind, grammatisch richtige Sätze zu bilden.

Befähigung zum Spracherwerb

Manche Psychologen haben argumentiert, daß die Fähigkeit, diese angeborene Vorrichtung zum Spracherwerb zu gebrauchen, von der Spezialisierung abhängt, die sich allmählich in den beiden Hirnhälften entwickelt. Normale Kinder beginnen im zweiten Lebensjahr zu sprechen, dann verbessert sich ihr Sprachvermögen rapide bis zum Alter von fünf Jahren; danach entwickelt sich diese Fähigkeit langsamer bis zur Pubertät. Die Entwicklung der Spezialisierung des Gehirns verläuft ganz parallel zum Muster des Spracherlernens. Die Spezialisierung des Gehirns ist mit der Pubertät praktisch abgeschlossen. Bis dahin lernen Kinder eine Sprache mit Leichtigkeit, aber danach ist es schwer, eine *zweite* Sprache zu erlernen, und der Lernende neigt dazu, sie mit einem fremden Akzent zu sprechen. Vor der Pubertät fällt es Kindern leicht, eine zweite Sprache perfekt zu erlernen.

Chomsky und seine Anhänger halten es für wahrscheinlich, daß die angeborene Fähigkeit, eine Sprache zu erlernen, nur beim Menschen anzutreffen ist. Also würden Schimpansen, die keine solche Vorrichtung zum Spracherwerb besitzen, völlig hilflos ein, was das Erlernen einer Sprache betrifft. Auf die Frage, ob Schimpansen eine Sprache erlernen können, gibt Skinner eher eine positive, Chomsky eine negative Antwort. Wer hat recht?

Es besteht kein Zweifel, daß die frühesten Versuche, Schimpansen Rudimente einer Sprache beizubringen, Chomsky rechtgeben: sie scheiterten fast hundertprozentig. Keith und Katharine Hayes versuchten sechs Jahre lang, einem Schimpansenweibchen namens Vicki englische Wörter beizubringen. Am Ende dieser Zeitspanne konnte Vicki nur vier Wörter sagen.

Zeichensprache von Schimpansen

Ein wichtiger Durchbruch fand statt, als Allen und Beatrice Gardner von der University of Nevada in Reno einen Film ohne Ton sahen, den Keith und Katharine Hayes gedreht hatten. Auch ohne Ton konnten die Gardners verstehen, was Vicki sagen wollte, indem sie einfach die Gesten beobachteten, mit denen die Schimpansin ihre Laute begleitete. Dies führte die Gardners zu der Frage, ob es nicht einfacher wäre, Gesten anstelle von Lauten zu gebrauchen, zumal Schimpansen in der Gefangenschaft spontan eine Vielfalt von Bittgebärden und anderen Gesten einsetzen.

Im Juni 1966 begannen die Gardners, ein einjähriges Schimpansenweibchen zu dressieren. Sie nannten sie Washoe, nach dem Bezirk in Nevada, wo sie wohnten. Washoe demonstrierte den sprichwörtlichen Nachahmungstrieb der Affen auf vielfältige Weise.

Diese Fähigkeit der Nachahmung war außerordentlich nützlich, als Washoe die »Amerikanische Zeichensprache« beigebracht wurde, die auf Gesten beruht und oft von Leuten gelernt wird, die taub sind. Während der ersten sieben Monate schaffte sie es, vier Zeichen oder Wörter zu lernen, während der nächsten sieben Monate neun weitere und 21 in der folgenden Periode von sieben Monaten. Nach dreieinhalb Jahren hatte Washoe gelernt, insgesamt 132 Wörter auszudrücken.

Es wurden auch andere bemerkenswerte Studien durchgeführt. David Premack von der University of California erfand eine künstliche Sprache, wobei er Plastikchips verwendete. Mit seinem »Star«, dem Schimpansenweibchen Sarah, war er so erfolgreich, daß sie schließlich die Chips so manipulieren konnte, daß komplizierte Sätze wie »Mary, gib Sarah Apfel« entstanden.

Es wäre schön, wenn wir sagen könnten, daß die Forschung der letzten zehn

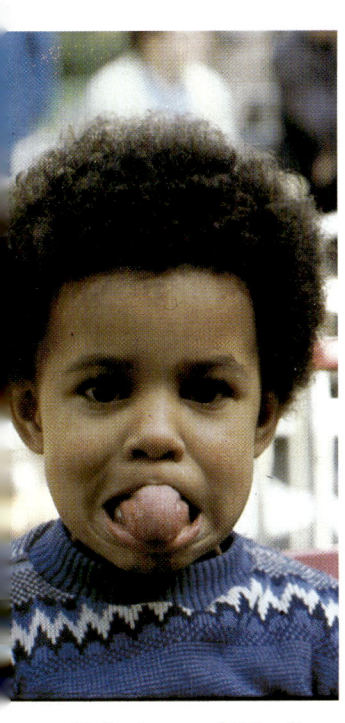

Jahre den überzeugenden Nachweis erbracht habe, daß Schimpansen eine Sprache erlernen können, und viele haben es behauptet. Doch wie die Untersuchung von Terrace zeigt, war dies wohl ein vorschnelles Urteil.

Schlüsselexperiment: Projekt Nim (Herbert Terrace)

Als er das Schimpansenmännchen, das er dressieren wollte, kennenlernte, war Herbert Terrace ein 37jähriger Junggeselle, der an der Columbia University unterrichtete. Es war der zweite Dezember 1973, und der Schimpanse war gerade zwei Wochen alt. Terrace beschloß, ihn Nim Chimpsky zu nennen (eine Verballhornung von Noam Chomsky). Im Gegensatz zu den in anderen Kapiteln besprochenen Schlüsselexperimenten dauerte dieses Experiment ohne Unterbrechung beinahe vier Jahre.[1]

Terrace war der Meinung, daß die Schimpansen in anderen Untersuchungen zu häufig in einer verhältnismäßig sterilen und ungeselligen Umgebung aufwuchsen. Das Resultat war, daß die Schimpansen zur Verwendung von Zeichensprache hauptsächlich deshalb motiviert waren, um Nahrung und Wasser zu bekommen. Terrace beschloß deshalb, Nim Chimpsky in einer Umgebung aufzuziehen, die der liebevollen und geselligen Atmosphäre gleicht, in der ein menschliches Kind aufwächst.

Terrace war keineswegs überzeugt, daß Schimpansen wirklich eine Sprache erlernt hatten, wie frühere Forscher behaupteten. Er war der Ansicht, daß das, was die Schimpansen gelernt hatten, oft nur auf unnatürliche Tricks zurückzuführen war. So kann man zum Beispiel Tauben beibringen, daß sie, um Futter zu bekommen, in einer bestimmten Reihenfolge auf Scheiben von verschiedener Farbe picken (die Abfolge könnte, sagen wir einmal, Weiß–Rot–Blau–Grün lauten). Doch würde dies niemand als einen Beweis dafür nehmen, daß Tauben Sätze bilden können. Und genauso wenig wäre bewiesen, wenn wir auf die weiße Scheibe das Wort »Bitte« setzten, auf die rote das Wort »Lehrer«, auf die blaue das Wort »gib« und auf die grüne das Wort »Futter«, und wenn wir nun, da die Taube pickend den Satz »Bitte Lehrer gib Futter« bildet, behaupteten, sie könnte »sprechen«. Terrace wollte dieses Problem beseitigen und der Versuchung widerstehen, Nim eine Sprache beizubringen wie ein aufgesetztes Kunststück. Der Spracherwerb sollte einen Teil seiner Sozialisation bilden.

Stufen der menschlichen Sozialisation: Herausstrecken der Zunge, ein Körpersignal, auf das wenige Erwachsene verfallen, und die Aufregung und Kameradschaft während eines Kasperltheaters bei einem Geburtstagsfest.

Szenen aus der liebevollen Lehrer-Schüler-Beziehung, die Laura Petitto mit Nim unterhielt.

Die Sozialisation von Nim

Nim Chimpsky war der Sohn von Pan und Carolyn, die in einer Schimpansenkolonie in Oklahoma als die intelligentesten und stabilsten Tiere galten. Er verbrachte den größten Teil der ersten achtzehn Monate seines Lebens in dem großen Haus von W. E. R. und Stephanie LaFarge. Es war ein typischer New Yorker Haushalt, der aus Stephanie, ihrem zweiten Mann W. E. R., drei Kindern aus ihrer ersten Ehe, W. E. R.s vier Kindern aus einer früheren Ehe und einer mit der Familie befreundeten Lehrerin bestand.

Während der ersten vier Monate im Haus der LaFarges schlief Nim 15–18 Stunden pro Tag am Fußende von Stephanies und W. E. R.'s Bett. Wie bei einem Menschenkind wurden seine Windeln alle paar Stunden gewechselt, nach dem Füttern ließ man ihn »Bäuerchen machen«, er wurde in die Luft geworfen, liebkost und von allen seinen Betreuern liebevoll in den Arm genommen.

Nim verhielt sich in vieler Hinsicht sogar noch kindlicher als andere Kinder in dieser Entwicklungsphase. So waren zum Beispiel seine Gefühlsreaktionen offenbar wesentlich stärker als die eines Menschenkindes, was vor allem dann an den Tag trat, wenn Nim entdeckte, daß sich einer seiner Betreuer unglücklich fühlte. Und als Jennie (eines der Kinder in diesem Haushalt) bei einer Gelegenheit weinte, sprang Nim in ihre Arme und blickte ihr intensiv in die Augen. Dann berührte er sanft ihre Wangen und versuchte, ihre Tränen fortzuwischen.

Die Art und Weise, wie Nim manchmal auf W. E. R. reagierte, ließ tatsächlich an den Ödipuskomplex denken. Eines Nachmittags, als Stephanie und W. E. R. ein Schläfchen hielten und W. E. R. nach Stephanie hinübergriff, um den Arm um sie zu legen, sprang Nim auf und W. E. R. bekam einen kräftigen Biß ab. (In diesem Zusammenhang hat man in Schimpansenkolonien schon oft beobachtet, daß junge Schimpansenmännchen gern ihren Vater angreifen, wenn dieser mit ihrer Mutter sich paart.)

Nims Entwicklung vollzog sich in mancher Hinsicht schneller als bei einem Menschenkind. Am Ende des zweiten Monats konnte er krabbeln, einen Monat später konnte er stehen, wenn er etwas zum Festhalten hatte. Mit 20 Monaten war die Sauberkeitserziehung abgeschlossen und er benutzte regelmäßig sein Töpfchen.

Sein Verhalten beim Zubettgehen war dem eines menschlichen Kindes sehr ähnlich. Als er während des fünften Monats alleine schlafen mußte, schrie oder wimmerte er noch einige Minuten, wenn er zu Bett gebracht worden war. Meistens genügte es aber, ihm eine Flasche oder einen Schnuller zu geben, damit er sich beruhigte.

Als Nim fast ein Jahr alt war, durfte er vier Räume an der Columbia University als Kindergarten und Kindertagesstätte benutzen und kehrte am Abend zu den LaFarges zurück. Er war so beweglich und energiegeladen, daß die Räume »schimpansensicher« gemacht werden mußten, damit er nicht auskam. Anfangs verwendeten seine Lehrer eine Kette und einen Riegel als Schloß, das Nim jedoch bald öffnen konnte. Dann versuchten sie es mit einem Haken mit eingebauten Federn, die nur mit einem hohen Maß an Geschicklichkeit geöffnet werden konnten. Trotzdem gelang es Nim manchmal, in den Haupttrakt des psychologischen Instituts zu entwischen. (Im Gegensatz zur landläufigen Meinung war es nicht allzu schwierig, Nim unter den Psychologen zu erkennen.)

Eine ständige Quelle der Besorgnis und der Uneinigkeit unter Nims Lehrern und Betreuern war die Frage, wie Nim bestraft werden sollte, wenn er sich schlecht benahm – wenn er z. B. biß oder knurrte. Sollte man ihn für eine Weile in ein kleines, finsteres Zimmer sperren, wenn er böse war? Sollte man ihn einfach ignorieren? Wenn ein Betreuer eine bestimmte Form der Disziplinierung vorschlug, sagten die anderen gewöhnlich: »Das kannst du *meinem* Schimpansen nicht antun!«

Schließlich kamen Nims Lehrer und Betreuer dahinter, daß die effektivste Weise, ihn zu bestrafen, darin bestand, daß sie von ihm weggingen und mittels der amerikanischen Zeichensprache die Signale gaben: »Du schlimm« oder »Ich liebe nicht dich«. Seine typische Reaktion darauf war, sofort aufzuhören, schnell zu seinem Betreuer zu laufen mit den Zeichen für »Umarme mich« oder »Entschuldige«.

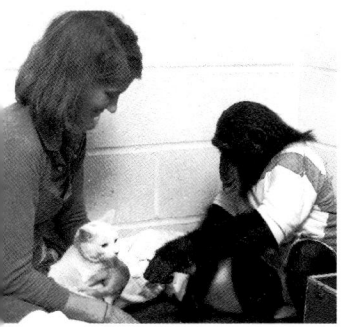

»Ich sitze gern am Spülbekken.« Nim war ein eifriger Tellerwäscher.

Unten: Nim bietet der Katze von Susan Quimby einen Löffel Joghurt an.

Im Juni 1975 wurde Nim so ausgelassen und war so schwer zu bändigen, daß er aus dem LaFarge-Haus verlegt werden mußte. Unter anderem hatte er verschiedene wertvolle Gegenstände zerbrochen, weil er auf jedes Möbelstück springen und sich an den Lampen entlanghangeln konnte. Zum Glück besaß die Columbia University ein prachtvolles Haus mit 21 Zimmern, »Delafield«, von dem die eine Hälfte billig an Terrace vermietet wurde. Hier bekam Nim fünf Räume ausschließlich für sich selbst.

Während er in Delafield war, stellte Nim oft etwas an, wie es kleine Kinder tun. Einmal hörte er, wie Carol (eine seiner Lehrerinnen) eine Schüssel Getreideflocken für sein Mittagessen in einem Beobachtungsraum in der Nähe herrichtete, bevor sie wegging. Einige Minuten später ließ ihn seine nächste Lehrerin, Laura Petitto, auf dem Wickeltisch liegen, während sie in das Klassenzimmer ging, um seine nächste Aktivität vorzubereiten. Als sie in den Beobachtungsraum ging, um seine Schüssel mit den Flocken zu holen, war diese nicht mehr da. Nim lag immer noch auf dem Wickeltisch, jedoch mit einem übertrieben unschuldigen Gesichtsausdruck. Sie sah ihn streng an und machte die Zeichen »Wo Schüssel?« Nim stellte sich einfach unwissend und sah sich um, als wollte er ihr helfen, die Schüssel zu suchen. Erst als Laura drohte, ihm eine Ohrfeige zu geben, nahm Nim sie schließlich bei der Hand und führte sie zum Waschbecken neben dem Wickeltisch. Darin stand die halb geleerte Schüssel mit den Flocken!

Er verhielt sich auch auf eine lustig kindliche Art, als Susan Quinby, eine andere Lehrerin, ihre Katze mitnahm. Er bot der Katze einen Löffel mit Joghurt an und war ganz erstaunt, als die Katze den Löffel leer leckte. Das nächste Mal bot er der Katze absichtlich einen leeren Löffel an. Danach füllte er den Löffel mit Joghurt, das er aber selber aufaß.

Nim nahm gern an allen Aktivitäten teil, mit denen er in diesem Haushalt und in seiner weiteren Umgebung in Berührung kam. Besonders interessierte ihn die Zubereitung seines eigenen Essens, und er zeigte sich sehr geduldig, wenn es darum ging, die verschiedenen Zutaten zusammenzumischen und zu verrühren. Eine weitere Lieblingstätigkeit war das Abwaschen. Er hatte dann einen ungemein konzentrierten Gesichtsausdruck. Wurde er aus irgendeinem Grund von den Aktivitäten in der Küche ausgeschlossen, so rächte er sich, indem er Schubladen und Schränke öffnete und den Inhalt in der Wohnung verstreute; oder er drehte die Wasserhähne auf und stieß den Mülleimer um.

Vor hundert Jahren meinte Charles Darwin, daß Ausdrücke von Gefühlen wie Freude, Zorn, Zuneigung und Neugier bei Schimpansen ausgesprochen menschlich wirkten. Nims Verhalten entsprach durchaus Darwins Beobachtungen, außer daß Nim seine Emotionen vielleicht noch direkter und intensiver zum Ausdruck brachte als ein Mensch. Wenn er jemanden, den er mochte, lange Zeit nicht gesehen hatte, begrüßte er die betreffende Person mit entzücktem Kreischen, lächelte, stampfte auf den Boden, umarmte, küßte und liebkoste sie.

Eine weniger attraktive Seite von Nims Charakter war, daß er sehr gerne andere dominierte, wo es nur irgend möglich war. Wenn eine neue Lehrerin (oder ein neuer Lehrer) zum ersten Mal mit Nim zusammenkam, stellte er sie auf eine schwierige Probe, immer mit dem Ziel, sich ihr gegenüber zu behaupten. Seine unprovozierten Ausbrüche von Aggression bei diesen ersten Zusammenkünften vollzogen sich so schnell und mit einer solchen Wildheit, daß neue Lehrer oft zerkratzt und gebissen und mit zerrissenen Kleidern daraus hervorgingen.

Überraschender noch als Nims Fähigkeit, seine emotionalen Erfahrungen zum Ausdruck zu bringen, war sein erstaunliches Vermögen, die Leute in seiner Umgebung zu durchschauen, die ihre Gefühle zu verheimlichen suchten. Laura, möglicherweise Nims beste Lehrerin, gab eine prägnante Schilderung dieses Vermögens, als sie die wesentlichen Aspekte einer guten Beziehung zu Nim beschrieb und erklärte: »Es war schon mehr als nur unverkrampft oder relaxed sein. Nim besaß die fast schon unheimliche Fähigkeit, in den Gefühlen von anderen Menschen zu lesen. Ich lebte ständig in dem Bewußtsein, daß ich mich aufrichtig verhalten mußte, weil er mich durchschaute . . . er gab mir das Gefühl, als sei ich ›nackt‹.«

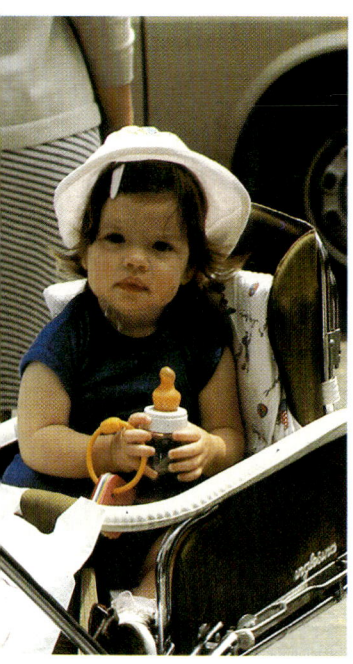

Oben: Wie in den meisten Gesellschaften von Primaten obliegt es den Erwachsenen, die Jungen zu betreuen und anzuleiten, auch wenn keine verwandtschaftlichen Beziehungen bestehen.

Unten: Das Fläschchen als Beruhigungsmittel, um die menschliche Mutter zu entlasten, damit sie wichtige Aufgaben wie Einkaufen, Kochen und Saubermachen erfüllen kann.

Spracherziehung

Psychologen, die den Versuch unternommen haben, Mitgliedern anderer Spezies eine Sprache beizubringen, haben sich vorwiegend auf Schimpansen konzentriert. Das liegt hauptsächlich daran, daß die Persönlichkeit eines Schimpansen dem Menschen ähnlich ist, was die Kommunikation vermutlich erleichtert. Wie wichtig das ist, stellte sich während Terraces Experiment heraus, als Nim sich der Zeichensprache am unbefangensten im Beisein der Personen bediente, die er am besten kannte und am liebsten mochte. Der andere Hauptgrund war natürlich der, daß das Gehirn des Schimpansen von allen Primaten dem Gehirn des Menschen an Komplexität und relativem Gewicht am ähnlichsten ist.

Es stellte sich heraus, daß es viel schwieriger war, Nim die Amerikanische Zeichensprache beizubringen, als Terrace erwartet hatte. (Ein ständiger Mangel an finanziellen Mitteln zur Bezahlung der großen Anzahl von Personen, die nötig gewesen wären, um Nim 24 Stunden pro Tag, 365 Tage im Jahr zu betreuen, bedeutete einen starken Wechsel der freiwilligen Hilfskräfte, die das professionelle Personal ergänzten. In nur 46 Monaten wurde Nim von 60 verschiedenen Lehrern unterrichtet; daß dieser Wechsel von Bezugspersonen nicht das beste war, liegt auf der Hand.) Das Zeichen für »Tee« lernte er z. B. so: Laura, seine Lehrerin, ließ Nim zuschauen, wie sie heißes Wasser in eine Tasse goß, die einen Teebeutel enthielt. Dann bog sie seine Hände so, daß das Zeichen für »Tee« entstand, und ließ ihn einen Schluck trinken. Danach hielt Nim Laura seine Hände hin, so daß sie mit seinen Fingern das richtige Zeichen bilden konnte. Dann versuchte Nim, mit Lauras Händen das Zeichen für »Tee« zu formen. Wenn ihm das gelungen war, reagierte Laura, indem sie ihm die gewünschte Tasse Tee gab.

Nach diesem Training machte Nim allmählich das Zeichen für »Tee«, wenn seine Lehrerin dieses Zeichen im Gespräch gemacht hatte; schließlich machte er es dann, wenn er die Teetasse sah. Er hatte jedoch in diesem Prozeß noch nicht alles gelernt. Denn ebenso wie ein Kind zu einer großen Anzahl von Tieren und Gegenständen »Hundi« sagt, verallgemeinerte Nim manchmal zu stark (z. B. deutete er »Spiel mir Tee«, während er Fang-mich-Spiel spielte).

Nim meisterte sein erstes Zeichen (»trinken«) mit vier Monaten, und danach lernte er rasch vier weitere Zeichen (»auf«, »süß«, »geben« und »mehr«). Es ist interessant festzustellen, daß es verschiedene Berichte über taube Kinder gibt, die ihr erstes Zeichen im Alter von vier Monaten lernten. Wörter können viel früher in Form von Zeichen wiedergegeben als vokalisiert werden, vermutlich weil die zur Lautgebung nötige Muskelkoordination wesentlich subtiler ist.

Im Sommer 1975 begann Nim unter Lauras Aufsicht, mehrere Kombinationen aus zwei Zeichen zu bilden, (u. a. »mehr essen«, »kitzel mich« und »gib Apfel«. Im Sommer 1976 konnte er Kombinationen von drei oder mehr Zeichen bilden (z. B. »Ich mehr essen«, »Du mich kitzeln« und »Ich Baby putzen«). Im Lauf der Zeit verwendete er die Wörter, die er kannte, mehr und mehr. Zwischen dem ersten Juni 1975 und dem 13. Februar 1977 beobachteten Nims Lehrer, daß er mehr als 19 000 Äußerungen signalisierte, die aus zwei oder mehr Zeichen bestanden. Diese ungeheure Ziffer erreichte er nicht durch bloße Wiederholung einer Handvoll von Kombinationen: Nim produzierte 5235 eindeutig voneinander verschiedene Kombinationen. Die reine Vielfalt seiner Zeichenkombinationen ist ein starker Hinweis dafür, daß Nim sie nicht einfach mechanisch lernte. Leider war es nicht möglich zu sehen, wie weit Nims Lernfähigkeit gegangen wäre. Wegen finanzieller und anderer Probleme war Terrace gezwungen, Nim gegen Ende des Jahres 1977 an das Institute for Primate Studies in Norman, Oklahoma, zurückzugeben.

Man könnte sagen, daß Nim die ihm bekannten Zeichen auf eine mehr oder weniger zufällige Weise kombinierte. Dies war jedoch nicht der Fall. Betrachten wir eine Kombination aus zwei Zeichen, die aus einem transitiven Verb und »ich/mir/mich« oder »Nim« besteht. War es ebenso wahrscheinlich, daß Nim »Kitzel mich« wie »Mich kitzel« oder »Kitzel Nim« wie »Nim kitzel« deutete? Ganz und gar nicht: er deutete »Kitzel« 107mal und »mich« oder »Nim« 16mal zuerst. Mit anderen Worten, er wählte in 87 Prozent aller Fälle eine Folge mit dem Verb an erster Stelle. Im großen und ganzen plazierte Nim in 83 Prozent aller Fälle das Verb

»Ich Tarzan, du Jane?«

an erster Stelle, wenn er ein transitives Verb mit »ich/mir/mich« oder »Nim« kombinierte. Verschiedene andere Analysen bestätigen, daß Nims Äußerungen eine definitive Struktur hatten, ebenso wie die Äußerungen von Menschen.

Das bisher dargelegte Material deutet darauf hin, daß Nim in ganz ähnlicher Weise wie ein Menschenkind Sprache entwickelte. Es gibt jedoch einige wichtige Unterschiede. Videofilme der Kommunikationen zwischen Nim und seinen Lehrerinnen wurden in Zeitlupe abgespielt, so daß man genau sehen konnte, wann Nim eine Äußerung begann im Verhältnis zur Äußerung seiner Lehrerin. Obwohl seine Lehrerinnen sich dessen nicht voll bewußt waren, unterbrach Nim sie wesentlich öfter, als ein normales Kind seine Eltern unterbricht. Anscheinend war Nim viel mehr daran interessiert, seinen Lehrerinnen mitzuteilen, was er von ihnen wollte, als daran, was sie ihm sagen wollten.

Man hat festgestellt, daß weniger als 20 Prozent der Äußerungen eines normalen Kindes aus Nachahmungen der Äußerungen seiner Eltern bestehen, und ungefähr 30 Prozent der Aussagen eines Kindes sind spontan und nicht nur Reaktionen auf einen Erwachsenen. Auch nach mehreren Jahren Sprachtraining waren 40 Prozent von Nims Äußerungen ziemlich genaue Nachahmungen dessen, was ihm gesagt worden war, und nur 10 Prozent seiner Zeichen waren spontan. Daraus geht hervor, daß Nim Sprache auf eine weniger kreative und innovative Weise handhabe als ein Kind.

Die wichtigste Entdeckung von Terrace zieht die Vergleichbarkeit des Sprach-vermögens von Nim mit dem eines Kindes noch stärker in Zweifel. Kinder mit normalem Gehör beginnen Äußerungen zu produzieren, die im Durchschnitt anderthalb Wörter enthalten, steigern sich jedoch schnell zu einem Durchschnitt von vier oder mehr Wörtern pro Äußerung (manchmal im Alter von 26 Monaten). Bei tauben Kindern erlebt man die gleiche Steigerung in der Anzahl von Zeichen pro Äußerung, doch meistens etwas später als bei normalen Kindern. In auffallendem Gegensatz dazu hielt sich die durchschnittliche Länge von Nims Äußerungen im Alter von 26 bis 46 Monaten bemerkenswert konstant bei anderthalb Zeichen.

Ein weiterer bedeutsamer Unterschied zwischen Nim und Kindern ist der, daß die längeren Äußerungen von Kindern gewöhnlich viel mehr Sinn vermitteln als ihre kürzeren. Bei Nim war das nicht so, wie man anhand seiner längsten Äußerung sehen kann: »Gib Orange mir gib essen Orange mir essen Orange gib mir essen Orange gib mir du.« Ein Vergleich von Nims Kombinationen von zwei und drei Zeichen ließ erkennen, daß seine Kombinationen von drei Zeichen solchen, die aus zwei Zeichen bestanden, praktisch nichts hinzufügten (außer Emphase). Zu seinen häufigsten Kombinationen von drei Zeichen gehörten: »Spielen ich Nim«, »Umarmen Nim umarmen« und »Essen ich essen«.

Wenn man das Erlernen einer Sprache mit dem Hochklettern an einer Leiter vergleicht, sieht es so aus, als wären Schimpansen recht gut in der Lage, die ersten beiden Sprossen zu erklimmen. Danach scheinen sie jedoch nicht weiterzukommen. Sie lernen vielleicht mehr Wörter, verbessern jedoch nicht ihre Fähigkeit, diese Wörter zu längeren, satzähnlicheren Formen zu verbinden.

Folgerungen

Die soziale und emotionale Entwicklung von Nim Chimpsky war derjenigen eines menschlichen Kindes in vieler Hinsicht bemerkenswert ähnlich. Seine emotionalen Reaktionen waren sogar oft nur ein stärkerer und intensiverer Ausdruck menschlicher Gefühle. Er verhielt sich in der ungezogenen und ausgelassenen Art, mit der ungezählte Generationen menschlicher Eltern vertraut sind.

Nim Chimpsky war durchaus in der Lage, innerhalb bestimmter Grenzen Zeichen zu erlernen und sich auszudrücken, und es besteht die Tendenz, seine echten Leistungen als Offenbarung eines meisterhaften Sprachvermögens zu betrachten. Eine sorgfältige Analyse läßt jedoch darauf schließen, daß hier weniger vorhanden ist, als man auf den ersten Blick meint.

8 »All you need is love«

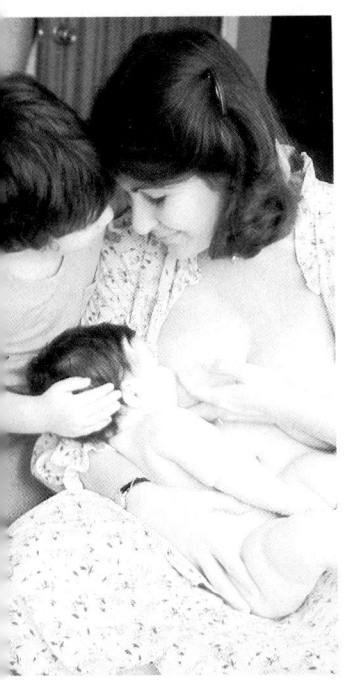

Wärme, Geborgenheit, Nahrung – der bestmögliche Start ins Leben und die Grundlage für alle künftigen Bindungen.

Liebe ist kein einfaches Forschungsgebiet. Es ist schwierig, in der sterilen Umgebung eines typischen psychologischen Forschungslabors Gefühle der Liebe zu erzeugen. Angstgefühle dagegen sind ganz leicht zu erregen, wenn man Elektroden an Menschen befestigt und ihnen mit Elektroschocks droht. Die Dürftigkeit der psychologischen Forschung über das Wesen der Liebe veranlaßte den amerikanischen Psychologen Harry Harlow, den folgenden pessimistischen Schluß zu ziehen: »Das Wenige, das wir über die Liebe wissen, geht über einfache Beobachtungen nicht hinaus, und das Wenige, das wir darüber schreiben, wurde von Dichtern und Romanschriftstellern besser ausgedrückt.«

Schlüsselexperiment: Liebe zwischen Müttern und ihren Babys (Harry Harlow)

Harry Harlow von der University of Wisconsin verbrachte mehrere Jahre mit Beobachtungen, wie Affen lernen, verschiedene schwierige Probleme zu lösen. Im Verlauf seiner Arbeit bemerkte er, daß viele Affenbabys, die im Labor aufwuchsen, eine große Liebe zu den Stoffkissen oder den gefalteten Windeln aus Gaze zeigten, mit denen der Boden ihrer Käfige ausgelegt war. Die Babys klammerten sich an diese Stoffkissen und bekamen heftige Wutanfälle, wenn man ihnen die Windeln aus Sauberkeitsgründen fortnahm. Nun haben aber Menschensäuglinge eine ähnliche Tendenz zu kuschligem Spielzeug und anderen weichen Gegenständen.

Harlow begann zu ahnen, daß das offensichtliche Vergnügen, mit dem seine Affenbabys sich an die Stoffkissen klammerten, einen großen Teil der Liebe eines Säuglings zu seiner Mutter erklären könnte: denn die Mutter verbringt gewöhnlich viele Stunden am Tag damit, daß sie ihr Baby an sich drückt.[1]

Alle möglichen Gründe wurden vorgebracht, um die Liebe eines Säuglings zu seiner Mutter zu erklären. Einige der frühen amerikanischen Verhaltensforscher meinten, daß die Zuneigung eines Babys zu seiner Mutter daher rührt, daß sie sein Bedürfnis nach Nahrung befriedigt. Psychoanalytiker seit Freud haben die überragende Bedeutung der Mutterbrust hervorgehoben.

Also dachte Harlow sich mit viel Phantasie einen Weg aus, um die Ideen der »Brustbefürworter« gegen seine eigene Vorstellung zu testen, daß Affenjunge mehr Behagen durch den Kontakt mit etwas Weichem (und Warmem) empfinden. Zwei Affenersatzmütter wurden hergestellt. Die eine, die »Stoffmutter«, hatte einen wohlproportionierten, formvollendeten Affenkörper aus Holz, der mit Gummi bezogen und in beigefarbenes Baumwollfrottee gekleidet war, so daß sie weich anzufassen war. Eine Glühbirne hinter ihr strahlte Hitze aus, die sie erwärmte. Die andere »Mutter« sah ähnlich aus, war jedoch aus Drahtgeflecht hergestellt, so daß ihr das »Kuschlige« fehlte. Beide »Mütter« hatten »Brüste«.

Affenjunge wurden kurz nach der Geburt von ihren natürlichen Müttern getrennt und in denselben Raum mit der Stoffmutter und der Drahtmutter gelegt. Manche Affen bekamen nur von der Brust der Stoffmutter Milch; die anderen konnten ihre Milch nur von der Drahtmutter bekommen. Welche Ersatzmutter mochten sie lieber? Überwiegend die weichere Stoffmutter, die ihnen kuschlige Nestwärme bot. Aber wirklich überraschend war, daß sogar bei der Affengruppe, die nur von der Drahtmutter Milch bekam, die Resultate fast dieselben waren.

Frühe Kritiker von Harlows Studie erhoben verschiedene Einwände gegen die Gültigkeit dieses Experiments. Manche sagten, daß Affen Draht nicht mögen. Andere meinten, daß andere Stoffe noch kuschliger gewesen wären als Frottee.

Das Bedürfnis nach Kontakt und Geborgenheit ist universell.

Harlow entgegnete den genannten Kritikern, daß Affenbabys viel Zeit damit verbringen, die Wände ihrer Drahtkäfige hochzuklettern und den Draht mit Maul und Händen zu untersuchen. Die Vorliebe kleiner Affen für Frottee wurde auch dadurch demonstriert, daß sie erwiesenermaßen viel mehr Zeit an einer stoffüberzogenen Mutter verbrachten als auf einer, die mit Rayon, Vinyl oder grobem Sandpapier überzogen war.

Andere Kritiker fragten sich, was denn Harlows Beobachtungen überhaupt mit der Liebe unter Menschen zu tun hätten.[2] Was Harlow jedoch wirklich wollte, war, ein neues Licht auf die Bedürfnisse des Menschen nach Zuneigung und Kommunikation zu werfen. Harlow selbst erklärte dazu: »Der einzige Grund, weshalb wir Affen und keine Ratten benutzten, war der, daß sich die so gewonnenen Daten besser auf den Menschen generalisieren ließen.« Freilich sind Affen dennoch keine Menschen.

Der gravierendste Einwand gegen Harlows frühe Forschungen auf diesem Gebiet war der, daß man den Eindruck bekommen konnte, als liebten Affenjunge ihre Mütter nur deshalb, weil sie kuschlig waren. Harlow begegnete diesem Vorwurf der Übersimplifizierung damit, daß er noch mehr Ersatzmütter konstruierte. Er fand heraus, daß besonders während der ersten zwei Wochen im Leben der Affenjungen die Wärme der Mutter ein sehr wichtiger Faktor war: Die Kleinen wandten sich von Ersatzmüttern ab, die Eiswasser in den »Adern« hatten. Auch zogen sie Mütter, die rückwärts und vorwärts schaukelten, solchen vor, die ruhig sitzenblieben.

In späteren Studien wollte Harlow untersuchen, wie stark die Bindung der Affenjungen an ihre Ersatzmütter war. Er tat dies, indem er vier »Monstermütter« kreierte, die alle mit Frottee bezogen waren. Eine gab den Jungen gelegentliche Preßluftstöße; die zweite wackelte so heftig, daß die Kleinen oft von ihr herunterpurzelten; die dritte hatte eine Art Katapult eingebaut, das die Jungen oft fortschleuderte; und die vierte war eine »Eiserne Jungfrau«, bei der von Zeit zu Zeit eine Reihe von Metallspitzen durch den Stoff drangen.

Natürlicherweise zeigten die Affenbabys Zeichen von emotionaler Störung, als sie zum ersten Mal die unangenehmen Eigenschaften jeder dieser »Monstermütter« erlebten. Aber sobald die Mütter wieder normal wurden, kehrten die Kleinen sofort zu ihnen zurück und verhielten sich, als wäre alles vergeben. Und Harlow behauptete tatsächlich, daß sich lediglich die Leute, die das Experiment durchführten, gestreßt fühlten!

Danach entwickelte Harlow andere Möglichkeiten, um Stoffmütter als Ersatz für die wirkliche Mutter zu benutzen. Wenn Affenbabys in einer fremden Umgebung ausgesetzt wurden, wo zahlreiche bei Affen beliebte Objekte wie Schachteln oder Tassen herumlagen, so bedienten sich die Tiere ihrer Stoffmutter sozusagen als Operationsbasis, von der aus sie die Gegend ein bißchen erforschten, um aber schon bald wieder die Sicherheit der vermeintlichen Mutter aufzusuchen. War keine Stoffmutter zugegen, so kam es vor, daß die Babys in einer gekrümmten Sitzposition geradezu erstarrten. Und einige unter ihnen rannten zur Zimmermitte, wo die Mutter gewöhnlich saß, und dann eilten sie heulend und schreiend von einem Objekt zum anderen.

Zeigen Affenjunge wirklich dieselbe Art von Liebe gegenüber Stoffmüttern wie gegenüber ihren wirklichen Müttern? Harlows wohlüberlegte Antwort nach 20 Jahren Studium und Beobachtung lautet folgendermaßen: »Die Liebe zur wirklichen Mutter und die Liebe zur Ersatzmutter scheinen sehr ähnlich zu sein... So weit wir beobachten können, ist die Zuneigung des Affenjungen für seine echte Mutter stark, aber nicht stärker als diejenige des Versuchsaffen für seine Ersatzmutter aus Stoff, und die Geborgenheit, die ein Baby durch die Anwesenheit der echten Mutter gewinnt, ist nicht größer als diejenige, die es durch eine Ersatzmutter aus Stoff vermittelt bekommt.«

Eines der ersten Dinge, die eine menschliche Mutter an ihrem Säugling beobachtet, ist, daß er ihr oft gebannt ins Gesicht sieht. Harlow beschloß, herauszufinden, wie wichtig Gesichtsmerkmale für Affenbabys sind. Einem Jungen wurde eine Ersatzmutter aus Stoff mit einem kugelförmigen Holzkopf ohne Gesichtszüge gegeben. Das Baby reagierte enthusiastisch auf diesen Mutterersatz – was den Gedanken nahelegt, daß selbst ein Gesicht, das einem das Blut in den Adern gefrieren läßt, ein Baby nicht daran hindert, seine Mutter zu lieben.

Als das Affenbaby, ein Weibchen, drei Monate alt war, hatten die Forscher ein Stoffmuttergesicht vorbereitet, das einem Affen ähnlicher war. Sie befestigten es stolz, aber das Baby sah bloß einmal hin und brüllte. Während der nächsten paar Tage verharrte es in seinem Schrecken, dann hatte es einen Geistesblitz: es drehte den Kopf dieser Stoffmutter einfach um 180 Grad herum, so daß es wieder in ein Gesicht ohne Züge sehen konnte. Als die Versuchsleiter den Kopf zurechtrückten, drehte es ihn wieder um, so daß das Gesicht nicht sichtbar war. Kurz darauf nahm es den Kopf vom Körper, rollte ihn in eine Ecke und ließ ihn dort liegen. Um Harlows Interpretation dieser Begebenheit zu umschreiben: ein Baby ist zwar imstande, eine gesichtslose Mutter zu lieben, aber nicht eine doppelgesichtige.

82

Trost und Zuwendung bei Geschwistern: für manche ein Ersatz für Mutterliebe, für andere eine glückliche Zugabe.

Harlows Versuche mit Affen aus Stoff und aus Draht wurden weltbekannt und in den sechziger Jahren immer wieder diskutiert. Und während Harlow diese Publicity natürlich begrüßte, war ihm weniger wohl, so wie sich die Dinge ansonsten entwickelten. Er wurde in seinen Zweifeln bestärkt, als ein bekannter Psychologe und ein führender Psychiater völlig unabhängig voneinander ihm gegenüber folgende Bemerkung äußerten: »Weißt du, Harry, du wirst in die Geschichte der Psychologie als Vater der Stoffmutter eingehen!« Da ihn solche Zukunftsaussicht wenig behaglich stimmte, begann sich Harlow mit anderen Aspekten der Liebe zu befassen und wandte sich dem Mutterentzug und seinen Folgen zu.

Der Mutterentzug

Es mag paradox erscheinen, aber die einfachste Art, Liebe zu studieren, ist die, daß man beobachtet, was passiert, wenn die Liebe fehlt. Wenn sich beweisen läßt, daß der Mangel an Liebe ernste Folgen hat, ist gleichzeitig bewiesen, daß Liebe wichtig ist. Die zentrale Bedeutung der Mutterliebe springt in die Augen bei Fällen des »Mutterentzugs«, in denen das Baby während der frühen Stufen seiner Entwicklung entweder ganz oder teilweise von seiner Mutter getrennt wird.

Die Auswirkungen des Mutterentzugs wurden vor 30 Jahren von dem britischen Psychologen John Bowlby studiert. Es war die World Health Organization, die ihn mit einem Report über die geistige und seelische Gesundheit von Kindern ohne Elternhaus beauftragte. Dieser Report bildete einen Teil jener Untersuchung, die von der Social Commission der United Nations durchgeführt wurde und sich mit den spezifischen Bedürfnissen solcher Kinder befaßte, die von ihren Familien getrennt worden waren und in Waisenhäusern oder ähnlichen Einrichtungen lebten. Bowlby kam zu dem Schluß, daß Mutterentzug durchaus zu schlimmen Konsequenzen führt, inklusive Jugendverwahrlosung und psychopathischen Störungen.

Leider konnten andere Forscher Bowlbys Entdeckungen nicht bestätigen, so daß Bowlby seine Ansichten modifizieren mußte. Es herrscht jetzt eine allgemeine Übereinstimmung darin, daß nicht so sehr eine Mutter nötig ist als der persönliche, positive Kontakt zu einer Bezugsperson oder einer Gruppe von Gleichaltrigen.

Harry Harlow konnte zeigen, daß es bei Primaten weitreichende Folgen gibt, wenn Affenbabys während der ersten Monate ihres Lebens nicht andere Affen sehen oder mit ihnen Umgang haben dürfen. Als eine Anzahl von Affen, die in dieser Weise isoliert waren, zusammengebracht wurden, reagierten sie äußerst aggressiv. Viele unter ihnen zeigten Verhaltensweisen, die an Patienten in einer Nervenklinik erinnerten. So erstarrten sie zum Beispiel in bizarren Körperhaltungen, wiederholten ständig bestimmte Bewegungen oder starrten stundenlang einfach vor sich hin.

Harlow entdeckte eine weitere wichtige Folge früher Isolierung; nämlich daß Affen, die so behandelt wurden, so gut wie kein Geschlechtsleben hatten. Er versuchte, seine Affen durch Züchtung zu vermehren, und so brachten er und seine Mitarbeiter einen normalen, sexuell erfahrenen männlichen Affen mit einigen früher isolierten Affenweibchen zusammen. Es gelang dem Männchen jedoch nicht, eines der Weibchen zu besamen. Wie Harlow prägnant zusammenfaßte: Wenn ein Affenweibchen in früher Jugend nicht richtig »angepackt« wird, bleibt sie vielleicht für den Rest ihres Lebens »keusch«.

Sozialisierung Isolierter

Was konnte man tun, um in Isolierung aufgewachsene Affen geselliger zu machen? Die Tatsache, daß normal aufgewachsene Affen viel Zeit damit verbringen, miteinander zu spielen, brachte Harlow auf den Gedanken, daß es vielleicht gut wäre, wenn man isolierte Affen mit normalen zusammenbringt. Wie sich herausstellte, waren die Resultate verheerend. Die isolierten Affen erstarrten einfach vor Angst.

Ein Hauptproblem war offensichtlich die Angst, die von den normalen Affen in

Soziale Fähigkeiten und ein
Gefühl persönlicher Identität
entwickeln sich in der Kameradschaft von Altersgenossen
und Mitschülern.

den isolierten erzeugt wurde. Eine Art, das Problem zu lösen, bestand darin, daß
man die isolierten mit normal aufgezogenen Affen zusammenbrachte, die mehrere
Monate jünger waren. Es sieht so aus, als könnten isolierte Affen richtiges
Sozialverhalten nur dann lernen, wenn sie zunächst Affen mit einfacheren sozialen
Fähigkeiten, also jüngere Affen, erleben.

Melinda Novak, eine von Harlows Mitarbeiterinnen, konnte vor kurzem die fast
vollständige soziale Rehabilitation von Affen demonstrieren, die während der
ersten zwölf Monate ihres Lebens isoliert worden waren. Novak verwendete dazu
Affen-»Therapeuten«, die weniger als ein Drittel so alt waren wie die isolierten
Affen. Ihr Versuch wurde belohnt durch das allmähliche Verschwinden des
unerwünschten, fehlangepaßten Verhaltens seitens der früher isolierten Affen und
gleichzeitig durch das langsame Ansteigen von Spiel und sozialem Kontakt. Doch
es brauchte beinahe zwei Jahre harter Arbeit, um diese Transformation zu voll-
enden.

Diese Entdeckungen weisen darauf hin, daß die Liebe und Zuneigung unter
Affen (oder Menschen) derselben Altersgruppe mehr Gutes bewirken kann, als man
bisher erkannte.

Viele Theoretiker seit Freud haben die Ansicht vertreten, eine geeignete Stimulation in früher Kindheit sei wesentlich für eine normale Entwicklung. Dies ist die
sogenannte »Hypothese vom kritischen Lebensabschnitt«. Novaks Forschungsergebnisse scheinen diese Hypothese, zumindest was Affen anlangt, zu widerlegen.
Vielleicht dürfen wir daraus den optimistischen Schluß ziehen, daß auch Menschen
widerstandsfähiger sind, als Freud und seine Nachfolger meinten.

Oben: Die meisten Kinder, Jungen wie Mädchen, verbringen mehr Zeit mit ihrer Mutter als mit ihrem Vater.

Unten: Wenn sie Zeit dazu haben, legen viele Väter im Umgang mit ihren Kindern große Zärtlichkeit und Geduld an den Tag.

Der Mutterinstinkt

Das spontane Entzücken, mit dem die meisten Menschenmütter sich um die Befriedigung der Bedürfnisse ihrer Nachkommen kümmern, hat viele Psychologen veranlaßt, einen angeborenen »Mutterinstinkt« anzunehmen. Vordergründig würde dies eine Erklärung für die monate- und jahrelange selbstlose Hingabe der Mütter an ihre Kinder bieten, aber die Vorstellung, daß alle Frauen einen Mutterinstinkt besitzen, ist aus verschiedenen Gründen anfechtbar.

Zunächst einmal hat sich endgültig erwiesen, daß Menschen überhaupt schwächere Instinkte haben als andere Arten. Noch deutlicher spricht die Tatsache des besorgniserregend häufigen Vorkommens von Kindesmißhandlung dagegen; sie läßt sich mit dem Begriff des Mutterinstinkts schwer vereinbaren. Serapio Zalba stellte in einem Artikel in der Zeitschirft *Trans-action* fest, daß die meisten physisch aggressiven Eltern als Kinder selbst vernachlässigt und mißhandelt worden waren.

Auch hier führt Harlows Forschung zu interessanten Ergebnissen. Er nahm sich vor, das mütterliche Verhalten bei Affenweibchen zu beobachten, die während der ersten Monate ihres Lebens in Isolierung aufgewachsen waren. Was geschah, als diese isolierten Weibchen ihr erstes Junges zur Welt brachten? Das typische Verhalten war, daß sie es ignorierten. Nur wenn das Junge sehr hartnäckig war, gewährten sie ihm manchmal die kuschlige Wärme, die es forderte. Vom vierten Monat an wurden einige dieser Erstgeborenen »mutterloser Mütter« sogar weniger bestraft als die Babys normaler Affenmütter, und es wurde ihnen mehr Kontakt mit den Brustwarzen der Mutter erlaubt. Wenn solche Mütter ein zweites Junges bekamen, kümmerten sie sich meistens recht gut darum.

Aber das ging nicht immer so glatt. Einige der mutterlosen Mütter traten ihre Babys mit Füßen oder schlugen ihr Kind mit dem Gesicht auf den Boden des Käfigs. In ein oder zwei Fällen reagierten die Versuchsleiter nicht schnell genug, um zu verhindern, daß die Mütter Füße oder Finger ihrer Jungen anknabberten und fraßen. Die grausamste dieser Affenmütter steckte den Kopf ihres Babys in den Mund und biß ihn ab.

Harlows Beobachtungen scheinen den Schluß nahezulegen, daß die Vorstellung von einem universellen Mutterinstinkt ein Irrtum ist. Vielen Affenmüttern (und wahrscheinlich auch menschlichen Müttern), die nicht in einer normalen liebevollen Beziehung zu ihren eigenen Müttern aufgewachsen sind, fehlt allen Anzeichen nach der Mutterinstinkt.

Der Vaterinstinkt

Harlow untersuchte auch die Rolle des Vaters. Bei allen Affenfamilien, die er beobachtete, war der Vater ohne Zweifel die dominierende Figur; er wahrte seinen Status ohne Einsatz von physischer Gewalt, wenn man von Schein-Schlägen und Kneifern, von Verfolgungsläufen und fallweisen Drohgesten, die eine Bestrafung anzukündigen scheinen, absieht.

Bei Menschen ist es oft so, daß die Väter von Babys mit erst acht Monaten als Spielgefährten den Müttern vorgezogen werden, und diese Bevorzugung hält bis zum Ende des zweiten Lebensjahres an. Genau dasselbe gilt für Rhesusaffen, die in der Gefangenschaft aufwachsen. Erwachsene Affenmännchen geben ihre Bereitschaft, mit ihren eigenen oder fremden Jungen zu spielen, durch ein bestimmtes Signal zu erkennen: nämlich durch einen glasig-starrenden Blick, der von einem gelegentlichen Flippen des Ohrs begleitet wird. Bei den ganz jungen Affen spielen die Männchen mit jedem männlichen erwachsenen Affen, während die Weibchen am liebsten mit ihrem Papa spielen.

Eine Studie aus jüngerer Zeit über Rhesusaffen auf freier Wildbahn im Katmandu Valley, Nepal, zeigte, daß wilde Affenmännchen sich meistens weniger als gefangene Affenmännchen an der Versorgung der Jungen beteiligen. Während erschöpfender Feldbeobachtungen über 1500 Stunden konnten nur kümmerliche 18 Fälle von freundlicher Interaktion zwischen einem erwachsenen Männchen und einem Jungen verzeichnet werden.

Harlows Arbeit wirft nur wenig Licht auf die menschliche
Vater-Kind-Beziehung.

Oben: Ein durchaus nicht un-
fähiger menschlicher Vater.

Unten: Bis zu welchem Grad
identifizieren sich diese Jugendlichen mit Schußwaffen
und Soldatentum?

Der dramatischste aller beobachteten Fälle betraf ein dominantes erwachsenes Männchen, genannt Spock, und das einen Tag alte Junge einer Mutter, die gestorben war. Zuerst kümmerte Spock sich bemerkenswert sanft um das Junge, er reagierte jedoch gereizt, als es zu zappeln und zu schreien anfing. Mehrere Male wurde das arme Junge mit dem Kopf nach unten gehalten oder von Spock in der Armbeuge mitgeführt, wenn er weglief, um einen Kampf zu beobachten. Zum Unglück des Jungen schien Spock nicht zu bemerken, daß es Nahrung brauchte, und so verhungerte es. Die Ungeschicktheit dieses großen, ausgewachsenen Affenmännchens wurde außerdem durch sein offensichtliches Versagen deutlich, die Tatsache, daß das Junge eingegangen war, zu erfassen. Während vieler Stunden nach seinem Tod fuhr er fort, es zu pflegen und mit sich umher zu tragen.

Harlow fand heraus, daß schon unter jugendlichen Affen wichtige geschlechtsspezifische Unterschiede in ihrer Reaktion auf Affenbabys bestehen. Wenn Affenmädchen mit Affenbabys zusammengebracht wurden, zeigten sie sofort ein liebevolles Verhalten ihnen gegenüber; junge Männchen dagegen verhielten sich entweder gleichgültig oder sogar etwas grob.

Entspricht der allgemeine Mangel an Zuwendung und die Gleichgültigkeit des erwachsenen Affenmännchens gegenüber seinen eigenen Jungen der »natürlichen« Reaktion des menschlichen Vaters gegenüber seinen Kindern? Obwohl es gefährlich ist, die Analogie zu weit zu treiben, stimmt es doch offensichtlich, daß viele Väter einen großen Teil ihrer Freizeit traditionellen, männlichen Aktivitäten wie Biertrinken, Fußball und anderen Frauen widmen anstatt ihren Familien.

Viele Feministinnen haben Harlows Untersuchung heftig angegriffen, weil sie den Eindruck vermittelte, als könnten Menschensäuglinge nur dann wirklich gedeihen, wenn sich Ganzzeitmütter um sie sorgten. Doch Harlow verhielt sich taub gegenüber diesen Beschuldigungen. Einmal allerdings, in einem Interview mit Carol Tavis für die Zeitschrift *Psychology Today,* reagierte er auf diese Anwürfe folgendermaßen: »Der Mann ist das einzige Tier, das fähig ist zu sprechen, und die Frau ist das einzige Tier, das unfähig ist nicht zu sprechen.«

Folgerungen

Harry Harlow erforschte mehr als 20 Jahre lang die Bedeutung des Phänomens, das wir Liebe nennen, bei Rhesusaffen. Er ging dabei hauptsächlich so vor, daß er die Wirkungen untersuchte, wenn verschiedene Aspekte der normalen, liebevollen Umgebung ausgesondert wurden, in der ein Affenjunges aufwächst. Der erste große Erfolg dieses Verfahrens bestand darin, daß er die kuschlige Nestwärme als den wichtigsten Beitrag der Mutter zum Wohlbefinden ihres Babys erkannte.

Harlow entdeckte später, daß der Mutterentzug ernsthafte Folgen für die Fähigkeit junger Affen hatte, ein Geschlechtsleben zu entwickeln und sich erfolgreich zu sozialisieren; und dasselbe gilt für Menschen. Er fand jedoch außerdem, daß die Liebe und Zuwendung von jüngeren Altersgenossen die negativen Auswirkungen des Mutterentzugs mit der Zeit beheben kann.

Wir nehmen die Liebe einer Mutter zu ihrem Kind als etwas Selbstverständliches hin, aber ist der »Mutterinstinkt« universell und ist er ganz so angeboren, wie wir meinen? Offenbar ist er es nicht, wie Harlow durch seine Arbeit an Affen überzeugend demonstrierte. Trotzdem hat es den Anschein, daß weibliche Erwachsene normalerweise bessere Mütter abgeben als männliche Erwachsene.

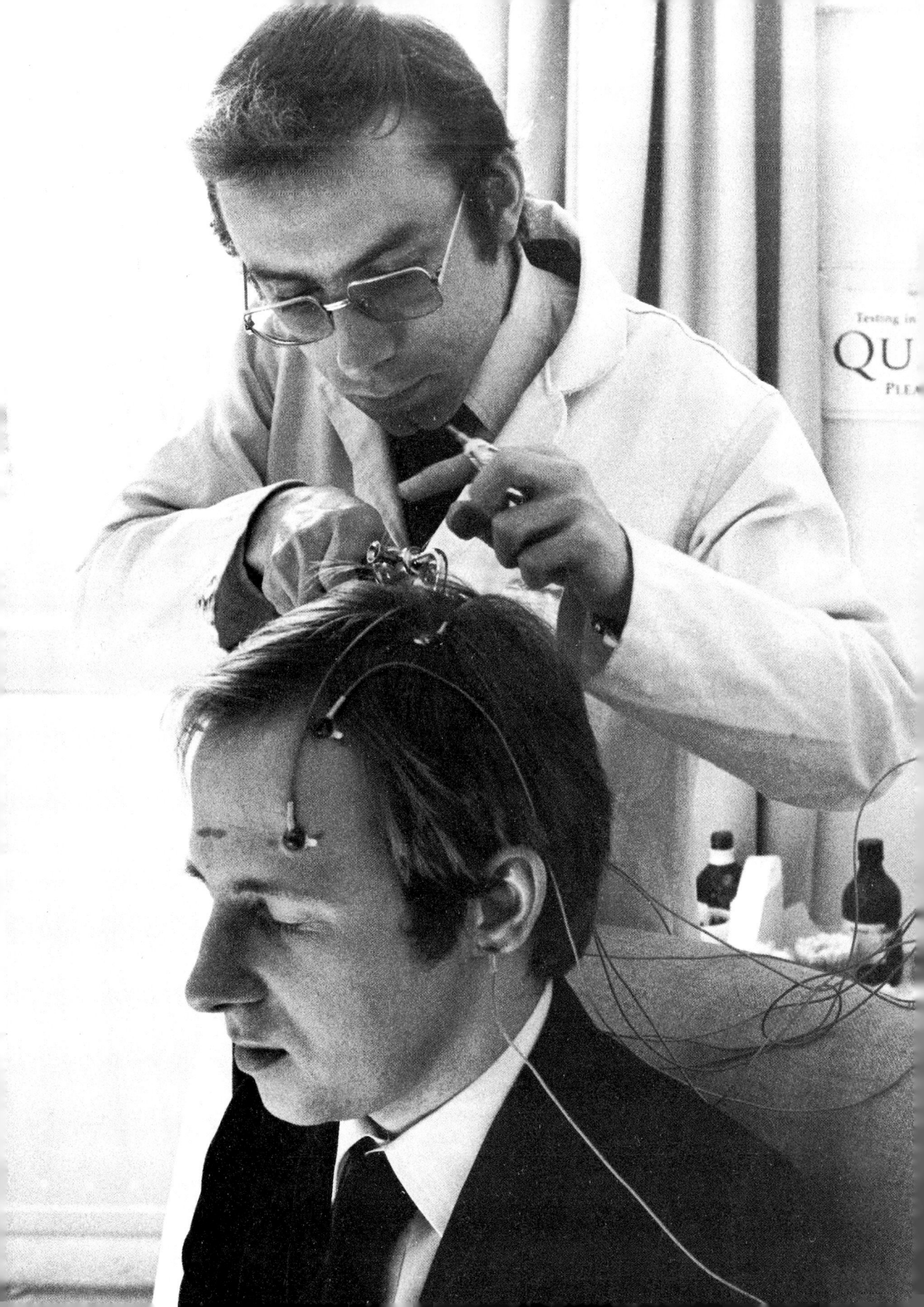

Teil C
Gehirn, Verhalten und Biologie

Psychologen interessieren sich in der Regel vor allem für das Verhalten der Menschen, und sie benutzen aus diesem Grund häufig Verhaltensdaten, um Hypothesen darüber aufzustellen, was in den Menschen vor sich geht.

Hier ein einfaches Beispiel für die Entstehung einer solchen Hypothese. Nehmen wir einmal eine Person mit der Fähigkeit, Reihen von Wörtern oder Sinnlossilben über einen langen Zeitraum hinweg zu erinnern. In diesem Fall kann man annehmen, daß es im Gehirn dieser Person sogenannte Gedächtnisspuren gibt, die der erinnerten Information entsprechen. Eine derartige Annahme klingt plausibel, obwohl sie von äußerem Verhalten abgeleitet worden ist – und nicht von einer direkten Beobachtung dieser Gedächtnisspuren.

In diesem Fall stellt sich sogleich die Frage, ob wir uns nicht der Früchte der technologischen Revolution bedienen könnten, um die Tätigkeit des Gehirns genauer zu ergründen. Eine vernünftige Frage ganz offensichtlich, und so haben sich denn auch viele Physiologen an die Erforschung des Gehirns gemacht, in der Hoffnung, einigen Rätseln der Gedächtnisarbeit auf die Spur zu kommen. Doch da das Gehirn aus einer Unmenge von Zellen besteht, in denen wiederum Millionen von Informationseinheiten gespeichert sind, wäre die Suche nach der bekannten Stecknadel im Heuhaufen ein bloßes Kinderspiel im Vergleich zu der Suche nach einer ganz bestimmten Gedächtnisspur im Gehirn des Menschen oder anderer Lebewesen.

Der Unterschied zwischen psychologischer und physiologischer Forschungsweise läßt sich anhand einer Analogie veranschaulichen. Stellen wir uns einen Psychologen und einen Physiologen vor, die noch nie ein Auto gesehen haben und jetzt ergründen wollen, wie dieses Gefährt funktioniert. Der Psychologe würde sich sogleich mit der Geschwindigkeit des Autos, mit seiner Handhabung im Verkehr, seiner Betriebssicherheit und dergleichen mehr befassen, um dann mit Hilfe der gewonnenen Informationen auf die Prozesse und Mechanismen im Inneren des Autos rückzuschließen. Der Physiologe hingegen erforscht von Anfang an eben dieses Innere, entdeckt dabei womöglich eine große *black box* (die Batterie) und setzt sich intensiv mit der Beschriftung dieser *box* auseinander. Er steht vor der schwierigen Aufgabe herauszufinden, welche Teile des Autos was genau bewirken und wie diese Teile zusammen funktionieren.

Im Teil C dieses Buches setzen wir uns mit der Forschung auseinander, der es gelungen ist, Informationen und Erkenntnisse sowohl aus physiologischen als auch aus psychologischen Quellen zu gewinnen. Forschungsarbeiten aus jüngerer Zeit zur Intelligenz (Kapitel 9) sind ein ausgezeichnetes Beispiel für diesen interdisziplinären Ansatz. Seit Alfred Binet (im Auftrag des französischen Unterrichtsministeriums) Anfang dieses Jahrhunderts den ersten Standard-Intelligenztest entwickelte, haben sich Psychologen immer wieder mit den auffälligen Unterschieden auseinandergesetzt, denen wir beim Menschen im Hinblick auf seine geistigen Fähigkeiten begegnen.

Eine Folge dieser Bemühungen bestand darin, daß die Psychologen eine ganze Menge über die intelligenzbestimmenden Hauptfaktoren, die Bedeutung der Erbanlagen bei der Determinierung der intellektuellen Befähigung und dergleichen mehr in Erfahrung bringen konnten. Ungeachtet dieser Erkenntnisse stößt man immer noch auf die hartnäckige Frage, ob Intelligenz denn überhaupt ein vernünftiges Forschungsobjekt abgebe. Wir selbst meinen, daß ja, und daß ein Großteil der heftigen Kritik, die sich gegen Intelligenztests wendet, entweder fehl am Platz oder voreingenommen ist, oder aber auf halben oder völlig falschen Informationen beruht. Das ist unser Standpunkt, doch müssen wir zugleich einräumen, daß wir

Elektroden werden an bestimmten Stellen des Schädels angebracht, um die Hirnaktivität aufzuzeichnen.

Auditive Stimulation des
Gehirns mit Hilfe von Kopfhörern.

noch eine ganze Menge über Funktions- und Arbeitsweise des Gehirns in Erfahrung
bringen müssen. So wußten wir zum Beispiel bis vor kurzem so gut wie gar nichts
über die einschlägigen Unterschiede der Hirntätigkeit bei Leuten von unterschiedlicher Intelligenz.

Die Hendricksons entdeckten, daß Personen mit unterschiedlichem Intelligenzgrad, wenn sie auf die gleichen einfachen Töne reagierten, stark voneinander
abweichende Hirnströme aufwiesen. So stehen wir heute vor der erregenden
Möglichkeit, vielleicht doch noch die physiologische Grundlage der Intelligenz zu
lokalisieren und zu ergründen. Außerdem kann der Methode einer physiologischen
Messung der Intelligenz nicht vorgeworfen werden, daß sie von vornherein einer
kulturell bedingten Voreingenommenheit erliege (das heißt, daß sie weiße Gruppen
der Mittelschicht favorisiere).

Kapitel 10 befaßt sich mit der Grundlage der Persönlichkeit. Es gibt zwei
Hauptmöglichkeiten, um die biologische Basis der Persönlichkeit zu untersuchen.
Die eine arbeitet mit Persönlichkeitsähnlichkeiten bei eineiigen und zweieiigen
Zwillingen. Die zweite Methode der Persönlichkeitsforschung geht physiologisch
vor. Wir verfügen über verschiedene Aufzeichnungsverfahren (zum Beispiel Messung der Hirnaktivität, der galvanischen Hautreaktion und des Herzrhythmus), mit
deren Hilfe wir nachweisen können, in welchem Umfang die physiologischen
Aktivitäten von Person zu Person voneinander abweichen. H. J. Eysenck hat mit
Hilfe von Erkenntnissen aus der Zwillingsforschung und physiologischen For-
schungsergebnissen eine Theorie der biologischen Grundlage der Persönlichkeit
aufgestellt.

Natürlich gibt es noch viel drastischere und aufregendere Möglichkeiten, die
Funktionsweisen des Körperinneren zu erforschen. Teile des Gehirns lassen sich
nämlich isolieren, stillegen oder gar entfernen. Die Auswirkungen auf das Verhalten sind dabei in der Regel gravierend. Nicht überraschen sollte uns freilich, daß die
sogenannte Psychochirurgie, eben wegen der gewaltigen Komplexität des Gehirns,
häufig ihr Ziel verfehlt.

In Kapitel 11 setzen wir uns mit drei Hauptkategorien der Gehirnchirurgie
auseinander. Man hat mittlerweile Tausende von Lobotomien (bei denen die
Fasern, welche die Frontallappen mit anderen Hirnabschnitten verbinden, durchtrennt werden) ausgeführt, um das Elend von depressiven und stark melancholi-
schen Patienten zu lindern. Manchmal verlaufen solche Eingriffe erfolgreich, doch

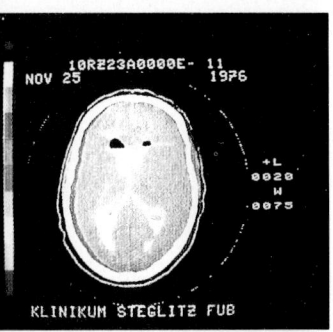

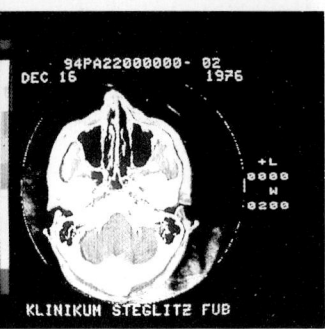

Schnittbilder durch das Gehirn mit Hilfe des Laserverfahrens. Die Techniken der Gehirndurchleuchtung und -abbildung werden zusehends verbessert, so daß sich uns immer mehr physiologische Geheimnisse des Gehirns offenbaren.

ist das Risiko, daß der Patient durch eine derartige Operation zu einem bloßen Dahinsiechen verurteilt wird, ungemein hoch.

In jüngerer Zeit hat man sich dann für die sogenannte Amygdaloidektomie zu interessieren begonnen. Dabei werden die Amygdala (bzw. der Corpus amygdaloidum) im limbischen System abgetrennt oder ausgebrannt. Dieser operative Eingriff soll Angst und Furcht verringern, doch begegnen wir auch hier vielen unglückseligen Nebenwirkungen.

Trotzdem dürfen wir die Geschichte der Hirnchirurgie nicht als eine ausschließliche Reihung von Fehlern und Rückschlägen ansehen – zumindest einen wesentlichen Erfolg hat man auf diesem Gebiet verzeichnen können. Bei ihrem Bemühen, die Auswirkungen von starken epileptischen Anfällen einzudämmen, entwickelten Chirurgen ein Verfahren, bei dem sie den Corpus callosum (also die Brücke zwischen den beiden Hirnhälften) durchtrennten. Dabei kam es zu zwei wesentlichen Effekten: erstens gingen die epileptischen Anfälle zurück und waren nun leichter zu handhaben; und zweitens machte Roger Sperry vom California Institute of Technology, als er Nachuntersuchungen bei einer Reihe von Patienten mit dieser Operation durchführte, einige faszinierende Unterschiede hinsichtlich der Funktionsweise der beiden Hirnhälften aus.

In Kapitel 12 befassen wir uns mit der Welt der Gefühle, und zwar wiederum so, wie sie von dem Zweigespann Psychologe-Physiologe erhellt wird. Gefühlszustände sind offenkundig bedingt durch Personen und Sachlagen in unserer unmittelbaren Umgebung, doch beinhalten sie in der Regel auch klar erkennbare physiologische Veränderungen. Die von Stanley Schachter und Jerome Singer stammende klassische Gefühlstheorie unterstreicht im selben Maß psychologische wie physiologische Ursachen.

Alles in allem soll dieser dritte Teil also aufzeigen, wie sich die Arbeitsbereiche des Psychologen und Physiologen auf eine außerordentlich fruchtbare Weise überschneiden, und dies ganz besonders in den Bereichen Intelligenz, Persönlichkeit, Gefühle und abweichendes Verhalten.

9 Das Geheimnis der Hirnströme

Es ist noch gar nicht lange her, da waren sich die Fachleute, was die Vorstellung von der Intelligenz anlangt, im großen und ganzen einig. Intelligenz sah man als eine Art von allgemeiner, immer vorhandener kognitiver Fähigkeit, die den Menschen in die Lage setzt, abstrakte und konkrete Probleme zu lösen. Diese hochgeschätzte Fähigkeit beruhte, so meinte man, großenteils auf einer Erbanlage, doch konnte auch die Umwelt die Art und Weise beeinflussen, in der sich Intelligenz äußerte. Und einhelliger Meinung war man auch darin, daß Intelligenz sowohl bei der Erziehung als auch im sonstigen sozialen Geschehen eine entscheidende Rolle spiele: Einkommen, berufliche Entwicklung und gesellschaftlicher Status, das hing alles von der Intelligenz ab. Zufall, Persönlichkeit und das, was für den einzelnen die Familie an Beziehungen bereitstellen konnte, spielten natürlich auch eine Rolle, waren aber weniger wichtig als besagte Erbanlage.

In den letzten Jahren sind diese Vorstellungen häufig kritisiert worden. Und viele Kritiker haben das vorerwähnte Konzept von der Intelligenz als Arbeitshypothese rundweg abgelehnt. Sie wollten und wollen nicht wahrhaben, daß Erbanlagen die unterschiedlichen Ausprägungen dieses sowieso nicht existenten Vermögens beeinflussen könnten. Und sie behaupten, daß die Gesellschaftsschicht und andere Umwelteinflüsse im Bereich der Erziehung, der beruflichen Karriere und des sozialen Status die Hauptfaktoren seien.

Die meisten dieser Kritiken stammten von Leuten, die nicht allzu vertraut waren mit den Bereichen der Genetik, der Psychometrie und der psychodiagnostischen Testverfahren. Außerdem erschienen diese Kritiken vor allem in populären Wochen- und Tageszeitungen und in irgendwelchen politischen Blättchen, aber nur selten in den wissenschaftlichen Zeitschriften. Die jammervolle Affäre eines Sir Cyril Burt, der erwiesenermaßen mit gefälschten Daten arbeitete, war natürlich Wasser auf die Mühlen dieser Kritiker. Doch waren Burts Daten nur ein geringer Teil des empirischen Materials, auf dem die orthodoxe Vorstellung von der Intelligenz fußte. Außerdem haben in jüngster Zeit erzielte Erkenntnisse und Befunde den traditionellen Standpunkt stark unterstützt (die betreffenden Argumente findet der Leser in H. J. Eysencks *Die Ungleichheit der Menschen.*

In der Zwischenzeit haben Physiologen auf dem Gebiet der Intelligenzmessung neuartige Verfahren eingebracht, die diesen ganzen Bereich revolutionieren könnten.

Diese neuen Verfahren ermöglichen es uns, Intelligenz mittels psychophysiologischer Methoden zu messen; zum Beispiel mit Hilfe des Elektroencephalographen. Und was noch mehr ist: diese neuen Verfahren geben uns dadurch, daß sie auf umfassenderen Theorien zur Natur der Intelligenz und ihrer physischen Substruktur basieren, einen wesentlich tieferen Einblick in die Beschaffenheit der Intelligenz. Die Arbeit, auf die wir uns hier beziehen, stammt von den beiden amerikanischen Psychologen Allan und Elaine Hendrickson, die seit 20 Jahren am Institute of Psychiatry in London tätig sind.

IQ-Tests

Bei den traditionellen Verfahren der Intelligenzmessung bekommt der Kandidat Aufgaben gestellt, die kaum oder gar nicht Rekurs nehmen auf erworbenes Wissen. Falls ein derartiges Wissen für den Test dennoch nötig sein sollte, muß man sichergehen, daß die Testpersonen dieses Wissen in gleich hohem Maße besitzen. Beim IQ-Test haben wir es nicht mit einer Testung von Schulwissen zu tun, sondern

91

mit einer Messung der Fähigkeit, die Bestandteile eines Problems so zu handhaben, daß eine Lösung gefunden wird, die aber keine formale Schulung oder Ausbildung als Basis voraussetzt.

Solche Tests haben in der Regel ergeben, daß zwischen den verschiedenen Gesellschaftsschichten markante Intelligenzunterschiede bestehen. So können zum Beispiel Mittelschicht- und Arbeiterschicht-Gruppen um bis zu 30 Punkten voneinander abweichen. Auch Unterschiede zwischen den Rassen gibt es: amerikanische Schwarze rangieren um 15 Punkte unter amerikanischen Weißen, Malaien um etwa die gleiche Punktzahl unter den Chinesen und mitteleuropäische Zigeuner weisen geringere Punktwerte auf als Mitteleuropäer, die dieses von Haus aus sind.

Kinder, die bei diesen Tests gut abschneiden, schneiden auch in der Schule und an der Universität in der Regel besser ab als Kinder mit schlechten Testergebnissen. Untersucht man Kinder in ein und derselben Familie, so kann man auch hier unterschiedliche IQ-Werte feststellen, und festzustellen ist auch, daß der Intelligentere seinen Weg macht, während dies beim weniger Intelligenten eben nicht der Fall ist. Eineiige Zwillinge unterscheiden sich kaum in ihren IQ-Werten, ganz egal, ob sie zusammen aufwachsen oder früh getrennt werden; zweieiige Zwillinge ähneln sich bei weitem nicht so stark. Und adoptierte Kinder schlagen viel eher ihren biologischen als ihren Adoptiveltern nach. Manchmal wird behauptet, daß Weiße Vertretern anderer Rassen intelligenzmäßig deshalb überlegen seien, weil die diesbezüglichen Tests ja von weißen Psychologen entwickelt worden seien. Doch das stimmt nicht, denn solche Tests werden nicht frei nach Laune der Psychologen geschaffen – im Gegenteil, sie sind objektiven statistischen Kriterien unterworfen.

Dies sind Faktoren, welche von den Anhängern der Lehre von der Gleichheit aller sicher nur ungern anerkannt werden; Faktoren auch, die alle ihre Hoffnungen auf ein utopisches Paradies der Gleichberechtigung zunichte machen. Doch sind so manche der Kritiken dieser Anhänger an sich schon gegen Schimären gerichtet, da die Vorstellung vieler Leute von den Mechanismen der Vererbung, angefangen bei dem Apfel, der nicht weit vom Baum fällt, mit der Realität nur wenig zu tun hat.

IQ-Tests lassen beständige Intelligenzunterschiede zwischen verschiedenen rassischen und sozialen Gruppen erkennen. Das bedeutet natürlich nicht, daß andere Qualitäten wie Mut oder Großzügigkeit nicht genauso wichtig seien.

Vererbung und Intelligenz

Wenden wir uns zunächst dem altbekannten und hinlänglich belegten Phänomen der genetischen »Regression aufs Mittel« zu. Dieses Phänomen besagt, daß Eltern, die mit bestimmten körperlichen oder geistig-seelischen Eigenschaften in einem sehr hohen oder niedrigen Maße ausgestattet sind, diese Eigenschaften in einer weniger extremen Form an ihre Kinder weitergeben. Mit anderen Worten: ihre Kinder regredieren in Richtung auf ein Mittelmaß. So werden zum Beispiel Kinder von sehr großen oder überaus intelligenten Eltern zwar ebenfalls ziemlich groß bzw. intelligent sein, aber im Durchschnitt eben nicht ganz so groß bzw. intelligent wie ihre Eltern.

Abbildung 2a auf Seite 98 veranschaulicht die Vorstellung, die die meisten Leute vom Prozeß der Vererbung haben. Das obere Diagramm beschreibt 64 Eltern, die ihrem Intelligenzgrad nach von extrem begabt bis extrem schwachsinnig rangieren (vier von ihnen sind extrem schwachsinnig, 16 schwachsinnig, 24 normal, 16 begabt und vier extrem begabt). Das untere Diagramm zeigt die gleiche Anzahl von Kindern dieser Eltern, wobei die Kinder genau in derselben Weise auf die verschiedenen IQ-Rubriken verteilt sind. Diese falsche Vorstellung von der Vererbung besagt, daß extrem schwachsinnige Eltern auch extrem schwachsinnige Kinder haben müssen, während sich die extrem Begabten eines ebenso begabten Nachwuchses rühmen könnten. Doch die Wirklichkeit, das zeigt uns Abbildung 2b, sieht anders aus.

Auf dieser Abbildung begegnen wir besagter Regression. Unter den vier Kindern der extrem schwachsinnigen Eltern ist nur eines extrem schwachsinnig, zwei sind hingegen »nur« schwachsinnig und eines ist normal. Ähnlich steht es mit den vier Kindern der extrem begabten Eltern: eines unter ihnen ist extrem begabt, zwei sind begabt und eines ist normal. Und umgekehrt stammt von den vier extrem begabten Kindern eines von normalen Eltern ab, zwei haben begabte Eltern und nur eines dieser Kinder kann mit extrem begabten Eltern aufwarten. Auf diese Weise sorgt die Natur im Prozeß der Vererbung für eine ständige Umschichtung der Gene oder Erbfaktoren, so daß auch Klassen- und Familieninteressen immer wieder durcheinandergeraten. Die Vermengung der Gene führt zwischen Eltern und Kindern sowohl zu Ähnlich- als auch zu Unähnlichkeiten. Das aber bewirkt, daß sich jedes Kastensystem als ein biologischer Widersinn darstellt, was wiederum zur Folge hat, daß ein derartiges System nur durch politische Gewalt aufrechterhalten werden kann. Aber auch Klassensysteme sind schwer über längere Zeit zu bewahren, es sei denn, eine starke soziale Mobilität wäre gegeben. Das Ausmaß an sozialer Mobilität in unserer westlichen Welt ist bezeichnenderweise genauso groß, daß die IQ-Differenz zwischen Arbeiterklasse und Mittelschicht in etwa konstant bleibt.

Oben: Die Tendenz zu Durchschnittsgrößen und -werten ist *allgemein.* Dabei wird es stets eine Minderheit von Leuten geben, die entweder sehr klein oder sehr groß, sehr intelligent oder sehr dumm sind.

Rechts: Eineiige Zwillinge weisen fast die gleiche Intelligenz auf, gleichgültig, ob sie zusammen heranwachsen oder nicht.

Das aber bedeutet, daß sich die Zusammensetzung der verschiedenen Schichten von Generation zu Generation ändert, das heißt intelligente Arbeiterkinder steigen in die Mittelschicht auf, während unintelligente Mittelschichtkinder in die Arbeiterklasse absteigen.

Aus der Sicht der Biologie sind diese Prozesse ebenso sinnvoll wie folgerichtig, und die Forschung hat bereits eine ganze Menge Materialien erarbeitet, die diese Entwicklung erhellen. Aber immer noch geht uns ein wichtiger Teil des Puzzles ab. Denn die Art und Weise, wie wir uns verhalten, können wir nicht erben, genauso wenig wie wir etwas so Immaterielles, so Unstoffliches wie »Intelligenz« erben können. Was wir jedoch erben können, sind physische, somatische und anatomische Strukturen, aus denen sich – im Zusammenspiel mit der Umwelt – Intelligenz und Verhalten herausentwickeln. So lange wir also nicht mehr wissen über die physiologischen Mechanismen, welche dem Problemlösen und anderen Arten kognitiven Verhaltens zugrundeliegen und so lange wir diese Mechanismen nicht messen können, verlassen wir uns auf keine unmittelbare, sondern nur auf mittelbare Evidenz.

Korrelation von physiologischen Daten und IQ-Werten

Kopfgröße, Gehirnvolumen und Gewicht des Gehirns weisen eine Korrelation zum gemessenen IQ-Wert auf, doch ist diese Korrelation oder Querbeziehung so unerheblich, daß ihr keine praktische Bedeutung zukommt. Bei der elektrischen Leitfähigkeit der Haut, die häufig als ein Zeichen für die geistige Lebendigkeit und Motivation der Person angesehen wird, hat man entdeckt, daß sie bei hochbegabten Kindern stärker ist als bei minderbegabten. Doch obwohl die Beziehung zwischen Leitfähigkeit der Haut und IQ enger korreliert ist als das Verhältnis zwischen Hirngröße und IQ, kommt auch dieser Korrelation keine praktische Bedeutung zu.

Ähnliche Korrelationen hat man früher erarbeitet, indem man Reaktionszeiten zur Intelligenz in Beziehung setzte. Bei einer solchen Messung wird der Person eine Lichtquelle und ein Druckknopf präsentiert. Geht das Licht an, so beginnt ein elektrischer Zeitnehmer zu arbeiten, und die Versuchsperson drückt so rasch als möglich auf den Knopf, um den Zeitnehmer zu stoppen. So läßt sich die Reaktionszeit sehr genau messen. Zuerst glaubte man, mit dieser Vorrichtung und diesem Verfahren die Geschwindigkeit der Fortpflanzung einer Erregung durch die Neuronen im Gehirn messen zu können. Und man glaubte auch, solche Meßwerte könnten zur Intelligenz in Beziehung gebracht werden. Doch auch diese Korrelation erwies sich als unzureichend.

Doch kann man sich der gleichen experimentellen Idee mit gewissen Abwandlungen bedienen, und schon erhält man eine wesentlich engere Korrelation zwischen Reaktionszeit und Intelligenz. Abbildung 3 auf Seite 98 zeigt das »Armaturenbrett«, das bei solchen Experimenten benutzt wird. Die entsprechenden Druckknöpfe sind hier als kleine Kreise abgebildet und die Karos stellen die Lichtquellen dar. Die Versuchsperson sitzt vor diesem Armaturenbrett, mit dem Zeigefinger auf dem H-Knopf – und wenn nun eines der Lichter angeht, drückt die Person so rasch als möglich auf den entsprechenden Knopf. Nun ist es aber möglich, die Versuchsperson entweder nur einem Licht oder aber zwei, vier oder acht Lichtern auszusetzen. Leuchtet nur ein Licht auf, so wird lediglich die »einfache Reaktionszeit« untersucht; sind es jedoch mehrere Lichter, so geht es um eine »Entscheidungs-Reaktionszeit«. Dabei ist es natürlich so, daß die Reaktionszeit um so länger ist, je mehr Entscheidungen getroffen werden müssen. In der Regel berechnen wir die Zunahme der Anzahl an angebotenen Entscheidungsmöglichkeiten nicht anhand der Lichter, sondern anhand von »bits«, wobei zwei Lichter ein Bit Information darstellen, vier Lichter zwei Bits und acht Lichter drei Bits. Die Reaktionszeiten wachsen linear mit jedem zusätzlichen Bit.

Abbildung 4 auf Seite 99 zeigt die einfachen und Entscheidungs-Reaktionszeiten einer Stichprobe von Schulmädchen, die gedrittelt wurde in »Hoch«, »Mittel« und »Niedrig«, entsprechend den hohen, mittleren und niedrigen Punktzahlen, die diese Mädchen bei einem der typischen Intelligenztests erzielt hatten. Zu beachten ist, daß die drei Gruppen-Kurven sich nicht überschneiden.

Dieses Reaktionszeiten-Experiment läßt sich auch noch auf andere Weise nutzen. So zum Beispiel im Rahmen des sogenannten Posner-Paradigmas, einem Verfahren, bei dem die Versuchspersonen Stimuli präsentiert bekommen, die entweder identisch (AA) oder voneinander verschieden sind (Aa). Die Versuchsperson zeigt mit Knopfdruck so rasch wie möglich an, ob die Stimuli identisch sind oder nicht. Abbildung 5 auf Seite 99 beschreibt die Reaktionszeiten von minder intelligenten Studenten (das heißt Studenten mit niedrigen Punktzahlen bei einem Sprachtest) und von intelligenten Studenten (mit entsprechend hohen Punktzahlen). Dabei ist festzustellen, daß die Entscheidung, die nicht-identisch oder »verschieden«, heißt, mehr Zeit erfordert als die Entscheidung »identisch«, und dies sowohl für intelligente als auch minder intelligente Studenten; daß aber die letzteren bei beiden Arten von Stimuli länger brauchen, und ganz besonders lang für die schwierigere der beiden Aufgaben.

Eine dritte Methode ist das sogenannte Sternberg-Paradigma, bei dem die Versuchsperson einer kleinen Gruppe von Zeichen oder Buchstaben ausgesetzt wird, auf die hin man sofort ein *probe digit* zum Nachchecken verabreicht; auf dieses Zeichen muß die Versuchsperson mit »Ja« oder »Nein« reagieren, je nachdem, ob es in der zuerst gezeigten Gruppe mitenthalten war oder nicht. Die Reaktions- oder Entscheidungszeit für dieses Ja oder Nein ist die gemessene Zeit. Abbildung 6 auf Seite 99 zeigt die Ergebnisse eines Experiments mit Personen von minderer oder hoher Intelligenz (IQ): die innen weißen Kreise bezeichnen die »Nein»-, die schwarz ausgefüllten Kreise die »Ja«-Reaktion. Dabei können wir feststellen, daß sich, wenn man die Gesamtheit der verabreichten Stimuli erhöht, auch die Reaktionszeiten erhöhen; daß »Nein«-Reaktionen länger brauchen als »Ja«-Reaktionen; und daß intelligente Köpfe viel raschere Reaktionen aufweisen als weniger intelligente Personen – das wird um so evidenter, je mehr Stimuli dargeboten werden.

Aus alledem dürfen wir schließen, daß es einen engen Zusammenhang zwischen Reaktionszeit und Intelligenz gibt und daß dieser Zusammenhang um so offenkundiger wird, je komplexer sich die gestellte Aufgabe gestaltet. Und keine der Aufgaben, die in Reaktionszeit-Experimenten gestellt werden, weisen irgendwelche zivilisations- oder kulturbedingte Determinanten auf, so daß wir in diesen Fällen über eine objektive und interkulturell zu handhabende Möglichkeit der Intelligenzmessung verfügen.

Man hat noch eine weitere Methode entwickelt, um Reaktions- bzw. Denkgeschwindigkeit zu messen. Es geht in diesem Fall um die Geschwindigkeit, mit der Versuchspersonen die unterschiedliche Länge zweier Linien richtig bestimmen. Das Verfahren ist etwas kompliziert: in einem speziellen Apparat werden die beiden Linien für einen sehr kurzen Zeitraum (etwa eine Fünftel Sekunde lang) dargeboten und sogleich durch ein anderes Muster ersetzt. Dieses Verfahren nennt man »Rückwärtslöschen«, da die Verabreichung des zweiten Musters das Erkennen des ersten verhindert, es sei denn, das erste Muster wurde lange genug dargeboten. Dabei hat man festgestellt, daß die intelligenteren Versuchspersonen die beiden Linien und ihre unterschiedlichen Längen auch dann erkennen können, wenn das Rückwärtslöschen sehr rasch erfolgt, während die weniger intelligenten Personen zum Erkennen eine längere Zeit benötigen und das Rückwärtslöschmuster nur dann angenommen wird, wenn es nach verhältnismäßig langer Bedenkenszeit dargeboten wird (hierbei sind »lang« und »kurz« natürlich sehr relative Begriffe – »lang« bedeutet etwa ein Fünftel einer Sekunde, während mit »kurz« ungefähr eine Zehntelsekunde gemeint ist). Auch dieser Test ist einfach konstruiert, bedarf keiner umständlichen Einführung und keines besonderen kulturbedingten Wissens, und die erzielten Werte korrelieren hervorragend mit den IQ-Werten anderer gebräuchlicher Tests.

Alle diese Tests sind zwar interessant, doch werfen sie kein neues Licht auf die immaterielle Natur der Intelligenz und ihre materielle oder physische Grundlage. Allerdings haben wir es hier mit der Art von Information zu tun, welche wir durch das sogenannte »evozierte Potential« beim Elektroencephalographen (EEG) erhalten.

Wer meldet sich im Unterricht zuerst? Und aus welchem Grund? – Eine Darstellung von Gescheitheit oder Selbstvertrauen?

Viele Brettspiele erfordern eher Vorausplanung als Reaktionsgeschwindigkeit. Elektronische Spiele jedoch setzen eine effektive visuelle und motorische Koordination voraus.

Hirnströme und IQ: eine neue Korrelation

Mit Hilfe von Elektroden, die am Kopf befestigt werden, registriert das EEG die elektrischen Spannungsschwankungen, die im Gehirn erzeugt werden. Bis vor kurzem hat man keine enge Korrelation zwischen Hirnströmen und Intelligenz ausmachen können. Bei den evozierten Potentialen handelt es sich um Hirnströme, die sich immer dann plötzlich einstellen, wenn der Versuchsperson mit einem grellen Licht in die Augen geleuchtet wird oder wenn sie aus einem Kopfhörer ein plötzliches Knacken hört. Abbildung 7 auf Seite 99 zeigt die bei drei Versuchspersonen resultierenden Ströme, wobei jede dieser Personen einen IQ-Test (den Otis-Gruppen-Test) absolviert hatte, bei dem sie mit 137, 100 bzw. 73 Punkten abgeschnitten hatte. Die ersten vier Kurven E_1, E_2, E_3 und E_4 sind am stärksten gezackt bei der Versuchsperson B. A. (Otis 137) und liegen am weitesten auseinander bei der Person R. L. (Otis 73). Dieser Befund bei evozierten Potentialen wurde von dem kanadischen Psychologen J. P. Ertl veröffentlicht, der bei der Erforschung von Zusammenhängen zwischen IQ und evozierten Potentialen Pionierarbeit leistete. Ertl maß die Latenz der Wellen, daß heißt die Geschwindigkeit, mit der sie auftraten, nachdem der (übrigens visuelle) Stimulus den Versuchspersonen (in diesem Falle Kinder) verabreicht worden war. Dabei entdeckte er, daß bei den intelligenteren Kindern die Latenzen kürzer waren. Das heißt, die intelligenteren Kinder wiesen rascher gezackte Wellen auf als die minder intelligenten. Aus Abbildung 7 können wir ersehen, daß bei dem am wenigsten intelligenten Kind die Wellen am stärksten auseinandergezogen sind. Das war eine interessante, wenn auch keine sensationelle Neuigkeit. Und als wesentlich größere Gruppen getestet wurden, erwies sich die Korrelation zwischen Intelligenz und Latenzpotenzialen als weniger eng.

Schlüsselexperiment (Elaine und Allan Hendrickson)

An diesem Punkt setzte die Arbeit am Institute of Psychiatry in London ein. Dr. Elaine Hendrickson verwandelte den visuellen in einen auditiven Stimulus (unter anderem auch deshalb, weil visuelle Stimuli bei der Aufzeichnung von EEGs viele Nebeneffekte aufweisen) und begann auch die Amplituden sowohl der Wellen als auch ihre Latenzen zu messen. So fand sie bald heraus, daß intelligente Personen größere und auch raschere Wellen aufzuweisen haben, und indem sie diese beiden Erkenntnisse kombinierte, erzielte sie eine beachtliche Korrelation – in der Tat eine Korrelation, die Aufsehen erregte. Doch der Hauptschritt stand noch aus: die Ausarbeitung einer theoretischen Grundlage für das ganze Verfahren.

Die Theorie, welche Allan Hendrickson entwickelte, wurde zunächst auf das Konzept vom Gedächtnis und später auf die Vorstellung von der Intelligenz angewandt. Wie wir wissen, wird die Information, die zur Hirnrinde (Cortex) gelangt, verschlüsselt, um dann mit Hilfe von Neuronen, die ihrerseits durch Synapsen verbunden sind, von einem Teil des Gehirnes in den anderen geschickt zu werden. Der Durchlauf der Information durch die Hirnrinde bildet den Teil des ganzen Prozesses, von dem man glaubte, er werde durch das evozierte Potential deutlich gemacht; doch im übrigen gab es noch eine ganze Menge offene Fragen, egal, ob es sich um die Kodifizierung handelte oder darum, wie die Information den synaptischen Spalt passierte und schließlich durch das evozierte Potential mit dem IQ zu korrelieren sei. Hendrickson war durch seine Erfahrung auf dem Gebiet der Computer-Technologie imstande, eine Theorie zu entwickeln, die erklärt, wie Informationen auf ihrem Weg kodifiziert oder verschlüsselt werden. Wichtig dabei ist die Hypothese, daß bei der Informationsverarbeitung Fehler auftreten können. Nun begegnen wir aber bei jeder Person einer ganz bestimmten und charakteristischen mittleren Wahrscheinlichkeit, mit der solche Fehler sich einstellen. Und hier genau, so behaupten die Hendricksons, sei die biologische Grundlage für Unterschiede in der Intelligenz zu suchen. Und es leuchtet wirklich ein, wenn festgestellt wird, daß eine Person auf empfangene Informationen nur dann rasch und richtig reagieren kann, wenn diese eingespeisten Informationen auch richtig übermittelt

werden. Die beiden Wissenschaftler haben durch Computer-Simulation die Auswirkungen von eingespeisten Fehlern unterschiedlichen Grades auf die Informationsübermittlung offengelegt, und sie haben gezeigt, daß das so gewonnene Bild
den bekannten Fakten durchaus entspricht.

Doch was hat all dies mit den evozierten Potentialen zu tun? Untersuchungen von
Aufzeichnungen einzelner Neuronenprozesse haben gezeigt, daß es eine Beziehung
geben muß zwischen dem EEG und den Bahnen, auf denen eine eingespeiste
Information übermittelt wird, wodurch sich wiederum die Möglichkeit ergibt, daß
Aufzeichnungen des evozierten Potentials Einzelheiten über besagte Bahnen, sowie
mögliche Fehler bei der Übermittlung offenbaren könnten. Solche Fehler aber
würden den Effekt haben, daß sie die Zacken und Einschnitte »verwischen«, so daß
die Kurven weniger klar herauskämen. Das aber würde bedeuten, daß Übermittlungsfehler die Form der Kurven verändern würden. Darüber hinaus würden
Übermittlungsfehler, die ein Erkennen schwierig oder unmöglich machten, eine
andere Bahn beanspruchen als dies bei einer fehlerfreien Übermittlung der Fall
wäre. Das aber ist deshalb wichtig, weil gewöhnlich mehrere evozierte Potentiale
als Mittelwert zusammengenommen wurden, um die zu veröffentlichenden Dia-
gramme zu erstellen. Dieses Mitteln ist wegen des niedrigen Signal-und-Lärm-
Quotienten bei der Aufzeichnung erforderlich. Kurvenformen kommen erst dann
klar heraus, wenn aus mehreren Kurven der Mittelwert gewonnen wird. Erstellt
man jedoch einen Durchschnittswert aus richtigen und falschen Übermittlungen, so
müßten feinere Details unberücksichtigt bleiben und die resultierende Kurve
regelmäßiger ausfallen.

Diesem Ergebnis begegnen wir in der Tat in Abbildung 7. Die intelligenteste
Person weiß mit einer ziemlich gezackten Kurve aufzuwarten, während die am
wenigsten intelligente Person einen relativ glatten Kurvenverlauf zu verzeichnen
hat. Wenn es aber diese Zacken sind, die Merkmale der Informationsübermittlung
repräsentieren, dann liegt klar auf der Hand, daß die Information in der Hirnrinde
der Person B. A. effektiver übermittelt wurde als dies bei der Person R. L. der Fall
gewesen ist, während die Person G. H. irgendwo in der Mitte zwischen den beiden
steht. Doch sind diese Zackenmerkmale keinesfalls zufällige Korrelate bei eben
diesen drei Personen. Abbildung 8 auf Seite 99 gibt den Kurvenformen von zehn
intelligenten und zehn minderbemittelten Personen aus einer Untersuchung von Ertl
und Schafer wieder. Die Zahlen links von den Vertikalen bezeichnen die Wechsler-
IQ-Werte, die von jedem der Kinder erstellt wurden. Schon beim flüchtigen
Hinsehen entdeckt man, daß sich die beiden Kurvengruppen, was ihre Komplexität
anlangt, sehr stark voneinander unterscheiden.

Doch wie läßt sich dieses so offenkundige Merkmal einer »Komplexität«
messen? Die Hendricksons bedienten sich dabei einer etwas behelfsmäßigen
Methode, der sogenannten Fadenmessung. Sie projizierten Vergrößerungen der
beobachteten Kurven auf Papier und kennzeichneten den Kurvenverlauf mit vielen
Stecknadeln, an denen entlang sie einen Faden spannten. Wenn sie damit fertig
waren, nahmen sie den Faden ab und maßen dessen Länge. Das Ergebnis war
beeindruckend: die Korrelation zwischen Fadenmessung und IQ war genauso hoch
wie die zwischen zwei guten IQ-Tests.

Eine frühe Einführung ins
räumliche Denken.

Das Verfahren mit dem evozierten Potential und seine Auswirkungen

Es besteht heute offenbar kein Zweifel mehr daran, daß sich Intelligenz physiologisch mit einer Genauigkeit messen läßt, die den besten IQ-Tests in nichts
nachsteht. Dieser Fortschritt brachte handgreifliche Ergebnisse mit sich. Zwar gibt
es noch andere Möglichkeiten, die erforscht werden müssen, doch lassen die bis
heute erzielten Resultate bereits erkennen, daß bei der Messung von Intelligenz
wahrhaft wichtige und neue Wege eingeschlagen worden sind.

Doch wie sieht es mit der Zukunft aus? Wir dürfen heute schon behaupten, daß
wir über ein Intelligenzmeßverfahren verfügen, das keinen kulturbedingten Determinanten unterliegt. Und wir dürften bereits jetzt schon in der Lage sein, Leute
auszulesen, ihnen Beratung zuteil werden zu lassen und danach einschlägige

Unten: Vorschulspielgruppen werden besonders zum Umgang mit Farben und Formen angeregt.

Ganz unten: Wie wird man ein guter Schachspieler? Unerläßlich sind Vorstellungskraft und Planungsvermögen, dazu Konzentrationsfähigkeit und eine ganze Menge Praxis.

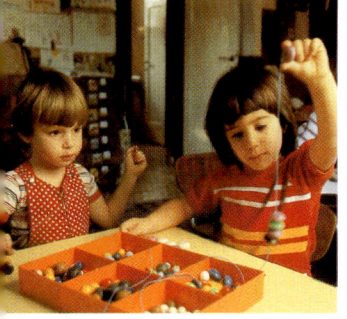

Vorhersagen zu treffen, und zwar einzig und allein aufgrund einer Messung ihrer generellen geistigen Befähigung, ganz egal, welchen Familienhintergrund, welche Ausbildung und welche Lebensgeschichte diese Leute aufzuweisen haben. Und wir dürften in der Lage sein, nun auch solche Aspekte der Intelligenz zu erforschen, die sich einem derartigen Bestreben bislang streng verschlossen hielten. Erfolgversprechend erscheinen uns nun auch Forschungsansätze, die sich mit der Entwicklung der Intelligenz bei Säuglingen und Kindern unter sechs Jahren befassen. Und auf der anderen Seite des Spektrums dürften wir nun auch in der Lage sein, den Niedergang der Geistesgaben bei alten Leuten zu erforschen. Und schließlich sollte es uns nun auch möglich werden, etwas über Rassen- und Klassenunterschiede zu sagen, aber ohne daß dabei kulturell bedingte Faktoren ins Spiel kämen und die ewige Zankerei von vorne begänne.

Die Funktionsweise des Gehirns

Wir haben kurz die besonderen Fähigkeiten erwähnt, die es neben der allgemeinen Intelligenz gibt. Diese Fähigkeiten unterteilen sich in zwei Hauptklassen: die eine umfaßt alle möglichen verbalen und die andere wahrnehmungsbezügliche und mechanische Fähigkeiten. Zwischen diesen beiden Kategorien und den beiden Hirnhälften besteht offenbar ein Zusammenhang. Die verbalen Leistungen werden (zumindest bei Rechtshändern) hauptsächlich von der linken Hirnhälfte aus gesteuert, während das mechanische und wahrnehmungsbezügliche Vermögen vor allem

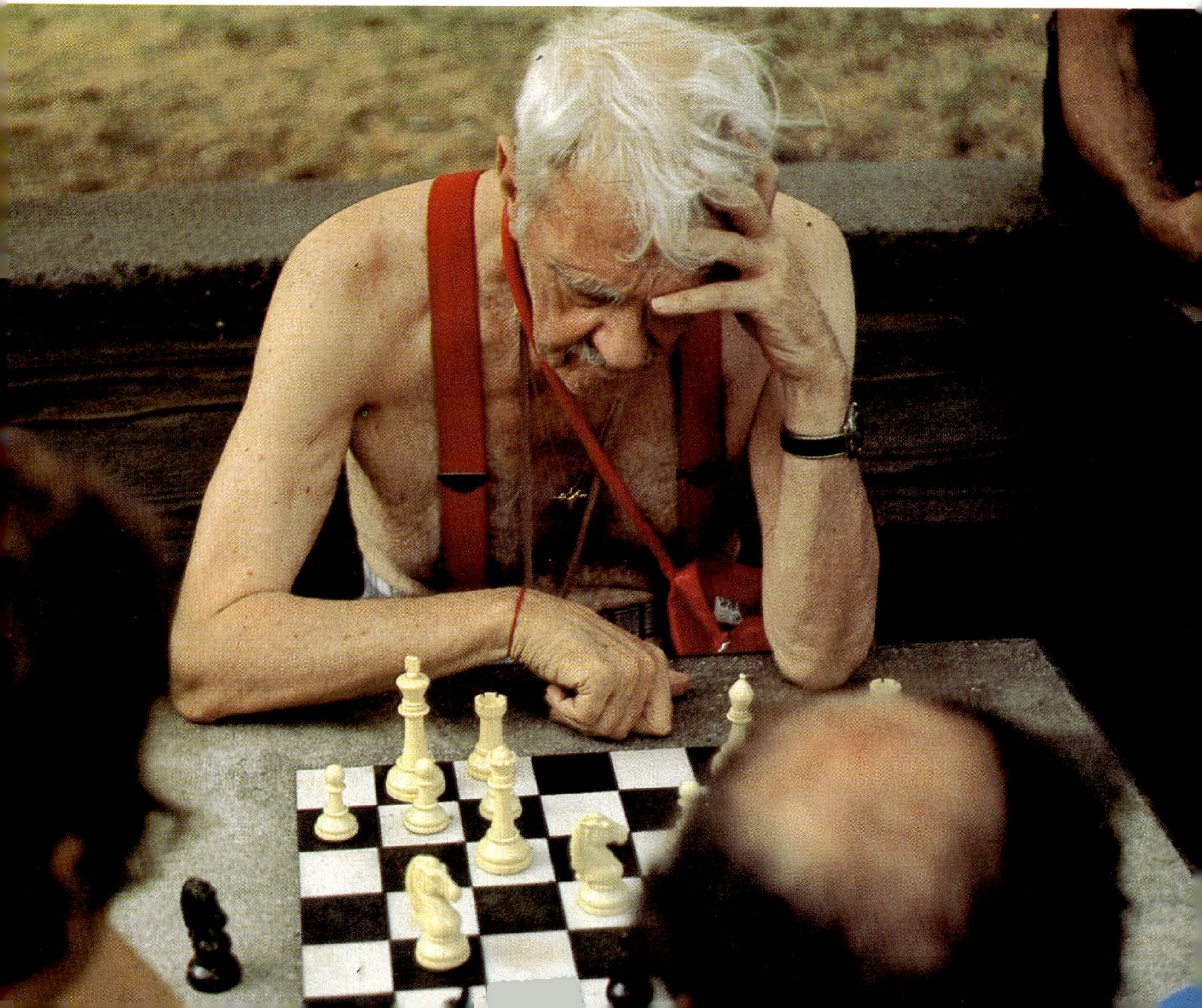

Ganz oben: Ein Meister der Sprache, dem keiner zuhört.

Oben: Ein Handwerker, der den Blick fürs Detail verbindet mit der gekonnten Handhabung von Werkzeug und Material.

von der rechten Hirnhälfte aus kontrolliert wird. Untersuchungen an je einer Hirnhälfte sind in dieser Hinsicht ungemein aufschlußreich gewesen. Die beiden Hirnhälften sind durch den sogenannten Corpus callosum, eine Art Faserbündel, das direkt von rechts nach links verläuft, miteinander verbunden. Dieser Faserstrang muß manchmal aus medizinischen Gründen (zum Beispiel um epileptischen Anfällen zu steuern) durchtrennt werden, wonach die beiden Hirnhälften voneinander mehr oder weniger isoliert sind. So kann man zum Beispiel gewisse Stimuli der einen und nur der einen Hirnhälfte darbieten und genau untersuchen, wie jede Hälfte für sich funktioniert (zu einer ausführlichen Auseinandersetzung mit solchen Hirnversuchen siehe Kapitel 11).

Es ist faszinierend mitzuverfolgen, wie bei normalen und »hirngeteilten« Personen die Leistungen bei verbalen und nicht-verbalen Tests korreliert sind zu den Mustern der evozierten Potentiale, die von den beiden Hirnhälften gesondert abgerufen werden. Theoretisch gesehen sollten wir annehmen, daß unter den Leuten, die eine Diskrepanz zwischen verbalem und nicht-verbalem IQ erkennen lassen, diejenigen mit einem hohen verbalen IQ komplexere Kurven in der linken Hirnhälfte produzieren müßten, während die Personen mit einem hohen wahrnehmungsbezüglichen IQ kompliziertere Muster in der rechten Hälfte erkennen lassen könnten. Und so stehen wir offenbar kurz vor einer Revolution bei der Erforschung der geistig-emotionalen Fähigkeiten des Menschen.

Abbildung 1. Verteilung von IQs in der Bevölkerung. 25 Prozent haben IQs zwischen 100 und 110, weitere 25 Prozent zwischen 90 und 100. Nur 0,4 Prozent haben einen IQ über 140 oder unter 60. Freilich ist dieses Diagramm eine etwas grobe Darstellung der Gegebenheiten; es reicht aber für praktische Zwecke vollständig aus.

Abbildung 2a und 2b. Abbildung 2b (rechts) zeigt, wie 64 Eltern in fünf IQ-Rubriken zerfallen. Eine neue IQ-Verteilung in der Generation darauf findet aufgrund des Prinzips der Regression statt. Abbildung 2a (links) veranschaulicht die falsche Vorstellung, die sich viele Leute von der Vererbung machen. Bei der Bewertung sozialer Einflüsse auf die durch Vererbung geschaffenen Fakten der Intelligenz ist zu beachten, daß das Prinzip der Regression bewirkt, daß die Gene in jeder Generation neu verteilt werden, und somit kein biologisches Kastensystem entstehen kann.

Abbildung 3. Die Armaturentafel beim Reaktionszeit-Experiment. Der Versuchsperson können ein, zwei, vier oder acht Lichter (Kreuz im Kreis) dargeboten werden. (Offene Kreise bezeichnen Drucktasten, H ist der Druckknopf der Ausgangsposition.)

Abbildung 4. Mittlere Reaktionszeiten für hohe (H), mittlere (M) und niedrige (N) Intelligenzdrittel von einer statistischen Auswahl von Schulkindern, die mit einem der Standard-Intelligenztests ermittelt wurden. Wie wir sehen, nimmt die Reaktionszeit zu, wenn die Komplexität der Aufgabenstellung wächst, also eine größere Zahl von Informationseinheiten bzw. Bits dargeboten wird.

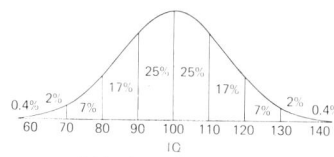

Abb. 1

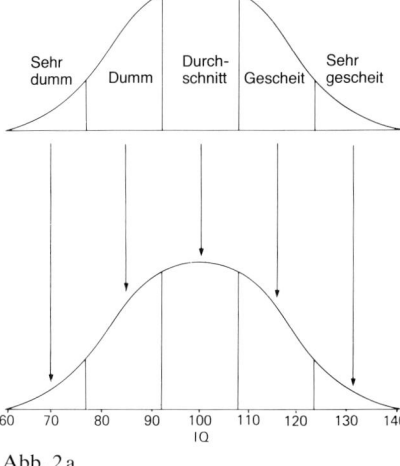

Abb. 2a

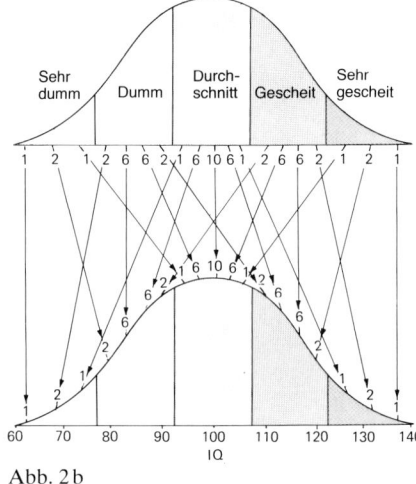

Abb. 2b

Abb. 3

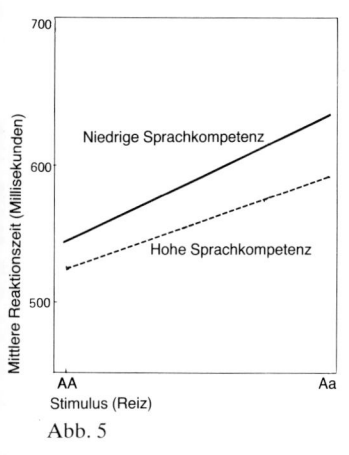

Abb. 5

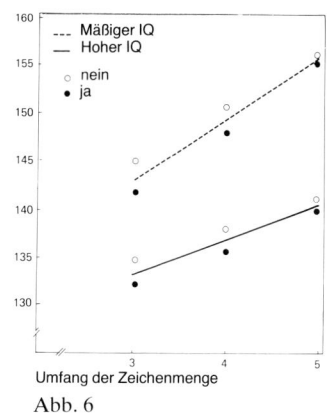

Abb. 6

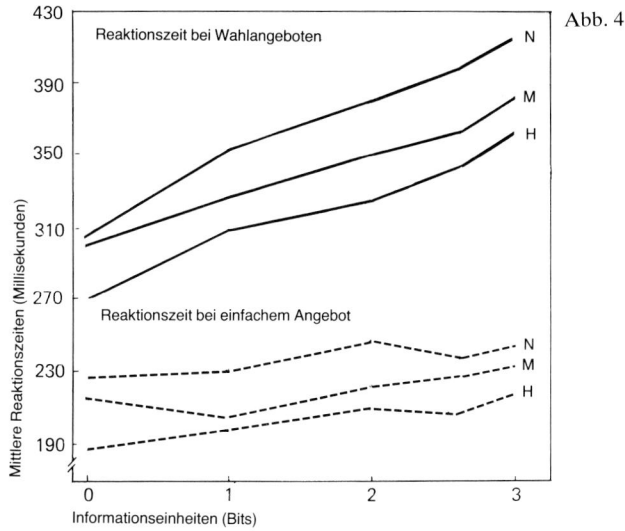

Abb. 4

Abbildung 5. Die erforderliche Zeit, die Studenten mit hohen oder niedrigen Werten in einem verbalen Intelligenztest benötigten, um die Identität von Buchstabenpaaren zu erkennen. AA sind identische und Aa voneinander verschiedene Stimuli.

Abbildung 6. Mittlere Reaktionszeiten von Versuchspersonen mit mäßigen oder hohen IQs bei richtigen »Ja«- und »Nein«-Antworten auf Fragen über Vorhanden- oder Nichtvorhandensein eines Test-Zeichens in Zeichenmengen variierenden Umfangs.

Abbildung 7. Durchschnittliche ausgelöste Gehirnströme bei drei Versuchspersonen mit psychometrisch stark voneinander abweichenden Intelligenzwerten (Otis-Test). E_1, E_2, E_3 und E_4 bezeichnen die ersten vier durch den Stimulus ausgelösten Kurven.

Abbildung 8. Visuell ausgelöste Gehirnströme bei zehn Versuchspersonen mit hohen IQs und zehn mit niedrigen IQs aus dem Wechsler-Intelligenztest für Kinder. Die Ziffern 1, 2, 3, 4 bezeichnen die ersten vier durch den Stimulus erzeugten Kurven.

Abb. 7

Abb. 8

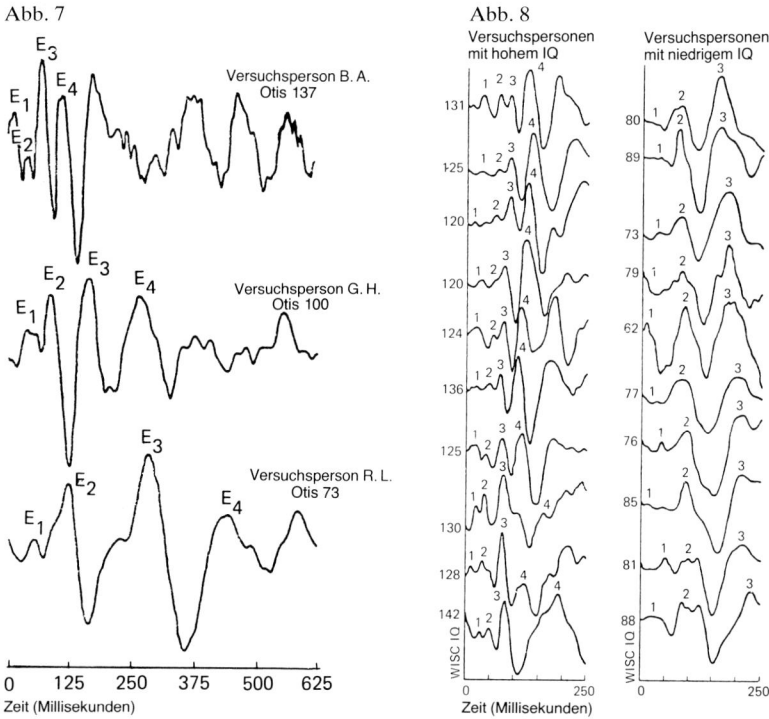

10 Ist Persönlichkeit erbbar?

Es gibt so viele Persönlichkeiten wie es Individuen gibt. Das Wort Persönlichkeit kommt aus dem Griechischen; das lateinische Lehnwort *persona* bedeutet »Maske«. C. G. Jung prägte den Begriff »Persona«, um den nach außen gekehrten Aspekt der Persönlichkeit zu beschreiben.

Vor mehr als zweitausend Jahren setzte sich der griechische Philosoph Theophrastus mit einer Frage auseinander, die die psychologische Forschung auch heute noch beschäftigt. Diese Frage lautete damals: Wie kommt es, daß wir Griechen in unserem Charakter so verschieden voneinander sind, obwohl ganz Griechenland unter ein und demselben Himmel liegt und obwohl alle Griechen ziemlich ähnlich erzogen werden? Mit anderen Worten, dieser Theophrastus (und viele Leute nach ihm) fragten sich, weshalb sich verschiedene Personen so unterschiedlich verhalten und warum sie unterschiedliche Fähigkeiten und Persönlichkeiten entwickeln.

Die »vier Grundtemperamente« – auf den neuesten Stand gebracht

Die alten Griechen entwickelten ein deskriptives Persönlichkeitssystem, das so lange überdauert hat, daß wir uns selbst heute noch seiner vier »Grundtypen« bedienen; sie sind: der Melancholiker, der Choleriker, der Phlegmatiker und der Sanguiniker.

Die Psychologen der Neuzeit hielten diese Persönlichkeitstheorie zum Teil für nützlich. Wilhelm Wundt, der vor hundert Jahren in Leipzig das erste psychologische Labor einrichtete, machte darauf aufmerksam, daß sich Melancholiker und Choleriker gleichermaßen durch starke und unbeständige Emotionen auszeichnen, während wir es bei Phlegmatiker und Sanguiniker mit stabileren Gefühlslagen zu tun haben. Daher ging Wundt von einer Dimension der »Emotionalität« aus, die auf der einen Seite extreme Instabilität und auf der anderen extreme Stabilität bedeutete. Er wies auch auf die Tatsache hin, daß sich der Choleriker und Sanguiniker insofern ähneln, als ihr Verhalten etwas unbeständig ist, wohingegen der Melancholiker und Phlegmatiker ein ziemlich beständiges Verhalten an den Tag legen. Und wenn wir heute nun anstelle von »unbeständig« und »beständig« die Begriffe »extravertiert« und »introvertiert« setzen, dürfen wir sagen, daß Wundt die zweite Hauptdimension der Persönlichkeit, so wie sie heute weithin anerkannt wird, bereits vorausgeahnt hat. Die Vorstellung, die die alten Griechen entwickelten und deren Anwendungsbereich von Wundt erweitert wurde, wird durch nebenstehende Abbildung 1 veranschaulicht. Wir begegnen hier zwei Hauptdimensionen der Persönlichkeit: der Emotionalität oder dem Neurotizismus im Gegensatz zur Stabilität, sowie der Extraversion im Gegensatz zur Introversion.[1] Obwohl jeder Mensch auf diesen beiden Achsen seine Stelle einnimmt, braucht er nicht unbedingt einem der vier Quadranten zuzugehören, ja es ist in der Tat so, daß die meisten Personen ihren Eigenschaften gemäß um den Schnittpunkt herum angesiedelt werden können. Die Bezeichnungen an der Innenseite des Kreises nennen die Wesenszüge, deren Gesamtheit es uns erlaubt, eine Person als introvertiert oder extravertiert bzw. als stabil oder instabil zu charakterisieren.

Wie können wir solche Wesenszüge und wie können wir »Persönlichkeit« überhaupt messen? Zunächst kommt es einem fast schon absurd vor, von »Messungen« der Persönlichkeit zu sprechen; denn wie ließe sich wohl so etwas Verwickeltes, Wandelbares und körperlich nicht Greifbares messen?

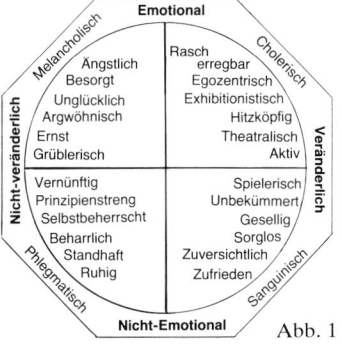

Abb. 1

Die Messung der Persönlichkeit

Tatsächlich gibt es viele Methoden, um Persönlichkeit zu messen. Alle haben sie ihre Stärken und Schwächen, und alle haben sie ein Merkmal gemeinsam: daß es sich nämlich bei dem Begriff Persönlichkeit um ein Konzept handelt, das auf dem Verhalten der Person basiert. Verhalten aber ist seiner Definition nach beobachtbar und meßbar.

Nehmen wir einen Wesenszug oder eine Charaktereigenschaft wie Ausdauer oder Durchhaltevermögen. Von einer Person sagen wir immer dann, daß sie Durchhaltekraft besitzt, wenn sie über mehr oder minder lange Zeitabschnitte hinweg Hunger, Schmerz, Langeweile oder andere Umwelteinflüsse übersteht. Diese Zeitabschnitte aber können wir messen – vom Beginn der Belastung an bis zum dem Punkt, an dem die Person aufgibt; und wir können einen Großteil der Kräfte oder Widerstände messen, die die Person, um durchzuhalten, aufbringen bzw. überwinden muß. Tatsächlich ist es in der Regel ziemlich einfach, Methoden der Persönlichkeitsmessung zu entwickeln; die Schwierigkeit liegt nur in der Frage, ob diese Methoden tatsächlich auch das messen, was wir messen wollen.

Fragebogen und beiläufige Beobachtung

Die ältesten und weitestverbreiteten Methoden der Persönlichkeitsmessung fußen auf der Beobachtung und auf Fragebögen. Die Fragebogenmessungen gehen auf das wesentlich ältere Verfahren der Selbstbeobachtung zurück; alles, was wir tun, ist doch eigentlich, daß wir die Leute bitten, uns über die Ergebnisse der von ihnen in letzter Zeit durchgeführten Beobachtungen zu berichten. Nehmen wir einmal an, es gehe um die »Soziabilität« als Wesenszug. Wir könnten, um hier zu Meßwerten zu gelangen, die betreffende Person dabei beobachten, wie oft sie auf Parties geht,

Erst die Vielzahl der Typen macht die Welt bunt.

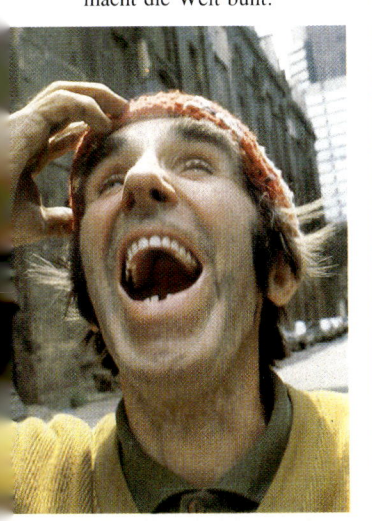

mit wievielen Leuten sie dort spricht, wieviel Zeit sie allein zu Hause verbringt usw. Wir hätten es hier mit einer beiläufigen oder nicht-kontrollierten Beobachtung zu tun, da wir nichts unternehmen, um diese Person in einem eng gesteckten Rahmen zu beobachten, und da wir nicht in der Lage sind, ihr gesamtes relevantes Verhalten zu registrieren. Erheblich zuverlässiger als die bloße beiläufige Beobachtung könnte folglich die Methode sein, bei der die Person über ihr eigenes gewohnheitsmäßiges Verhalten berichtet, sei es nun in verbaler Form oder in Form eines Fragebogens – denn die Person ist ja ständig mit sich selber zusammen! Natürlich müssen wir ihr von Anfang an vertrauen können, denn wenn wir annehmen müßten, daß sie uns aus irgendwelchen Gründen belügen könnte, müßte auch die Zuverlässigkeit der Antworten in Zweifel gezogen werden.

Planmäßige oder kontrollierte Beobachtung

Wir können unsere Beobachtungsmethode dadurch verfeinern, daß wir die gegebenen Bedingungen kontrollieren. Nehmen wir einmal an, wir wollten im Kontext der bereits angesprochenen Soziabilität herausfinden, wie kontaktfreudig oder kontaktarm sich Menschen im Umgang mit Fremden verhalten. Eine planlose Beobachtung würde uns zu keinen genauen Daten verhelfen, da unsere Versuchspersonen in diesem Fall einer höchst zufälligen Auswahl von Fremden begegnen würden, und wir wären unfähig festzustellen, in welchem Umfang die Reaktionen der Personen durch ihre eigene Persönlichkeit oder die der Fremden bestimmt wurden. Dieses Hindernis könnten wir dadurch überwinden, daß wir für eine experimentelle Begegnung zwischen unseren Versuchspersonen und einem eigens hierfür geschulten Partner sorgten, wobei sich letzterer bei jeder der Personen stets auf die gleiche, im vorhinein festgelegte Weise verhalten müßte. Diese Begegnung könte in einem Labor stattfinden, und die Geprächte ließen sich auf Band aufnehmen. Auf diese Weise bekämen wir sehr genaue Daten darüber, was zwischen den verschiedenen Personen und diesem Partner sich zutrug, und wir könnten diese Daten, da sie alle aus der gleichen standardisierten Situation stammen, miteinander vergleichen.

Fragebögen zur Selbsteinschätzung sind, was Kinder anlangt, offensichtlich wenig nützlich. Den Jungen hier zum Beispiel interessiert wohl weniger das Zähneputzen als die Möglichkeiten des Wasserhahns über ihm.

Eine weitere Möglichkeit, planlose Beobachtungen zu verbessern, wäre die Einführung eines Zeitstichprobenverfahrens. Nehmen wir an, wir interessierten uns dür die Aggressivität von Kindern und versuchten bei einer Gruppe von Kindern dieses Merkmal zu messen. Zu diesem Zweck könnten wir mehrmals einen Kinderspielplatz aufsuchen und die einschlägigen Verhaltensweisen beobachten. Doch ein genaues Verfahren wäre dies auch insofern nicht, als wir einige Kinder vermutlich aufmerksamer beobachten würden als andere. Die richtige Methode wäre die, daß wir uns eine Liste aller Kinder verschafften und jedes Kind genau die gleiche Zeit lang, sagen wir 60 Sekunden, beobachteten. Und wenn wir am Ende der Liste angelangt wären, würden wir ganz oben wieder anfangen. Auch würden wir im Verlauf dieses Experiments uns einer Art Tabelle bedienen, in die genau jene Verhaltensweisen einzutragen wären, die wir beobachteten. Und eine Stoppuhr bräuchten wir, der wir entnehmen würden, wie lange jede der Verhaltensweisen gedauert hatte. Und wenn wir unsere Beobachtungen im Lauf von einigen Monaten immer wieder angestellt hätten, könnten wir unsere Ergebnisse abschließend analysieren und konstatieren, wie gleichbleibend aggressiv sich jedes Kind nun wirklich verhalten hat.

Diese Verbesserungen von Beobachtungsverfahren bringen uns auf eine experimentelle Technik, die sich, im Vergleich zu den üblichen Persönlichkeitsmeßverfahren, durch zahlreiche Vorteile auszeichnet – wir meinen die Technik der »Miniatursituation«. Dieses Verfahren basiert auf einer sehr einfachen Idee: Da es häufig schwierig oder gar unmöglich ist, Personen in ihrer natürlichen Umgebung zu beobachten, und da die vorgefundenen Situationen in der Regel nicht identisch sind, hatte man den Einfall, im Labor selbst eine einfache Situation herzustellen.

Kehren wir kurz zu unserem Beispiel vom Durchhaltevermögen zurück. Es ist wirklich einfach, Laboraufgaben zu entwickeln, in denen dieses Vermögen auf die Probe gestellt wird. Aber wie sieht das in der Praxis aus? Wir könnten zum Beispiel die Lehrer in einer Schule[2] veranlassen, daß sie ihre Schüler einer Reihe von Tests

Zwei reale Situationen aus dem Alltag, zu denen uns Zeitstichprobenverfahren sagen könnten, welche Kinder am intensivsten spielten und welche am härtesten arbeiteten.

unterzögen, wobei natürlich sichergestellt werden müßte, daß die Kinder von diesen Tests nichts wüßten. Der Lehrer könnte seine Klasse zum Beispiel in der Turnhalle zu einem Wettkampf am Dynamometer (eine Art Kraftmesser) auffordern. Nachdem nun die Höchstleistung eines jeden Kindes gemessen worden ist, will der Lehrer herausfinden, wie lange jedes Kind auf einem Zwei-Drittel-Niveau der gemessenen Leistung ausharren kann (wobei der Faktor, daß die Kinder ja unterschiedlich stark sind, ausgeklammert bliebe). Die ausdauernderen Kinder würden, der Theorie gemäß, länger die ermittelte Leistung erbringen als die weniger ausdauernderen.

Wenn wir, sagen wir einmal, 20 Tests zum Durchhaltevermögen konstruierten, wobei jeder dieser Tests in einer Miniatursituation stattzufinden hätte, und wenn wir alle Kinder jedem dieser Tests unterzögen, könnten wir dann nachweisen, daß die Summe der bei allen 20 Tests erzielten Punkte tatsächlich einen Meßwert für das Durchhaltevermögen des jeweiligen Kindes darstellt?

Als erstes müßten wir natürlich nachweisen, daß die Kinder mit Ausdauer in dem einen Test auch Ausdauer in dem anderen zeigen. Wäre dem nicht so, so würden eben nicht alle Tests das gleiche Persönlichkeitsmerkmal messen, und eine Addition der Punktwerte wäre dann sinnlos. Wenn jedoch alle Tests miteinander korrelieren, sollten wir trotzdem nachprüfen, ob diese Tests nicht doch einen anderen Faktor wie zum Beispiel die Intelligenz messen. Doch das ist, wie wir entdecken werden, nicht der Fall: unintelligente Kinder erzielen keine höheren oder niedrigeren Punktwerte als intelligente Kinder. Als nächstes würden wir die Ausdauer aller Kinder durch ihre Lehrer schätzen lassen, wobei wir von der Voraussetzung ausgehen würden, daß Lehrer ihre Schüler ziemlich gut kennen. Dabei würden wir entdecken, daß die betreffenden Korrelationen positiv und ziemlich hoch sind. Kinder, die von ihren Lehrern als ausdauernd eingestuft werden, zeigen Ausdauer auch bei unseren Tests. Und wenn wir schließlich einen Fragebogen mit Fragen zur Ausdauer anbieten, erweisen sich die im Experiment ausdauernden Kinder auch als ausdauernd im Rahmen des Fragebogens. Eine Zusammenschau all dieser Punkte ergibt folglich, daß unsere Miniatursituationen in der Tat das messen, was sie messen sollten.

Experimentelle Methoden

Die Darstellung und Erläuterung von experimentellen Verfahren, denen bestimmte Theorien zugrundeliegen, gestalten sich insofern schwierig, als die betreffenden Theorien detailliert dargelegt werden müßten – das aber ist eine langwierige und komplexe Aufgabe. Nehmen wir ein etwas überspitztes Beispiel. Dabei geht es um die Theorie, wonach Introvertierte auf eine externe Stimulation sensibler reagieren sollen als Extravertierte. Wie können wir diese Theorie testen? Im folgenden haben wir es mit nur einem experimentellen Ansatz unter vielen zu tun. Als erstes messen wir die Speichelquote der Person, indem wir ihr 20 Sekunden lang etwas Watte in den Mund stecken. Diese Watte wiegen wir davor und danach, und so messen wir die absorbierte Speichelmenge. Nach einer kurzen Pause wiederholen wir das gleiche Experiment, mit dem einzigen Unterschied, daß wir auf die Zunge der Versuchsperson vier Tropfen Zitronensaft geben. Daß sich auf diese Weise bei den meisten Menschen die Speichelquote erhöht, ist bekannt. Nun gehen wir aber von der Hypothese aus, daß Introvertierte, da sie sensibler sind, eine höhere Speichelquote aufweisen müßten als Extravertierte. Und wenn wir den Extraversions- bzw. Introversionsgrad unserer Versuchspersonen aufgrund ihrer Fragebogenantworten in Erfahrung gebracht haben, können wir ihre Extraversionswerte mit der Zunahme des Speichels korrelieren und feststellen, daß diese negativ ausfällt; Introvertierte hingegen, die niedrige Extraversionswerte aufweisen, verzeichnen eine stärkere Zunahme des Speichelflusses als Extravertierte. Das ist das Ergebnis, das wir erwarteten und das somit unsere Theorie bestätigt.

Experimentelle Tests dieser Art sind aus zwei Gründen besonders interessant und wichtig. Erstens kann hier nicht manipuliert werden, denn die Versuchsperson hat ja keine Ahnung, daß ihre Persönlichkeit getestet wird, und selbst wenn wir sie darüber informieren würden, wüßte sie ja nicht, was die verschiedenen Punktwerte bedeuteten. Zweitens hoffen wir dadurch, daß wir derartige Theorien aufstellen und weiterentwickeln, zu einem besseren Verständnis der Mechanismen zu gelangen, die den verschiedenen Funktionsweisen der Persönlichkeit zugrundeliegen.

Doch die Verwendung von Tests dieser Art in der Praxis hat auch einen Nachteil. Es fehlt ihnen an »äußerer Validität«, das heißt sie sind offensichtlich nicht relevant für den Zweck, zu dem sie benutzt werden. Ein Anwärter auf oder Bewerber um eine Stelle, bei der introvertierte Wesenszüge erwünscht sind, wäre nicht schlecht erstaunt, wenn man ihm vier Tropfen Zitronensaft auf die Zunge träufelte, um danach die von ihm erzeugte Speichelmenge zu messen! Es dürfte einem Personalchef ganz hübsch schwerfallen, diesen Menschen davon zu überzeugen, daß dieser Test wirklich von Nutzen und in bezug auf seine Anstellung in dem Betrieb relevant sei.

Physiologische Tests

Ähnliches gilt für eine weitere Testkategorie, nämlich die Persönlichkeitstests, die auf physiologischen Messungen aufbauen. Es ist wohlbekannt, daß emotionale Reaktionen mit physiologischen Veränderungen eng verquickt sind; so werden zum Beispiel Angst und Wut von einer erhöhten Herzschlagrate begleitet. Müßten wir zum Beispiel Anwärter für eine Arbeitsstelle auswählen, deren Grundvoraussetzung darin besteht, daß der Ausgewählte auch unter sehr gefährlichen Bedingungen die Ruhe bewahrt und besonnen reagiert, könnten wir diese Anwärter einem Streß im Labor unterziehen (zum Beispiel der Androhung von Elektroschocks) und die Zunahme der Herzschlagrate messen, die entweder durch besagte Androhung oder durch die tatsächliche Verabreichung von Elektroschocks erzeugt würde. Die Versuchspersonen aber, deren Herzschlagrate rasch zunimmt und nur sehr langsam wieder zurückgeht, dürften nicht die besten Anwärter für eine Stelle sein, an der »die kühle Art« gefragt ist.

Es gibt viele solche physiologische Indikatoren, die zur Messung von Persönlichkeit benutzt werden können und genutzt worden sind. Dazu erforderlich ist gewöhnlich ein hervorragend ausgestattetes Labor, weshalb diese Indikatoren zur üblichen Persönlichkeitseinschätzung nicht besonders nützlich sind.

Eine Miniatursituation, in die wohl nur wenige Stellenbewerber geraten; eine nackte Personalreferentin!

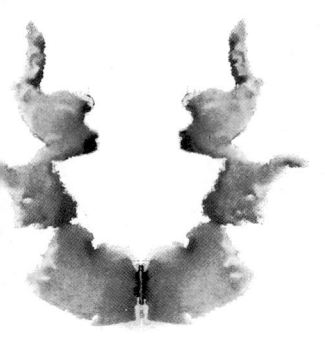

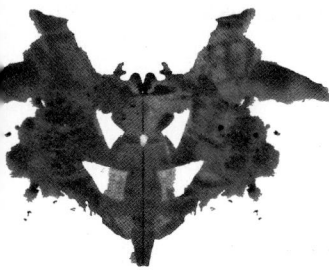

Hermann Rorschachs berühmte Tintenkleckse – wie deuten Sie diese Figurationen?

Projektive Tests und ihre geringe Reliabilität

Wir kommen nun zu einer völlig anderen Testkategorie, bekannt als »projektive Tests«[3]. Diese Tests gehen von der Hypothese aus, daß wir dazu neigen, unsere Vorstellungen und Ängste, unsere Ambitionen und unsere Gedanken auf Material zu projizieren, welches nur dürftig strukturiert ist. Der Experte aber kann danach die Produkte der Imagination untersuchen und von dorther Rückschlüsse ziehen auf die Vorstellungen und Gedanken, die als Auslöser dienten.

Das bekannteste Beispiel ist der Rorschach-Tintenklecks-Test. Die Testperson bekommt eine Reihe von entweder farbigen oder schwarz-weißen Klecksbildern vorgelegt, die zwar symmetrisch strukturiert, aber im übrigen völlig sinnfrei sind. Nun wird sie gefragt, was sie sich angesichts dieser Klecksbilder vorstellt. Die üblichen Antworten lauten »zwei Hexen«, »einen Schmetterling«, »eine Spinne« usw. Nun gibt es aber verschiedene Richtlinien, die es dem Experimentator erlauben sollen, von diesen Antworten auf die Persönlichkeit der Versuchsperson rückzuschließen. Gewöhnlich versucht der Experimentator einen umfassenden Eindruck von den temperamentbedingten Eigenschaften der Versuchsperson zu gewinnen. In diesem Sinne könnte man auch behaupten, daß die projektiven Tests die einzigen echten Persönlichkeitstests sind, denn alle anderen Tests versuchen lediglich, sehr begrenzte Aspekte der Persönlichkeit zu messen.

Ein weiterer bekannter Test ist der TAT (Thematic Apperception Test = Test der thematischen Wahrnehmung). Bei diesem Test bekommt die Person eine Reihe von Zeichnungen oder Bildern vorgelegt, deren Inhalte bewußt vage gehalten sind. Nun muß sie sich zu jedem Bild eine Geschichte ausdenken, und diese Geschichten werden später ausgewertet und gedeutet. Dabei geht man von der Annahme aus, daß eine aggressive Person Geschichten erfinden wird, in denen viele tätliche Auseinandersetzungen vorkommen, während eine sexuell übersteigerte Person eine Menge Sexszenen sich ausmalen wird, während der ehrgeizige Mensch Stories entwickeln wird, in denen der Held mannigfache Fährnisse überwindet – allerdings am Ende immer mit Erfolg. Es gibt viele verschiedene solcher projektiver Tests, doch am bekanntesten und am weitverbreitetsten sind der Rorschach- und der TAT-Test. Doch dazu nun die Frage: Sind diese Tests wirklich effektiv?

Nach vielen Jahren, in denen man sich von diesen Tests sehr begeistert zeigte, haben nun buchstäblich Hunderte von experimentellen Untersuchungen eindeutig ergeben, daß projektive Tests doch nicht so gut funktionieren. So wurden zum Beispiel während des Krieges eine große Anzahl von U. S.-Air Force-Anwärtern einer Batterie von projektiven Tests unterzogen. Diese Tests hat man zunächst, bis zum Ende des Krieges, nicht ausgewertet. Als der Krieg vorbei war, suchte ein Experimentator die Tests von 50 Bewerbern heraus, die sich in der Air Force ausgezeichnet und alle Härten glänzend überstanden hatten. Ergänzend dazu nahm er sich die Daten von 50 Versagern vor, die dem Streß nicht gewachsen gewesen und beruflich überhaupt nicht vorangekommen waren. Nun wandte man sich an eine Vielzahl von Experten, die auf die verschiedenen projektiven Techniken spezialisiert waren, und bat sie, die alten Testdaten nach potentiellen »Cracks« und »Versagern« auseinanderzudividieren. Alle diese Experten hatten in der Air Force gearbeitet, wußten also, worum es ging und hielten dieses Experiment für zulässig. Um eine lange Geschichte kurz zu machen: Nur einer dieser Experten gab Antworten, die außerhalb der Zufallsgrenze lagen, und gerade seine Vorhersagen erwiesen sich als falsch. So viel zu den projektiven Experimenten.

Viele andere Experimente haben zu ähnlichen Schlußfolgerungen geführt. Bei einer dieser Untersuchungen wurden 50 schwere Neurotiker und 50 völlig normale Personen mit Hilfe der Rorschach-Karten getestet, und mit den Ergebnissen befaßten sich danach verschiedene Fachleute. Unter diesen Spezialisten aber war kein einziger, der genau und unmißverständlich hätte bestimmen können, welche Personen nun neurotisch und welche normal waren. Es besteht kaum noch ein Zweifel daran, daß diese projektiven Konstruktionen als Persönlichkeitstests unzuverlässig und daher wenig empfehlenswert sind.

Trotzdem sollte diese pauschale Verurteilung nicht unbedingt den TAT miteinschließen. Denn wenn der TAT dazu benutzt wird, anstelle der Gesamtpersönlich-

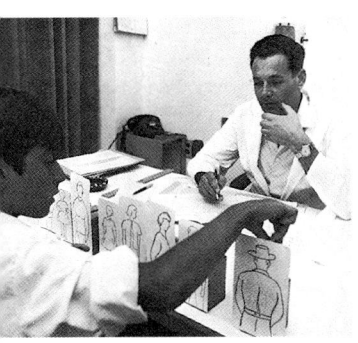

Ein Junge, der sich einem projektiven Test unterzieht, bei dem es keine »richtigen«, sondern lediglich interessante Antworten gibt.

keit lediglich spezifische Merkmale zu testen, und wenn die Bildtafeln im Hinblick auf nur eine Facette der Wesensart einer Person ausgewählt werden (zum Beispiel deren Erfolgsbedürfnis, Versagensangst usw.), dann können die erzielten Punktwerte als ziemlich zuverlässig gelten.

Aber warum vertrauen die Leute nun effektiv auf das projektive Testverfahren? Die Antwort ist sehr einfach: der Psychologe entwirft ein »Charakterbild« seines Klienten, das sich insofern durch eine gewisse Allgemeingültigkeit auszeichnet, als natürlich jedermann der Behauptung, »einen Sinn für Humor zu haben« oder »hin und wieder angstbesetzt zu sein«, zustimmen kann. Es hat eine Untersuchung gegeben, bei der der Experimentator von einer großen Gruppe Studenten Rorschach-Daten einholte, die er versprach, von einem Fachmann bearbeiten zu lassen. Eine Woche später bekam jeder Student seinen »Persönlichkeitsbericht«, und der Experimentator erkundigte sich, wer mit der Einschätzung seiner Persönlichkeit einverstanden sei, und praktisch alle hoben den Finger! Nun ließ er einen der Studenten seinen Persönlichkeitsbericht vorlesen, worauf alle entdecken mußten, daß sie den gleichen Bericht bekommen hatten! So viel zu den Erfolgen von projektiven Tests. Allerdings sind diese Tests nur ein Beispiel für eine ganze Gruppe von Testverfahren, bei denen sich experimentell nicht nachweisen läßt, daß sie von praktischem Nutzen sind. Die Astrologie ist ein weiteres Beispiel, das in diese Richtung geht.

Handschrift

Doch haben einige Methoden, die in der Regel zusammen mit Astrologie und projektiven Techniken genannt werden, insofern eine gewisse Gültigkeit, als sie besser mit zuverlässigeren Verfahren der Persönlichkeitseinschätzung korrelieren: die Graphologie (also die Lehre von der Deutung der Handschrift als Ausdruck des Charakters) ist ein Beispiel hierfür.[4] Bei einer Untersuchung füllten 50 Personen Persönlichkeitsfragebögen aus, und ein Graphologe versuchte mit Hilfe von Schriftproben die Antworten dieser Personen vorherzusagen. Bei 62 Prozent der Fälle erwiesen sich die Vorhersagen als richtig, obwohl man auf höchstens 50 Prozent getippt hatte. Und bei Vorhersagen, von deren Richtigkeit der Graphologe felsenfest überzeugt war, belief sich besagter prozentualer Anteil sogar auf 68. Auch gelang es dem Graphologen, Charakterskizzen und anderes Material mit den entsprechenden Handschriften zu korrelieren. Psychiater und Psychologen, die eine Persönlichkeit aufgrund ihrer Handschrift zu beurteilen versuchten, scheiterten indes kläglich.

Die genetische Grundlage der Persönlichkeit

Eine Vorstellung von »Persönlichkeit« setzt eine gewisse Konstanz voraus. Wir gehen davon aus, daß eine Person, die als gesellig, gesprächig oder ängstlich gilt, diese Wesenszüge nicht nur ab und zu, sondern immer wieder an den Tag legt. Das aber bedeutet, daß auch genetische Faktoren bei der Bestimmung einer Persönlichkeit eine Rolle spielen können.[5] Und genau das ist es, wovon die Ärzte im alten Griechenland überzeugt waren.

Aber wie steht es denn nun wirklich mit der Vererbung? Beeinflußt das Erbgut die Persönlichkeit? Die aufschlußreichsten Daten, die in dieser Hinsicht erarbeitet worden sind, stammen aus der Zwillingsforschung. Dieser Forschungszweig ermöglicht es uns, die Einflüsse von Erbgut oder -masse in zweierlei Hinsicht zu untersuchen. Wir können erstens eineiige Zwillinge erforschen, die bei oder kurz nach ihrer Geburt getrennt wurden. Jede Ähnlichkeit zwischen derart getrennten Zwillingen ist immer nur auf die Erbmasse und niemals auf die Umwelt zurückzuführen, denn die beiden Zwillinge haben ja aufgehört, die gemeinsame Umwelt zu teilen, kurz nachdem sie zur Welt kamen.

Und zweitens können wir Vergleiche zwischen eineiigen und zweieiigen Zwillingen anstellen. Nehmen wir einmal an, ein bestimmter Wesenszug, sagen wir die

107

Soziabilität, sei ganz und gar durch die Umwelt bedingt. Nun besteht aber der einzige Unterschied zwischen eineiigen und zweieiigen Zwillingen darin, daß die ersteren mehr Erbmasse gemeinsam haben. Das aber ist, was unseren hypothetischen Wesenszug angeht, irrelevant, und folglich dürften sich eineiige Zwillinge im Hinblick auf ihre Soziabilität nicht stärker ähneln als dies zweieiige tun. Wenn wir jedoch davon ausgehen, daß die Erbmasse eine wichtige Rolle bei der Entstehung von Soziabilität spielt, müßten wir erwarten, daß sich eineiige Zwillinge in diesem Punkt stärker ähneln als zweieiige, und zwar einfach deshalb, weil sie mehr Erbmasse gemeinsam haben. Allgemein läßt sich folgende Regel aufstellen: Je ähnlicher sich eineiige Zwillinge in bezug auf den zu untersuchenden Wesens- oder Charakterzug sind, desto größer ist der Einfluß der Erbmasse. Und umgekehrt gilt: Je ähnlicher sich zweieiige Zwillinge im Hinblick auf ein bestimmtes Charaktermerkmal sind, desto größer ist der Einfluß der Umwelt.

Solche Formeln gehen von Annahmen aus, die sich natürlich nachprüfen lassen. So wird zum Beispiel angenommen, daß es keine vorgeprägte Gattenwahl gebe (das heißt Männer und Frauen heiraten, was die Persönlichkeitsmerkmale anlangt, stets einem Zufallsmuster gemäß, was besagen will, daß introvertierte Männer bespielsweise nicht unbedingt introvertierte Frauen heiraten müssen). Ist diese Annahme nun richtig? Wir können von umfangreichen Stichproben, die unter verheirateten Personen gemacht worden sind, ausgehen: jede dieser Personen erhielt einen Persönlichkeitsfragebogen, und als am Ende die gewonnenen Punktwerte korreliert wurden, stellte sich heraus, daß es in bezug auf Extraversion-Introversion nicht die geringste Korrelation gibt. Die Gattenwahl erfolgt also, was dieses wesentliche Persönlichkeitsmerkmal anlangt, auf einer reinen Zufallsbasis.

Die Situation stellt sich etwas anders dar, wenn es um Neurotizismus geht (also um die Dimension Emotionalität versus Stabilität). In diesem Kontext scheint es insofern eine vorgeprägte Gattenwahl zu geben, als die mehr emotionalen Menschen dazu neigen ihresgleichen zu heiraten, während weniger emotionale Personen ihre Partner gerne in ebenfalls »kühleren« Regionen suchen. Freilich ist diese Tendenz nicht sonderlich ausgeprägt. Im großen und ganzen gesehen ist eine Gattenwahl, die mit dem Kriterium der Persönlichkeit des Partners arbeitet, in unserer Gesellschaft relativ selten. Das aber überrascht nun doch, denn wer hätte zumindest hier nicht eine starke Tendenz zu jenem »Gleich und gleich gesellt sich gern« erwartet? Es ist immerhin so, daß Gleich, was die Intelligenz anlangt, schon dem Gleichen zustrebt. Doch sind hohe Korrelationen zwischen Partnern fast nur auf diesem Gebiet zu verzeichnen.

Was ist nun das Ergebnis der zahlreichen Persönlichkeitsstudien zum Zwillingsproblem, die vor allem in England und in den USA durchgeführt worden sind? Befassen wir uns zunächst mit den Experimenten, die eineiige aber getrennt heranwachsende Zwillinge zum Untersuchungsgegenstand haben. Das Ergebnis auf diesem Gebiet ist erstaunlich, denn es ähneln sich, wie man herausgefunden hat, eineiige Zwillinge, die getrennt heranwachsen, etwas stärker als eineiige Zwillinge, die zusammen heranwachsen.

Doch wie kommt es, daß die Umwelt Zwillinge, die zusammen heranwachsen, einander nicht nur nicht ähnlicher, sondern sogar weniger ähnlich werden läßt als solche Zwillinge, die getrennt heranwachsen? Die Antwort auf diese Frage könnte gerade in der großen Ähnlichkeit zu suchen sein, welche die beiden Zwillinge verbindet. Denn oft ist es doch so, daß eineiige Zwillinge sehr erbost sind, weil man sie nicht als separate Personen behandelt, weshalb sie, einfach um sich voneinander zu unterscheiden, kleine und zufällige Verhaltensunterschiede gerne übertreiben. Eineiige Zwillinge führen im Mutterleib ein enger miteinander verquicktes Leben als zweieiige, weil sie in den meisten Fällen den Mutterkuchen miteinander teilen. So kann es vorkommen, daß der eine Zwilling dem anderen einen Teil der gemeinsamen Blutversorgung vorenthält, was dann zu unterschiedlichen Gewichtswerten bei der Geburt führt; solche Gewichtsdaten aber sind häufig korreliert mit Intelligenz, mit der Fähigkeit zu dominieren usw. Entgegen unseren Erwartungen teilen also eineiige Zwillinge ihre pränatale Umwelt unter Umständen auf eine weniger friedliche Weise als zweieiige Zwillinge.

Wie immer die Antworten auf all diese komplexen Fragen ausfallen mögen, so

Es besteht wohl kein Zweifel daran, daß sich manche Leute an den Sehnsüchten des Menschen nach dem Okkulten und Übernatürlichen »gesundstoßen«.

Drogen beeinträchtigen unsere Persönlichkeit, indem sie das Niveau unserer kortikalen Erregung verändern. Hohe Erregungszustände scheinen mit Introversion und niedrige Erregungszustände mit Extraversion zu korrelieren.

besteht doch kein Zweifel daran, daß das Erbgut beim Zustandekommen von Persönlichkeitsunterschieden eine wesentliche Rolle spielt. Das hat sich aus dem Beweismaterial ergeben, das man von eineiigen, aber getrennt heranwachsenden Zwillingen zusammengetragen hat. Dieser Erbguteffekt ist besonders stark bei den Leuten, die höhere Punktwerte auf der Skala Extraversion-Introversion oder Neurotizismus-Stabilität aufweisen; dieser Effekt ist geringer im Mittelbereich der beiden Achsen, das heißt bei Personen, die weder besonders extravertiert noch introvertiert (bzw. emotional oder stabil) sind. Experimente, die eineiige und zweieiige Zwillinge miteinander vergleichen, haben dieses Ergebnis bestätigen können. Unter 20 Untersuchungen stoßen wir auf keine einzige, bei der die Korrelationen zwischen eineiigen Zwillingen nicht höher – und in der Regel erheblich höher – lägen als bei zweieiigen Zwillingen. Das gilt nicht nur für die wichtigsten Persönlichkeitsvariablen wie Extraversion-Introversion und Neurotizismus-Stabilität, sondern auch für eine große Anzahl von anderen meßbaren Persönlichkeitsmerkmalen.

Die einzigen Persönlichkeits-Meßverfahren, die insgesamt keine sonderlichen Unterschiede zwischen eineiigen und zweieiigen Zwillingen festzustellen vermochten, waren projektive Tests (Rorschach und TAT) sowie Audrueckstests (auf dem Gebiet der Graphologie zum Beispiel). Doch dürfte der Grund hierfür weniger darin liegen, daß es zwischen den beiden Zwillingsarten keine Unterschiede gibt, sondern darin, daß diese Tests eine geringe Zuverlässigkeit und Gültigkeit aufweisen; mit anderen Worten, sie schaffen es nicht, Persönlichkeit präzise zu messen und können folglich nicht herangezogen werden, wenn es darum geht, einen Beweis in bezug auf die Rollen von Vererbung oder Umwelteinflüssen zu führen.

Werden einschlägige Persönlichkeitstests benutzt, egal ob Fragebögen oder objektive experimentelle Testverfahren, so bestätigen die Ergebnisse stets die Hypothese, wonach das Erbgut eine ganz entscheidende Rolle bei der Entstehung von Persönlichkeitsunterschieden spielt.[6] Es ist nicht leicht, die Bedeutung der beiden Faktoren Vererbung und Erziehung oder Umwelteinflüsse in einen zahlenmäßigen Bezug zueinander zu bringen. Doch liegt der minimale Wert des Erbgutanteils an der Ausprägung der Persönlichkeit bei etwa 50 Prozent, während der maximale Wert bei bis zu 80 Prozent liegen kann. Der Durchschnittswert dürfte 70 bis 75 Prozent betragen. Er bezieht sich auf die Vererbbarkeit von Hauptmerkmalen der Persönlichkeit (Extraversion-Introversion; Neurotizismus-Stabilität). Einfachere Charaktermerkmale (zum Beispiel Soziabilität oder Impulsivität) ergeben niedrigere Werte, die freilich immer noch bei 50 bis 60 Prozent liegen. Es kann also kein Zweifel daran bestehen, daß die Persönlichkeit in einem relativ hohen Maße von einem harten Kern aus erbbedingten Verhaltensmustern gebildet wird.

Die physiologische Grundlage der Persönlichkeit

Das, was wir messen, wenn wir uns mit dem Problem Persönlichkeit befassen, ist immer Verhalten. Dabei gehen wir von der Vorstellung aus, daß es in unserem Nervensystem physische Strukturen geben muß, die eben jenes Verhalten entstehen lassen, das uns veranlaßt, die sich verhaltende Person als extravertiert oder introvertiert, als neurotisch oder stabil zu diagnostizieren. Wir haben bereits eine gewisse Vorstellung davon, wie diese Strukturen beschaffen sein könnten. Sehen wir uns einmal Abbildung 2 auf der gegenüberliegenden Seite an. Wir haben es hier mit einer vereinfachten Darstellung des Cortex und des Rückenmarks zu tun. Im unteren Teil des Gehirns befindet sich das sogenannte Stammhirn, das die Aktivitäten des älteren Teils unseres Nervensystems koordiniert. Dieses System steuert die Äußerung von Emotionen durch zwei Subsysteme – das sympathische und das parasympathische System. Emotionen wie Angst und Ärger werden stets von physischen Symptomen begleitet (zum Beispiel erhöhtem Herzschlag, rascherem Atmen, Schwitzen, Beeinträchtigung der Verdauungstätigkeit, Erweiterung der Pupillen usw.), die durch das sympathische System vermittelt und durch das Stammhirn koordiniert werden. Ist der Anlaß für die emotionale Reaktion vorbei, so sorgt das parasympathische System für die erforderliche Beruhigung. Das

Eine gefahrvolle Situation.
Kein Zweifel, daß Alkohol
latent vorhandene Gewalt-
tätigkeit erhöht, weil er den
Wunsch nach Sensationen,
das Bedürfnis sich zu produzieren steigert.

Stammhirn und die Strukturen des autonomen Systems bilden die physische Grundlage für die individuellen Unterschiede auf dem Parameter Neurotizismus und Stabilität. Zusammen mit der Umwelt erzeugen sie jenes phänotypische Verhalten, das wir mit Hilfe unserer Fragebögen messen.

Extraversion-Introversion hängen eng mit dem habituellen Erregungsniveau des Cortex zusammen. Introvertierte Personen weisen höhere Erregungsniveaus auf; deshalb erbringen sie beim Lernen, bei der Konditionierung und beim Erinnern häufig eine bessere Leistung. Der Cortex hat auch die Aufgabe, die unteren Bereiche des Gehirns zu kontrollieren, und hier ist auch der Grund dafür zu suchen, daß das Verhalten von Introvertierten gehemmter ist als das von Extravertierten. Ein Beispiel soll dies veranschaulichen. Alkohol bewirkt, daß die Leute extravertiert reagieren, während die stimulierenden Amphetamine den entgegengesetzten Effekt haben: da sie das Niveau der corticalen Erregung steigern, bewirken sie ein Verhalten, das stärker introvertiert ist. Das gleiche gilt für Nikotin und Koffein, und hier ist zum Beispiel auch die Ursache dafür zu suchen, daß hart auf eine Prüfung zuarbeitende Studenten viel rauchen und viel Kaffee trinken, um sich hellwach zu halten und besser zu lernen. Folglich können wir, wenn wir Personen hemmende oder stimulierende Mittel verabreichen, die physische Grundlage ihrer Persönlichkeit und dadurch ihr Verhalten verändern. Die Wirkungen solcher Mittel lassen sich durch psychophysiologische Tests, die ziemlich direkt die Tätigkeit des Cortex messen, überprüfen.

Derartige Untersuchungen sind nicht nur vom wissenschaftlichen Standpunkt aus interessant. Wie wir gesehen haben, weisen Extravertierte ein niedrigeres Erregungsniveau auf als Introvertierte. Freilich ist es in der Regel so, daß der Mensch seiner Konstitution nach mittlere Erregungsniveaus anstrebt. Ein zu hohes oder zu niedriges Niveau ist unangenehm, so daß der Mensch es zu vermeiden sucht. Aufgrund dieser Tatsachen aber dürfen wir davon ausgehen, daß sich Extravertierte im großen und ganzen durch eine gewisse »Sensationslüsternheit« auszeichnen, das heißt sie versuchen ihr Erregungsniveau dadurch zu steigern, daß sie einem Verhalten nachgeben, welches sie in Kontakt bringt mit knalligem Licht, lauter Musik, sexueller Stimulierung usw. Diese »Sensationslüsternheit« trägt in entscheidendem Maße auch zur Sozialität des Extravertierten bei: der Umgang mit anderen Menschen steigert sein Erregungsniveau. Beim Introvertierten hingegen ist es umgekehrt: er versucht den Umgang mit zu vielen Menschen zu meiden, denn ein solcher Umgang würde sein Erregungsniveau auf eine unangenehme Weise steigern.

Abb. 2

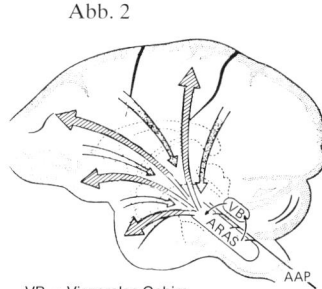

VB = Viszerales Gehirn
(unwillkürliche Steuerung)
AAP = Aufsteigende, dem Gehirn zulaufende
Nervenbahnen
ARAS = Aktivierungssystem, das aufsteigende
Informationen und Steuerungsimpulse
verknüpft

Aber befassen wir uns einmal mit einer anderen Folge des Erregungsniveaus eines Individuums. Von neurotischen Symptomen und Störungen wird heute angenommen, daß sie durch einen Konditionierungsprozeß erworben werden, das heißt, durch die Koppelung eines schmerzhaften mit einem neutralen Stimulus, die so lange dauert, bis die beiden Stimuli endgültig zusammengehen. So entwickelte zum Beispiel eine Frau eine lebenslange Katzenphobie, weil ihr sadistischer Vater, als sie selbst noch ein Kind war, ihre Lieblingskatze vor ihren Augen ertränkt hatte. Doch die Leichtigkeit, mit der sich eine Person konditionieren läßt, wird in einem hohen Maße durch das Erregungsniveau des Cortex bestimmt. Das aber bedeutet, daß sich Introvertierte, die ein höheres Erregungsniveau besitzen, viel leichter konditionieren lassen und daher wesentlich anfälliger für neurotische Störungen sind!

Da die Persönlichkeit eine so ausgeprägt biologische Grundlage aufweist, folgt daraus, daß sich die Leute im allgemeinen wesentlich stärker voneinander unterscheiden als man annehmen möchte. Wir neigen alle zu der Ansicht, daß die meisten Leute wie wir selbst sind bzw. sich in einem nur geringen Maße – bedingt durch irgendwelche Ereignisse in ihrer persönlichen Biographie – von uns unterscheiden. Und genauso glauben wir, daß wir diese Leute sehr leicht zu unserer Denkweise bekehren und ihr Verhalten in unserem Sinne verändern können. Doch diese Annahme ist ganz einfach falsch (siehe Kapitel 22). Die lange Geschichte unserer vergeblichen Bemühungen, Kriminelle zu rehabilitieren, Raudis zu menschlichem Verhalten zu erziehen, Neurotiker zu heilen usw. ist ein beredter Beweis dafür, daß Menschen sich grundlegend voneinander unterscheiden. Angesichts dieser Tatsache muß sich die Suche nach einem Utopia immer wieder als ein recht närrisches Unterfangen herausstellen. Was für den einen das Paradies, kann für den anderen die Hölle bedeuten, und alles, was wir uns erhoffen können, ist letztlich nur, daß die Menschheit immer wieder zu Kompromissen findet, bei denen so wenig Menschen als möglich zu Schaden kommen.

In den Augen jener eifrigen Idealisten, die das Himmelreich auf Erden suchen, mag dies eine ebenso zahme wie lahme Schlußfolgerung sein, doch unglücklicher- oder vielleicht sogar glücklicherweise haben wir es hier mit einem unwiderlegbaren Faktum zu tun. So wie wir uns voneinander unterscheiden, fällt uns das Zusammenleben, ganz egal ob in der Familie, im Staat oder in einem internationalen Kontext, ungemein schwer. Doch gerade diese Erkenntnis der extremen Unterschiede könnte – nicht nur für den Psychologen – der Beginn einer gewissen Weisheit sein.

»Stiehl mir nicht die Schau!«

Tee enthält genausoviel Anregungsmittel wie Kaffee. Kommt immer drauf an, wozu man sich anregen läßt!

11 Hirnchirurgie: ein Schrecken ohne Ende?

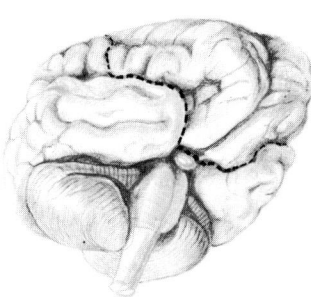

Das Gehirn des Menschen enthält 8000 bis 10 000 Millionen Nervenzellen, von denen jede mit 25 000 anderen Zellen verbunden sein kann. Doch die Gehirngröße entspricht nicht unbedingt dem IQ. Es kann schon vorkommen, daß sehr intelligente Leute ein leichteres und kleineres Gehirn haben als solche, die »nicht ganz richtig im Kopf sind«.

Das Gehirn des Menschen galt lange Zeit als der Ort, wo sein Denken, sein Geist zu Hause waren. Daher die enorme symbolische Bedeutung dieses Körperteils. Viele der großartigsten Leistungen der Menschheit, darunter die hervorragendsten Kunstwerke und wesentlichen wissenschaftlichen Entdeckungen, wären ohne das Gehirn des Menschen buchstäblich undenkbar. Wenn freilich das Gehirn schlecht oder kaum funktioniert, so hat dies unheilvolle und nachhaltige Folgen, darunter jene bizarren Verhaltensmuster, denen man bei Geisteskranken oder Verrückten begegnet; jemand, der geisteskrank ist, gilt dementsprechend im allgemeinen Sprachgebrauch als »nicht ganz bei Verstand« oder »nicht ganz richtig im Kopf«.

Die Vorstellung, wonach der Herd von Geisteskrankheiten im Gehirn liegen müsse, hat durch die Jahrhunderte hindurch viele Leute auf den Standpunkt gebracht, daß man das Gehirn, um eine Heilung zu erzielen, direkt behandeln müsse. Auf diese Weise hat man einige schreckenerregende Behandlungsmethoden entwickelt, unter anderem die Trepanation, deren man sich offenbar schon in der Steinzeit bedient hat. Dem damals natürlich nicht narkotisierten Menschen wurde ein Loch in den Schädel gebohrt, damit das, was man sich als unerwünschte Dämpfe in seinem Kopf vorstellte, herausströmen könnte. Dergestalt trepanierte Schädel hat man in Peru gefunden, doch hatte sich um die Löcher herum bereits ein Heilprozeß entwickelt. Das aber bedeutet, daß es Trepanierte gab, die diesen Eingriff tatsächlich überlebten!

Eine weitere rohe Methode, die auch heute noch benutzt wird, ist die Elektroschocktherapie. Dabei werden dem Patienten Schocks zwischen 70 und 130 Volt verabreicht. Diese Schocks erzeugen Reaktionen, die einem epileptischen Anfall nicht unähnlich sind. Dieses Verfahren, das bei der Behandlung von Depressionen manchmal von Nutzen ist, wurde Ende der dreißiger Jahre entdeckt. Aber warum es zuweilen wirklich hilft, hat man noch nicht herausgefunden. Doch ist es lehrreich, sich mit der Geschichte jenes Elektroschockapparats auseinanderzusetzen, den man in einem englischen Krankenhaus neu installierte und der sechs Monate lang mit der normalen Erfolgsquote benutzt wurde – bis man eines Tages den Elektriker rief, der feststellen mußte, daß der Apparat gar nicht richtig angeschlossen war! So kann die Suggestionskraft offenbar ein Schlüssel zur Erzielung einer Besserung sein.

Ungeachtet der Tatsache, daß die Elektroschocktherapie noch ziemlich jung ist, läßt sich doch feststellen, daß die Wurzel solcher Therapieformen im 18. Jahrhundert zu suchen ist, als man von der Überzeugung ausging, Geisteskranke müßten im Rahmen ihrer Behandlung äußersten physischen Belastungen ausgesetzt werden. Auch gibt es die ebenso weitverbreitete wie falsche Meinung, wonach Epileptiker gerade durch ihre Anfälle vor der Schizophrenie bewahrt würden. Selbst schon bei den Römern begegnen wir dem Interesse an gewissen Verfahren, die auf die Elektroschocktherapie bereits hinwiesen.

Ein kurzer Abriß der Lobotomie

Der wichtigste Meilenstein in der Geschichte der Hirnchirurgie war eine Neurologentagung in London im Jahr 1935. Jacobsen und Fulton stellten ihre Untersuchungen zur Diskussion, die unter anderem darin bestanden hatten, daß die beiden Wissenschaftler zwei Schimpansen in ihrem Verhalten durch operative Entfernung der Frontallappen deutlich beruhigten. Nach dem betreffenden Referat erhob sich der portugiesische Neurologe Antonio Egas Moniz und stellte folgende Frage: »Wenn eine Entfernung der Frontallappen die Entwicklung von experimentell

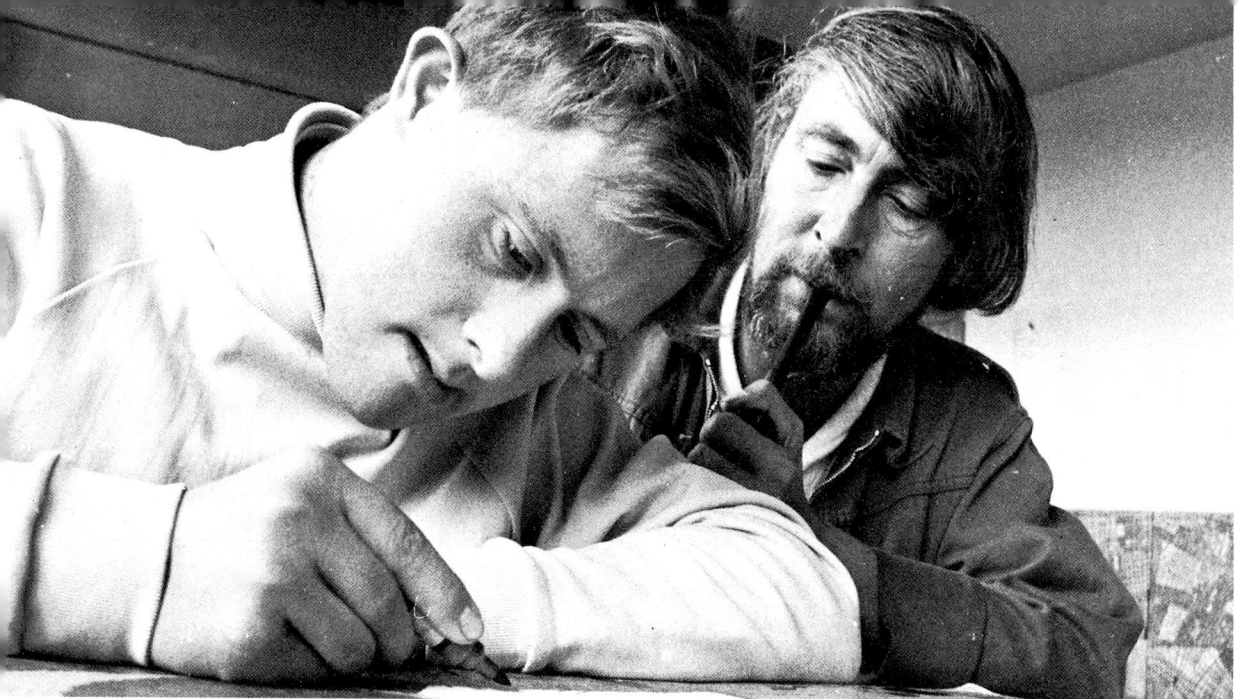

Ein mongoloides Kind braucht mehr als nur Zuwendung. Mongolismus ist eine angeborene geistige Behinderung. Mongolide haben selten einen IQ über 29, was dem geistigen und seelischen Alter eines etwa siebenjährigen Kindes entspricht.

gesteuerten Neurosen bei Tieren und deren Frustrationsverhalten unterbindet, wäre es dann nicht denkbar, ähnliche Angstzustände beim Menschen ebenfalls mit chirurgischen Mitteln auszuschalten?«

Moniz und sein Kollege Almeida Lima machten sich daran, diese Frage zu beantworten. Sie bedienten sich des Frontallappeneingriffs, um die geistige Verfassung von Patienten, die an Zwangsvorstellungen oder Melancholien litten, zu modifizieren. Dabei gingen sie so vor, daß sie gewisse Fasern zwischen den Frontallappen und anderen Teilen des Gehirns durchtrennten. Bei dem von ihnen benutzten Instrument handelte es sich um ein besonderes Messer, dem sogenannten Leukotom, das durch eine kleine, in die Schädeldecke gebohrte Öffnung eingeführt wurde.

Moniz führte Ende 1935 in einem Zeitraum von zehn Wochen 20 Lobotomien durch. Er behauptete, sieben seiner Patienten seien durch die Operation »geheilt« worden, und weitere acht seien durch den Eingriff wesentlich weniger gewalttätig und unruhig geworden, das heißt der Umgang mit ihnen war erheblich einfacher geworden. Doch scheint der gute Mann den Nachteilen seines Verfahrens recht unkritisch gegenübergestanden zu haben. Er war voller Selbstlob und verherrlichte die Lobotomie als »einen großen Schritt vorwärts ... bei der Erforschung von psychischen Funktionen auf einer organischen Grundlage«.

Moniz erregte großes Aufsehen mit diesem neuen hirnchirurgischen Verfahren, und das Resultat war ein schlagartiges Ansteigen des Interesses für die Frontallappen-Lobotomie. In den beiden Jahrzehnten zwischen 1935 und 1955 wurden in Großbritannien und den USA etwa 70000 Lobotomien durchgeführt. Walter Freeman, seines Zeichens Doyen der amerikanischen Lobotomisten, führte mit eigener Hand über 3500 Lobotomien durch. Und Moniz gelangte zu einem solchen Ruhm und Ansehen, daß er 1949 den Nobelpreis erhielt. (Lobotomie bzw. Leukotomie sind die allgemeinen Fachbezeichnungen für chirurgische Eingriffe in die weiße Gehirnsubstanz.)

Doch im Lauf der Jahre mehrten sich die Anzeichen dafür, daß die Frontallappen-Lobotomie doch nicht das Allheilmittel war, für das Moniz sie ausgegeben hatte. So wurde zum Beispiel immer wieder über eine Reihe von unglücklichen Nebenwirkungen berichtet, die sich nach der Operation einstellten. Dazu gehörten Apathie, Unzurechnungsfähigkeit, reduzierte geistige Fähigkeiten, beeinträchtigtes Urteilsvermögen, verminderte Kreativität, ja sogar Koma mit anschließendem Tod. Als diese Nachteile der Hirnchirurgie klarer zutage traten, ging die Anzahl der Lobotomie-Patienten so weit zurück, daß schließlich nur mehr sehr wenige Ein-

Apathie in Harlem, New York.

griffe dieser Art vorgenommen wurden. Moniz bekam, wie sicher manche meinen möchten, was er verdiente: er wurde von einem seiner Lobotomie-Patienten ins Rückgrat geschossen.

Und die endgültige Ironie an dieser ganzen Lobotomie-Saga bestand darin, daß der eine der von Jacobsen und Fulton operierten Schimpansen aufgrund eines chirurgischen Ungeschicks einen Hirnabszeß bekam, während der andere Affe die vorgeblichen positiven Lobotomie-Effekte gar nicht gezeigt hatte!

Amygdalotomie

Als man von der Lobotomie mehr und mehr abkam, verlagerte sich das Interesse der Psychochirurgen von den Frontallappen auf das Limbische System. Vereinfacht gesagt nimmt das Limbische System eine mittlere Position zwischen den niedrigeren und höheren Teilen des Gehirns ein. Auch deutet einiges darauf hin, daß ein Teil dieses Systems, nämlich die Amygdala, bei Wut und Aggression eine gewisse Rolle spielt.

Arthur King und seine Mitarbeiter nahmen Amygdalotomien (also Schnitte an der Amygdala oder deren Entfernung) an Affen vor, die bis dahin im Rudel auf freier Wildbahn gelebt hatten. Positiver Effekt dieser Operation war, daß die Tiere sich nun gegenüber ihren Operateuren weniger aggressiv und freundlicher verhielten. Negativer Effekt hingegen war, daß diese Tiere auf ihre Artgenossen in der Wildnis nun mit Verwirrung und Angstreflexen reagierten. Sie waren ziemlich unfähig geworden, den sozialen Ansprüchen der Gemeinschaft gerecht zu werden und wurden rasch in die soziale Isolation gedrängt.

Der Psychochirurg erreicht die Amygdala in der Regel dadurch, daß er durch ein winziges Loch im Schädel feinste Drahtelektroden einführt. Und indem er einen stärkeren Strom durch diese Elektroden schickt, zerstört er das Gewebe, das sich im Umkreis der Elektrodenspitze befindet.

Opfer der Hirnchirurgie

Am ungeniertesten angewandt wurde die Amygdalotomie in den USA, und zwar bei Kriminellen, die gerade ihre Haftstrafen absaßen. Der damalige Attorney General im Bundesstaat Kalifornien soll öffentlich Amygdalotomien für all jene Gewaltverbrecher gefordert haben, die in den Gefängnissen Kaliforniens einsaßen – um, wie dieser Mann erklärte, »die für Wut und Angst zuständigen Hirnzentren« durch chirurgischen Eingriff zu beseitigen.

Bei einem Fall, der Schlagzeilen machte, handelte es sich um einen Psychopathen namens L. S., der wegen Mord und Vergewaltigung bereits 18 Jahre in einer Nervenklinik in Michigan zwangsverwahrt wurde. Als der Rechtsanwalt Gabe Kaimowitz von dem Plan erfuhr, L. S. in der Lafayette Clinic einer Hirnoperation zu unterziehen, machte er seine Besorgnis mittels der *Detroit Free Press* publik und strengte einen Prozeß an. Bei der Gerichtsverhandlung sagte L. S. aus, daß er sein schriftliches Einverständnis zu diesem Eingriff nur deshalb gegeben habe, weil er hoffte, nach der Operation entlassen zu werden. Daraufhin beschloß das Gericht, daß Personen, die gegen ihren Willen verwahrt sind, keine rechtsgültige Zustimmung zu gefährlichen Hirnoperationen geben dürften. Außerdem stellte das Gericht fest, daß die Hirnchirurgie in solchen Fällen gegen das First Amendment verstoßen würde.

Bei einem weiteren bekannten Fall handelte es sich um den 34jährigen Ingenieur Thomas R., den die Spezialisten Vernon Mark und Frank Ervin einer Amygdalotomie unterzogen. Nach dem Eingriff litt der Mann an Wahnvorstellungen, war zeitweise völlig verwirrt, und arbeiten konnte er auch nicht mehr. Als man ihn wieder in die Klinik brachte, weil sein Verhalten so absonderlich, ja gefährlich war, beobachtete man bei einer Gelegenheit, wie er durch die Stationen ging und seinen Kopf mit Lumpen, Tüten und Zeitungen umwickelt hatte. Er tue das deshalb, erklärte er, weil er Angst davor habe, man könnte noch weitere Teile seines Gehirns zerstören.

Ein Experiment, bei dem das Feedback während einer raumgeometrischen Aufgabe verzögert wird, mit dem Ziel, die Leistung jeder der beiden Hirnhälften zu untersuchen.

Seine Mutter beschrieb sein Verhalten nach dem psychochirurgischen Eingriff mit folgenden Worten: »Der arme Junge war völlig fertig ... Wir wissen, daß er durch diese Operation kaputtgemacht wurde.«

Da sich die Öffentlichkeit über die schlimmen Folgen solcher Eingriffe regelrecht empörte, ist man in den letzten Jahren dazu übergegangen, die Psychochirurgie gesetzlich einzugrenzen. Ein Beispiel aus den USA ist die California State Assembly Bill 4481, durch die die Anwendung der Elektroschocktherapie und Hirnchirurgie in Kalifornien eingeschränkt wurde.

Es steht außer Zweifel, daß die komplizierte Bau- und Funktionsweise des menschlichen Gehirns einen chirurgischen Eingriff ohne unangenehme und nachhaltige Nebenwirkungen beinahe unmöglich macht. Trotzdem hat man derartige Operationen zuweilen auch mit Erfolg zu einem Ende gebracht, und dieses Kapitel wird sich mit einem dieser Erfolge befassen – mit einer Geschichte, die ohne die beeindruckende Arbeit von Roger Sperry[1] am California Institute of Technology und von seinen Kollegen nicht zustande gekommen wäre. Diese Arbeit hat nicht nur dazu beigetragen, daß menschliches Leiden gelindert werden konnte; sie hat uns auch neue Einsichten vermittelt in die physiologischen und psychologischen Funktionsweisen des Gehirns.

Schlüsselexperiment: Die operative Durchtrennung des Corpus callosum (Roger Sperry)

Roger Sperry und seine Mitarbeiter führten ihre Untersuchungen an einer kleinen Anzahl von Epileptikern im fortgeschrittenen Stadium durch, deren schweren Anfällen medikamentös nicht gesteuert werden konnte.

Die radikale Art der Behandlung, die für diese epileptischen Patienten entwickelt wurde, basierte auf der Tatsache, daß das menschliche Gehirn ein Doppelorgan ist, bestehend aus einer linken und einer rechten Hirnhälfte, die verbunden sind durch den Corpus callosum, den sogenannten Balken, der aus Nervengewebe besteht. Dieser Balken wurde mittels eines chirurgischen Eingriffes durchtrennt. Die Chirurgen, die diesen Eingriff vornahmen, waren Philip Vogel und Joseph Bogen. Obgleich dieses Verfahren gewöhnlich als Hirntrennungs-Operation bezeichnet wird, ist dieser Begriff nicht ganz richtig, da die tiefer gelegenen Teile des Gehirns miteinander verbunden bleiben.

War ein so gravierender chirurgischer Eingriff zu rechtfertigen? Man ging dabei von der Vorstellung aus, daß sich die epileptischen Anfälle durch Durchtrennung des Corpus callosum auf eine Hirnhälfte beschränken ließen und somit die Leiden des Patienten verringert werden könnten. Auch schien einiges darauf hinzuweisen, daß sich negative Auswirkungen gering halten lassen würden (denn Ronald Myers und Roger Sperry hatten davor herausgefunden, daß die Durchtrennung des Corpus callosum bei Katzen und Affen deren geistige Fähigkeiten nicht ernstlich beeinträchtigte).

Allgemein gesehen erwies sich der Effekt dieser Operationen als positiv. So trat zum Beispiel bei einem 48jährigen Kriegsveteranen in den Jahren nach der Operation kein einziger schwerwiegender Anfall mehr auf. Und auch die zweite Patientin, eine Hausfrau und Mutter in den Dreißigern, wurde nach dem Eingriff von Anfällen nicht weiter heimgesucht. Ein kleiner Anteil der Patienten litt zwar weiterhin unter Anfällen, doch ließen diese an Schwere und Häufigkeit nach und beschränkten sich in der Regel auf nur eine Hirnhälfte.

Alle Patienten zeigten unmittelbar nach der Operation einen kurzfristigen Gedächtnisverlust, dazu Orientierungsprobleme und geistige Erschöpfungszustände. Manche unter ihnen konnten bis zu zwei Monate nach der Operation nicht sprechen. In allen Fällen aber kam es zu einer allmählichen Erholung, und nach wenigen Monaten fühlten sich alle genauso wie sie sich vor der Operation gefühlt hatten. Insgesamt war ein wesentlicher Rückgang der epileptischen Anfälle zu verzeichnen, und das bei einem sehr geringen Maß an langfristigen Nebenwirkungen. Objektiv betrachtet besteht das bemerkenswerteste Ergebnis dieser Operation jedoch darin, daß sie sich auf das übliche Verhalten des Operierten so gut wie gar

115

nicht auswirkt. Trotzdem hat Sperry später einen Spezialtest entwickelt, um die Nachteile dieses Verfahrens zu erforschen.

Dieser Test ging von der Tatsache aus, daß Informationen, die man der linken Hälfte eines jeden Auges darbietet, in die rechte Hirnhälfte projiziert werden, während es bei der rechten Hälfte eines jeden Auges genau umgekehrt ist. Wenn man nun voraussetzte, daß die Blickrichtung des Patienten gesteuert werden konnte, und daß die Information nur eine Zehntelsekunde lang oder noch kürzer dargeboten wurde, um dergestalt eine Bewegung des Auges zu verhindern, so durfte man sichergehen, daß nur eine Hirnhälfte die Information erhielt.

Eine der ersten Entdeckungen, die Sperry machte, war, daß die Patienten zwei seperate visuelle Innenwelten besaßen. Wurde das Bild eines Gegenstandes der einen Hirnhälfte dargeboten, so erkannte der Patient dieses Bild wieder, wenn es der gleichen Hirnhälfte noch einmal dargeboten wurde. Wurde dieses Bild jedoch in der zweiten Hälfte des Sehfeldes dargeboten, so daß es in die entgegengesetzte Hirnhälfte projiziert wurde, so reagierte der Patient, als habe er dieses Bild nie zuvor gesehen.

Einen noch gründlicheren Befund darüber, daß diese Patienten zwei separate visuelle Innenwelten besaßen, hat man erarbeitet, indem man das Wort »heart« (Herz) auf die Mitte des Sehfeldes projizierte, wobei die ersten beiden Buchstaben »he« links und die letzten drei Buchstaben »art« rechts von der Mitte dargeboten wurden. Da aber Sprache und Sprechen großenteils Funktionen der linken Hirnhälfte sind, erklärten die Patienten, daß sie das Wort »art« sähen, wenn dieses Wort rechts dargeboten und in die linke Hirnhälfte projiziert wurde. Wurden sie jedoch aufgefordert, mit der linken Hand auf eine der beiden Karten (»art« oder »he«) zu zeigen, so zeigten sie stets auf die Karte »he«. Der Grund dafür ist darin zu suchen, daß die rechte Hirnhälfte für die Bewegung der linken Hand zuständig ist; die Karte »he« aber war dieser rechten Hälfte dargeboten worden.

Es ist schon seit langem bekannt, daß das Sprachvermögen wesentlich enger mit der linken als mit der rechten Hirnhälfte zu tun hat, obwohl bei manchen Linkshändern das Gegenteil zutrifft. Evident wurde dieser Sachverhalt durch Untersuchungen an Patienten, die Kopfverletzungen oder Schlaganfälle erlitten hatten. Ein Schlaganfall in der linken Hirnhälfte beeinträchtigt die Schreib- oder Sprechfähigkeit wesentlich stärker als ein ähnlicher Anfall in der rechten Hälfte.

Sperry konnte dies überzeugend nachweisen. Er fand heraus, daß visuelles Material, das in die linke Hirnhälfte projiziert wurde, von den Patienten auf völlig normale Weise sowohl verbal als auch schriftlich beschrieben werden konnte. Wurde jedoch dasselbe Material der rechten Hirnhälfte dargeboten, so behauptete der Patient, er habe nichts oder eben nur einen Lichtblitz gesehen. Hat man den Patienten dann jedoch aufgefordert, seine linke Hand zu benutzen, um auf ein entsprechendes Bild oder einen entsprechenden Gegenstand zu zeigen, so zeigte er mühelos auf das Objekt, das er eben noch nicht gesehen zu haben glaubte.

Wie wir bereits sagten, steuert die rechte Hirnhälfte in der Regel nicht das Sprachvermögen. Doch haben andererseits Beobachtungen von Sperry und seinen Mitarbeitern ergeben, daß die rechte Hirnhälfte bis zu einem gewissen Grad geschriebene und gesprochene Sprache verstehen kann. Wurde der Name eines Gegenstandes (zum Beispiel Radiergummi) blitzartig der rechten Hirnhälfte dargeboten, so war der Patient imstande, mit Hilfe seiner linken Hand (die durch die rechte Hirnhälfte gesteuert wird) und nur mit Hilfe seines Tastsinns einen Radiergummi inmitten anderer Gegenstände aufzufinden.

Wir haben uns bislang hauptsächlich mit den Problemen befaßt, denen sich Sperrys Patienten beim Umgang mit visuellen Informationen ausgesetzt sahen. Ähnliche Schwierigkeiten traten zutage, wenn man Gegenstände, vom Patienten ungesehen, dessen linker oder rechter Hand anvertraute. Informationen aus der linken Hand gelangten in die rechte Hirnhälfte und Informationen aus der rechten in die linke. Gegenstände, die zum Erkennen durch Betasten der rechten Hand anvertraut wurden, konnten verbal oder schriftlich ohne weiteres beschrieben werden. Wurden dieselben Gegenstände jedoch der linken Hand anvertraut, so erschöpften sich die Patienten in weithergeholten Vermutungen und schienen sich häufig der Tatsache, daß sie überhaupt etwas in der Hand hielten, gar nicht bewußt

Dieses Schema zeigt einen von vorn nach hinten verlaufenden Querschnitt mitten durchs Gehirn. Bei dem nach unten abgehenden Stiel haben wir es mit dem verlängerten Mark zu tun; bei dem Ableger rechts dreht es sich um das Cerebellum; die dunkler gehaltenen Bereiche stellen den Corpus callosum dar, darunter der Hypothalamus; das kleine Zäpfchen links davon ist die Hypophyse.

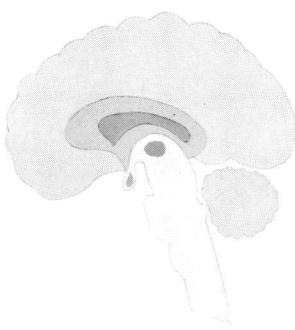

zu sein. Wurde jedoch dem Patienten einer dieser Gegenstände, von dem er behauptete, er habe ihn nicht erkennen können, aus der linken Hand genommen und einem Dutzend anderer Objekte hinzugesellt, so zeigte sich die Person auch noch nach mehreren Minuten in der Lage, den Gegenstand, wiederum mit der Linken, tastend zu erkennen und zurückzuholen. Alle diese Leistungen waren insofern eingeschränkt, als die Patienten den Gegenstand nur dann zurückholen konnten, wenn sie stets die gleiche Hand benutzten – Objekte hingegen, die sie eben noch mit der anderen Hand identifiziert hatten, vermochten sie mit der Gegenhand nicht zu erkennen.

Die Tatsache, daß die linke Hirnhälfte der rechten hinsichtlich einer Vielfalt von Aufgaben überlegen ist, hat viele Leute veranlaßt, die linke Hälfte als »Hauptemisphäre« zu bezeichnen. Das aber ist eine völlig falsche Auffassung. Denn wenn wir die verbalen Fähigkeiten einmal außer acht lassen und uns mit anderen Fertigkeiten (zum Beispiel der räumlichen Bewegung) befassen, so läßt sich die Sache gleich ganz anders an. Von Sperry und Bogen durchgeführte Tests haben ergeben, daß die rechte Hand, die von der linken Hirnhälfte gesteuert wird, unfähig war, Klötzchen nach einem vorgemalten Muster anzuordnen oder einen Würfel in drei Dimensionen zu zeichnen, während die linke Hand beide Aufgaben zufriedenstellend lösen konnte.

Auch hat man kürzlich interessantes Material erarbeitet, das darauf hindeutet, daß die rechte Hirnhälfte einiges mit den emotionalen Erfahrungen der Person zu tun haben könnte. Generell ist jedoch festzustellen, daß Verletzungen in einem Großteil der linken Hirnbereiche von einem Gefühl des Verlusts begleitet werden, so wie das bei jeder ernstlichen Beschädigung sein dürfte, während eine Verletzung eines Großteils der rechten Hirnbereiche den Patienten manchmal in dem Glauben läßt, diese Beschädigung und ihre Folgen seien völlig unerheblich.

Obgleich die Medien die Probleme unterstrichen haben, denen Patienten mit durchtrenntem Corpus callosum schon bei der Ausführung von relativ einfachen Aufgaben begegnen, hat Sperry herausgefunden, daß ein derartiger Schnitt gelegentlich auch seine Vorteile hat. So forderte er zum Beispiel seine Patienten auf, zwei verschiedene visuelle Diskriminationsaufgaben gleichzeitig zu lösen, wobei jede Hirnhälfte eine Aufgabe dargeboten bekam, und die Patienten verfuhren genauso erfolgreich als hätten sie jede Aufgabe einzeln und für sich gelöst.

Die Funktionen der beiden Hirnhälften

Einer der provozierendsten Streitpunkte, die sich aus Sperrys bahnbrechenden Forschungsarbeiten ergeben, läßt sich in der Frage zusammenfassen, ob nun wirklich und endgültig nachgewiesen sei, daß es im Gehirn zwei Gehirne gebe, und zwar jedes mit seinem eigenen Bewußtsein. Sperry meinte, er habe diesen Nachweis erbracht. Vor dem Gremium einer hervorragenden Akademie der Wissenschaften verkündete er: »Alles, was wir bis jetzt herausgefunden haben, deutet darauf hin, daß der chirurgische Eingriff diesen Leuten zwei separate Hirnfunktionen eingebracht hat, das heißt zwei gesonderte Bewußtseinshälften. Was in der rechten Hemisphäre erlebt wird, scheint völlig außerhalb des Bewußtseins der linken zu liegen.« Eine in der Tat sehr kategorische Behauptung.

Einer der interessantesten Versuche, diese Frage nach dem doppelten Bewußtsein zu beantworten, wurde kürzlich von LeDoux, Wilson und Gazzaniga[2] unternommen. Sie wiesen darauf hin, daß es ralativ einfach sei, die Beschaffenheit und Grenzen des Bewußtseins der »sprechenden« linken Hemisphäre festzustellen, während sich die gleiche Aufgabe bei der »stummen« rechten Hirnhälfte sehr schwierig gestalte. Sie lösten dieses Problem teilweise mit Hilfe des Jungen Paul S., dessen Sprachfunktion in der rechten Hirnhälfte stärker ausgeprägt war und den sie einigen Tests unterzogen.

Bei einem dieser Tests wurden der einen Hirnhälfte Wörter dargeboten, die Paul S. auf einer Gut-Schlecht-Skala einordnen sollte. Viele dieser Wörter wurden von den beiden Hirnhälften unterschiedlich beurteilt, wobei die rechte Hemisphäre stärker zu den Schlecht-Werten der Skala tendierte. Wörter wie »Paul«, »Mutter« und »Sex« wurden von der linken Hirnhälfte sehr positiv und von der rechten

überaus negativ eingestuft. Diese Unterschiede lassen vermuten, daß jede Hemisphäre ihr eigenes einzigartiges System besitzt, um Personen und Ereignisse subjektiv zu bewerten.

Besonders aufschlußreich war auch die Tatsache, daß mit Paul gerade an dem Tag, an dem man diese hirnhälftenbedingten unterschiedlichen Bewertungen erarbeitete, schwer auszukommen war; es war fast so, als fühlte er sich buchstäblich mit sich selber uneins. Als er die gleichen Wörter bei einer zweiten Gelegenheit bewertete, war er ruhig und umgänglich. Seine bessere Stimmung äußerte sich darin, daß die rechte Hirnhälfte dieses Mal positiver bewertete, was die Hypothese, wonach die rechte Hemisphäre die »emotionalere« sein könnte, stützen würde. Bei diesem zweiten Durchgang ähnelten die Gut-Schlecht-Bewertungen der beiden Hirnhälften einander.

Weitere Daten, die dafür sprachen, daß jede Hirnhälfte über ihr eigenes »Gehirn« verfügt, erlangte man durch bestimmte, an Paul gestellte Fragen, darunter die nach dem Beruf, den er gern ausüben möchte. Die linke Hirnhälfte meinte »Zeichner«, während die rechte Hemisphäre sich für »Autorennen« entschied.

Viele populärwissenschaftliche Autoren haben Sperrys Arbeit mit einer Handvoll schwer epileptischer Patienten dazu benutzt, daß sie daraus radikale Schlußfolgerungen für normale Personen, ja sogar für die Unzulänglichkeiten ganzer Gesellschaftssysteme zogen. Auf diese Weise sollten wir erfahren, daß die verbale, rationale Kultur des Abendlandes durch die linken Hirnhälften seiner Vertreter gesteuert wird, während die mystischen, künstlerischen und religiösen Kulturen des Ostens aus dem beherrschenden Einfluß der rechten Hirnhälfte heraus entstanden seien.

Diese Analyse hat den Psychologen Robert Ornstein zu der Behauptung veranlaßt, daß es in der abendländischen Erziehung zu einer Revolution kommen sollte, durch die nicht-verbale Fertigkeiten wesentlich stärker zum Tragen kommen müßten. Und so, wie es Leute gibt, die politisch links bzw. rechts stehen, so gibt es nun auch Anhänger der linken bzw. rechten Hirnhälfte. Hugh Sykes Davies, seines Zeichens Anglist, hat kürzlich diese »rechte« Bewegung, der Ornstein angehört, angegriffen und die Tatsache beklagt, daß die entscheidenden verbalen Fertigkeiten der linken Hirnhälfte in unserer Zivilisation schrecklich rasch degenerierten. Leider gingen die meisten, die sich an dieser Kontroverse beteiligten, von der etwas eigentümlichen Annahme aus, daß die beiden Hirnhälften eines normalen Mannes bzw. einer normalen Frau so getrennt voneinander seien wie die Hirnhälften von Sperrys Patienten. Doch was effektiv als Ziel angepeilt werden muß, ist nicht, daß an der einen Hirnhälfte auf Kosten der anderen herumoperiert wird, sondern daß man versucht, ein neuerliches gemeinsames Funktionieren zu gewährleisten.

Eine weitere wichtige Frage, die von den einschlägigen Sachbuchschreibern fast völlig aus den Augen verloren wurde, ist die, ob wir überhaupt davon ausgehen dürfen, daß die Unterschiede zwischen den beiden Hirnhälften bei normalen Menschen die gleichen sind wie Unterschiede, denen Sperry bei Patienten mit durchtrenntem Corpus callosum begegnete. Denn es könnte durchaus sein, daß sich häufige epileptische Anfälle, zusammen mit der nötigen Neuanpassung nach einem chirurgischen Eingriff, am Ende so auswirken, daß sich das Gehirn dieser Patienten von einem normalen Gehirn erheblich unterscheidet.

Wie aber können wir uns mit der Funktionsweise der beiden Hirnhälften beim normalen Menschen vertraut machen? Eine aufschlußreiche Methode besteht darin, daß man die Hirnströme, die durch irgendeinen Stimulus evoziert werden, mit Hilfe von am Schädel befestigten Metallelektroden aufzeichnet. Diese Reaktionen aber werden elektronisch verstärkt, wobei man sich besonderer Computertechniken bedient, die den Zweck haben, diese Ströme von der kontinuierlichen Hirntätigkeit zu unterscheiden. Mit diesem Verfahren werden die sogenannten »evozierten Potentiale« gemessen (siehe Kapitel 9), und je nachdem, wo wir diese Elektroden nun befestigen, können wir die Hirnaktivität entweder in der linken oder in der rechten Hirnhälfte messen.

Ein weiteres typisches Experiment bestand darin, daß die Versuchspersonen eine Reihe von verbalen Aufgaben (zum Beipiel Vokabeltests, Suche nach Synonymen) und von raumbezüglichen Aufgaben (Errichten eines Kreuzes aus sechs Plastiktei-

Räumliche Aufgaben wie Malen scheinen die rechte Hirnhälfte stärker zu beanspruchen, während die linke Hirnhälfte wohl mehr für sprachliche Aufgaben zuständig ist.

In Japan durchgeführte Forschungsarbeiten scheinen der Anschauung zu widersprechen, daß sich vor allem die linke Hirnhälfte mit sprachlichen Dingen befaßt.

len, Zeichnen einer Menschenfigur) zu lösen hatten. Wenn die verbale Aufgabe in Angriff genommen wurde, war die Hirnaktivität in der linken Hirnhälfte wesentlich stärker als in der rechten, und das Gegenteil war der Fall, wenn eine raumbezügliche Aufgabe gelöst wurde. Diese Beobachtungen aber bestätigen Sperrys Hypothese, wonach die linke Hirnhälfte vor allem für die sprachlichen Fertigkeiten und die rechte in erster Linie für die raumbezüglichen Fähigkeiten zuständig sein sollen.

Allerdings haben transkulturelle Untersuchungen die Ansicht, daß die rechte und die linke Hirnhälfte ihren je spezialisicrtcn Aufgabenbereich haben soll, doch etwas erschüttert. Tsunoda Tadanobu vom Medical-Dental College in Tokio hat zum Beispiel interessante Unterschiede zwischen den Gehirnen von Japanern und anderen Bevölkerungsgruppen entdeckt. So fand er heraus, daß die Geräusche von Insekten und anderen Tieren, von Regen, Wind und Wellen zwar die linke Hirnhälfte von japanisch-sprechenden Personen aktiviere, doch bei allen anderen Leuten sei es gerade umgekehrt!

Alle verfügbaren Daten weisen darauf hin, daß unsere Hirnhälften asymmetrisch funktionieren, das heißt daß viele menschliche Hirnaktivitäten entweder verstärkt in der einen oder aber in der anderen Hälfte zu Hause sind. Bei anderen Arten stößt man dagegen häufig auf eine symmetrische Funktionsweise. Worin bestehen nun die Vor- und Nachteile dieser asymmetrischen Arbeitsweise?

Einer dieser Vorteile läßt sich veranschaulichen anhand einer Geschichte des Mönches Jean Buridan aus dem 14. Jahrhundert: Ein Esel geriet in die Entscheidungssituation, zwischen zwei genauso leckeren und ebenso weit von ihm entfernten Heuhaufen wählen zu müssen; und das arme Tier ging an diesem Problem schlichtweg zugrunde, weil es keinen logischen Grund dafür erkennen konnte, daß der eine Heuhaufen dem anderen vorzuziehen sei.

Allgemein gesagt kann also eine Asymmetrie ein Vorteil sein, zum Beispiel dann, wenn wir zwei sehr unterschiedliche Dinge auf einmal zu tun versuchen. Wenn jede dieser Tätigkeiten von einer anderen Hirnhälfte gesteuert wird, beeinträchtigen sie einander in einem nur geringen Maße. Doch wenn wir mit einer einzigen, aber komplizierten Aufgabe zurechtzukommen versuchen und jede Hirnhälfte für sich einen Teil der Lösungsarbeit übernimmt, könnte sich die anfallende Verhaltenskoordination als schwierig herausstellen.

Marcel Kinsbourne überprüfte einige dieser Ideen mit Hilfe einer sehr einfachen Versuchsanordnung, die jedem von uns zugänglich ist. Es drehte sich darum, auf dem rechten und auf dem linken Zeigefinger so lange als möglich einen Stock zu balancieren. Bei Rechtshändern, die bei diesem Versuch nicht reden, stellt sich heraus, daß sie den Stock länger auf dem rechten als auf dem linken Zeigefinger balancieren können, da ja ihre Rechte geschultert ist. Redet der Rechtshänder jedoch während dieses Balanceaktes, so ist das Ergebnis umgekehrt: er kann nun den Stock länger auf dem linken als auf dem rechten Zeigefinger balancieren. Benutzt er jedoch den rechten Zeigefinger, so könnte man meinen, daß der Stock durch seine Worte vom Finger gestoßen wird.

Aber was passiert hier denn? Ganz einfach: Sprechen und rechte Hand werden durch die linke Hirnhälfte gesteuert, so daß beide Tätigkeiten, da sie gleichzeitig erfolgen sollen, einander behindern. Im Gegensatz dazu werden Sprechen und linke Hand durch zwei verschiedene Hirnhälften gesteuert, so daß es in diesem Fall zu einer nur geringfügigen gegenseitigen Beeinträchtigung kommt.

Folgerungen

Die Geschichte der Versuche, menschliches Verhalten durch direkte Eingriffe ins Gehirn zu modifizieren, belegt eindeutig, daß hier allzu leicht allzu einschneidende Verhaltensänderungen erzielt werden. Das Problem besteht darin, daß die erwünschten Veränderungen gewöhnlich von vielen unerwünschten und unvorhergesehenen Nebeneffekten begleitet werden.

Trotzdem gibt es einige Hirnoperationen, die sich unter bestimmten Umständen als der Mühe wert erwiesen haben. Die Forschungsarbeit von Sperry ist in diesem Zusammenhang besonders wichtig.

Gleiche Geschicklichkeit mit beiden Händen. Ist diese Beidhändigkeit nur eine Frage der Übung oder aber das Ergebnis ungewöhnlich zahlreicher Verbindungen zwischen beiden Hirnhälften?

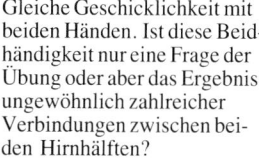

12 Wo kommen die Gefühle her?

Emotionale Erfahrungen oder Gefühle sind immer schon ein wichtiger Gegenstand gewesen, mit dem sich die Dichter und Romanciers – auf manchmal recht einträgliche Weise übrigens – auseinandergesetzt haben. Diese Faszination ist teilweise sicher darauf zurückzuführen, daß über die eigentliche Bedeutung der verschiedenen Gefühlskategorien so wenig Übereinstimmung besteht. Daher möchten wir uns nun mit der interessanten Frage auseinandersetzen, wie die auslösenden Faktoren für emotionale Erfahrungen denn aussehen. Oder anders ausgedrückt: Wo kommen unsere Gefühle her?

Schlüsselexperiment: Gefühl = Erregung × Emotionalität des Denkens (Stanley Schachter und Jerome Singer)

Die klassische Untersuchung zum Thema Gefühl (Emotion) wurde vor etwa zwanzig Jahren von Stanley Schachter (Columbia University) und Jerome Singer[1] (Pennsylvania State University) durchgeführt. Die beiden Wissenschaftler setzten bei der Frage an, welche Faktoren unerläßlich seien, damit eine Person einen bestimmten emotionalen Zustand erfährt; sie kamen auf zwei Faktoren. Der eine wird gebildet von einer physiologischen Erregung, die sich als Herzklopfen, Schweißausbruch, Zittern der Hände oder Erröten bzw. Erhitzung des Gesichts äußern kann. Der zweite Faktor besteht in der Art, wie die betreffende Person ihren Erregungszustand aufnimmt bzw. deutet. Nur wenn sie ihren Zustand mit Hilfe von emotionalen Begriffen erläutert, kann sie sich auch in dem betreffenden emotionalen Zustand fühlen. Ist dies jedoch nicht der Fall, werden auch keine Gefühle wahrgenommen. Schachter und Singer freilich behaupten, daß wir uns ohne weiteres erregen könnten, ohne dabei irgendein Gefühl zu erleben. Eine Untersuchung, die der Mediziner Maranon in den zwanziger Jahren durchführte, schien diese Behauptung im vorhinein zu erhärten. Dieser Mann injizierte 210 Patienten Adrenalin, ein Mittel, das emotionale Erregungen erzeugt. Als er die dergestalt erregten Patienten befragte, wie sie sich fühlten, berichteten 71 Prozent lediglich über körperliche Symptome, denen sie jedoch nicht die geringste emotionale Bedeutung zuerkannten. Die restlichen 29 Prozent hingegen reagierten ganz offenkundig auf eine emotionale Weise. Wirklich interessant in diesem Zusammenhang jedoch war, daß die Mehrzahl dieser Patienten ihre Emotionen als »kalt« oder »Als-ob«-Gefühle bezeichneten.

Aber warum haben fast alle diese Patienten, ungeachtet ihres erregten Zustandes, keine echten Gefühle erlebt? Schachter und Singer gingen von der einleuchtenden Erklärung aus, daß diese Patienten zu beschreiben versuchten, weshalb sie sich erregt fühlten, und daß die offenkundigste Ursache dieser Erregung das injizierte Mittel gewesen sei. Da sie aber über ihr hohes Erregungsniveau in nicht-emotionalen Begriffen berichteten, hätten sie auch keinen emotionalen Zustand erleben können.

Schachter und Singer argumentierten außerdem, daß ein ziemlich ähnlicher physiologischer Zustand Hand in Hand gehen könne mit allen möglichen Gefühlserfahrungen: »Genau den gleichen physiologischen Erregungszustand könnte man etikettieren mit Begriffen wie ›Freude‹, ›Wut‹, ›Eifersucht‹ usw., je nach den kognitiven Aspekten der Situation.« Das aber heißt, daß die große Vielzahl der von uns erfahrenen Emotionen darauf zurückzuführen ist, daß wir unseren erregten Zustand von Fall zu Fall anders deuten können.

Wenn es richtig ist, daß wir Erregungszustände in emotionaler Hinsicht sehr unterschiedlich etikettieren, dann ist es gewiß auch richtig, daß wir diese verbalen Etiketten gelegentlich falsch anwenden.

Der Romeo und Julia-Effekt ist ein gutes Beispiel dafür, wie Emotionen fehlinterpretiert werden können. Denn je stärker Eltern dazu neigen, sich in die ersten Liebesversuche ihrer Kinder einzumischen und diese in ihren Erfahrungen zu behindern, desto heftiger entwickelt sich bei den jungen Leuten das romantische Gefühl des Verliebtseins. Vielleicht ist das darauf zurückzuführen, daß das Verhalten der Eltern bei den Kindern einen unangenehmen Erregungszustand bewirkt, den diese aber in ein romantisches Gefühl umetikettieren. Mit anderen Worten: Adrenalin macht das Herz noch liebebedürftiger.

Schachter und Singer führten ein ziemlich kompliziertes Experiment durch, um einigen dieser Aspekte auf den Grund zu gehen. Ihre wesentliche Vorhersage lautete kurz und bündig folgendermaßen: um eine echte Emotion zu erfahren, ist ein Erregungszustand Voraussetzung. Dieser Zustand aber muß mit emotionalen Begriffen interpretiert werden. Fehlt indes eine dieser Voraussetzungen, so kommt es zu keiner Gefühlserfahrung.

Die beiden Wissenschaftler beschlossen, ihre Vorhersage dadurch zu überprüfen, daß sie sowohl die erfahrene »Erregungsmenge« als auch die Art und Weise, in der die Erregung interpretiert wurde, unterschiedlich gestalteten. Allen Teilnehmern wurde gesagt, daß man mit dem Experiment herausfinden wolle, wie sich die Vitaminmischung namens Suproxin auf die visuelle Wahrnehmung auswirke. Doch obwohl sie dahingehend informiert wurden, daß ihnen diese Vitaminmischung gespritzt worden sei, hatten sie in Wirklichkeit entweder Adrenalin (welches physiologische Erregung steigert) oder eine Placebo-Salzlösung (die keine Erregung bewirkt) injiziert bekommen.

Die verschiedenen Teilnehmergruppen wurden über die Wirkungen des jeweils gespritzten Mittels unterschiedlich informiert. Die Adrenalin-Partizipanten wurden über die Wirkung des Mittels entweder wahrheitsgemäß oder unzutreffend informiert (»Sie werden ein taubes Gefühl in den Füßen bekommen, dazu Juckreiz an manchen Körperstellen und leichte Kopfschmerzen«), oder man informierte sie überhaupt nicht und sagte ihnen lediglich, daß die injizierte Lösung völlig harmlos und wirkungslos sei. Auch den Placebo-Empfängern wurde gesagt, daß das Mittel keine Wirkungen haben würde.

Nach der Injektion erfuhren alle Teilnehmer, daß in 20 Minuten die Sehtests begännen. In der Zwischenzeit würde das Suproxin in den Blutkreislauf gelangen.

Welches Ausmaß an Gefühlen ist in diesen beiden Fotos enthalten?

Oben: Ein sonniger Tag am Rand eines Springbrunnens. Aber wie unbeteiligt doch die Hände sind!

Unten: Pin up-girls und ihre ermüdende Wirkung.

Und in dieser Zeit wurden die Teilnehmer auch in verschiedene Situationen gebracht, die bei ihnen entweder ein Wohl- oder ein Unwohlbefinden auslösen sollten.

In der Wohlbefinden-Situation warteten die Versuchsperson und ein Helfer des Versuchsleiters zusammen. Dieser Helfer kritzelte in einem Notizblock herum, versuchte Papierkügelchen aus der Ferne in den Papierkorb zu werfen, so als ob er Basketball spielte, dann machte er Papierflieger, die er fliegen ließ, anschließend benutzte er einen Gummiring als eine Art Schleuder, mit der er Papierkügelchen auf Ziele abschoß, und zum Schluß spielte er mit einem Hula Hoop-Reifen.

In der Unwohlbefinden- oder Ärger-Situation füllten der Teilnehmer und der ihm beigegebene Helfer Fragebögen aus, deren Inhalt zusehends persönlich und beleidigend wurde.

Welches Ausmaß an Emotionen würden die verschiedenen Gruppen unter diesen Versuchsbedingungen an den Tag legen? Nach Schachter und Singer würden die Personen, die Adrenalin verabreicht bekommen hatten und über die Wirkung aufgeklärt worden waren, ein geringes Ausmaß an Emotionen erleben; sie würden die Erregung in erster Linie auf das Adrenalin und nicht auf das Verhalten des Helfers zurückführen.

Auch diejenigen, die das wirkungslose Placebo injiziert bekommen hatten, würden ebenfalls, wenn die Prognose von Schachter und Singer zutraf, verhältnismäßig wenig Emotionen an den Tag legen: sie würden in keinen Erregungszustand geraten, weil sie kein erregendes Mittel gespritzt bekommen hatten. Diejenigen aber, die Adrenalin verabreicht bekommen hatten und über dessen Wirkung fehlinformiert worden waren, würden mit starker Erregung reagieren, und es wäre bei ihnen unwahrscheinlich, daß sie diese Erregung auf das gespritzte Mittel zurückführen würden. Denn sie würden ihren Erregungszustand (Wohlbefinden oder Ärger) vermutlich auf das Verhalten des Helfers zurückführen. Eine ähnliche Vorhersage galt für die Personen, die Adrenalin injiziert bekommen hatten und denen man gesagt hatte, daß die Wirkung unerheblich sein würde: sie würden sich erregt fühlen und ihre Erregung anhand von emotionalen Begriffen interpretieren.

Aber die Sache sah dann doch etwas anders aus. Denn diejenigen, die das Placebo injiziert bekommen hatten und von denen angenommen werden durfte, daß sie in einem nur geringen Maße erregt und emotional reagieren würden, legten trotzdem eine ganze Menge Emotionen an den Tag. Und von den Versuchspersonen, die Adrenalin injiziert bekommen hatten, ließen sich nur jene Personen durch die Wohlbefinden oder Ärger erzeugenden Situationen kaum aus der Ruhe bringen, denen man gesagt hatte, was sie fühlen würden. Das ist wahrscheinlich darauf zurückzuführen, daß sie glaubten, das gespritzte Mittel und nicht die Situation hätte ihre Erregung erzeugt.

Es ist möglich, daß die Placebo-Personen deshalb in einen Erregungszustand gerieten, weil sie einen der Helfer zur Seite hatten; in diesem Fall war natürlich die Annahme, daß sie sich verhältnismäßig wenig erregen würden, eine falsche. Schachter und Singer argumentierten, daß man Erregung von Personen dadurch vermeiden könne, daß man ihnen kein Placebo, sondern ein Mittel verabreichte, welches eine Erregung effektiv *reduziert*. Das Mittel, das sie zu diesem Zweck benutzten, war ein Beruhigungsmittel, das sogenannte Chlorpromazin. Allen Versuchspersonen wurde gesagt, sie würden Suproxin, ein hochkonzentriertes Vitamin C-Präparat ohne Nebenwirkungen, verabreicht bekommen, doch was sie in Wirklichkeit injiziert bekamen, war Chlorpromazin (als Placebo) oder das erregende Adrenalin. Danach sahen sie sich einen 15 Minuten langen Ausschnitt aus einem Jack Carson-Film an, in dem eine Slapstick-Verfolgungsjagd vorkam.

Da man annahm, daß alle Beteiligten ihre erregten Gefühle auf den gleichen Auslöser, nämlich diesen Film, zurückführen würden, formulierte man die Erwartung, daß das erlebte Ausmaß an Emotionen hauptsächlich von der Erregung abhängen müßte, die durch die Injektionen erzeugt bzw. nicht erzeugt wurde. Das heißt die Versuchspersonen mit Adrenalininjektionen müßten am stärksten erregt sein und sich am meisten amüsieren, während die Chlorpromazin-Personen genau entgegengesetzt reagieren müßten.

Die Reaktionen auf den Film wurden einerseits dadurch festgestellt, daß man die

Jeder von uns erfährt jeden Tag eine Vielzahl von Gefühlen – von den zartesten bis hin zu den heftigsten.

Partizipanten fragte, wie ihnen der Streifen gefallen habe, und andererseits dadurch, daß man beobachtete, wie oft die Beteiligten lächelten, lachten, vor Lachen brüllten usw. Und genau wie vorhergesagt fanden die Adrenalin-Personen den Film höchst amüsant, während die Chlorpromazin-Personen gegenteilig reagierten. Die Placebo-Personen reagierten eher mit einem Schmunzeln, während einige der Adrenalin-Personen vor Lachen nur so brüllten. Interessant war noch die Tatsache, daß manchen Adrenalin-Personen die Diskrepanz zwischen ihrem tatsächlichen Verhalten und ihren Eindrücken von dem Film durchaus bewußt war.

In den beiden Jahrzehnten, die seit diesen zukunftsweisenden Untersuchungen vergangen sind, ist Schachters und Singers Standpunkt ebenso oft verteidigt wie angegriffen worden. Eine der kritischsten Auseinandersetzungen mit diesem Standpunkt stammt von Gary Marshall und Philip Zimbardo[2] (Stanford University), die im Jahr 1979 eine Nachuntersuchung durchführten. Dabei fanden die beiden Wissenschaftler heraus, daß die Versuchspersonen mit Adrenalininjektionen nicht besser oder positiver reagierten als die Placebo-Personen. Enttäuscht von diesen Ergebnissen, versuchten sie es mit höheren Adrenalindosierungen. Die Personen, die diese höheren Dosierungen verabreicht bekamen, um dann mit jenem »lustigen« Helfer konfrontiert zu werden, ließen in der Tat erkennen, daß sie sich weniger wohl fühlten als die Beteiligten aus den anderen Gruppen. Das aber ist genau das Gegenteil von dem, was Schachter und Singer vorhergesagt hätten.

Wie aber kam es, daß die Partizipanten trotz des adrenalinerzeugten hohen Erregungsniveaus kein gesteigertes Wohlbefinden erlebten? Vielleicht ist es so, daß undefinierte Erregung normalerweise als unangenehm erfahren wird. Denn schließlich werden erhebliche physiologische Erregungsniveaus wesentlich häufiger mit negativen emotionalen Erfahrungen in Verbindung gebracht als mit positiven – universale Ausnahme in diesem Zusammenhang ist die sexuelle Erregung. Und selbst wenn die Teilnehmer, denen Adrenalin gespritzt worden war, sich leicht euphorisch verhielten, so war auch dies mehr ein So-tun-als-ob. Einer der Partizipanten traf ins Schwarze, als er dazu sagte: »Es ist, wie wenn du auf 'ner Party bist, wo alle Leute ihren Spaß haben, nur du hast Kopfweh oder fühlst dich sonstwie deprimiert. Und weil du kein Spielverderber sein willst, versuchst du mitzumachen und mitzulachen, obwohl dir gar nicht danach ist.«

Schachter und Singer gingen von der Hypothese aus, wonach jedem emotionalen Zustand ein physiologischer Zustand entsprechen müsse. Andere Psychologen hingegen haben sich ernstlich gefragt, ob die Dinge wirklich so einfach liegen. So konnte zum Beispiel Daniel Funkenstein die Hypothese erhärten, daß Angst mit einer Ausschüttung von Adrenalin im Körper zusammenhängt, während bei Wut oder Aggression Noradrenalin produziert wird.

Lennart Levi testete Funkensteins These in einer Studie, bei der sich die Versuchspersonen vier Filme ansahen, die unterschiedliche emotionale Reaktionen hervorrufen sollten: *Paths of Glory* (Pfade des Ruhms; ein früher Stanley Kubrick-Film über eine Episode im Ersten Weltkrieg, bei der mehrere französische Soldaten wegen Feigheit vor dem Feind vors Kriegsgericht gestellt und anschließend erschossen wurden, aber nur, um die Unfähigkeit eines Generals zu vertuschen). *Charley's Aunt* (Charley's Tante; eine Verwechslungskomödie, in der der Hauptdarsteller in Frauenkleidern rumläuft, um den Folgen einer vermeintlichen Familientragödie zu entgehen). *Mask of Satan* (Maske des Teufels; ein Horrorfilm, in dem einige grausige Morde vorkommen). Sowie ein neutraler Film mit Szenen aus der Natur.

Die Personen, die sich diese Filme ansahen, wurden bei *Paths of Glory* von Ärger oder Zorn ergriffen, während *Charley's Aunt* Amüsement und *Mask of Satan* Angst erzeugten – also völlig verschiedene Gefühlsreaktionen. Dabei fand man heraus, daß bei allen drei Filmen in etwa die gleiche Adrenalinmenge ausgeschüttet wurde, während dies auf den neutralen Film nicht zutraf. Dieser Befund bestätigt die Ansicht von Schachter und Singer, wonach alle emotionalen Erfahrungen eine gemeinsame physiologische Grundlage haben. (Und was nun Funkensteins eigene Theorie anlangt, so stellte sich leider heraus, daß das ausgeschüttete Noradrenalin bei *Paths of Glory* nicht wesentlich zunahm, während bei *Mask of Satan* eine deutliche Steigerung zu verzeichnen war.)

Eine weitere Möglichkeit, den Beitrag einzuschätzen, den Schachter und Singer zur Erforschung der Gefühlswelt geleistet haben, besteht in der Untersuchung des emotionalen Lebens von paraplegisch oder quadriplegisch Erkrankten, deren Wirbelsäulenverletzungen so schwerwiegend sind, daß sie keine oder fast keine physiologische Erregung mehr kennen. Sollte die Theorie von Schachter und Singer richtig sein, so müßten diese Kranken ein extrem reduziertes Gefühlsleben haben, und das scheint auch der Fall zu sein.

Romantische Liebe

Man ist immer wieder von der Vorstellung ausgegangen, daß man romantische Liebe oder zumindest einen gewissen sexuellen Attraktionseffekt im Labor erzeugen könne, immer vorausgesetzt, daß die Teilnehmer an dem Experiment sexuell erregt werden können und die Möglichkeit haben, ihren Zustand anhand sexueller Begriffe zu interpretieren.

Stuart Valins ging bei dieser Argumentation noch einen Schritt weiter. Er warf die Frage auf, ob sich die Leute überhaupt physiologisch erregen müßten, und ob es nicht möglich sein könnte, daß eine Person auch schon dann angenehme sexuelle Gefühle erlebt, wenn sie sich erregt glaubt.

Valins veranlaßte einige junge Männer, sich Dias von halbnackten *Playboy*-Frauen anzuschauen. Während sie sich dieser Aufgabe unterzogen, vernahmen sie ein verstärktes Pochen, das als ihr Herzschlag ausgegeben wurde. Das war jedoch reiner Schwindel. Dieses »Herzpochen« wurde bei einigen der Dias gleichmäßig gehalten, bei anderen hingegen willkürlich beschleunigt oder verlangsamt. Die halbnackten Damen aber, für die besagtes Herz sozusagen am heftigsten schlug, galten als die attraktivsten.

Valins demonstrierte also, daß sexuelle Attraktion durch eine eingebildete Steigerung oder Veränderung der Erregung verstärkt werden kann. Freilich hat man später herausgefunden, daß angebliche Veränderungen der Herzschlagrate beim Betrachten von nackten Frauen echte Veränderungen dieser Rate bewirken können, weshalb tatsächlich Veränderungen der Erregung nötig sein könnten, um einen sexuellen Attraktionseffekt zu steigern.

Joanne Cantor zeigte einer Anzahl von jungen Männern Ausschnitte aus dem Sexfilm *Naked Under Leather* (Nackt unter Leder), wobei diese Männer unmittelbar oder fünf Minuten vor dem Film ein anstrengendes Körpertraining (Fahrradtreten) hinter sich gebracht hatten. Dabei entdeckte Joanne Cantor, daß die Männer mit dem Fünf-Minuten-Abstand sexuell stärker erregt wurden. Denn unmittelbar nach einem solchen Körpertraining sind die Leute zwar körperlich erregt, doch führen sie diese Erregung auf das Training zurück. Einige Minuten später indes sind die Leute zwar immer noch erregt, doch ist ihnen das nicht bewußt. In dem Cantor-Experiment geschah nun folgendes: die vom Training übriggebliebene Erregung verband sich mit der durch den Film ausgelösten Erregung und führte zu einer gesteigerten sexuellen Reaktion auf den Film.

Diese Untersuchung zeigte, daß eine Erregung, die durch einen bestimmten Faktor der Umwelt erzeugt wird (in unserem Fall das Training) zuweilen einem völlig anderen Faktor (in unserem Fall dem erotischen Film) zugeschrieben werden kann. Der Vorstellung, daß eine sexuelle Erregung durch auf den ersten Blick irrelevante Quellen gespeist werden kann, begegnen wir bereits bei den alten Römern. So empfahl zum Beispiel ein römischer Fachmann in Liebesangelegenheiten den Männern, sie sollten ihre Angebeteten, so sich diese spröde und abweisend verhielten, zu Gladiatorenwettkämpfen mitnehmen, denn der erregende Anblick in der Arena würde die Damen schon bald zur Liebe befeuern.

Viele Kenner der Materie haben sogar behauptet, daß die Erregung, die durch so unangenehme Gefühle wie Angst, Wut oder Frustration erzeugt wird, häufig eine sexuelle Begierde noch steigern kann. Schon Sigmund Freud sagte, daß ein Hindernis nötig sei, um den Fluß der Libido – also die sexuelle Energie – zu seiner vollen Stärke anschwellen zu lassen. Den gleichen Gedanken äußerte in einer nicht ganz so unverblümten Form der griechische Schriftsteller Vassilikos: »Es war

Oben: Eine Filmvorführung eignet sich besonders, um Gefühle zu erzeugen und zu beobachten.

einmal ein kleiner Fisch, der von seiner Körpermitte nach oben ein Vogel war, und dieser Fisch-Vogel war bis über beide Ohren verliebt in einen kleinen Vogel, der von seiner Körpermitte nach oben ein Fisch war. Und der Fisch-Vogel sagte zu dem Vogel-Fisch immer wieder: ›Warum nur sind wir so erschaffen, daß wir unmöglich zusammenkommen können. Du in den Lüften und ich in den Wellen. Oh, was für ein Jammer!‹ Doch der Vogel-Fisch entgegnete: ›Oh nein, was für ein Glück! Denn so werden wir uns immer lieben, weil wir immer getrennt sein werden‹.«

Donald Dutton und Arthur Aron befaßten sich mit der Frage, ob man mit dem Gefühl der Angst eine sexuelle Reaktion steigern könnte. Im Rahmen ihres Versuches kontaktierten attraktive weibliche oder männliche Interviewer verschiedene Männer. Diese Interviews oder Befragungen fanden entweder auf einer stabilen Brücke statt, von der aus es drei Meter in die Tiefe ging, oder aber auf einer eineinhalb Meter breiten und 150 Meter langen Brücke, die bedrohlich schwankte und bebte, so daß man leicht den Eindruck bekam, man könnte gleich die 75 Meter in die Tiefe stürzen und dort auf einem der Felsen zerschmettern. Unsere Versuchsleiter aber gingen von der Annahme aus, daß diese Hängebrücke mehr Angst auslösen würde als die andere Brücke. Der Interviewer bat jeden Mann, eine Geschichte zu erfinden, die auf einem bestimmten Bild basierte, und so entdeckte man, daß die meisten sexuell eingefärbten Reaktionen immer dann erfolgten, wenn der Interviewer eine Frau war und das Interview auf der angsterregenden Hängebrücke stattfand.

Dutton und Aron haben, so scheint es, nachgewiesen, daß eine Erregung, die mit Angst assoziiert wird, als sexuelle Anziehung fehlinterpretiert werden kann, doch dürfte es etwas übertrieben sein zu behaupten, daß die Männer auf der Hängebrücke ihre schwitzenden Hände und zittrigen Knie auf den unwiderstehlichen Charme der interviewenden Frau zurückführten. Wahrscheinlicher ist, daß diese Frau dazu beitrug, die Männer von ihrer gefährlichen Situation abzulenken, und deshalb reagierten sie auf die Frau auch so positiv. Doch könnte es auch so gewesen sein, daß die Männer diese Frau für recht wagemutig hielten und sich daraus Rückschlüsse auf ihr Sexualverhalten erlaubten.

Klinische Aspekte

Die meisten wenn nicht alle Geisteskrankheiten setzen ein erhebliches Ausmaß an emotionaler Gestörtheit voraus. Sollte der theoretische Ansatz von Schachter und Singer in irgendeiner Weise gültig sein, so müßte dies seine Auswirkungen auch auf den klinischen Bereich haben. Man hat, was dieses Problem anlangt, bereits einige vorbereitende Untersuchungen durchgeführt und ein Teil der Ergebnisse war verblüffend.

Stellen wir uns vor, wir hätten mit der Behandlung von Leuten zu tun, die an chronischer Schlaflosigkeit leiden und erzählen, daß sie zum Einschlafen Nacht für Nacht beinahe eine ganze Stunde brauchen. Nun besitzen wir aber einige Zuckerpillen-Placebos, die völlig unschädlich sind. Sollen wir nun den an Schlaflosigkeit Leidenden sagen, daß diese Pillen ihr Erregungsniveau erhöhen oder daß sie es dämpfen und somit zur Entspannung beitragen werden? Unsere erste Reaktion wäre wohl, ihnen sagen zu wollen, daß das Mittel entspannend wirkt.

Aber nehmen wir jetzt einmal an, daß das Problem des an Schlaflosigkeit Leidenden darin besteht, daß er in einem Erregungszustand zu Bett geht, und daß er diese Erregung mit emotional gefärbten Gedanken assoziiert. Wenn er nun ein Mittel nimmt, das diese Erregung angeblich verringern soll, in Wirklichkeit aber ein Placebo ist, dann dürfte er doch wohl denken: »Wenn ich mich so fühle wie eben jetzt, da ein Mittel in mir wirkt, das meine Erregung reduzieren soll, dann muß ich doch in der Tat sehr erregt sein.« Wenn er jedoch ein Placebo nimmt, von dem er glaubt, daß es Erregungssymptome erzeugen kann, so dürfte er einen Großteil seiner Erregung auf eben dieses Mittel zurückführen.

Paradoxerweise können also die an Schlaflosigkeit Leidenden mit einem »entspannenden« Mittel noch größere Einschlafprobleme auf sich ziehen als mit einem »erregenden« Mittel, und genau das haben die Forscher dann auch nachgewiesen.

Ganz oben: Menschen mit schwerwiegenden Rückenmarkverletzungen scheinen die physiologische Wärme ihrer Emotionen eingebüßt zu haben.

Die Personen, die das »erregende« Placebo bekamen, brauchten 20 Prozent weniger Zeit, um einzuschlafen, wohingegen die Personen mit dem »entspannenden« Placebo zum Einschlafen über 40 Prozent mehr Zeit benötigten. Weshalb aber waren die Resultate genau das Gegenteil von der Wirkung, die man in der Regel durch Placebos erzielt? Eine Teilantwort dürfte sein, daß die an Schlaflosigkeit Leidenden mit ihren eigenen Symptomen allzu sehr vertraut sind.

Das gleiche Verfahren hat man im Bereich der Schmerztoleranz angewandt. Personen, die man glauben machte, daß ihre Schmerzerfahrung auf ein Placebo zurückzuführen sei, konnten im Durchschnitt Elektroschocks mit einer Stärke von 1450 Mikroamper vertragen, während die Personen, die den Schmerz auf kein Placebo zurückführen konnten, nur auf 350 Mikroamper kamen. Die erste Gruppe berichtete auch über geringere Schmerzerfahrungen. So seltsam es klingen mag, aber ein Besuch beim Zahnarzt kann weniger unerquicklich ausfallen, wenn der Zahnarzt seinem Patienten ein Mittel verabreicht, von dem dieser annimmt, daß es Schweißausbrüche und helle Panik auslösen wird. Der Patient würde dann diesem Mittel und nicht der Behandlung die Schuld an seinem Unwohlbefinden geben.

Anstatt also Leute sich erregen zu lassen, um sie danach dahin zu bringen, daß sie ihre Erregung als nicht-emotional etikettieren, wäre es doch viel einfacher, die Erregung von Anfang an zu unterbinden. Lazarus hat sich mit eben diesem Ansatz auseinandergesetzt. Bei den Stimuli oder Reizen, die er benutzte, handelte es sich um angsterzeugende Filme; einer dieser Filme zeigte ein Steinzeitritual, bei dem mannbar gewordene Knaben in einem Initiationsritus einen tiefen Schnitt in den Penis bekamen.

Jetzt aber geht's rund! Steigert das Gefühl einer körperlichen Gefahr die sexuelle Empfindung des Menschen?

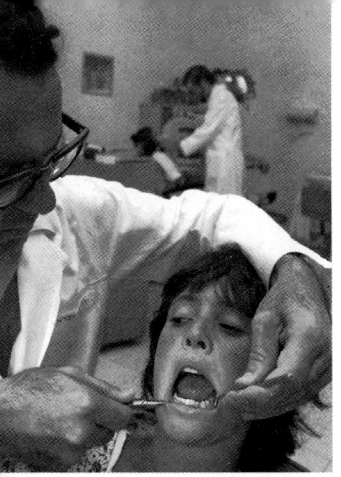

Patienten beim Zahnarzt, denen man einen Klingelknopf für den Fall übergibt, daß der Schmerz unerträglich werden sollte, halten wesentlich mehr Schmerzen aus als Patienten ohne Klingelmöglichkeit. Ist der Grund dafür darin zu suchen, daß das Gefühl, die Situation unter Kontrolle zu haben, der äußersten Schmerzerregung sozusagen die Spitze abbricht?

Die meisten Leute reagierten auf solche Filme mit starker Erregung und großer Angst. Wurden sie jedoch aufgefordert, dieses Steinzeitritual aus der Sicht des Anthropologen zu sehen, der sich mit fremden Bräuchen auseinanderzusetzen hat, so war eine auffällige Verringerung der Erregung und der Angst zu beobachten. So aber scheint es, daß wir mit unangenehmen Situationen, wenn immer möglich, dadurch zu Rande zu kommen versuchen, daß wir sie auf nicht-emotionale Art interpretieren.

Folgerungen

Im großen und ganzen haben Schachter und Singer recht mit ihrer Annahme, daß die wichtigsten Faktoren bei der Erzeugung einer Gefühlserfahrung ein physiologischer Erregungszustand und die emotionale Interpretation der Ursachen dieses Zustandes sind. Und recht haben sie auch, wenn sie behaupten, daß ein ähnlicher physiologischer Erregungszustand auf sehr unterschiedliche subjektive und emotionale Zustände zutreffen kann.

Diese Theorie impliziert auch, daß Leute häufig die Ursache für ihre körperliche Erregung verkennen. Diese Erkenntnis aber könnte wiederum zur besseren und erfolgreicheren Behandlung so mancher Klinikpatienten beitragen.

Trotzdem sollte noch gesagt werden, daß Schachter und Singer einen zum Teil allzu simplen Standpunkt vertreten, der gewisser Modifikationen und Erweiterungen bedarf. Sie hielten sich an die Meinung, wonach ein Erregungszustand eine Interpretation dieses Zustandes auslösen müsse; doch genauso richtig ist die Ansicht, daß, wie Lazarus behauptet, die Art und Weise, in der eine Situation interpretiert wird, umgekehrt auch das Erregungsniveau beeinflussen kann.

Teil D
Wie wir unsere Welt begreifen

Die Art und Weise, wie der Mensch mit seiner Umwelt interagiert, zeigt sich am deutlichsten in dem Geschick und Erfolg, mit denen er diese Umwelt manipuliert. Das ist natürlich der Hauptgrund dafür, daß der *Homo sapiens* zur dominierenden Spezies dieses unseres Planeten geworden ist. Selbst der unintelligenteste Mensch ist noch in der Lage, seine Umgebung in einem solchen Maße zu kontrollieren und zu steuern, daß kein Vertreter welch anderer Spezies auch immer es ihm nachtun könnte. Diese Fähigkeit, unsere Vorstellung in unserer Umwelt zu verwirklichen, dünkt uns derart selbstverständlich, daß wir nicht schlecht erstaunt, ja ziemlich besorgt sind, wenn einem unserer Mitmenschen dieses Vermögen abgeht. In einem solchen Fall gelangen wir zu der Annahme, daß dieser Mensch an einem physischen oder psychischen Defekt leidet, und so vertrauen wir ihn einer Klinik an, in der Hoffnung, daß hier seine Fähigkeiten wiederhergestellt würden.

Psychologen, die zu begreifen versuchen, wie der Mensch Informationen verarbeitet und mit Situationen fertig wird, greifen häufig zu Analogien. So gehen zum Beispiel einige Freudsche Theorien davon aus, daß die »Triebe« des Menschen, der Sexualtrieb mit eingeschlossen, nach einem hydraulischen Prinzip funktionieren. Nehmen wir als Beispiel einen Wasserbehälter, in dem man den Wasserspiegel senkt, was zur Folge hat, daß auch der Druck auf die Wände des Behälters abnimmt. Einem ähnlichen Vorgang begegnen wir bei der sexuellen (oder irgendeiner anderen energiefreisetzenden) Betätigung, bei der die sexuellen Kräfte (oder andere angestaute Kräfte) des Es auf ein erträgliches Niveau reduziert werden.

Eine weitere Analogie, die sich in den letzten Jahren zunehmender Beliebtheit erfreute, ist der Vergleich zwischen dem natürlichen »Datenverarbeitungs-System« des Menschen und dem von Computern. Computer können Informationen über lange Zeit hinweg speichern, eine Fähigkeit, die an das Langzeitgedächtnis des Menschen erinnert. Und manchmal speichern Computer Information nur für kurze Zeit, um mit ihrer Hilfe verschiedene Operationen durchzuführen – ein Vorgang, der der Arbeitsweise des Kurzzeitgedächtnisses ähnelt.

Obwohl diese Analogie sehr beliebt ist, besteht kein vernünftiger Grund zu der Annahme, daß der Mensch wie ein Computer funktioniert. Ein alternativer Denkansatz geht ebenfalls vom Prozeß der Informationsverarbeitung aus, der in mehrere Stadien unterteilt wird – der Weg führt vom Aufmerken zum Wahrnehmen, vom Kurzzeit- ins Langzeitgedächtnis, so daß ein späteres Abrufen der Information möglich wird. Doch auch dieser Denkansatz läßt zu wünschen übrig, denn all diese Prozesse beeinflussen einander auf eine sehr komplexe Weise, so daß die Vorstellung von ebenso gleichförmigen wie gleichbleibenden Abläufen der komplexen Realität nicht gerecht werden kann.

Der Denkansatz, den wir nun vorschlagen, ist um einiges flexibler. Dabei gehen wir von der grundlegenden Annahme aus, daß man das anpassungsfähige Informationsverarbeitungssystem des Menschen am ehesten dadurch begreift, daß man sich mit einigen der Hauptsituationen auseinandersetzt, in denen dieses System offenbar nicht in der Lage ist, mit den gestellten Aufgaben fertigzuwerden.

Normalerweise ist der Mensch hervorragend ausgestattet, um die wichtigsten Informationen in seiner Umwelt von den unwichtigen zu trennen. Das ist jedoch nicht immer der Fall. Ereignet sich zum Beispiel ein Geschehen plötzlich und unerwartet, so gelingt es uns nicht immer, wichtige Einzelheiten dieses Geschehens wahrzunehmen.

Solche Wahrnehmungsdefizite erweisen sich als besonders nachteilig, wenn zum Beispiel ein Verbrechen begangen wird. Kapitel 13 befaßt sich mit Augenzeugenberichten und mit den Schwierigkeiten, denen sich Augenzeugen gegenübersehen,

Wir beherrschen und steuern unsere Umwelt in einem ungewöhnlichen Maße – den dazu erforderlichen Wissensstand haben wir von Generation zu Generation durch unzählige Erfahrungen aus Versuch und Irrtum weitergereicht.

wenn es darum geht, Einzelheiten eines Verbrechens zu rekonstruieren. Die ungenauen oder gar falschen Aussagen von Augenzeugen sind in vielen Fällen eindeutig belegt worden.

Eine überarbeitete Hausfrau oder ein gehetzter Manager erfahren ganz genau, daß es häufig unmöglich ist, zwei Dinge auf einmal zu tun. Aber warum ist das so? Kapitel 14 geht von der Vorstellung aus, daß die Wahrnehmungsmöglichkeiten des Menschen begrenzt sind. So ist es oft ungemein schwierig, in einem Zug auf zwei Dinge zugleich zu achten. Allerdings ist es möglich, die Begrenztheit unseres Aufmerksamkeitsverhaltens zu überwinden, und einige dieser Möglichkeiten werden in Kapitel 15 dargelegt. Je häufiger und je länger man sich ihrer bedient desto besser.

Einer der offenkundigsten Mängel unseres Informationsverarbeitungssystems besteht in unserer Unfähigkeit, zur rechten Zeit die richtigen Dinge zu erinnern. Kapitel 15 setzt sich mit dem Problem des Vergessens (und einigen Gegenmitteln) auseinander. Manche mögen eine große Erleichterung empfinden, wenn sie erfahren, daß ein vollkommenes Erinnerungsvermögen ein so großer Segen nun auch wieder nicht ist. Andererseits hat unser Erinnerungsvermögen Möglichkeiten entwickelt, die dafür sorgen, daß die Nachteile seiner Vergessenstendenz gering gehalten werden.

Kapitel 16 versucht die Geheimnisse der nicht-verbalen Kommunikation zu ergründen, als da sind: Augenkontakt, Lächeln, Stirnrunzeln und Körpersprache überhaupt. Was an dieser nicht-verbalen Kommunikation am meisten überrascht, ist die häufig zu beobachtende Tatsache, daß weder Absender noch Empfänger sich klar bewußt sind, was da vor sich geht! Ungeachtet dieses begrenzten Bewußtseins ist es jedoch meistens so, daß nicht-verbale Signale auf eine äußerst sensible Weise benutzt werden und hervorragend aufeinander abgestimmt sind.

Die meisten Menschen verhalten sich gerne so, daß Verhaltensweisen und Einstellungen miteinander übereinstimmen: Der fromme Mensch zum Beispiel geht in die Kirche; der Weiße, der rassistisch denkt, hat keine farbigen Freunde. Trotzdem kommt es häufig zu heftigen Konflikten zwischen dem, was die Leute tun, und dem, was sie denken. Das gilt zum Beispiel für den Raucher, der fortfährt zu rauchen, obwohl er weiß, daß dies seine Gesundheit beeinträchtigen kann. Derartige Konflikte können den Menschen stark belasten, und ihre Lösung kann sich äußerst schwierig gestalten. Leon Festinger hat in diesem Zusammenhang von einer »kognitiven Dissonanz« gesprochen, und er hat nachgewiesen, daß Leute, die sich im Zustand einer solchen Dissonanz befinden, häufig seltsame und unvorhersehbare Veränderungen ihrer Einstellungen erleben. Festingers Arbeit auf diesem Gebiet wird in Kapitel 17 behandelt.

Die Botschaft der in diesem Teil des Buches vereinigten Kapitel dürfte wohl sein, daß wir mit unserer Umwelt zwar recht gut zurechtkommen, was indes nicht hindert, daß wir alle fehlbar sind und fehlbar bleiben.

Obgleich die Menschheit Hunderttausende von Sprachen und Dialekten entwickelt hat, um Informationen auszutauschen, sind die nicht-verbalen Signale doch nach wie vor sehr zuverlässige Führer zu unseren Gefühlen.

13 Können wir erinnern, was wir wahrnehmen?

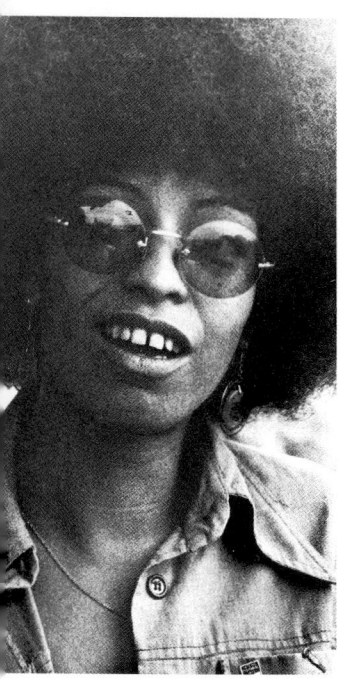

Angela Davis, Kämpferin für die Bürgerrechte der Schwarzen. Waren die Zeugen im Strafverfahren gegen sie voreingenommen?

Man hat den Psychologen mit einem Mann verglichen, der unter einer Straßenlaterne nach seiner Brieftasche sucht, obwohl er genau mitbekommen hat, daß der Dieb diese Brieftasche längst ins dunkle Parkgebüsch geworfen hat; der gute Mann sucht deshalb im Lichtschein der Laterne, weil er »dort besser sehen kann«. Leben die Psychologen nun wirklich in einem Elfenbeinturm, um dort ebenso einfache wie sinnlose Experimente durchzuführen, die am Ende nichts bringen, was von irgendeiner praktischen Bedeutung wäre?

Einer der frühesten Versuche, die engen Grenzen des Labors zu überschreiten und psychologisches Wissen auch außerhalb zu sammeln, wurde kurz nach der Jahrhundertwende von dem Deutschen Hugo Münsterberg unternommen. Dieser Mann interessierte sich für die Bedeutung der Psychologie im Bereich der Beweisaufnahme vor Gericht, und seine Untersuchungen ergaben, daß Augenzeugenberichte häufig sehr unzuverlässig sein können. Was Münsterberg beunruhigte, war die Möglichkeit, daß manche Leute nur deshalb zu Gefängnisstrafen verurteilt werden könnten, weil einer oder mehrere Zeugen sich falsch erinnerten.

Obwohl die Psychologie nun auch auf diesem Gebiet Fortschritte erzielte, sollte sich später trotzdem herausstellen, daß die einschlägigen Forschungsergebnisse, was die Praxis der Rechtsprechung bzw. die Zulässigkeit von Beweismaterial und Zeugenaussagen anlangt, nicht sonderlich zum Tragen kamen. Und daß die derzeitige Debatte offenbar zwischen Schwerhörigen oder gar Tauben geführt wird, geht aus dem 1976 veröffentlichten Devlin Report zu Fragen der Identifizierung von Personen im Bereich der Verbrechensbekämpfung hervor. Dieser Report setzte sich auch damit auseinander, inwieweit die Psychologie den strafverfolgenden Behörden mit neuen Erkenntnissen an die Hand gehen könnte. Ein Auszug aus besagtem Bericht lautet folgendermaßen: »Wie wir erfahren haben, besteht eine Kluft zwischen der wissenschaftlichen Forschung, die sich mit den Geistesfähigkeiten des Menschen befaßt, und den praktischen Erfordernissen, denen wir in der Rechtsprechung begegnen, und so scheint das Stadium noch nicht erreicht worden zu sein, in dem die Resultate der psychologischen Forschung in einem solchen Maße anerkannt und auf die Bedürfnisse der juristischen Praxis zugeschnitten werden, daß sie die Grundlage bildeten für eine Veränderung der Prozeßordnung.« Ist diese pessimistische Einstellung zu dem Beitrag, den die Psychologie zur Rechtsprechung leisten könnte, gerechtfertigt?

Um diese Frage zu beantworten, müssen wir uns den Prozessen der Wahrnehmung und Erinnerung selbst zuwenden, denn sie sind es, die eine Augenzeugenschaft erst möglich machen.[1] Eine verbreitete Ansicht behauptet, daß Wahrnehmung und Erinnerung einen Kopierprozeß beinhalten. Doch gibt es heute bereits viele Psychologen, die die Meinung vertreten, daß es äußerst irreführend sei, die Wahrnehmungs- und Behaltensprozesse des Menschen als bloße Kopierprozesse anzusehen. Diese Wissenschaftler betrachten die Wahrnehmung lieber als einen aktiven und konstruktiven Prozeß, bei dem es nicht nur um die Informationen geht, die aus der Außenwelt kommen, sondern auch um persönliche Einstellungen, Ansichten und Beweggründe.

Ganz offensichtlich beinhaltet diese Theorie die Ansicht, daß der Wahrnehmungsprozeß häufig an systematischen, wenn auch unbewußten Verzerrungen leidet. Um die Vermutung, wonach die Leute eher sehen, was sie sehen wollen, als was tatsächlich passiert – um also diese Vermutung bestätigt zu bekommen, brauchen wir uns nur am Samstagnachmittag auf den Fußballplatz zu begeben. Bekommt einer der Fußballspieler die gelbe Karte gezeigt, so wird dies von seiner Mannschaft und seinen Anhängern als mehr denn ungerecht empfunden, während

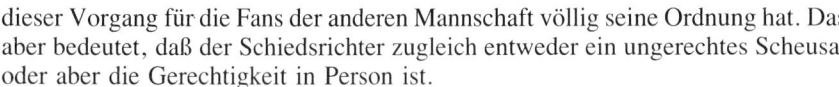

dieser Vorgang für die Fans der anderen Mannschaft völlig seine Ordnung hat. Das aber bedeutet, daß der Schiedsrichter zugleich entweder ein ungerechtes Scheusal oder aber die Gerechtigkeit in Person ist.

Schlüsselexperiment: Entstellte Zeugenaussagen
(Elizabeth Loftus und John Palmer)

Elizabet Loftus und John Palmer[2] von der University of Washington befaßten sich mit der Frage, ob das Erinnerungsvermögen eines Augenzeugen, der einen Unfall oder ein Verbrechen miterlebt hat, nicht durch nachträgliche Informationen beeinträchtigt werden könnte. Um diese Frage zu beantworten, führten sie Anfang der siebziger Jahre zwei Experimente durch. Im Rahmen des ersten Experiments bekamen die Versuchspersonen sieben verschiedene Filme vorgeführt, von denen jeder einen Verkehrsunfall zeigte. Danach mußten sie zu jedem der Unfälle eine Reihe von Fragen beantworten. Diejenigen, die die Frage »Wie schnell fuhren die Autos, als sie ineinanderkrachten?« zu beantworten hatten, schätzten die Geschwindigkeiten durchwegs höher ein als die Personen, die die gleiche Frage mit dem einzigen Unterschied gestellt bekamen, daß das Verb »ineinanderkrachen« durch Verben wie »kollidieren«, »zusammenstoßen« usw. ersetzt wurde. Tatsächlich lag die geschätzte Durchschnittsgeschwindigkeit um etwa 15 Stundenkilometer höher, wenn das Verb »ineinanderkrachen« benutzt wurde. Die *tatsächliche* Geschwindigkeit der an den Unfällen beteiligten Autos stand in einem beinahe schon irrealen Verhältnis zu den geschätzten Geschwindigkeiten: die durchschnittliche geschätzte Geschwindigkeit betrug 60 Stundenkilometer bei einem tatsächlich gefilmten Zusammenstoß mit 65 Stundenkilometer, aber ebenso 60 Stundenkilometer, wenn der Film einen Unfall bei 32 Stundenkilometer gezeigt hatte.

   Diese Befunde lassen klar erkennen, daß unser Erinnerungsvermögen nicht eben phänomenal ist und sehr leicht einem entstellenden Effekt zum Opfer fallen kann. Noch gründlicher belegt wurde diese Entdeckung durch das zweite Experiment, in dem die Versuchspersonen einen kurzen Film sahen, der einen Unfall mit mehreren beteiligten Autos zeigte. In diesem Film fuhr der erste Wagen nach rechts in eine Vorfahrtstraße hinein, und zwar so, daß die von links kommenden Autos plötzlich bremsen mußten: das Ergebnis waren mehrere Auffahrunfälle. Als der Film zu Ende war, beantworteten die Versuchspersonen eine Reihe von Fragen, die alle mit

Links: Eine Menschenschlange an der Bushaltestelle. Wie lange haben die Leute gewartet? Ihre Antwort hinge vermutlich davon ab, wie sehr sie sich in dieser Situation langweilten und ärgerten.

Oben: Ein lediglich vorbeifahrendes oder ein vorbeirasendes Auto? Zeugenaussagen über Vorfälle, die zu Unfällen führen, erweisen sich oft als fragwürdig.

Die Ergebnisse eines Experiments zur Erinnerungsfähigkeit.
Oben sehen wir ein unvollständiges Dreieck kurz nach der entsprechenden Darbietung korrekt gezeichnet; darunter dasselbe Dreieck ein bzw. zwei Monate später aus der Erinnerung. Wie jeder sehen kann, nähern sich die späteren Dreiecke der üblichen Vorstellung von einem Dreieck an.

dem Unfall zu tun hatten. Eine dieser Fragen lautete: »Wie schnell fuhren die Autos, als sie ineinanderkrachten?« Eine andere Frage bediente sich wieder einer etwas gewählteren Sprache. Wie bei dem vorausgegangenen Experiment fielen die geschätzten Durchschnittswerte bei der harten Frageformulierung höher aus als bei der vorsichtigeren Wortwahl.

Eine Woche später kamen alle Versuchspersonen wieder und beantworteten eine Reihe von Fragen, die mit dem gleichen Unfall zu tun hatten, ohne freilich den Film noch einmal zu sehen. Eine dieser Fragen lautete: »Haben Sie irgendwelche Glasscherben gesehen?« Von den Versuchspersonen, die in der Woche davor nach »ineinandergekrachten« Autos gefragt worden waren, erklärten 32 Prozent, daß sie Glasscherben gesehen hätten, während der entsprechende Wert bei der Gruppe, die lediglich über eine »Kollision« befragt worden war, nur 14 Prozent betrug. Da aber in dem Unfallfilm überhaupt keine Glasscherben vorgekommen waren, dürfte man logischerweise folgern, daß die Art der Fragestellung selbst schon den Augenzeugen veranlassen kann, Einzelheiten zu »erinnern«, die gar nicht vorgekommen waren.

Sich überlappende Informationen

Wie versuchten Loftus und Palmer ihre Befunde zu begründen? Im Grunde, so argumentierten sie, gelangten immer zwei Arten von Informationen in das Gehirn der Person, die Augenzeuge eines Unfalls oder Verbrechens wird. Die erste Information entsteht durch die Wahrnehmung des ursprünglichen Ereignisses, während die zweite Information durch nachfolgende Kommunikation mit der Umwelt zustande kommt. Und wenn nun die Zeit vergeht, gehen auch diese beiden Informationen ineinander auf, so daß die beiden Informationsquellen schließlich nicht mehr auseinanderzuhalten sind. Ein weiterer Grund für diese Vermischung ist in der Tatsache zu suchen, daß der Mensch nur über ein Gedächtnis verfügt.

Natürlich wissen die Juristen, die in der Rechtsprechung tätig sind, sehr wohl über einige der Schwierigkeiten Bescheid, die durch die Art der Fragestellung während eines Prozesses entstehen können. Fragen, die durch ihre Form oder ihren Inhalt bereits eine gewisse Antwort suggerieren sollten, werden vor Gericht als »Fangfragen« bezeichnet. In den meisten Ländern gibt es Gesetze, die solche Fragen vor Gericht schlichtweg verbieten.

Trotz solcher Vorsichtsmaßnahmen besteht nach wie vor die Gefahr, daß die Erinnerungen eines Zeugen systematisch entstellt werden, sei es nun durch Gespräche mit anderen Zeugen oder durch Verhöre, die lange vor der Gerichtsverhandlung von der Polizei vorgenommen wurden. Nur geringfügige Änderungen im Wortlaut der Fragen können erhebliche Auswirkungen nach sich ziehen. Ein Beispiel hierzu ist ein weiteres Gedächtnis-Experiment, das Elizabeth Loftus und Guido Zanni durchführten. Der bei diesem Experiment vorgeführte Film zeigte einen kleinen Unfall, an dem ein Autofahrer beteiligt war, der aus einer engen Parklücke auf einem Supermarkt-Parkplatz ausparkte und dabei eine Fußgängerin übersah, die eine große Gemüsetüte vor sich hertrug. Nach dieser Vorführung bekamen die Zuschauer Fragen über Gegenstände gestellt, die in dem Film gar nicht vorgekommen waren. Diejenigen Personen, die Fragen mit einem bestimmten Artikel darin gestellt bekamen (»Haben Sie die Flasche gesehen?«), antworteten dreimal so häufig mit Ja als jene Personen, für die dieselbe Frage mit einem unbestimmten Artikel versehen wurde (»Haben Sie eine Flasche gesehen?«).

Transfer von Erinnerungen

Bei ihren weiteren Forschungsarbeiten untersuchte Elizabeth Loftus den sogenannten »unbewußten Transfer«. Zu einem solchen Transfer kommt es zum Beispiel dann, wenn eine Person, die bei einer Handlung beobachtet wird, mit einer anderen Person, die bei einer anderen Handlung beobachtet worden ist, verwechselt wird. Bei einem Fall aus der Wirklichkeit wurde ein Fahrkartenverkäufer überfallen und beraubt. Konfrontiert mit einer Reihe von Leuten, glaubte er einen Seemann als den Täter zu erkennen. Dieser jedoch hatte ein einwandfreies Alibi. Erst später stellte sich heraus, daß der Seemann vor diesem Raubüberfall bei dem Fahrkartenverkäufer zu drei verschiedenen Gelegenheiten Tickets gekauft hatte. Mit anderen Worten, der Fahrkartenverkäufer brachte zwei Dinge durcheinander: vertraut mit dem Gesicht des Seemanns, brachte er dieses mit dem Raubüberfall in Verbindung, obwohl der Schlüssel hätte lauten sollen: Dreimal an den Mann Fahrkarten verkauft.

Bei einem weiteren Experiment zum unbewußten Transfer führte Elizabeth Loftus den Versuchspersonen eine auf Tonband gesprochene Geschichte vor, die von mehreren Studenten handelte, und jeder dieser Studenten wurde, wenn er in der Geschichte auftrat, mit einem Dia vorgestellt. Die Geschichte selbst ging folgendermaßen: Steve Kent schleuderte einen gewichtigen Briefbeschwerer nach seinem Kommilitonen Fisher und traf diesen am Hinterkopf; bei einem der Augenzeugen (in der Geschichte) handelte es sich um Robert Dirks, der mit einem kleinen braunen Hut gezeigt wurde. Ungefähr eine Stunde später stellte man den Versuchspersonen eine von zwei Fragen. Entweder man fragte sie, ob denn der »Kerl mit dem Hut«, der den Briefbeschwerer nach Fisher schleuderte, davongerannt sei, oder aber man stellte die gleiche Frage, mit dem einzigen Unterschied, daß die Worte »mit dem Hut« wegfielen.

Drei Tage später sollten die Versuchspersonen mittels der Dias den Schuldigen herausfinden. 58 Prozent von denjenigen, denen die Fangfrage mit dem Hut gestellt worden war, entdeckten den richtigen Schuldigen, und 24 Prozent suchten sich den Mann mit dem Hut aus, obwohl dieser nur Augenzeuge gewesen war. Bei der Gruppe, welche die Frage ohne suggestives Beiwerk gestellt bekommen hatte, waren es 80 Prozent, die den richtigen Täter erkannten, während nur sechs Prozent auf den Mann mit dem Hut verfielen.

Das Erinnern der Vorgänge bei einem Verbrechen

Jeder weiß, wer das ist. Aber bleibt das auch so, wenn wir nur einen von den vier Hinweisen fortnehmen?

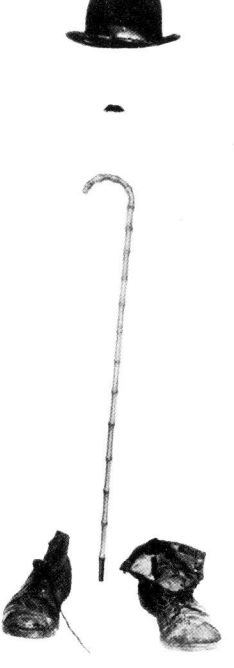

Die Tatsache, daß die Wahrnehmung eines so komplexen Ereignisses, wie es ein Verbrechen ist, durch frühere Erfahrungen des Augenzeugen, aber auch durch dessen Einstellungen, Überzeugungen und Erwartungen beeinflußt werden kann, wurde in den zwanziger Jahren durch Gordon Allport von der Harvard University klar belegt. Alles, was Allport tat, war, daß er eine Reihe von Leuten bat, sich kurz mal eine Zeichnung anzusehen, die einige Menschen in der U-Bahn darstellte. Unter diesen waren ein Schwarzer und ein Weißer, die nahe beieinander standen. Und ungeachtet der Tatsache, daß es der Weiße war, der das Rasiermesser zum Halsdurchschneiden in der Hand hielt, erklärten fast 50 Prozent von Allports Versuchspersonen, daß sie das Rasiermesser in der Hand des Schwarzen gesehen hätten. Zu ergänzen wäre noch, daß zu jener Zeit viele weiße Amerikaner das Rasiermesser als ein Symbol für schwarze Gewalttätigkeit betrachteten.

Die eindeutige Botschaft, die uns von der Allport-Studie vermittelt wird, lautet, daß die Leute dazu neigen, genau das zu sehen, was sie zu sehen erwarten. Dieser Vorgang oder diese Einstellung ist seither viele Male nachgewiesen worden. Die beiden bekannten amerikanischen Forscher Jerome S. Bruner und Leo Postman von der Harvard University zeigten mehreren Versuchspersonen einige Sekunden lang ein Kartenspiel und baten sie anschließend, die Anzahl von Pik-Assen, die sie gesehen hatten, zu nennen. Die meisten Personen erklärten, sie hätten drei Pik-Asse gesehen, obgleich es insgesamt fünf waren – wobei allerdings zwei rote darunter waren, also in einer für Pik nicht gebräuchlichen Farbe.

Andererseits begegnen wir in Laborstudien häufig Leuten, die sich in bezug auf visuelle Informationen durch ein hervorragendes Gedächtnis auszeichnen. So hat man zum Beispiel in einer amerikanischen Untersuchung herausgefunden, daß Versuchspersonen, die 2500 Fotos von unvertrauten Gemälden, Szenen und Ereignissen jeweils nur ein paar Sekunden lang gezeigt bekamen, in der Lage waren, 90 Prozent dieser gewaltigen Ansammlung wiederzuerkennen. Und selbst bei 10000 Fotos belief sich der entsprechende Anteil immer noch auf 86 Prozent.

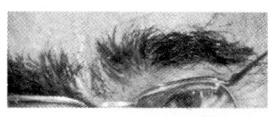

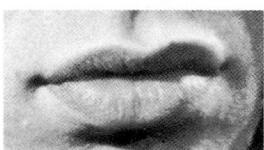

Nur einzelne Hinweise! Mehr dazu auf der folgenden Seite unten.

Im Gegensatz zu diesen Laboruntersuchungen ist jedoch das Merk- oder Erinnerungsvermögen von Leuten in inszenierten Situationen häufig ziemlich dürftig. Wir meinen Situationen, in denen Schauspieler so tun, als stählen sie einander die Brieftasche, als griffen sie einander an usw. Weshalb aber weichen die Resultate in diesen beiden Arten von Umgebungen so stark voneinander ab? Die Antwort kann nur lauten, daß die Umstände völlig anders geartet sind.

Ein Punkt, der häufig übersehen wird, ist, daß die Leute dazu neigen, den Aspekten eines Ereignisses oder einer Person vermehrte Aufmerksamkeit zu schenken, die sie interessant finden. Peter Powers von der University of Washington hat dieses Phänomen untersucht. In seiner Studie betrachteten die Versuchspersonen eine Reihe von Dias. Diese zeigten einen Mann und eine Frau, die einen Parkplatz überquerten und dabei zwei Leute bemerkten, die offensichtlich miteinander rauften. Der Mann mischte sich ein, um die beiden Kampfhähne voneinander zu trennen, während die Frau loslief, um telefonisch Hilfe herbeizurufen. Die weiblichen Versuchspersonen bewiesen eine genauere Beobachtungsgabe, wenn es um die Beschreibung des Aussehens und der Handlungen der weiblichen Hauptperson ging, während die männlichen Personen bessere Informationen über den Mann und einen in der Nähe stehenden Wagen liefern konnten.

Man hat auch die Auswirkungen von Angst auf das Erinnerungsvermögen untersucht – zum Beispiel aufgrund von Polizeiberichten, die nach den Angaben von Augenzeugen sofort nach Eintreffen der Polizei am Tatort erstellt wurden. Typisch an diesen Berichten war, daß sie zwar einen allgemeinen Eindruck von dem Angreifer vermittelten, ohne jedoch zum Beispiel seine Haar- oder Augenfarbe zu nennen. Allgemein gesagt wurden die Berichte um so unvollständiger, je mehr Angst das begangene Verbrechen auslöste. Das heißt eine Vergewaltigung oder ein Attentat beeinträchtigte die Genauigkeit des Berichterstatters stärker als ein bloßer Überfall. Und ohne Ansehen der Art des Verbrechens war zu beobachten, daß unverletzte Opfer eine vollständigere Beschreibung des Täters lieferten als verletzte Opfer.

Wenn Augenzeugen meinen, sie erlebten eben ein schlimmes Verbrechen, so richten sie ihr Augenmerk auf nur einen wesentlichen Aspekt des ganzen Geschehens (zum Beispiel auf die Gesichtszüge des Verbrechers). Und genau deshalb kann es unfair sein, wenn die Aussagen eines Zeugen im Kreuzverhör vor Gericht aufgrund einiger weniger Mängel insgesamt in Frage gestellt werden.

Wer war der Täter?

Der Augenzeuge muß dann entscheidende Arbeit leisten, wenn es darum geht, anhand von Fahndungsfotos oder im Rahmen einer Gegenüberstellung den Täter zu benennen. Dabei ist es wichtig, daß die Leute, die bei dem Fotoset oder bei der Gegenüberstellung mit von der Partie sind, dem Verdächtigen ziemlich ähnlich sind. Wenn Übereinstimmung darüber herrscht, daß es sich bei dem Verbrecher um einen großgewachsenen Schwarzen gehandelt hat, ist es sinnlos, eine Gegenüberstellung zu inszenieren, die einen großen Schwarzen und mehrere kleine Weiße umfaßt.

Es gibt einige aus dem Leben gegriffene Beispiele für solch unsinnige Vorgehensweisen. So hat man im Falle der militanten schwarzen Aktivistin Angela Davis einen Set von neun Fotografien benutzt, darunter drei Davis-Fotos, die sie bei einer Demonstration zeigen, zwei Polizeifotos von anderen Frauen, ein Foto von einer 55jährigen Frau usw. Dieses kleine Album aber war so beschaffen, daß jeder Betrachter auf der Stelle fünf von den neun Fotos als indiskutabel aussondern konnte. So daß die Wahrscheinlichkeit, ein Davis-Bild zu wählen, mindestens 75 Prozent betrug!

Robert Buckhout erklärte, daß eine Tendenz bei der Verwendung solcher Fotos in der stillschweigenden Annahme bestehe, daß der Augenzeuge dazu da sei, den Verdächtigen eindeutig zu benennen. Mit anderen Worten: die Polizei übt – sei es nun gewollt oder ungewollt – einen nicht-verbalen Druck auf den Augenzeugen aus. Buckhout inszenierte auf dem Campus der California State University eine Art

Drei Fotos vom selben Mann: Ilich Ramirez Sanchez alias »Carlos«, der Anführer des Terroristenüberfalls auf die OPEC-Minister in Wien im Dezember 1975. Vermischte man diese Fotos mit zwei Dutzend anderen, wer könnte dann noch sicher sein, daß er eben diese drei als Aufnahmen von ein und derselben Person erkennen würde?

Seite 135: Die Augenbrauen gehören zu Leonid Breschnew, der Mund zu Mick Jagger.

Überfall, bei dem ein scheinbar gestörter Student im Beisein von 141 Zeugen einen Professor attackierte. Eine zweite Person, die genauso alt war wie dieser Student, fungierte als Zuschauer. Nach diesem Zwischenfall wurden die Augenzeugen gebeten, unter sechs Fotos den Täter herauszusuchen. Die nicht-tendenziöse Fotosammlung bediente sich äquivalenter Fotos von allen Verdächtigen, während der tendenziöse Fotoset den Verdächtigen mit anderem Gesichtsausdruck zeigte und in einem Winkel zu den übrigen Fotos angeordnet war. Die Augenzeugen bekamen eine von zwei Informationen – entweder eine vorurteilslose Frage (»Erkennen Sie jemanden auf diesen Fotos?«) oder aber eine tendenziöse Feststellung (»Den Schuldigen finden Sie auf einem dieser Fotos«). Unter dem Eindruck der Tendenz tippten mehr Augenzeugen auf den Schuldigen als in der vorurteilsfreien Situation. Diese Augenzeugen waren auch stärker davon überzeugt, daß sie in ihrem Urteil recht hatten.

Bei seinen weiteren Untersuchungen hat Buckhout nachgewiesen, daß Augenzeugen in der Regel das Gefühl haben, sie müßten ganz einfach den Schuldigen herausfinden, und sei es nur, damit die Kriminalbeamten nicht das Gefühl hätten, ihre Zeit zu vergeuden. 52 Studenten erlebten in ihrem Unterrichtsraum einen Brieftaschendiebstahl. Danach fand eine Gegenüberstellung statt – jeder Student wurde mit zwei Gruppen zu je fünf Personen konfrontiert. In der einen Gruppe befand sich der Brieftaschendieb, in der anderen eine Person, die diesem ähnelte. 80 Prozent der Zeugen suchten sich einen Verdächtigen aus, obgleich die meisten von ihnen auf den falschen tippten. 14 Zeugen identifizierten den Täter bei der einen Gegenüberstellung, doch die Hälfte von ihnen machte diesen Erfolg zunichte, indem sie bei der zweiten Gegenüberstellung die Person identifizierte, die dem Täter lediglich ähnelte. Sieben weitere Augenzeugen tippten lediglich auf die ähnliche Person, 18 selegierten eine unschuldige Person, die dem Täter nicht einmal ähnelte, und drei gingen so weit, zwei unschuldige Personen zu selegieren, von denen weder die eine noch die andere dem Täter ähnelte.

Bei Erkennungsprozessen anhand von Fotomaterial neigen wir dazu, manche Information besser zu erinnern als andere. So hat wahrscheinlich jeder von uns schon die Erfahrung gemacht, daß er ein Gesicht zwar kennt, ohne aber zu wissen, wo er es »hintun« soll. Das geschieht in der Regel dann, wenn wir einen Menschen immer nur in dem einen Rahmen erleben, um ihn dann eines Tages in einer völlig anderen Umgebung zu bemerken. Der Fernsehstar beim Gemüsehändler oder der bekannte Politiker im Vergnügungsviertel ist ein hervorragendes Beispiel für dieses Phänomen. In einem weiteren Experiment bekamen Studenten Fotos von 25 Gesichtern dargeboten, die alle in einem ganz bestimmten Zimmer aufgenommen worden waren. Und mit weiteren 25 Fotos wurden die Versuchspersonen zwei Stunden später konfrontiert; diese Fotos aber waren in einem völlig anderen Raum geknipst worden. Danach machte man einen Test, bei dem sich herausstellte, daß 96 Prozent der Versuchspersonen auf die richtigen Gesichter tippten, während die meisten Personen nicht genau sagen konnten, in welchem Raum sie die Gesichter gesehen hatten. Dieses Unvermögen, sich an die Umstände zu erinnern, unter denen man dieses oder jenes Gesicht gesehen hat, kann sich besonders unglückselig auswirken, wenn die Augenzeugen eines Verbrechens einem der Verdächtigen schon unter anderen Umständen begegnet sind.

Bei der richtigen Identifizierung von Gesichtern mit Hilfe von Fahndungsfotos spielt natürlich auch das Aussehen des Verdächtigen eine Rolle. Sieht der Mann auf dem Foto dem Mann zur Zeit des Verbrechens sehr ähnlich oder nicht? Bei einer britischen Untersuchung wurden 91 Prozent der Gesichter richtig erkannt, wenn zwischen erster Betrachtung und Identifizierungstest keine Änderung vorgenommen wurde. Doch sank die Prozentzahl auf 82, wenn man Körperhaltung und Gesichtsausdruck änderte, und auf 45 sank sie, wenn den Gesichtern durch Entfernung von Bart oder Brille oder durch veränderte Frisur ein anderes Aussehen gegeben wurde. So daß also die Verbrecher, die sich mit falschen Bärten und dunklen Sonnenbrillen ausstaffieren, offenbar ein intuitives Einfühlungsvermögen in einige Prinzipien der Psychologie haben!

Die Polizei bedient sich häufig nicht nur der Fotomethode, sondern auch der Methode der Gegenüberstellung, um eine Identifizierung wirklich abzusichern. Dabei können äußerst merkwürdige Dinge geschehen. So hat es zum Beispiel eine Untersuchung gegeben, bei der ein Verbrechen inszeniert wurde. Danach zeigte man den Augenzeugen eine Reihe Fotos, und als dies geschehen war, konfrontierte man sie mit einer Reihe von Verdächtigen. Die entscheidende Erkenntnis bei diesem Versuch bestand darin, daß jede Person, die auf einem Foto gezeigt worden war, bei der Lebend-Konfrontation Gefahr lief, als der Täter identifiziert zu werden!

Ein weiteres Problem ist der ungewollte (oder vielleicht sogar gewollte) tendenziöse Einfluß, den der Polizeibeamte bewirkt, welcher die Identifizierung aufgrund von Fotos oder mittels Gegenüberstellung organisiert. Wenn dieser Beamte weiß, wer der Hauptverdächtige ist, kann er dieses Wissen durch minimal veränderten Gesichtsausdruck an den Zeugen, der den Verdächtigen gerade mustert, weiterleiten. Diese Art von Voreingenommenheit kann sogar, wie man entdeckt hat, das Verhalten von Ratten beeinflussen. Studenten, denen man gesagt hat, daß sie hochintelligente Ratten bekommen, finden in der Regel, daß ihre Tiere die gestellten Labyrinthaufgaben sehr rasch lösen, während die entsprechenden Reaktionen bei Studenten mit angeblich dummen Tieren gegenteilig ausfallen, obwohl die Ratten völlig nach dem Zufallsprinzip ausgeteilt wurden. Nun kann es aber durchaus sein, daß Menschen auf derart indirekte Hinweisreize sensibler reagieren als Ratten.

Der Augenzeuge – ein riskanter Faktor?

Manche Psychologen neigen – ohne dies gründlich belegen zu können – zu der Ansicht, daß Richter und Geschworene Zeugen häufig für viel zuverlässiger halten als diese tatsächlich sind. In der Tat gibt es aber einige Gründe zu der Annahme, daß Augenzeugen nicht ganz so fehlbar sind wie Psychologen gern glauben möchten. In mancherlei Hinsicht unterscheiden sich inszenierte Verbrechen ganz erheblich von echten Verbrechen. Versuchspersonen, die an Experimenten teilnehmen, wissen zum Zeitpunkt des Identifizierungstests fast immer, daß das Verbrechen inszeniert worden war, so daß es ihnen vermutlich gar nichts ausmacht, wenn sie mit dem Finger auf einen Unschuldigen zeigen. Im Leben selbst zeichnen sich Kriminelle häufig durch hervorstechende Wesenszüge aus, wohingegen der Forscher bei seinen Versuchen häufig große Mühe darauf verwendet, daß seine »Kriminellen« keine ins Auge fallenden Eigenschaften aufweisen. Und schließlich ist es doch so, daß die Kriminalbeamten ihr Augenmerk in der Regel auf die Zeugen richten, die den Anschein erwecken, als könnten sie eine positive Identifizierung leisten, während der Forscher beinahe immer alle seine Augenzeugen um Identifizierungsversuche bittet. Diese Unterschiede zwischen Laborbedingungen und Bedingungen im wirklichen Leben können bedeuten, daß echte Augenzeugen doch nicht so sehr zu Irrtümern neigen wie man manchmal angenommen hat.

Obgleich es wahrscheinlich keine Möglichkeit gibt, künftige Augenzeugen dahingehend zu beeinflussen, daß sie sich stärker auf die einzelnen Vorgänge bei einer verbrecherischen Handlung konzentrieren, könnte man vielleicht doch mit Hilfe von Hypnose eine verbesserte Gedächtnisleistung erzielen. So hat sich zum Beispiel die israelische Polizei in einem beträchtlichen Maße der Hypnose bedient. In einem einzigen Jahr wurden 17 Verhaftungen vorgenommen, und zwar alle aufgrund von Erkenntnissen, die unter Hypnose zutage gefördert wurden. Es ist noch nicht völlig klar, weshalb das Hypnoseverfahren so erfolgreich sein soll. Doch können wir schon zumindest eines sagen, daß nämlich der Mensch unter normalen Bedingungen mit einem Teil seiner Aufmerksamkeit seine Umgebung nach möglichen wesentlichen Informationsquellen absucht. Unter Hypnose aber gibt er diese Suche auf, so daß sich sein inneres Augenmerk auf die zu lösende Aufgabe (das heißt eine verbrecherische Handlung erinnern) konzentrieren kann.

Das Hauptaugenmerk bei der Verbesserung von Zeugenaussagen sollte jedoch in die Richtung gehen, daß die Erinnerungen an die Details des fraglichen Verbrechens nicht durch spätere Vorgänge verfälscht werden. Die Polizei sollte ihre Verhöre völlig neutral halten und niemals – sei es nun direkt oder indirekt – den Eindruck erwecken, daß gewisse Ereignisse tatsächlich stattgefunden haben. Und wenn Versuche unternommen werden, einen Verdächtigen, sei es nun mit Hilfe eines Fotosets oder aufgrund von Gegenüberstellungen, zu identifizieren, so sollte die Person, die dieses Unternehmen leitet, von dem ganzen Fall überhaupt keine Ahnung haben. Dadurch kann das gravierende Moment der Voreingenommenheit einigermaßen ausgeschaltet werden. Und den Augenzeugen sollte eingeschärft werden, daß sie nur dann jemanden identifizieren dürften, wenn sie unbedingt sicher seien, daß es sich um die richtige Person handelt; und wenn sie überhaupt niemanden identifizierten, so sei auch dies völlig in Ordnung. Und schließlich sollte die Verteidigung ein Videoband von der Gegenüberstellung oder Kopien des Fotosets zur Identifizierung des Tatverdächtigen bekommen, damit auch sie diesen Teil des Prozesses auf eine mögliche Voreingenommenheit hin überprüfen kann.

Folgerungen

Berichte von Augenzeugen können als ungemein wichtige Informationsquellen dienen, doch sollte man dabei niemals vergessen, daß die Details eines Verbrechens häufig nur sehr ungenau erinnert werden. Die einfache Befragung des Zeugen kann, wenn sie nicht mit äußerster Behutsamkeit durchgeführt wird, zu einer tiefgreifenden Verzerrung der erinnerten Details führen, so daß die Zeugenaussage nahezu wertlos wird. Und um weitere Entstellungen hinsichtlich der erinnerten Vorgänge zu vermeiden, sollten die Identifizierungsverfahren ohne jegliche Voreingenommenheit durchgeführt werden. Und wenn die Rechtsprechung mehr auf die Psychologen hörte und alle Anstrengungen unternommen würden, um entstellte Erinnerungen zu vermeiden, dann könnten die Berichte von Augenzeugen im Rahmen von Gerichtsverfahren zu einer wesentlichen verläßlicheren Beweisquelle werden.

14 Zwei Dinge auf einmal tun

Es ist eine alltägliche Erfahrung, die uns lehrt, daß wir überraschend gut sein können, wenn es darum geht, zwei Dinge auf einmal zu tun. So können zum Beispiel die meisten Leute gleichzeitig autofahren und sich unterhalten oder arbeiten und dabei ein Liedchen pfeifen. Andererseits gibt es einige ganz einfache Dinge, bei denen es uns schwerfällt, sie gleichzeitig zu tun, so etwas wenn wir uns an den Kopf klopfen und uns zur gleichen Zeit den Bauch zu reiben. Wenn wir uns nicht wirklich konzentrieren, reiben wir uns entweder den Kopf oder wir klopfen uns an den Bauch oder wir tun beides zugleich! Und bitten Sie einmal einen Freund auf einem Spaziergang, er soll doch mal schnell 24 mit 17 multiplizieren. Falls dieser Freund kein mathematisches Genie ist, wird er vermutlich stehenbleiben müssen, um nun sein ganzes Augenmerk auf diese Kopfrechnung zu richten.

Wenn wir darüber nachdenken, könnten wir folgern, daß wir uns immer nur einer Sache widmen können, doch als im 19. Jahrhundert der Philosoph und Psychologe William James über dieses Problem nachdachte, gelangte er zu einer etwas komplizierteren Aussage: »Wenn also mit der ursprünglichen Frage, wieviele Ideen oder Dinge wir auf einmal denken bzw. tun können, gemeint sein soll, wieviele völlig voneinander losgetrennte Systeme oder Wahrnehmungsprozesse gleichzeitig stattfinden können, so müßte die Antwort lauten: schwerlich mehr als ein solcher Prozeß; sind jedoch diese Prozesse stark habituell, so können es zwei, ja sogar drei sein, ohne daß die Aufmerksamkeit stark oszillieren müßte.« Wie wir noch sehen werden, war dies von William James recht scharfsinnig gedacht.

Die Leute unterscheiden sich, was ihr Vermögen, zwei Dinge auf einmal zu tun, anlangt, in einem hohen Maße. Eine Person mit entsprechend langer Praxis kann sich zu einer Ein-Mann-Band oder aber zu einem Simultandolmetscher entwickeln, wobei letzterer eine Äußerung in der einen Sprache mitverfolgt und diese gleichzeitig in die andere Sprache übersetzt. Im allgemeinen erwarten wir vermutlich von

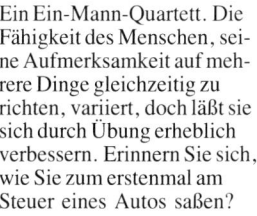

Ein Ein-Mann-Quartett. Die Fähigkeit des Menschen, seine Aufmerksamkeit auf mehrere Dinge gleichzeitig zu richten, variiert, doch läßt sie sich durch Übung erheblich verbessern. Erinnern Sie sich, wie Sie zum erstenmal am Steuer eines Autos saßen?

den intelligenteren Leuten, daß sie im Zwei-Dinge-auf-einmal-Tun sehr gut sind. Das meinte wahrscheinlich Lyndon B. Johnson, der ehemalige amerikanische Präsident, als er über Gerald Ford sagte, dieser Mann sei einfach nicht in der Lage, zur gleichen Zeit einen Kaugummi zu kauen und einen Furz zu lassen. Diese Bemerkung hat man häufig dadurch herabzumildern versucht, daß man anstelle von »einen Furz zu lassen« »einen Schritt zu gehen« setzte, was jedoch die Sache für Gerald Ford auch nicht schmeichelhafter machte.

Einer der ersten systematischen Versuche, das menschliche Aufmerksamkeitsverhalten und seine Leistungen zu erforschen, wurde vor fast 30 Jahren von dem englischen Wissenschaftler Colin Cherry unternommen. Seine bahnbrechenden Untersuchungen dienten so manchen späteren Forschungsarbeiten als Ausgangsbasis.

Schlüsselexperiment: Das »Cocktail-Party-Problem« (E. Colin Cherry)

Anfang der fünfziger Jahre arbeitete Colin Cherry in einem Labor am Massachusetts Institute of Technology in den USA. Wofür sich Cherry ganz besonders interessierte, war das sogenannte »Cocktail-Party-Problem«. Cocktail Parties können viele Probleme mit sich bringen, doch Cherry ging nur ein einziges Problem durch den Kopf: er fragte sich, wie es die Leute schaffen, ein ganz bestimmtes Gespräch mitzuverfolgen, obwohl um sie herum viele Gespräche im Gange sind.[1]

Ein Erklärungsversuch bezieht sich auf die Tatsache, daß jedes Gespräch ein anderes Thema hat, und daß es der Bedeutungsinhalt des Gespräches ist, dementsprechend wir uns einschalten. Natürlich gelangen auf einer Cocktail Party die verschiedenen Gespräche aus verschiedenen Richtungen zu uns, und da sich auch die Stimmen der Leute voneinander unterscheiden, gibt es noch weitere Möglichkeiten, um die Fähigkeit des Menschen zu erklären, sich selektiv auf das zu konzentrieren, was eine ganz bestimmte Person sagt. Cherry eliminierte diese anderen Faktoren, indem er seinen Versuchspersonen eine Tonbandaufnahme vorspielte, die zwei voneinander verschiedene Botschaften enthielt, welche aber von ein und derselben Person gesprochen wurden.

Seine Versuchspersonen berichteten, daß es äußerst schwierig gewesen sei, nur eine der Botschaften genau mitzuverfolgen und die andere zu ignorieren, und manchmal schlossen die Leute die Augen, um sich besser konzentrieren zu können. Zwar gelang es ihnen am Ende stets, den genauen Sinn der Botschaft herauszufinden, doch mußten ihnen manche Sätze bis zu 20mal vorgespielt werden. Mit anderen Worten, die Leute auf einer Cocktail Party bedienen sich *nicht* ihrer Konzentration auf einen Bedeutungsinhalt, um mit der Informationsüberflutung, der sie ausgesetzt sind, fertigzuwerden.

Doch wenn sie sich nicht der Bedeutungsinhalte als Anhaltspunkte bedienen, wie gehen sie dann vor? Cherry meinte, daß möglicherweise die Richtung, aus der das angepeilte Gespräch kommt, von entscheidender Bedeutung sei. Er testete diese Hypothese, indem er seine Versuchspersonen mit Kopfhörern versah und danach eine Botschaft in ihr linkes und eine andere Botschaft in ihr rechtes Ohr einspeiste. Obgleich die beiden Botschaften von der gleichen Stimme gesprochen wurden, hatten die Versuchspersonen keine Probleme, wenn es darum ging, sich die eine Botschaft anzuhören und die andere derweil auszuschalten. So könnte also die Tatsache, daß sich die verschiedenen Gesprächsteilnehmer auf einer Cocktail Party räumlich verschieden orten lassen, entscheidend zur Lösung des Cocktail-Party-Problems beitragen.

Während also in jedes Ohr je eine Botschaft hineingelangte, wurden die Versuchspersonen instruiert, sie sollten eine dieser Botschaften während des Zuhörens wiederholen – diesen Vorgang nennt man übrigens die Botschaft »beschatten« *(shadowing)*. Diese Beschattung hinkte leicht hinter der Botschaft einher, und die Versuchspersonen sprachen in einer sehr monotonen Stimme, obgleich sie sich dessen nicht bewußt waren.

Cherrys wichtigste Entdeckung basierte auf diesem Beschattungsverfahren. Er

Oben: Eine Party-Situation – das Ohr lauscht, das Auge wandert. – *Rechts:* Auch bei dieser Frau geht es um unterschiedliche auditive und visuelle Reize. Die Manschetten, die sie trägt, messen den Pulsschlag, der wiederum ein Maßstab dafür ist, wie sich die Aufmerksamkeit zwischen Gesehenem und Gehörtem verteilt.

fand nämlich heraus, daß die Versuchspersonen über die nicht-beschattete Botschaft erstaunlich wenig Bescheid wußten. Erfolgte diese Botschaft in einer anderen Sprache und wurden die Versuchspersonen gefragt, welche Sprache am nichtbeschatteten Ohr gesprochen worden sei, so sagten sie, das wüßten sie nicht, aber es sei doch wohl Englisch gewesen. Bestand aber die nicht-beschattete Botschaft aus rückwärts gesprochener Sprache, so berichteten einige der Versuchspersonen, daß da »irgendwas komisch dran gewesen ist«, doch behaupteten die meisten, auch auf diesem Kanal sei normales Englisch gesprochen worden. Doch selbst wenn die nicht-beschattete Botschaft in Englisch war, konnten sich die Versuchspersonen unmittelbar nach dem Anhören des Bandes an *kein einziges* der gesprochenen Wörter oder Sätze erinnern. Wurde die nicht-beschattete Botschaft jedoch nicht mehr von einer männlichen, sondern von einer weiblichen Stimme gesprochen oder spielte man einfach einen reinen Ton und sonst nichts, so waren diese Veränderungen so offenkundig, daß die Versuchspersonen auf sie aufmerksam wurden.

Geteilte Aufmerksamkeit

Cherrys Befunde wurden von vielen Leuten als ein Beweis dafür angesehen, daß wir uns zu einem Zeitpunkt wirklich nur um eine einzige Sache kümmern können, denn nur ein sehr geringer Teil der dem nicht-beschatteten Ohr vorgespielten Information schien irgendeinen Eindruck zu hinterlassen. Trotzdem wäre es falsch zu behaupten, daß das Ohr, welches die nicht-beschattete Botschaft empfängt, gar nichts höre. Den ausgeklügelten Nachweis dafür brachte Zelniker, indem er sich des »verzögerten auditiven Feedback« bediente, bei dem die Person das, was sie sagt, Sekundenbruchteile später noch einmal hört.

Als die Zuhörer die Botschaft aus dem einen Ohr wiederholten, nahm Zelniker ihre Stimmen auf Tonband auf und spielte sie mit einer geringfügigen Verzögerung dem anderen Ohr vor. Wenn dieses Ohr nun völlig inaktiv bliebe, könnte die Beschattung ungestört weiterlaufen. Doch wie sich herausstellte, begannen die Zuhörer etwas zu stottern, und ihr Stottern war immerhin so auffällig, daß die nicht-beschattete Botschaft, das konnte man daraus schließen, wohl ebenfalls beachtet worden war.

Ein wichtiger zusätzlicher Faktor, der beachtet werden muß, läßt sich ziemlich direkt nachweisen. Versuchen Sie sich zunächst ein auditives Bild (zum Beispiel von den Geräuschen eines Zuges oder eines Musikinstruments) zu machen und danach ein visuelles Bild (sagen wir: vom Gesicht einer Person oder von einem Tier). Dabei entdecken Sie, daß es nützlich ist, beim visuellen Bild die Augen zu schließen, während das auditive Bild kein solches Verhalten erfordert. Weshalb fällt es uns leicht, unsere unmittelbare Umgebung, während wir uns ein Geräusch vorstellen, auch weiterhin zu betrachten, wohingegen unser unmittelbares Sehen und unsere visuelle Vorstellung nur unter Schwierigkeiten miteinander zu kombinieren sind? Die Antwort dürfte die sein, daß sich der Mensch zwei Tätigkeiten gleichzeitig um so leichter widmen kann, je unähnlicher sich diese Tätigkeiten sind, da in diesem Fall zwei verschiedene Hirnbereiche in das Tun einbezogen sind.

Was Cherry vielleicht wirklich gezeigt hat, ist die Tatsache, daß ein Zuhörer nicht zwei einander sehr ähnliche Tätigkeiten zugleich ausführen kann. Doch was würde passieren, wenn die Beschattung einer auditiven Botschaft kombiniert würde mit dem Betrachten einer Reihe von Bildern? Cherry versuchte auch dies, und entdeckte, daß seine Versuchspersonen später noch 90 Prozent der Bilder erinnerten! Anders ausgedrückt heißt das, daß es durchaus möglich ist, zwei Tätigkeiten zugleich auszuführen, selbst dann, wenn es sich bei der einen um die schwierige Aufgabe handelt, eine auditive Botschaft zu beschatten.

Mit zwei visuellen Bildern gleichzeitig umzugehen scheint übrigens ebenso schwierig zu sein wie gleichzeitige Handhabung zweier auditiver Botschaften. Paul Kolers von der University of Toronto baute sich eine Art Kopfbedeckung, die es ihm mittels eines Spiegels ermöglichte, die Welt vor sich und die hinter sich zugleich zu sehen. Und er berichtete, es sei ziemlich einfach gewesen, sich auf das

eine Sehfeld zu konzentrieren, während das andere einfach zu verschwinden schien.

Ulric Neisser und Robert Becklen setzten sich auf eine systematischere Weise mit diesem Phänomen auseinander. Sie benutzten zwei Videobänder, die sie ihren Versuchspersonen auf unterschiedliche Weise vorspielten. Entweder sie legten das eine Band über das andere und spielten die beiden Bänder auf diese Weise beiden Augen ihrer Versuchspersonen vor, oder jedes Auge bekam nur ein Band vorgespielt. In beiden Fällen war es für die Versuchspersonen ein Leichtes, das Geschehen auf dem einen oder dem anderen Videoband mitzuverfolgen. Einfacher war es, wenn jedes Auge ein anderes Videoband vorgespielt bekam – das unerwünschte Bandgeschehen verschwand dann ganz einfach. Wurden beide Bänder beiden Augen vorgespielt, so war den Zuschauern stets bewußt, daß »da noch was anderes lief«. Versuchten sich die Zuschauer mit beiden Bändern gleichzeitig zu beschäftigen, so entdeckten sie, daß dies so gut wie unmöglich war. Doch etwas leichter fiel ihnen diese Aufgabe, wenn die Bänder beiden Augen vorgespielt wurden.

Lernen, zwei Dinge auf einmal zu tun

Angesichts der bis jetzt gesichteten Befunde dürfte es einem unwahrscheinlich vorkommen, wenn eine Person einen Text läse und diesen auch verstünde und gleichzeitig den Text eines Diktats mitschriebe (wenn Sie die Schwierigkeit dieses Unterfangens anzweifeln, dann versuchen Sie's doch mal). Wie dem auch sei, Ulric Neisser und seine Mitarbeiter Elizabeth Spelke und William Hirst beschlossen, die beiden Studenten John und Diane dahingehend zu trainieren, daß diese am Ende zwei Tätigkeiten gleichzeitig ausführen konnten.

Ganz oben: Eines der erstaunlichen Talente, die beim Häkeln lesen oder beim Lesen häkeln.

Oben: Versuchen Sie mal Tennis mit der falschen Hand zu spielen – und Sie werden rasch entdecken, daß dieser Sport mehr ist als nur hinter dem Ball herzulaufen.

Als John und Diane zum erstenmal versuchten, Kurzgeschichten von verschiedenen Autoren zu lesen und gleichzeitig ein Diktat niederzuschreiben, nahm ihre Lesegeschwindigkeit sehr rasch ab und ihre Handschrift während des Diktats war viel schlechter als sonst. Doch nach 30 Stunden Training gelang es ihnen, Lesen und Diktat auf eine sehr effektive Weise miteinander zu kombinieren.

Die Untersuchung der oben genannten Wissenschaftler hat vor allem gezeigt, daß sich die Fähigkeit, zwei Tätigkeiten gleichzeitig auszuführen, durch langfristiges Training entscheidend verbessern läßt. John und Diane zum Beispiel absolvierten insgesamt über 80 Lektionen, bis sie ihr endgültiges Niveau an Kombinationsfähigkeit erreichten. Dieses Ergebnis wird erhärtet durch das bekannte Beispiel von Autofahrern, die sich während des Fahrens unterhalten, ein Kunststück, das sehr viel Erfahrung voraussetzt, soll die sichere Fahrleistung nicht beeinträchtigt werden.

Auch in Colin Cherrys Experiment hat sich gezeigt, daß Training eine entscheidende Rolle spielt, wenn es darum geht, eine von zwei zusammen dargebotenen Botschaften zu beschatten. Anfängern gelingt es in der Regel nur, vier Prozent der Schlüssel-Items zu erkennen, die zusammen mit der nicht-beschatteten Botschaft präsentiert werden. Neville Moray allerdings brachte es auf 83 Prozent – freilich erst nachdem er hunderte, wenn nicht gar tausende Stunden an Beschattungs-Experimenten teilgenommen hatte.

Übung machte auch den Meister bei zwei kürzlich durchgeführten Demonstrationen, die sich mit der Fähigkeit, zwei Dinge zugleich zu tun, auseinandersetzten. Einige hervorragende Pianisten zeigten sich in der Lage, ihnen unvertraute Musik vom Blatt zu spielen, während man ihnen aus einem Buch Texte vorlas, die sie im Beschattungsverfahren nachzusprechen hatten, wobei das Klavierspiel und die Beschattungstätigkeit die Qualität aufwiesen, die sie gehabt hätten, wenn sie einzeln für sich ausgeführt worden wären.

Der Grund dafür, daß sich eine Tätigkeit (zum Beispiel Schreibmaschineschreiben oder Klavierspielen) ohne weiteres mit einer anderen kombinieren läßt, ist darin zu suchen, daß weniger Aufmerksamkeit erforderlich ist, um eine geübte Fertigkeit auszuführen.

Nehmen wir einmal an, Sie machten, zusammen mit einem geübten Langstrecken-läufer, einen Tausendmeterlauf, und nehmen wir weiterhin an, daß dieser Mann so freundlich ist, sich Ihrer Geschwindigkeit anzupassen, so daß Sie beide genau die gleiche Zeit brauchen, um besagte Strecke zurückzulegen. Würde das bedeuten, daß Sie gleich gute Läufer sind? Wohl kaum, denn Sie selbst wären ganz rot im Gesicht, würden entsetzlich schwitzen und nach Luft schnappend im Gras liegen, während sich Ihr Kollege noch in bester Kondition befände. Anders ausgedrückt hieße das, daß Sie beide die gleiche Strecke zwar mit der gleichen Geschwindigkeit zurücklegten, daß Sie selbst jedoch wesentlich mehr an Kraftreserven aufwenden mußten als Ihr Mitläufer. Und wenn Sie nun den Versuch noch einmal machten, mit dem einzigen Unterschied, daß Sie sich beide zu diesem Zweck schwere Armeestie-fel anzögen, so würde sich herausstellen, daß sich die Geschwindigkeit Ihres Mitläufers nur geringfügig verringern würde, während Sie selbst gar nicht erst zu laufen anfangen bräuchten.

Es wäre also sehr irreführend anzunehmen, daß zwei Personen, die eine Aufgabe genauso gut bewältigen, dieses Leistungsniveau mit dem gleichen Kraftaufwand erreichen.[2] Bei Aufgaben, die eine erhöhte Aufmerksamkeit oder Konzentration erfordern, müssen manche Leute erheblich mehr Aufmerksamkeit aufbringen als andere, obwohl die erbrachte Leistung am Ende die gleiche ist.

Ivor Brown vom Applied Psychology Research Unit in Cambridge (England) setzte diese Vorstellungen im Rahmen eines sehr praktischen Problems um. Eine große Anzahl von Männern machten einen Busfahrerkurs mit dem Ziel, später für die Öffentlichen Verkehrsbetriebe zu arbeiten. Dabei war es nicht möglich, die Fahrleistung während der Ausbildung als Kriterium dafür zu nehmen, welche unter den Leuten für den Beruf des Busfahrers geeignet und welche ungeeignet sein würden, denn es waren keine offenkundigen Leistungsunterschiede zu beobachten zwischen denjenigen, die die Prüfung später bestanden und jenen, die sie nicht bestanden.

Browns einfallsreiche Lösung für dieses Problem bestand darin, daß er, während die Männer fuhren, alle paar Sekunden einen Set von acht Informationseinheiten vorlas. Jeder dieser Sets war wie der vorausgegangene, mit dem einzigen Unter-schied, daß sich eine der Informationseinheiten verändert hatte. Diese Informa-tionseinheit galt es herauszufinden. Dabei stellte sich heraus, daß die Fahrschüler, die später die Prüfung bestanden, bei jener Aufgabe fast doppelt so gut abschnitten als die Schüler, die durchfielen. Das aber bedeutet, daß die erfolglosen Schüler erheblich mehr Anstrengung und Aufmerksamkeit ins Fahren investieren mußten, und genau deshalb waren sie nicht in der Lage, noch zusätzlich Aufgaben zu lösen.

Die gleiche Methode benutzte man bei einem Vergleich zwischen zwei Flugzeugarmaturenbrettern. Dabei ging es um die Frage, was besser sei – das konventionelle Armaturenbrett oder ein Armaturenbrett, dessen Funktionsweise auf einer Kathodenstrahlröhre basierte und das verstärkt bildlich arbeitete. Die Beantwortung dieser Frage erwies sich deshalb als schwierig, weil die Piloten an beiden Armaturenbrettern gleiche Leistungen zeigten. Doch als man sie auffor-derte, gleichzeitig von einem separaten Bildschirm Informationsbits abzulesen, nahmen die Fehler an der konventionellen Armatur zu, während die Leistung an dem neuartigen Armaturenbrett gleich hoch blieb. Und da dieses Armaturenbrett geringere Anforderungen an die Aufmerksamkeit des Piloten stellte, fiel die Wahl auf dieses System.

Ein weiteres interessantes Beispiel für die Verwendung einer zweiten Aufgabe zur Überprüfung der Aufmerksamkeitsleistung bei einer ersten Aufgabe stammt aus dem Bereich der Testsimulation. Getestet werden sollte das X 15 Raketenflugzeug. Der Pilot erzielte in allen Phasen des simulierten Flugs befriedigende Ergebnisse. Trotzdem fragte man sich, ob ein noch stärker automatisiertes System nicht weniger ermüden würde. Der entsprechende Test sah so aus, daß der Pilot während des simulierten Fluges ein periodisch aufleuchtendes Licht ausknipsen mußte. Die Leistung des Piloten hinsichtlich dieser zusätzlichen Aufgabe ließ erkennen, daß das stärker automatisierte System dem Piloten weniger Aufmerksamkeit abforderte

Die Armaturen in Flugzeugen sind so konstruiert, daß der Pilot in kritischen Situationen von keiner wichtigen Anzeige abgelenkt wird.

Sie selbst treten vom Bordstein herunter, und der Fahrer des sich nähernden Autos telefoniert gerade mit seinem Börsenmakler oder er hört *La Traviata*. In beiden Fällen erhöht sich das Verkehrsrisiko für Sie und andere Passanten.

– das galt vor allem für die kritische Phase des Abschusses vom Mutterflugzeug, für die Phase des Brennschlusses und für die Zeit des Wiedereintretens in die Erdatmosphäre. Solche Befunde führten zu einer Reihe von Verbesserungen an der X 15.

Die gleichzeitige Ausführung von zwei Tätigkeiten kann zu Problemen führen, die uns vermutlich noch gar nicht ganz klar geworden sind. Ein Beispiel sind die Funksprechgeräte, mit denen immer mehr Straßenfahrzeuge ausgerüstet werden. Ivor Brown fragte sich, ob die Betätigung des Funksprechgeräts das Autofahren nicht negativ beeinflussen könnte. Daher entwickelte er einige simulierte Fahrtests, bei denen der Fahrer durch mehrere Lücken hindurchsteuern mußte – die einen waren gerade groß genug und die anderen etwas zu klein, um hindurchzukommen. Diese Tests ergaben, daß die Fahrer, die zugleich ihr Funksprechgerät benutzten, stärker dazu neigten, ihr Kraftfahrzeug durch die zu engen Lücken zu steuern.

In diesem Zusammenhang stellt sich natürlich wieder einmal die Frage, ob es denn ratsam sei, beim Autofahren auch noch Radio zu hören. Die meisten Autofahrer glauben, daß der Rundfunk im Auto ihr Fahren verbessere – Schläfrigkeit aber auch Monotonie würden dadurch überwunden. Trotzdem hat man herausgefunden, daß Bremsen, Schalten und Kuppeln durch besonders interessante Radiosendungen häufig beeinträchtigt werden.

Der Grund dafür, warum sich diese beiden Tätigkeiten dennoch in der Regel unter einen Hut bringen lassen, ist gewiß darin zu suchen, daß Autofahren und Radiohören zwei verschiedene Sinnesorgane, nämlich Gesicht und Gehör, mit Beschlag belegen.

Angst und Aufmerksamkeit

Wie wir alle wissen, wirkt sich Angst häufig auf eine Leistung störend aus; das gilt vor allem unter Streßbedingungen. Überzeugend nachgewiesen wurde dieser Sachverhalt durch Mitchell Berkun von der Abteilung für Humanforschung der United States Army Leadership. Man packte bei einem dieser Versuche frische Rekruten in ein Flugzeug, wo man ihnen den massiven Eindruck vermittelte, daß der Flieger eine Bruchlandung machen würde. Das Flugzeug kippte zur Seite, eines der Triebwerke setzte aus, und die Rekruten entdeckten unten auf dem Flugplatz Feuerwehrautos und Krankenwagen. Der Pilot kündigte an, daß das Fahrwerk nicht richtig funktionieren würde, und so müßten sie denn notlanden. Die entsetzten Passagiere legten ein nur sehr geringes Vermögen an den Tag, Details der Rettungsprozeduren mitzuverfolgen, und ihr Gedächtnis erwies sich, verglichen mit dem von Rekruten in normaler Situation, als nur halb so leistungsfähig.

Gershon Weltman von der University of California sperrte Studenten-Freiwillige in eine Unterdruckkammer und vermittelte ihnen den Eindruck, man habe die Kammer im Wasser 20 Meter tief hinuntergelassen – mit ein wenig Erfindergabe (fremdartige Zischgeräusche, dazu die falsche Anzeige auf einem manipulierten Druckmesser und dergleichen mehr) ließ sich dies leicht bewerkstelligen. Das klaustrophobische Empfinden, in einem kleinen Raum eingesperrt zu sein, die Befürchtung, der Tiefdruckkrankheit zum Opfer zu fallen und die Sorge, die Rettungsgeräte könnten versagen, all diese Dinge erzeugten ein gewisses Quantum an Angst. In der Zeit, in der sich diese Unterdruckkammer 20 Meter tief im Wasser befand, bekamen die Freiwilligen die Aufgabe gestellt, in Ringen kleine Lücken zu entdecken. Darüber hinaus hatte man im unteren rechten Teil der Tauchermaske eine Lichtquelle angebracht, und die zusätzliche Aufgabe der Versuchspersonen bestand darin, auch das Aufleuchten dieses Lichts zu registrieren.

Weltman entdeckte, daß durch den Angsteffekt die Genauigkeit bei der Lösung der Hauptaufgabe nicht beeinträchtigt wurde. Das kam ziemlich unerwartet. Eine plausible Antwort könnte die sein, daß die Freiwilligen den negativen Einfluß der Angst auf ihre Leistung dadurch kompensierten, daß sie ihr Aufmerksamkeitsvermögen stärker einsetzten als sonst. Dr. Samuel Johnson könnte schon im Jahr 1777 ähnliches gedacht haben, als er bemerkte: »Seien Sie versichert, Sir, daß, wenn ein Mensch weiß, er wird in vierzehn Tagen gehenkt werden, dies seinem Geist ein ganz wunderbares Konzentrationsvermögen beschert.«

Da diese verängstigten Versuchspersonen in ihrer Hauptaufgabe vermutlich die meisten Energien investierten, durfte man annehmen, daß die Nebenaufgabe, das Aufleuchten jenes Lichtes zu registrieren, mit geringerer Sicherheit gelöst würde. Diese Vermutung erwies sich als richtig: die Nebenaufgabe hatte unter diesen angsterzeugenden Bedingungen Lösungswerte zu verzeichnen, die um die Hälfte schlechter waren als unter normalen Umständen.

Was kann der Mensch nun tun, um die unerwünschten Auswirkungen von Angst auf Aufmerksamkeit und Leistung zu unterbinden? Es gibt einiges Material, das erstaunlicherweise evident macht, daß der Körper Mechanismen entwickeln kann, die mit solchen Situationen fertigwerden. Wir haben es hier mit einer Frage der Praxis zu tun: der Mensch kann seine Angst vor und nach Bewältigung der Hauptaufgabe entweder einschränken oder verdrängen, so daß seine Leistung nicht beeinträchtigt wird.

Folgerungen

Es gibt keine einfache Antwort auf die Frage, ob wir zwei Dinge auf einmal tun können. Unterscheiden sich zwei Tätigkeiten stark voneinander und sind sie hinreichend geübt worden, so überrascht es in vielen Fällen, wie effektiv man sie kombinieren kann. Ähneln sie jedoch einander und sind sie nicht geübt worden, so ist es in der Regel unmöglich, beide gleichzeitig auszuführen.

Es ist nicht immer leicht festzustellen, wieviel Aufmerksamkeit eine Person einer Aufgabe widmet. Um davon eine Vorstellung zu bekommen, können wir dieser Person eine zweite Aufgabe stellen, die sie zur selben Zeit wie die erste lösen muß. Und je schlechter die Lösung der zweiten Aufgabe ausfällt, desto mehr Aufmerksamkeit und sonstige Energien benötigt die Person zur Bewältigung der ersten Aufgabe.

Eines der äußersten Lebensgefühle. Und eine Menge Zeit, um sich auf dem Weg nach unten zu amüsieren.

15 Weshalb wir vergessen

An der Wichtigkeit des Erinnerungsvermögens[1] besteht wohl kein Zweifel; ohne dieses Vermögen würde uns die ganze Welt so neu und überraschend vorkommen wie einem eben geborenen Säugling. Doch die meisten Leute, die man nach ihrem Gedächtnis fragt, antworten in der Regel als erstes, daß es um diese ihre Fähigkeit ziemlich schlecht bestellt sei.

Ist es wirklich wahr, daß das Gedächtnis des Menschen so unzulänglich ist? Eine recht schwierig zu beantwortende Frage. Zumal das Gedächtnis sicherlich so manche beeindruckende Leistung vollbringt, die wir für selbstverständlich halten. Und wenn wir etwas vergessen, so kann sich das zu einer sehr schmerzlichen und peinlichen Erfahrung auswachsen. Das Vergessen von Geburts- und Jahrestagen, das Vergessen der Pointe eines Witzes oder des Namens eines Menschen sind bekannte Beispiele. Vor einigen Jahren besuchte die englische Königsfamilie mehrere lateinamerikanische Länder. Als die Familie auf einem der Flughäfen im Begriff war abzureisen, entdeckte einer aus der abschiedwinkenden Menschenmenge mit einem mulmigen Gefühl im Magen, daß er ja zum Reise-Hofstaat gehörte und ebenfalls an Bord hätte gehen sollen!

Schlüsselexperiment: Reizabhängiges Vergessen (Endel Tulving und Joseph Psotka)

Der in Estland geborene und heute in Kanada lebende und arbeitende Psychologe Endel Tulving hat möglicherweise die Vergessensprozesse gründlicher durchleuchtet als irgend jemand anders.[2] Er hat aufgezeigt, daß wir zu jedem gegebenen Zeitpunkt immer nur ein Ereignis denken oder erinnern können, womit er sagen wollte, daß das Gedächtnis äußerst selektiv arbeitet. Wie aber wird dieses eine Ereignis selegiert? Der Philosoph Henri Bergson gab auf diese Frage eine Antwort, mit der auch Tulving einverstanden ist: »Wir schleppen hinter uns ahnungslos unsere ganze Vergangenheit einher«, schrieb Bergson, »doch unsere Erinnerungen ergießen sich in die Gegenwart lediglich als eine seltsame Ansammlung oder als das, was in mancher Hinsicht unsere gegenwärtige Situation vervollständigt.«

Für Tulving geht daraus hervor, daß die Erinnerung an ein Ereignis von zwei Dingen abhängt, die beide wesentlicher Bestandteil des ganzen Prozesses sind: Zum einen gibt es da die Erinnerungsspur, die eine oder vielleicht mehrere Informationen über jenes Ereignis enthält, und zum anderen ist schon in der unmittelbaren Situation etwas gegeben, was uns an besagtes Ereignis erinnert (Tulving nennt dies den »Abrufreiz«). Manchmal hat dieser Psychologe die Art, in der sich diese beiden Bestandteile zu einer Erinnerung zusammenschließen, mit dem Prozeß verglichen, in dem Sperma und Ei sich zur Entstehung eines Kindes zusammentun.

So gibt es also zwei Hauptgründe für den Prozeß des Vergessens: entweder hat sich die Erinnerungsspur verwischt oder ist ganz untergegangen, oder aber die Gegenwart weiß mit keinem geeigneten Abrufreiz aufzuwarten, der den Erinnerungsvorgang auslösen könnte. Die Behauptung, wonach wir Dinge deshalb vergessen, weil die entsprechende Erinnerungsspur in unserem Gehirn verblaßt ist, klingt zwar recht vernünftig, doch sieht die Sache in vielen Fällen anders aus. So entdecken zum Beispiel die meisten Leute, daß ihre Kindheitserinnerungen im Lauf der Jahre schwächer werden. Ist die Ursache hierfür beim Verblassen von Erinnerungsspuren zu suchen? Wir melden Zweifel an. Denn wenn diese Leute in die Straßen und zu den Spielplätzen zurückkehren, wo sie ihre Kindheit verbrachten, dann sind sie oft ganz erstaunt, weil sie plötzlich von Erinnerungen geradezu

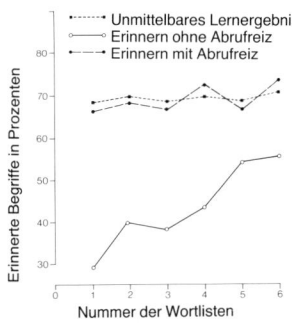

Abbildung 1. Wichtig sind die Abrufreize: ein Vergleich zwischen dem Erinnern mit und ohne Abrufreiz (Tulving und Psotka, 1971).

Je seltsamer der Zusammenhang zwischen einzelnen Informationsteilchen, desto besser unsere Fähigkeit, diese zu erinnern. Leicht möglich, daß im Kopf dieses Mädchens Barfüßigkeit und Reisen in der Londoner U-Bahn für immer ein Erinnerungspaar bilden.

überflutet werden. Die Tatsache aber, daß die richtige Umgebung diese Erinnerungen auslösen kann, beweist, daß viele in der Kindheit eingegrabene Erinnerungsspuren noch nicht aus dem Gedächtnis gestrichen sind. Sie warten dort lediglich darauf, durch den richtigen Reiz abgerufen zu werden.

Endel Tulving und Joseph Psotka von der University of Toronto beschäftigten sich mit der Frage, ob Vergessen nun auf ein Verblassen der Erinnerungsspuren oder einen Mangel an Auslösern bzw. Abrufreizen zurückzuführen ist. Sie baten die Teilnehmer an ihrer Untersuchung, Listen aus 24 Wörtern auswendig zu lernen, wobei je vier Wörter auf sechs Kategorien entfielen. Einige Gruppen von Partizipanten bekamen eine Liste dargeboten, bei anderen waren es zwei, und bei wieder anderen drei, vier, fünf oder sechs Listen. Sofort nach dem Darbieten einer jeden Liste notierten sich die Teilnehmer so viele Wörter als möglich. Alle Gruppen schnitten bei diesem Test des unmittelbaren Erinnerns gleich gut ab.

Nachdem die Partizipanten die entsprechende Anzahl von Wörterlisten gelernt hatten, bat man sie, alle Wörter aufzuschreiben, die sie von allen Listen behalten hatten. Tulving und Psotka wollten vor allem herausfinden, in welchem Umfang die verschiedenen Gruppen die erste Liste erinnerten. Sie erwarteten, daß diejenigen, die nach der ersten Liste noch einige andere hinzugelernt hatten, von all den Wörtern verwirrt sein und infolgedessen mehr vergessen würden als die weniger »Lerneifrigen«. Dieses Phänomen kannte man schon als »retroaktive Interferenz« (rückwirkende Hemmung).[3] Darüber hinaus war für diejenigen, die mehrere Listen gelernt hatten, der Zeitabstand zwischen dem Lernen der ersten Liste und dem Erinnern größer, und auch das dürfte zum Vergessen beigetragen haben.

Wie wir aus Abbildung 1 ersehen können, vergaßen die Leute die Wörter aus der ersten Liste um so mehr, je mehr Listen sie danach noch lernten. Tatsächlich ging die Erinnerungsfähigkeit von 70 Prozent bei der ersten Liste auf weniger als 30 Prozent zurück, wenn fünf weitere Listen gelernt worden waren. Bedeutet dies, daß die Erinnerungsspuren für die Wörter der ersten Liste für diejenigen stärker verblaßten, die nicht nur eine oder zwei, sondern viele Listen gelernt hatten?

Tulving und Psotka versuchten zu zeigen, daß dem nicht so war. Das Experiment wurde fortgesetzt, und zwar mußten die Teilnehmer nun zehn Minuten lang so viel von einem Intelligenztest bewältigen wie sie nur konnten, um dann noch einmal – so weit als möglich – alle Wörter aus den Listen zu erinnern. Dieses Experiment zeitigte ähnliche Ergebnisse wie das vorangegangene Erinnerungsexperiment. Und schließlich wurden den Versuchspersonen alle übergeordneten Kategorien der Wörter, die sie gelernt hatten, dargeboten, und man forderte sie auf, sich dieser Abrufreize beim Erinnern all der Wörter zu bedienen.

Dieser mit Abrufreizen kombinierte Erinnerungsvorgang bewirkte eine erstaunliche Veränderung der aus der ersten Liste erinnerten Wörter. Nun wurden durchschnittlich 40 Prozent mehr Wörter erinnert als vorher, und dieses Faktum belegte, daß ein Großteil des früheren Vergessens nicht auf das Verblassen oder Verschwinden von Erinnerungsspuren zurückgeführt werden konnte. Ja, die Abrufreize waren derart wirkungsvoll, daß die Partizipanten eigentlich genauso viele Wörter erinnerten als sie zu Beginn gelernt hatten. Das aber bedeutet, daß das Vergessen der zuerst gelernten Wörter durch die Abrufreize praktisch aufgehoben wurde. So handelt es sich bei der retroaktiven Interferenz ganz offensichtlich eher um einen Mangel an geeigneten Abrufreizen als um ein Verschwinden von Erinnerungsspuren.

Tulving und Psotka interpretierten ihre Befunde, indem sie ein äußerst einfaches logisches Argument heranzogen. Falls, so meinten sie, beobachtetes Vergessen dann reversibel oder aufhebbar wird, wenn die Abrufreize geändert werden, dann war das ursprüngliche Vergessen nicht auf einen Verlust der Informationen aus den Erinnerungsspuren zurückzuführen.

Gedächtnisstützen

Ein Großteil unseres Vergessens im Alltag kommt deshalb zustande, weil unsere Umgebung nicht die richtigen Erinnerungsreize bereithält. Versucht jemand, ein ungewohntes Vorhaben zu erinnern – sagen wir: er will ein Buch kaufen für einen

Freund oder Blumen für jemanden im Krankenhaus – so kommt es nicht selten vor, daß er dies vergißt. Wie kann man solch bestürzende Erfahrungen vermeiden? Anekdoten aus dem Alltag erzählen uns vom Knoten im Taschentuch – was ja auch stimmt, denn genau dieser Knoten fungiert als Abrufreiz, der den einzelnen daran erinnert, was er zu erledigen hat.

Neben den Experimenten von Tulving und Psotka hat man verschiedene andere Untersuchungen angestellt, aus denen hervorging, daß ein Vergessensprozeß rückgängig gemacht werden kann, wenn man eindrücklichere und triftigere Abrufreize benutzt. Eine verführerische Schlußfolgerung wäre es zu behaupten, daß alles, was wir jemals gelernt haben, immer noch in unserem Gehirn gespeichert ist, war die Folgerung, zu der Wilder Penfield aufgrund seiner Arbeit mit Epileptikern gelangte.

Penfield führte über tausend Schädeleröffnungen durch, mit einseitiger Entfernung eines Teils der Schläfenlappen und des umliegenden Bereichs, um die jeweils vorhandene fokale Epilepsie zu lindern. Die Patienten waren während der Operation bei Bewußtsein, und in 520 Fällen erforschte Penfield mit Hilfe einer leichten elektrischen Stimulation den einen oder anderen Schläfenlappen.

Ungefähr acht Prozent der Patienten berichteten über »Rückblenden«, die sie während dieser Stimulation erlebt hatten und in denen ihnen plötzlich Erfahrungen aus der Vergangenheit bewußt wurden. Penfields interessanteste Entdeckung war, daß die elektrische Stimulation der Schläfenlappen zuweilen detaillierte Neuinszenierungen von bestimmten Erlebnissen produzierte, die dem Gedächtnis jahrelang nicht zur Verfügung gestanden waren. Viele Patienten berichteten spontan von der Lebendigkeit dieser Erinnerungen. Diese Befunde lassen vermuten, daß in unserem Gehirn erheblich mehr Informationen über Ereignisse und Erfahrungen gespeichert sind, als wir unter normalen Umständen erinnern können. Allerdings versuchte Penfield seine Daten in ein recht dramatisches Licht zu rücken, indem er behauptete, er habe nachgewiesen, daß die Speicherung von Informationen permanent sei.

Penfields Befunde weisen einige Schwächen auf. Denn offenbar hätten einige der durch elektrische Stimulation erzeugten Erinnerungen auch auf natürliche Weise erinnert werden können. So konnte zum Beispiel Patient J. T. seine beiden Cousinen dann lachen hören, wenn man ihn elektrisch stimulierte. Ein noch größeres Problem besteht darin, daß die geringe Anzahl von epileptischen Patienten, die über derart lebhafte Erinnerungen berichteten, voller Einbildungskraft bzw. Suggestibilität gewesen sein könnten. Dazu kommt noch, daß Penfield leider keine Beweise hinsichtlich der Genauigkeit und Echtheit dieser Erinnerungen hatte.

Eine praktische Möglichkeit, um Tulvings Ideen zur Verminderung von Vergessensprozessen anzuwenden, wäre, daß man die eigenen Abrufreize stets parat hat. Eine weitverbreitete Methode, die genau in diese Richtung zielt, geht auf einen tragischen Vorfall zurück, der sich im alten Griechenland vor etwa 2500 Jahren ereignete. Der Dichter Simonides trug bei einem Bankett gerade ein lyrisches Poem vor, als er von einem Boten hinausgerufen wurde. In seiner Abwesenheit stürzte das Dach der Festhalle ein und begrub alle Gäste unter sich. Die Toten waren unkenntlich, und dennoch vermochte Simonides sie für ihre Anverwandten zu identifizieren, denn er erinnerte sich genau, wo jeder der Zuhörer gesessen hatte.

Dadurch kam Simonides auf eine Erinnerungstechnik, in der er gewisse Anordnungen als Gedächtnisstützen benutzte: es ging um die Kombination von Orten und Fakten oder Objekten. Nehmen wir zum Beispiel den Lieblingsspaziergang einer Person. Diese Person assoziiert nun mit verschiedenen Örtlichkeiten, die an diesem Weg liegen, verschiedene Fakten, welche sie erinnern möchte. Wird nun ein solches Erinnern nötig, so benützt die Person diese Örtlichkeiten als selbsterzeugte Abrufreize, die es ihr ermöglichen, die erforderlichen Sachverhalte in der richtigen Reihenfolge abzurufen.

Einige Anwendungsmöglichkeiten für Tulvings Ideen

Der allgemeine, von Tulving entwickelte Ansatz ist im klinischen Bereich mit einigem Erfolg dazu benutzt worden, daß man die Gedächtnisausfälle solcher

Vier berühmte Gesichter, die mit einem Namen zu versehen dem Gedächtnisgestörten jedoch schwerfallen könnte.
Oben: Ex-Präsident Lyndon Johnson und Schauspielerin Bette Davis.
Darunter: Twiggy, Top-Fotomodell, und Kaiser Haile Selassie von Äthiopien.

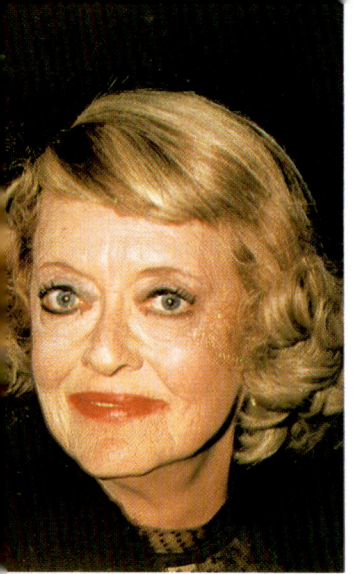

Patienten besser zu begreifen versuchte, die an schweren Amnesien litten. Bei diesen Patienten handelte es sich zumeist um chronische Alkoholiker mit bereits gegebenem Psychosyndrom. Bei den meisten Erinnerungsaufgaben ist die Leistung solcher Patienten um so vieles niedriger als die normaler Erwachsener, daß man versucht ist, aus dieser Tatsache entweder auf eine generelle Lernunfähigkeit oder auf eine gründliche Löschung von Erinnerungsspuren zu schließen.

Elizabeth Warrington und Larry Weiskrantz vom National Hospital in London verglichen die Erinnerungstätigkeit von Gedächtnisgestörten mit der von normalen Personen. In einem ihrer Experimente, in dem es um die Erinnerung einer Liste von Wörtern ging, erinnerten die gesunden Personen dreieinhalbmal soviel Wörter wie die Gedächtnisgestörten. Ein ähnliches Resultat erbrachte ein zweites Experiment. Wenn allerdings Fragmente dieser Wörter oder ihre Anfangsbuchstaben als Abrufreize zur Verfügung standen, bestand kein Unterschied in der Erinnerungsarbeit von Gesunden und Gedächtnisgestörten. Daraus aber ist nun erstaunlicherweise zu schließen, daß zumindest ein Teil der Vergessenstendenz dieser Gedächtnisgestörten ganz einfach darauf zurückzuführen ist, daß es diesen Menschen ungemein schwerfällt, Zugang zu gespeicherten Informationen zu bekommen.

Anderen Befunden entnehmen wir, daß gedächtnisgestörte Patienten aus einem Fotoset von berühmten Gesichtern aus verschiedenen Zeiten nur ein Sechstel der Fotomenge identifizieren, die in der Regel von Gesunden erkannt wird. Bekommen jedoch die Gedächtnisgestörten ein oder zwei Buchstaben des jeweiligen Familiennamens als Hinweisreiz dazugeliefert, so fällt ihre Leistung ähnlich aus wie die der gesunden Vergleichspersonen, denen man keine Hinweisreize verabreicht hat. Kürzlich unternommene Arbeiten im Bereich der Gedächtnisstörungen geben zu der Hoffnung Anlaß, daß sich die chronischen Vergessensprozesse von gedächtnisgestörten Patienten zum Teil rückgängig machen lassen.

Zustandsbedingtes Erinnern

Eine Frage, mit der sich Tulving und andere auseinandergesetzt haben, handelt davon, welche Abrufreize sich am besten eignen, um Vergessensprozesse zu verringern. Die Antwort darauf scheint in der Regel die zu sein, daß sich jene Reize am besten eignen, die dazu beitragen, daß das ursprüngliche Ereignis, die ursprüngliche Erfahrung oder der Kontext, in dem Ereignis bzw. Erfahrung stattfanden, wiederhergestellt werden. Das gilt offenbar auch für den inneren Zustand jeder Person: was in einem betrunkenen Zustand erlebt wird, wird am besten in einem betrunkenen Zustand wiedererinnert. Man hat den Begriff »zustandbedingtes Behalten« geprägt, um die Entdeckung zu beschreiben, wonach die Erinnerungsfähigkeit ihre besten Leistungen immer dann erbringt, wenn sich Lernen und Erinnern in der gleichen inneren Verfassung des Individuums abspielen.

Dieses Phänomen veranschaulicht auf amüsante Weise der Chaplin-Film *City Lights* (Lichter der Großstadt). In diesem Film bewahrt Charlie einen betrunkenen Millionär vor dem Selbstmord – Grund genug, daß sich die beiden anfreunden. Doch als der Millionär Charlie wiedertrifft, erkennt er ihn nicht. Dann aber trinkt er wieder einmal einen über den Durst, und als er Charlie jetzt plötzlich sieht, entdeckt er den lang vermißten Freund in ihm, und er nimmt ihn mit zu sich nach Hause. Doch als der Millionär am nächsten Tag ernüchtert aufwacht, hat er längst vergessen, daß Charlie sein Gast ist, und so läßt er ihn durch seinen Butler hinauswerfen.

Herbert Weingartner fordert im Labor mehrere Versuchspersonen auf, einen guten Schluck Wodka mit etwas Fruchtsaft zu trinken. Wie erwartet, verlangsamten sich die Lernprozesse der Beteiligten durch den Alkohol. Doch erinnerten sich die Personen, die ihre Gedächtnisarbeit vier Stunden später im betrunkenen Zustand leisteten, wesentlich besser als jene, die dann schon wieder nüchtern waren. Diese Reaktion ist vermutlich darauf zurückzuführen, daß die durch Alkohol bewirkte Euphorie zur neuerlichen Erzeugung der Lernerfahrung beitrug. Wer sich also verzweifelt an etwas Lebenswichtiges zu erinnern versucht, das man ihm im betrunkenen Zustand mitgeteilt hat, kann sich dieses Phänomens des zustandsbe-

Doch die Welt, im Rausch erlebt, entschwindet, und was am Ende bleibt, ist die sogenannte kalte, harte Realität.

dingten Erinnerns bedienen – und hat natürlich einen prächtigen Grund, um weiterzutrinken!

Diesen Prozeß des zustandsbedingten Erinnerns hat man nicht nur im Alkohol- und Drogenbereich nachgewiesen. Gordon Bower von der Stanford University benutzte das Hypnoseverfahren, um Leute traurig oder glücklich zu machen. Dabei forderte er sie auf, sich ein Erlebnis vorzustellen, bei dem sie entweder todtraurig oder überglücklich gewesen waren. In einem von diesen beiden Zuständen lernten sie nun Listen von Wörtern, an die sie sich später erinnerten. Bei einem dieser Experimente wurden 78 Prozent der Wörter dann erinnert, wenn die Gefühlslage im ersten Lernzustand die gleiche war als zur Zeit des Erinnerns, während es nur 47 Prozent waren, wenn die beiden Gefühlszustände voneinander verschieden waren.

Wenn uns etwas auf der Zunge liegt

Angesichts der Tatsache, daß unser Erinnerungssystem nicht fehlerfrei arbeitet, fragen wir uns natürlich, ob unser Gedächtnis nicht mit mehr Effizienz funktionieren könnte. Eine ausgezeichnete Hilfe wäre eine Art Erinnerungsdetektor, der uns verraten könnte, ob die gewünschte Information in unserem Gedächtnis überhaupt gespeichert ist. Wir würden weder Zeit noch Kraft vergeuden, wenn wir schon im vornhinein wüßten, daß wir nach dieser oder jener Information wahrscheinlich vergeblich in unserem Gedächtnis suchen, und umgekehrt wäre es ungemein nützlich zu wissen, daß sich die gesuchte Information in unserem Gedächtnis wahrscheinlich irgendwo aufstöbern lassen wird.

Die Vorstellung, daß wir um Informationen in unserem Gedächtnis wissen, diese jedoch nicht abrufen können, dünkt einem zunächst mal paradox, doch weist einiges darauf hin, daß dem tatsächlich so ist. Der beste Beweis dafür, daß wir einen solchen »Erinnerungsdetektor« eingebaut haben, ist jener Zustand, in dem uns etwas auf der Zunge liegt – eine Erinnerung nähert sich uns und ist im Begriff, die Grenze zu überschreiten. Doch funktioniert dieser »Erinnerungsdetektor« auf einer noch breiteren Basis und auf eine noch vielfältigere Weise.

Einen interessanten Versuch, die Genauigkeit festzustellen, mit der unser »Erinnerungsdetektor« arbeitet, unternahm J. T. Hart von der Stanford University. Er stellte seinen Versuchspersonen Fragen aus dem Allgemeinwissen. Eine dieser Fragen lautete zum Beispiel: »Was ist der größte Planet in unserem Sonnensystem?« Konnten die Versuchspersonen die richtige Antwort nicht erinnern, so wurden sie aufgefordert, auf einer Sechs-Punkte-Skala den Grad anzugeben, bis zu dem sie fühlten, daß sie die richtige Antwort wüßten, auch wenn sie sie im Augenblick nicht erinnerten. Die Genauigkeit dieses Gefühls, die Antwort zu wissen, wurde mit Hilfe von vier möglichen Antworten für jede einzelne Frage veranschlagt. Für unsere Musterfrage hatte man folgende vier Antworten parat: a) Pluto; b) Venus; c) Erde; und d) Jupiter. Darunter konnten die Versuchspersonen nun auswählen.

Hatten die Versuchspersonen das sehr starke Gefühl, die richtige Antwort zu wissen, so stellte sich heraus, daß 75 Prozent von ihnen recht gehabt hatten. 30 Prozent waren es hingegen nur, wenn sie sicher waren, die Antwort nicht zu wissen.

Das intensivste Gefühl, etwas zu wissen, ohne es erinnern zu können, ist und bleibt jedoch jener Zustand, bei dem uns etwas auf der Zunge liegt. Das größte Problem, dem sich die Psychologen, die diesen Zustand untersuchen, gegenübersehen, besteht darin, diesen Zustand überhaupt erst einmal zu erzeugen. Roger Brown und David McNeill von der Harvard University kamen dabei auf die glänzende Idee, den Versuchspersonen Definitionen von ungewöhnlichen Wörtern vorzulesen und sie aufzufordern, nach dem definierten Wort zu suchen. Dabei sagte man den Leuten folgendes: »Wenn Ihnen das Wort zwar nicht einfällt, Sie aber das sichere Gefühl haben, Sie wüßten es und stünden knapp davor, es wiederzuerinnern, dann befinden Sie sich wahrscheinlich in jenem Zustand, in dem Ihnen das Gesuchte auf der Zunge liegt.«

Diese Methode half tatsächlich, besagten Zustand zu erzeugen. Doch deutet dieser Zustand effektiv darauf hin, daß wir dem Gesuchten schon sehr nahe sind?

Brown und McNeill behaupteten, und das mit gutem Grund, daß dem wirklich so sei. Der erste Buchstabe des gesuchten Wortes wurde von 57 Prozent der Versuchspersonen immer dann erraten, wenn ihnen das Wort auf der Zunge lag.

So haben uns Brown und McNeill eine plausible Antwort auf die Frage geliefert, wie wir denn sicher sein können, daß wir etwas wissen, obwohl wir dieses Etwas in unserem Gedächtnis nicht oder noch nicht auffinden können. Ihren Untersuchungen können wir entnehmen, daß die simple Vorstellung, wonach wir ein Wort entweder ganz oder gar nicht erinnern, schlichtweg falsch ist. Im Gegenteil, es ist durchaus möglich, einen Teil der Information über ein Wort (zum Beispiel seinen Anfangsbuchstaben) zu erinnern, und es ist diese teilweise Abrufung der Information, die uns darauf vertrauen läßt, daß wir bereits wissen, was wir suchen.

Ein wohlbekanntes Beispiel für solches teilweises Erinnern ist der Versuch, sich den Namen eines Bekannten, welcher im Augenblick nicht physisch präsent ist, ins Gedächtnis zurückzurufen, so daß einem zunächst das Gesicht dieses Menschen einfällt und erst daraufhin sein Name. Dies ist ein Prozeß, der sich dadurch erhellen läßt, daß man einige Personen bittet, Zeichnungen von verschiedenen Objekten anzufertigen, wobei diese Objekte von vornherein definiert sind (zum Beispiel »ein großes Vehikel, das leichter als Luft ist und in den dreißiger Jahren als Transportmittel benutzt wurde«). Diejenigen, die ein Bild, aber nicht die entsprechende Bezeichnung erinnerten, fertigten Zeichnungen an, die fast ebenso genau waren wie die Zeichnungen der Personen, die das Wort (es lautete »Zeppelin«) erinnerten.

Wie Angst das Erinnerungsvermögen beeinträchtigt

Aufgrund seiner umfassenden klinischen Erfahrungen behauptete Sigmund Freud, daß ein Großteil unseres Vergessens auf Verdrängungsprozesse zurückzuführen sei. Mit Verdrängung meinte Freund jenen Vergessensvorgang, der motiviert wird durch den Wunsch, angstbesetzte Vorstellungen und Episoden, die in unser Bewußtsein dringen, zu unterbinden. Natürlich sind klinische Beobachtungen oder Eindrücke als Informationsquelle wesentlich weniger verläßlich als die Ergebnisse, die wir durch streng geplante Experimente erzielen. Aus diesem Grund hat man Untersuchungen durchgeführt, mit dem Ziel, den Prozeß der Verdrängung zu ergründen.

Leider ist es ziemlich unwahrscheinlich, daß man es Psychologen im Labor gestatten wird, jene gravierenden Traumata zu erzeugen, von denen man behauptet, sie bewirkten klinisch observierbare Verdrängungen. Daher hat es sich als unmöglich erwiesen, die Freudsche Verdrängungstheorie auf eine befriedigende Weise zu testen. Dennoch weist vieles darauf hin, daß Angst Vergessen fördert. Studenten entschuldigen ihre schlechten Prüfungsergebnisse gerne damit, daß sie behaupten, sie hätten aufgrund ihrer Angst eine ganze Menge des fleißig gelernten Stoffes vergessen.

Manche Dinge erinnert man leichter beim Bier als bei einer Tasse Kaffee. »Das ist meines Bruders Hochzeitstafel. Ich war erst zehn damals. Das ist Guss, der Butler, und das ist . . . Sophie? Nein, nicht Sophie. Sarah? Susanna? Ihr Name fing mit einem S an, das weiß ich noch. Er liegt mir auf der Zunge . . .«

Anfang der siebziger Jahre versuchte Irwin Sarason herauszubekommen, ob solche Behauptungen gerechtfertigt waren oder die Prüflinge ihre schlechten Leistungen mit dem Angstargument lediglich zu entschuldigen versuchten. Nachdem er seinen Studenten einige Prüfungsaufgaben herausgegeben und sich mit ihnen darüber unterhalten hatte, wie leicht es doch sei, in der anstrengenden Prüfungssituation wesentlichen Lernstoff zu vergessen, fragte er sie: »Aber glaubt ihr denn wirklich, daß ihr in einer entspannteren Situation besser abgeschnitten hättet?« Und fast alle Studenten antworteten: »Ja, natürlich.«

Daraufhin ließ Sarason seine Studenten zwei Prüfungen ablegen. Und er hatte mit ihnen vereinbart, daß, sollte bei der zweiten Prüfung eine bessere Note erzielt werden, diese und nur diese angerechnet werden würde. Fiele jedoch die zweite Note schlechter aus, würde die erste bessere Note eingetragen werden. Dabei entdeckte er, daß die Leistungen unter den weniger Angst erzeugenden Bedingungen der zweiten Prüfung besser ausfielen. Und er fand heraus, daß die Studenten, die bei einem Angsttest hohe Punktwerte erzielten, bei der zweiten Prüfung eine Verbesserung zu verzeichnen hatten, die viermal so hoch lag wie bei den Studenten, die den Angsttest mit niedrigen Werten absolviert hatten.

Warum hat Angst diese Wirkung? Die Befunde erhärten eigentlich nicht die Theorie Freuds von der Verdrängung. Vielmehr sieht es so aus, als impliziere Angst einen physiologischen Erregungszustand, der Hand in Hand geht mit jener Besorgnis, die der eigenen Person und ihrem Leistungsniveau gilt (und die sich in Feststellungen wie »Ich bin dumm« oder »Das kann ich nicht« äußert). Diese Besorgnis aber scheint schuld an allem zu sein, denn wenn ein Mensch nur über seine eigenen Probleme nachdenkt, fällt es ihm natürlich schwer, sich auf die Prüfungsaufgabe zu konzentrieren.

Das perfekte Gedächtnis: eine zwiespältige Gabe

Wir alle, die wir kein fehlerfreies Erinnerungsvermögen besitzen, haben uns sicherlich hin und wieder ein fotografisch genaues Gedächtnis gewünscht. Eine derartige eidetische Anlage – so lautet der psychologische Fachbegriff – ist freilich eine Seltenheit. In der hochindustrialisierten Welt sind es weniger als ein Prozent der Erwachsenen, die diese Fähigkeit besitzen. Stärker vertreten soll sie unter Kindern und Primitiven sein. Der Grund hierfür ist vielleicht darin zu suchen, daß sich ein Großteil der Erwachsenen in unserer Gesellschaft mehr auf die Sprache als auf die bildliche Vorstellungskraft verläßt.

Die erstaunlichsten Untersuchungen zur eidetischen Anlage wurden vor etwa zehn Jahren von Charles Stromeyer von den Bell Telephone Laboratories durchgeführt. Stromeyer erforschte die Fähigkeiten von Elizabeth, einer jungen und intelligenten Harvard-Professorin. Diese Frau war eine ausgezeichnete Künstlerin, und sie konnte ohne weiteres ein Bild oder eine Szene auf ihrer Leinwand genauestens nachbilden.

Stromeyers Experiment bestand darin, daß zwei computer-erzeugte Stereogramme dargeboten wurden, von denen sich jedes aus 10 000 Punkten zusammensetzte. Wer sich ein solches Bild ohne Stereoskop anschaut, entdeckt wirklich nichts, was eine Struktur oder einen Bildzusammenhang ergeben könnte. Betrachtet man dieses Bild jedoch durch ein Stereoskop, so bekommt das rechte Auge ein Muster und das linke Auge das andere Muster dargeboten, und plötzlich entsteht eine dreidimensionale Figur.

In einem der ersten Experimente sah Elizabeth ein 10 000 Punkte-Muster eine Minute lang mit ihrem rechten Auge. Nach einer zehn Sekunden langen Pause

Sehen Sie sich dieses Bild genau an. Nach einer Minute schließen Sie die Augen und versuchen zu erinnern, was Sie gesehen und behalten haben. Ein fotografisches Erinnerungsvermögen ist bei Menschen viel seltener als allgemein unterstellt wird.

betrachtete sie das andere Muster mit ihrem linken Auge. Als Stromeyer sie bat, das eidetische Bild des ersten Musters über das sichtbare Muster darüberzulegen, bemerkte sie auf der Stelle, daß sie den Buchstaben T auf sich zukommen sehe. Das aber bedeutete, daß sie in ihrem Gehirn ein detailliertes Bild von einem 10 000 Punkte-Arrangement gespeichert hatte!

Bei einem späteren Experiment, das sich des gleichen Verfahrens bediente, konnte Elizabeth das genaue Bild von einem 10 000 Punkte-Arrangement ganze 24 Stunden lang behalten. Bei einer anderen Gelegenheit formte sie Bilder aus vier 10 000 Punkte-Mustern mit ihrem linken Auge, und dann erinnerte sie der Reihe nach jedes der vier eidetischen Bilder, die sie mit dem rechten Auge am Tag zuvor gesehen hatte. Als diese Bilder dem Muster des linken Auges überlagert wurden, entstand dadurch jeweils eine Figur, die in einer Tiefendimension gesehen wurde.

Es wäre irreführend, wollte man behaupten, daß Elizabeth ein fotografisches Gedächtnis besaß. Denn ihre eidetischen Bilder waren genauso dynamisch und fluktuierten genauso wie andere Bilder auch; außerdem konnten sie verändert und gezielt manipuliert werden. Auch entstanden sie nicht in einem so raschen Prozeß, wie wir ihn von der Fotokamera kennen, wenn sie ein Bild knipst. Im Gegenteil, Elizabeth brauchte manchmal mehrere Minuten, um sich von einem komplexen Muster ein Bild zu machen, wobei sie mit ihrem Blick die verschiedenen Teile des Musters abtastete.

Den überzeugendsten Beweis, daß erstaunliche Erinnerungsfähigkeiten nicht unbedingt ein Segen sein müssen, erbrachte der russische Neurologe Luria. Mitte der zwanziger Jahre erschien in seinem Labor ein Mann, der von ihm S. genannt wird. S. war von Beruf Zeitungsreporter und war von seinem Verleger geschickt worden, dem das enorme Erinnerungsvermögen seines Angestellten aufgefallen war. Nun gibt es zwar viele Leute, die gelegentlich Erfahrungen verschiedener Sinnesorgane miteinander kombinieren (zum Beispiel hohe Töne mit hellen Farben), doch war bei S. diese Fähigkeit sehr ausgeprägt.

Die Erinnerungsfähigkeiten von S. waren derart hochentwickelt, daß er nach nur drei Minuten eine Tafel mit 50 Zahlen voll seinem Gedächtnis einverleibt hatte, das heißt er konnte die Zahlen vertikal, horizontal oder diagonal von diesem »Tafelbild« in seinem Kopf abrufen. Er brauche die Zahlen einfach nur »abzulesen«, erklärte er.

Diese Fähigkeit brachte S. eine ganze Anzahl von Nachteilen ein. Seine zwanghafte Neigung, alles visuell in Bilder zu verwandeln, machte es ihm schwer, auf einer abstrakten Ebene effektiv zu denken. Seine bildliche Wahrnehmung behielt die lebendigsten, aber eben oft auch unbedeutendsten Details. Mit anderen Worten, die superbe, aber nicht steuerbare bildliche Wahrnehmungs- und Erinnerungsfähigkeit hat das Ergebnis, daß der Betroffene den Wald vor lauter Bäumen nicht mehr sieht.

Folgerungen

Der Hauptgrund dafür, daß wir vergessen, ist darin zu suchen, daß unsere Umwelt nicht zu jeder Gelegenheit die Reize bereithält, die eine Wiedererinnerung der fehlenden Information ermöglichen. Wenn wir etwas zu erinnern versuchen, so ist es oft hilfreich, wenn man sich in dem gleichen inneren Zustand befindet, in dem die gewünschte Information in unser Erinnerungssystem gelangt ist. Angstzustände können Vergessensprozesse beschleunigen oder vermehren. Allerdings ist heute bereits ziemlich sicher, daß in diesem Zusammenhang auch das Verlöschen von Erinnerungsspuren eine Rolle spielt.

Trotz der Fehlbarkeit des menschlichen Erinnerungsvermögens besitzen wir eine Art Kontroll- und Suchsystem, das uns in den meisten Fällen genau sagen kann, ob wir die gesuchte Information überhaupt gespeichert haben. Und schließlich ist noch nicht geklärt, ob ein unfehlbares Erinnerungsvermögen überhaupt wünschenswert ist. Denn in diesem Fall würde sich unser Geist mit derart vielen unverdaulichen Informationen belasten, daß seine übrigen Tätigkeiten wohl ziemlich stark beeinträchtigt würden.

16 Privatsphäre und zwischenmenschliche Vertrautheit

Unten: Zwei Sprachen an einem Cafétisch – Körpersprache und verbale Sprache.

Gegenüber: In den meisten Kulturen besteht kein Berührungsverbot zwischen Eltern, Kindern und nahen Verwandten.

Leute, die einander kennenlernen, denken und fühlen eine ganze Menge Dinge, und darunter sind einige, die sie nur höchst ungern in Worte kleiden würden. Denn wer sagt schon gerne »Sie langweilen mich zu Tode« oder »Ich kann Sie nicht ausstehen« oder »Sie sind ein arroganter Schnösel«. In der Du-Form fallen solche Aussagen dann leichter, vor allem gegenüber Menschen, die einem nahestehen, mit denen man wirklich vertraut ist. Trotzdem vermitteln wir derartige Gedanken und Gefühle häufig mittels nicht-verbaler Signale, zum Beispiel durch unseren Gesichtsausdruck, unsere Gesten oder unsere Körperhaltung, durch unsere Blicke oder den Klang unserer Stimme. Wenn wir jemanden ansehen, der mit uns spricht, so ist das ein Zeichen dafür, daß uns das Gesagte interessiert; und umgekehrt ist es so, daß wir, wenn wir von dem Sprechenden fortschauen, signalisieren: Was du redest, ist langweiliger Quatsch. Und wenn wir eine Person nicht leiden können, dann zeigen wir dies dadurch, daß wir körperliche Distanz zu ihr halten und uns über die unpersönlichsten Themen mit ihr unterhalten.

Zunächst kommt es einem sonderbar vor, daß wir selbst in Alltagssituationen eine komplexe Reihe von nicht-verbalen Signalen benötigen. Denn schließlich ist die deutsche Sprache mit ihrem ansehnlichen Wortschatz ein ungewöhnlich wirksames und reichhaltiges Kommunikationsmittel. Weshalb also hat sich dann die »stumme Sprache« aus nicht-verbalen Signalen entwickelt? Michael Argyle von der Oxford University hat behauptet, daß Sprache und nicht-verbale Signale zwei großenteils voneinander verschiedene Aufgaben erfüllen, wobei die nichtverbalen Signale dazu dienen, persönliche Beziehungen herzustellen und aufrechtzuerhalten, während durch Sprache Informationen über Ereignisse mitgeteilt werden, die außerhalb der Sprechenden liegen. Die Peinlichkeit der Situation, in der eine Person mit ihrer Meinung über eine andere Person herausplatzt, läßt sich großenteils offenbar dadurch vermeiden, daß sich jene Person der zwei- oder mehrdeutigeren Ausdrucksmöglichkeiten von nicht-verbalen Signalen bedient.

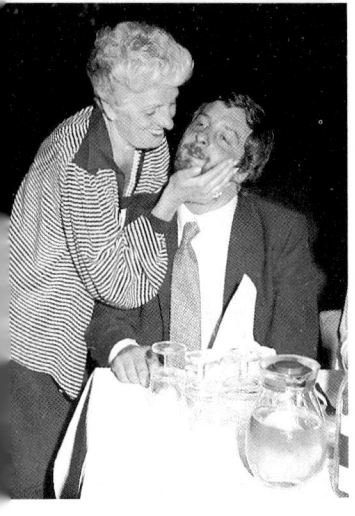

Michael Argyle und seine Mitarbeiter beschäftigten sich mit der Frage, wodurch genau unsere Gefühle gegenüber einem Fremden bestimmt werden. Wird unsere Einstellung zu diesem Menschen determiniert durch das, was er sagt, oder wie er es sagt? Die Wissenschaftler suchten eine attraktive Frau und baten sie, mit ihnen zusammenzuarbeiten: sie sollte gegenüber verschiedenen Versuchspersonen eine Haltung der Über- oder aber Unterlegenheit verbalisieren. Die diese Vorgänge begleitenden nicht-verbalen Signale vermittelten entweder eine überlegene Haltung (durch ernsten Gesichtsausdruck, erhobenen Kopf, laute dominierende Stimme) oder einen Eindruck von Unterlegenheit (durch nervöses, unterwürfiges Lächeln, gesenkten Kopf und rasche beflissene Sprechweise). Wenn nun das gesprochene Wort und die nicht-verbalen Signale im Widerspruch zueinander standen, dann wurden Freundlichkeit, Liebenswürdigkeit usw. ihr gegenüber wesentlich mehr von ihren nicht-verbalen Signalen beeinflußt als von ihren Worten.

Einer der fesselndsten Aspekte an den nicht-verbalen Signalen ist wohl der, daß die Leute häufig von ihnen beeinflußt werden, ohne daß ihnen dies bewußt würde. Eckhard Hess entdeckte, daß eine emotionale Erregung eine Vergrößerung der Pupille mit sich bringt, und daß sich Männer zu Frauen mit größeren Pupillen stärker hingezogen fühlen, obwohl ihnen dieser Stimulus oder Hinweisreiz nur selten bewußt wird. Interessant in diesem Zusammenhang ist die Droge Belladonna (was soviel wie »schöne Frau« heißt) – ein Mittel, das vergrößerte Pupillen schafft und einst zu Verführungszwecken diente.

Körperkontakt und Berührungsangst

Eine besonders wichtige Form nicht-verbaler Kommunikation ist die Berührung. Diesen Verhaltensbereich hat Sidney Jourard von der University of Florida untersucht. Er bat unverheiratete Männer und Frauen zwischen 18 und 22 Jahren, die Körperregionen zu nennen, die von ihrer Mutter, ihrem Vater, ihrem engsten gleichgeschlechtlichen und engsten gegengeschlechtlichen Freund bzw. Freundin berührt worden seien, und welche Körperregionen sie selbst bei diesen Menschen berührt hatten. Abgesehen von den Berührungen bei gegengeschlechtlichen Partnern schien einiges auf ein Berührungstabu hinzuweisen, was vielleicht darauf zurückzuführen ist, daß in unserer westlichen Hemisphäre körperliche Berührungen fast immer auch eine sexuelle Bedeutung haben.

Junge Männer und Frauen berichteten über gleich viele Berührungen durch ihre Mütter, und dies an gleich vielen Körperregionen. Doch berührten junge Männer ihre Mütter nicht an gleich vielen Stellen wie ihre Mütter sie berührten, nicht einmal an gleich vielen wie die jungen Frauen ihre Mütter berührten. Die jungen Frauen berührten ihre Väter an mehr Körperregionen als die jungen Männer, und umgekehrt wurden auch sie von ihren Vätern an mehr Körperstellen berührt als die jungen Männer. In der Tat wußten einige der jungen Männer zu berichten, daß sie sich an überhaupt keine Körperkontakte mit ihren Vätern erinnern könnten. Und offenbar ist es so, daß bei dem Wer-berührt-wen in der Familie die Töchter die Bevorzugten sind.

Außerdem machte Jourard die keinesfalls überraschende Entdeckung, daß körperlich attraktive Jungen und Mädchen von ihren Eltern, Freunden und Freundinnen häufiger berührt werden als unansehnliche Jungen und Mädchen. Erstaunlich hingegen war, daß katholische und protestantische Mädchen von mehr Körperkontakten mit ihren Freunden berichteten als jüdische Mädchen.

Jourard gelangte zu dem Schluß, daß sich im Berührungskontext die primitive Sprache der Liebe abspiele, und daß zahlreiche Körperkontakte als eine Art Beruhigungsmittel oder Sedativum der Natur fungieren könnten. Doch obwohl es heutzutage viele Therapiegruppen gibt, die mit »Berühren« und »Betasten« arbeiten, sind die Ergebnisse solch vermehrten körperlichen Kontakts enttäuschenderweise sehr unterschiedlich.

Obwohl auf dem Gebiet der nicht-verbalen Kommunikation viele interessante Forschungsarbeiten durchgeführt wurden, konzentrierten sich die meisten unter ihnen auf bloß einen Verhaltensaspekt (Berührung; Blickkontakt; körperliche

Distanz). Die Untersuchung, mit der wir uns nun befassen werden, vermittelt einen entscheidenden Einblick in die Art und Weise, wie verschiedene Aspekte nicht-verbaler Kommunikation einander beeinflussen, und liefert darüber hinaus eine nützliche theoretische Grundlage.

Schlüsselexperiment: Zwischenmenschliche Vertrautheit (Michael Argyle und Janet Dean)

Michael Argyle und Janet Dean[1] von der Oxford University gingen bei ihrer Untersuchung von der einfachen Annahme aus, daß in der Regel jede soziale Interaktion Annäherungs- und Vermeidungstendenzen mit einschließt. Auf der einen Seite steht der Wunsch von der anderen Person gemocht oder gar geliebt zu werden, und die anziehenden Wesenszüge und/oder Körpereigenschaften dieser Person wecken das Verlangen nach einem vertrauteren Umgang; auf der anderen Seite steht die Angst, sich der anderen Person anzuvertrauen oder zu öffnen und von ihr zurückgewiesen zu werden, eine Angst, die den Wunsch nach Vertrautheit manchmal schon im Keim erstickt. Michael Argyle und Janet Dean zufolge stehen die Menschen deshalb unter dem ständigen Druck, untereinander ein angenehmes Niveau an Vertrautheit aufrechtzuerhalten.

Wie wird dieses Gleichgewicht zwischen einander entgegengesetzten Tendenzen nun erreicht? Argyle und Dean behaupten, die Vertrautheit zwischen Menschen

Gegenüber (oben): Intime Enge wird dadurch überspielt, daß man sich voneinander abwendet.

Gegenüber (unten): Setzt er sich auf den Kühler, weil sie ihm zu nahe steht?

Oben: Ein Fremder bekommt den Weg gezeigt.

Unten: Alte Freunde, die gern nahe beieinander sitzen und miteinander schwatzen.

zeige sich hauptsächlich in einer Reihe von nicht-verbalen Interaktionen, darunter die Körperdistanz zwischen den Personen, ihr Blickkontakt, ihr Lächeln und ihr Zueinandergeneigtsein. Stehen zum Beispiel zwei Personen sehr nah beieinander, so ist diese Interaktion eine »intimere« als wenn sie Distanz zueinander hielten. Rückt uns jedoch jemand zu sehr auf den Pelz, so wird das gewünschte Gleichgewicht gestört. Während die einfachste Lösung darin bestünde, sich zu entfernen und auf diese Weise das Gleichgewicht wiederherzustellen, ist dies nicht immer möglich oder gesellschaftskonform. Die Alternative ist die, daß man die gesteigerte Intimität des einen Aspekts einer nicht-verbalen Kommunikation mit der Einschränkung der Intimität eines oder mehrerer anderer Aspekte ausgleicht.

Argyle und Dean erforschten einige dieser Vorstellungen in einem Experiment, bei dem mehrere Leute gebeten wurden, an einer Untersuchung zum Thema »Gespräche zwischen Menschen« teilzunehmen. Wenn einer der Teilnehmer an dem Experiment den Raum betrat, wurde er oder sie einer anderen Person vorgestellt, die als ein weiterer Teilnehmer auftrat, in Wirklichkeit jedoch ein Mitarbeiter des Versuchsleiters war. Nun begannen die echte Versuchsperson und dieser Assistent ein Gespräch miteinander, das sich aus drei Abschnitten zusammensetzte: im ersten Abschnitt saßen sie etwa einen halben Meter voneinander entfernt, im zweiten waren es eindreiviertel Meter, im dritten drei Meter; außerdem saßen die Personen in einem Winkel von 90 Grad zueinander. Sie entwickelten zusammen, ausgehend von einigen Bildern mit verschiedenen Themen, mehrere Geschichten. Und besagter Mitarbeiter starrte ständig die Versuchsperson an, während zwei Beobachter, die hinter einer Einweg-Scheibe saßen, der Versuchsperson direkt in die Augen blickten, ohne jedoch selbst gesehen zu werden.

Ausgehend von der Ansicht, wonach die Leute untereinander ein angenehmes Niveau an zwischenmenschlicher Vertrautheit herzustellen oder aufrechtzuerhalten versuchen, wäre nun zu folgern, daß die Versuchspersonen Argyles bei der kürzesten körperlichen Distanz (halber Meter) besagtes Gleichgewicht dadurch wiederherstellen würden, daß sie die Intimität anderer nichtverbaler Reaktionen einschränkten. Und wie vorherzusehen war, nahm die Menge an Blickkontakten, die die Versuchsperson zum Mitarbeiter des Experimentators unterhielt, um so mehr ab, je näher die beiden zueinander saßen. Waren die Versuchsperson und der Assistent nicht vom gleichen Geschlecht, so fand bei drei Metern in 58 Prozent der Zeit Blickkontakt statt; bei eindreiviertel Meter waren es 55 Prozent, und nur 30 Prozent waren es bei einem halben Meter. Ähnliche, aber nicht ganz so ausgeprägte

Ganz oben: Hier demonstriert jemand, daß es fast unmöglich ist, eine Richtung ohne Hände und Arme zu weisen. Interessant die entsprechenden Gesten der Fragesteller.

Oben: Ausgezeichnete Kommunikation zwischen Jung und Alt. Die Frau gestikuliert mit ihrer Hand in Körpernähe des Jungen und ihre übereinandergeschlagenen Knie zeigen in seine Richtung. Der Junge lehnt sich nach vorn, wendet ihr das Gesicht zu und hört aufmerksam zu.

Werte waren zu beobachten, wenn Partizipant und Assistent vom gleichen Geschlecht waren: Blickkontakt erfolgte dann bei drei Metern in 72 Prozent der Zeit und bei einem halben Meter betrug der entsprechende Wert nur mehr 55 Prozent. Insgesamt war der Blickkontakt bei gegengeschlechtlichen Personen wesentlich geringer als bei gleichgeschlechtlichen Partizipanten, was vermutlich darauf zurückzuführen ist, daß der Mensch befürchtet, er könnte eher von einem Vertreter des entgegengesetzten Geschlechtes nicht gemocht werden – eine Befürchtung, aus der seine gesteigerte Aufmerksamkeit resultiert.

Diese Befunde schienen in den Augen von Argyle und Dean darauf hinzudeuten, daß reduzierter Blickkontakt eine Möglichkeit ist, um mit der unangenehmen Entdeckung zu Rande zu kommen, daß einem ein Fremder näher sitzt als man das möchte. Freilich gibt es noch eine andere Erklärung. Einer der Gründe, weshalb wir ein Gegenüber anschauen, ist der, daß wir uns von den Reaktionen dieser Person ein Bild machen wollen. Doch je weiter von uns diese Person entfernt ist, desto schwerer fällt es uns, ihren Gesichtsausdruck auszumachen. In dieser Situation müssen wir, um die gewünschte Information einzuholen, länger hinschauen. Argyle und Dean stellten noch andere Anzeichen von Unbehagen fest, wenn Versuchsperson und Assistent des Versuchsleiters nur einen halben Meter voneinander entfernt saßen: die beiden Personen lehnten sich dann gern zurück, schauten zu Boden, verengten den Blick, kratzten sich am Kopf, bedeckten ihre Augen kurz mit den Händen und rauchten und schneuzten sich weitaus häufiger als bei den beiden anderen Entfernungen.

Während viele Psychologen die Grundidee von Argyle und Dean favorisierten, wonach sich verschiedene Aspekte nicht-verbalen Verhaltens miteinander verbinden, um ein insgesamt angenehmeres Niveau an zwischenmenschlicher Vertrautheit zu erzeugen, kritisierten dieselben Psychologen ein oder zwei Merkmale der ganzen Untersuchung. So könnten zum Beispiel die Partizipanten gedacht oder unbewußt gefühlt haben, daß es doch recht unnatürlich sei, von dieser (vermeintlichen) Mitversuchsperson während des ganzen Gesprächs derart angestarrt zu werden. Ein weiterer Punkt, an dem die Kritik ansetzte, war die zunehmende Entfernung zwischen der Versuchsperson und dem Assistenten, denn je weiter die beiden voneinander abrückten, desto schwerer wurde es auch den Beobachtern hinter der Einweg-Scheibe gemacht, die Anzahl der Blickkontakte aufzuzeichnen. Denn die Beurteilung, ob die Versuchsperson Blickkontakt mit dem Assistenten hat, muß um so schwieriger sein, je weiter die beiden voneinander entfernt sitzen.

Interaktionen aus verbalen und nicht-verbalen Signalen

Eine interessante Ausweitung der Untersuchung von Argyle und Dean befaßt sich mit der Art und Weise, wie verbale und nicht-verbale Vertrautheit oder Intimität einander beeinflussen. Wenn jemand zum Beispiel gebeten wird, über ein relativ intimes Thema mit einem Fremden zu sprechen, was geschieht dann? Beeinflußt dieses Gespräch sein nicht-verbales Verhalten oder nicht? Richard Schulz und John Barefoot untersuchten diese Frage, indem sie Versuchspersonen Fragen stellten, die von ziemlich unpersönlich (»Welche sind Ihre Lieblingsfächer in der Schule?«) bis zu sehr persönlich reichten (»Beschreiben Sie einen Menschen, in den Sie verliebt waren oder sind«). Als die Versuchspersonen gebeten wurden, die intimeren Fragen zu beantworten, brachten sie weniger Zeit auf, um den Versuchsleiter anzusehen, als wenn sie über die unpersönlicheren Fragen redeten.

Schulz und Barefoot fanden auch heraus, daß die Partizipanten kürzere Antworten gaben, wenn sie ganz in der Nähe des Versuchsleiters (in diesem Fall in einem Meter Entfernung) saßen und daß sie dann auch weniger Blickkontakte herstellten. Ein weniger klarer Befund war, daß die Teilnehmer zweimal so häufig lächelten, wenn sie sich in der Nähe des Experimentators befanden, als wenn sie weiter von ihm entfernt saßen. Argyle und Dean waren nämlich von der Hypothese ausgegangen, daß die Versuchspersonen weniger lächeln würden, wenn man das gewünschte Intimitätsniveau nicht einhielte.

Vertrautheit wird auf ein erträgliches Maß reduziert

Wie wir alle aus persönlicher Erfahrung wissen, unterscheiden sich die Menschen, was ihr bevorzugtes Intimitätsniveau in einer bestimmten Situation anlangt, ganz erheblich voneinander. Aus den Untersuchungen von Argyle und Dean scheint hervorzugehen, daß diejenigen, die eine besondere Angst davor haben, von anderen zurückgewiesen zu werden, relativ niedrige Intimitätsniveaus bevorzugen. Zu diesem Fragekomplex hat Miles Patterson[2] von der University of Missouri einige Antworten gefunden. Er stellte einen Drehstuhl an einen Ort, der vom Stuhl des Versuchsleiters einige Meter entfernt war, und daraufhin wurde jeder Partizipant gebeten, sich doch »einen Stuhl ranzuholen«. Die Versuchspersonen zeigten die Tendenz, ihren Stuhl entweder einen Meter oder aber vier Meter vom Experimentator entfernt aufzustellen. Diejenigen, die bei einem Test zur sozialen Angst mit hohen Werten abschnitten, tendierten zu mehr Distanz zwischen sich und dem Experimentator als die Personen, die keine soziale Angst aufwiesen.

Das Gleichgewichtsmodell, das Argyle und Dean entwickelten, besitzt offenbar einige Relevanz für die alltäglichen sozialen Interaktionen des Menschen. Auch wirft es einiges Licht auf die Verfahren, die häufig bei der Beichte in der Kirche oder im Verlauf von psychotherapeutischen Sitzungen angewandt werden, wenn der Sünder oder Patient ermuntert wird, im Beisein einer anderen Person (also des Priesters oder Psychiaters) negative Dinge über sich selbst zu sagen, wobei diese andere Person jeglichen Blickkontakt vermeidet. Da es sich bei einer ausführlichen Darlegung der eigenen Unzulänglichkeiten um ein sehr persönliches Gespräch handelt, würde ein in dieser Zeit angestrengter Blickkontakt den verbalen Prozeß wahrscheinlich hemmen (zum Beispiel würde dann ein Satz wie »Dem Huber hab' ich letzte Woche mein ganzes altes Laub in den Garten geschüttet« ersetzt durch »Ich war gegenüber Herrn Huber letzte Woche nicht sehr freundlich«).

Die Theorie von Argyle und Dean ist zwar offensichtlich recht wertvoll, doch gibt es Umstände, unter denen diese Theorie genau das Gegenteil dessen vorhersagt, was dann tatsächlich passiert. Daher sollte man fairerweise hinzufügen, daß die von den Leuten bevorzugten Intimitätsniveaus um einiges flexibler sind und daß diese Niveaus durch nichtverbale Signale wesentlich stärker beeinflußt werden können als Argyle und Dean annahmen.

Der unmittelbare Lebensraum

Ein weiterer interessanter und wesentlicher Aspekt nicht-verbalen Verhaltens ist der unmittelbare Lebensraum oder das persönliche Umfeld, das ein Mensch benötigt. Robert Sommer von der University of California hat dazu erklärt, daß dieser Raum »einen Bereich mit unsichtbaren Grenzen bezeichnet, die den Körper einer Person umgeben und die kein Eindringling überschreiten darf«.

Eine Möglichkeit, die Bedeutung dieses Lebensraumes zu untersuchen, besteht darin, daß man eine solche Grenzüberschreitung provoziert. Wir Menschen fühlen uns von einem solchen Eindringen gewöhnlich bedroht und reagieren verängstigt – wir gehen in Abwehr- oder Verteidigungsstellung. Ein sehr einfacher Versuch, Reaktionen auf ein derartiges Eindringen zu beobachten, wurde von Nancy Jo Felipe und Robert Sommer unternommen, als sie eine ihrer Untersuchungen in einer großen Nervenklinik durchführten. Der Versuchsleiter ging in und außerhalb der Klinik umher, und immer, wenn er eine Person für sich allein herumsitzen sah, ohne daß sie sich einer bestimmten Tätigkeit widmete, setzte er sich dazu – in einer Entfernung von weniger als zwei Metern. Verrutschte das »Opfer« nun seinen Stuhl oder rückte es auf seiner Bank von dem Experimentator ab, so rückte dieser nach, aber immer so, daß der gleiche Abstand gewahrt blieb. Die Opfer reagierten in der Regel so, daß sie von dem Experimentator fortschauten, daß sie ihre Ellbogen in die Seiten stemmten, daß sie vor sich hinmurmelten oder lachten oder wahnhaft mit sich selber redeten. Die Hälfte der Opfer ergriff innerhalb einer Zeit von neun Minuten die Flucht, und nur acht Prozent hielt stand, vermutlich deshalb, weil sie sich in ihrem unmittelbaren Lebensraum nicht bedroht fühlten.

Manche Paare haben ein gemeinsames persönliches Umfeld. Diese beiden Menschen nehmen eine ganz ähnliche Haltung ein: die verschränkten Arme, die übereinandergeschlagenen Beine und die gleiche Blickrichtung erzeugen beim Betrachter einen starken Eindruck von Gemeinsamkeit.

Natürlich fragten sich Felipe und Sommer, ob diese verblüffenden Ergebnisse nicht darauf zurückzuführen waren, daß es sich bei den Versuchspersonen um Geistesgestörte handelte. Bei ihrem folgenden Experiment setzte sich die Versuchsleiterin in einer ziemlich leeren Universitätsbibliothek ganz nah neben einige ihrer »Kommilitoninnen«. Siebzig Prozent der Studentinnen verließen die Bibliothek innerhalb von 30 Minuten, und nur 13 Prozent ertrugen die unmittelbare Nähe dieser Frau und blieben sitzen.

Wenn jemand in unseren unmittelbaren Lebensraum eindringt und wir uns unwohl fühlen, wie reagieren wir dann? Bitten wir diese Person, sich von uns doch weiter fortzusetzen? Offenbar nicht, wenn wir uns an die Befunde von Felipe und Sommer halten. Denn sie bemerkten, daß nur zwei von den Patienten in der Nervenklinik und nur eine von 80 Studentinnen die Bitte äußerte, man möge sich nicht so nahe an sie heransetzen.

Man hat häufig angenommen, eine Beeinträchtigung des unmittelbaren Lebensraumes zöge Streß und Anspannung nach sich, doch wurden relativ wenige Versuche unternommen, um diese Annahme zu überprüfen. Einen dieser Versuche starteten Dennis Middlemist und seine Kollegen von der Oklahoma State University in einem recht ungewöhnlichen Rahmen – der Schauplatz ihrer Untersuchung war ein Drei-Männer-Pissoir. Was sie nachweisen wollten, war, daß Streß oder Angst das Einsetzen des Urinierens verzögern (das heißt die verringerte Entspannung des Sphincter ani externus würde den intravesikalen Druck steigern und dergestalt den Urinfluß vermindern). Und sie erbrachten den Beweis für diese Hypothese. Wenn ein Mann in besagtem Pissoir allein urinierte, betrug die Zeit bis zum tatsächlichen Urinfluß fünf Sekunden, während der Mann, neben dem eine zweite Person urinierte, achteinhalb Sekunden benötigte.

Besitzen manche Menschen ein größeres persönliches Umfeld als andere? Einige Tieruntersuchungen lassen vermuten, daß dem wirklich so ist, und sie erhellen die Bedeutung des Status oder der Dominanz. So halten zum Beispiel dominierende männliche Kaninchen zwischen sich und den ihnen Untergeordneten einen Abstand von knapp einem Meter, während sich diese untergeordneten Tiere mit einem Abstand von etwa 30 Zentimetern begnügen.

In unserer Gesellschaft wird bedeutenden Persönlichkeiten in der Regel ein größerer Lebensraum eingeräumt als dem Normalbürger. Larry Dean und seine Mitarbeiter führten beim Personal der United States Naval Station in Long Beach (Kalifornien) Beobachtungen durch, die sich mit dem durch Dominanz erzeugten Lebensraum der verschiedenen Personen befaßten. Dabei fanden sie heraus, daß Interaktionen, die auf einen Vorgesetzten hin ausgerichtet waren, mit einer größeren Distanz erfolgten als Interaktionen, die einer untergeordneten Person galten. Und dieser Effekt verstärkte sich noch, wenn der Rangunterschied zunahm.

Lebensraum und Geschlechtsunterschiede

Michael Ross verglich die Reaktionen von Diskussionsgruppen miteinander. Diese Gruppen bestanden aus acht Männern oder acht Frauen, die entweder in einem relativ großen Raum (vier mal drei Meter) oder in einem ziemlich kleinen Zimmer (zweieinhalb mal eineinhalb Meter) saßen. Die Männer fühlten sich im allgemeinen – sei es nun allein für sich oder zusammen mit den anderen – wohler, wenn sie sich in dem großen Raum aufhielten, während es bei den Frauen genau umgekehrt war: sie zogen die intimere Atmosphäre des kleinen Zimmers vor.

Einen noch überraschenderen Geschlechtsunterschied beschrieben Jeffrey Fisher und Donn Byrne von der Purdue University. Sie führten eine Untersuchung durch, bei der der persönliche Lebensraum eines Studenten oder einer Studentin dadurch getestet wurde, daß sich jemand ihnen direkt gegenüber oder eng neben sie setzte. Abgewickelt wurde diese Untersuchung in der Universitätsbibliothek. Die Studenten fühlten sich unwohler, wenn ihnen jemand gegenübersaß, und als weniger unwohl erlebten sie ihre Situation, wenn sich jemand neben sie setzte, während die Studentinnen den sich jeweils neben sie Setzenden nicht leiden konnten.

In einer zweiten Studie gingen Fisher und Byrne von der Behauptung aus, daß

Ganz oben: Zwei Freunde unterhalten sich auf der Straße. Wenn es Engländer sind, kommt es vermutlich zu keinem Körperkontakt, außer beim Abschied.

Mitte: Die bedrängende Enge in den öffentlichen Verkehrsmitteln. Die meisten Menschen vermeiden in dieser Situation den Blickkontakt mit Mitreisenden.

Unten: »Diese Bank ist für uns zwei nicht groß genug . . .«

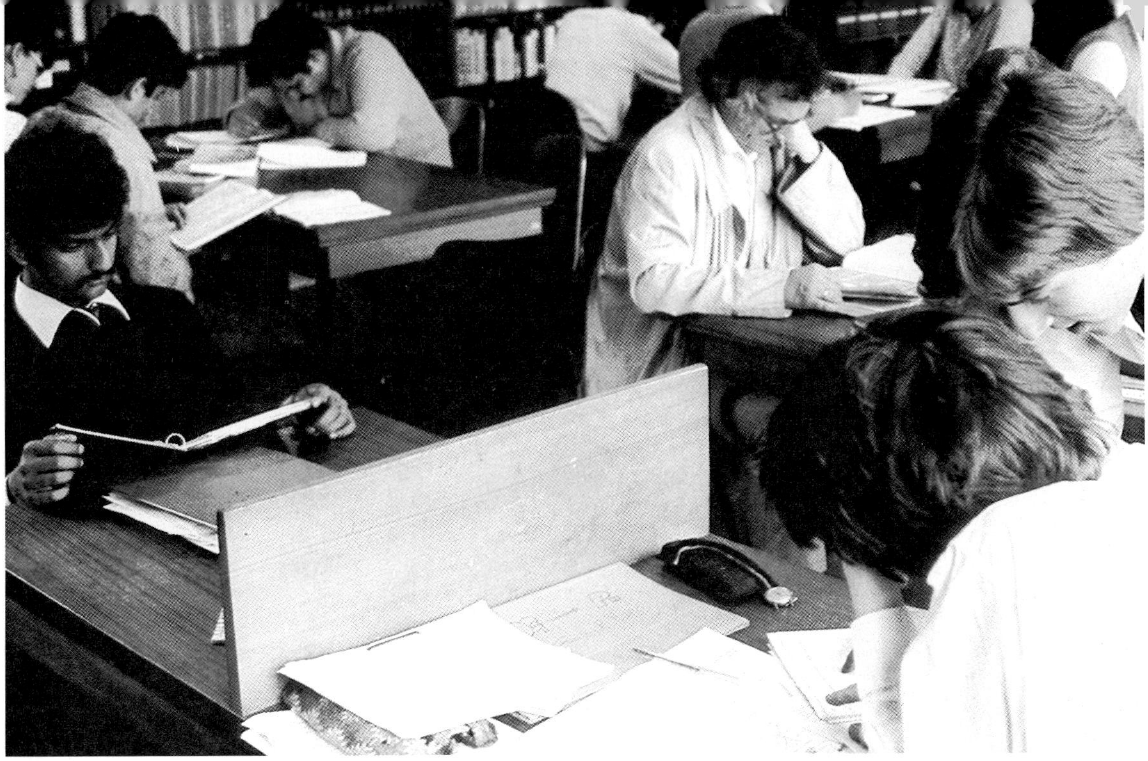

Oben: Universitätsbibliothek: ein Ort der stummen Feindseligkeiten, der Invasionen in fremden Lebensraum und der Kapitulationen.

Unten: Ideale Gruppierung der Leser in einer öffentlichen Bibliothek – für jeden Leser eine Sitzbank!

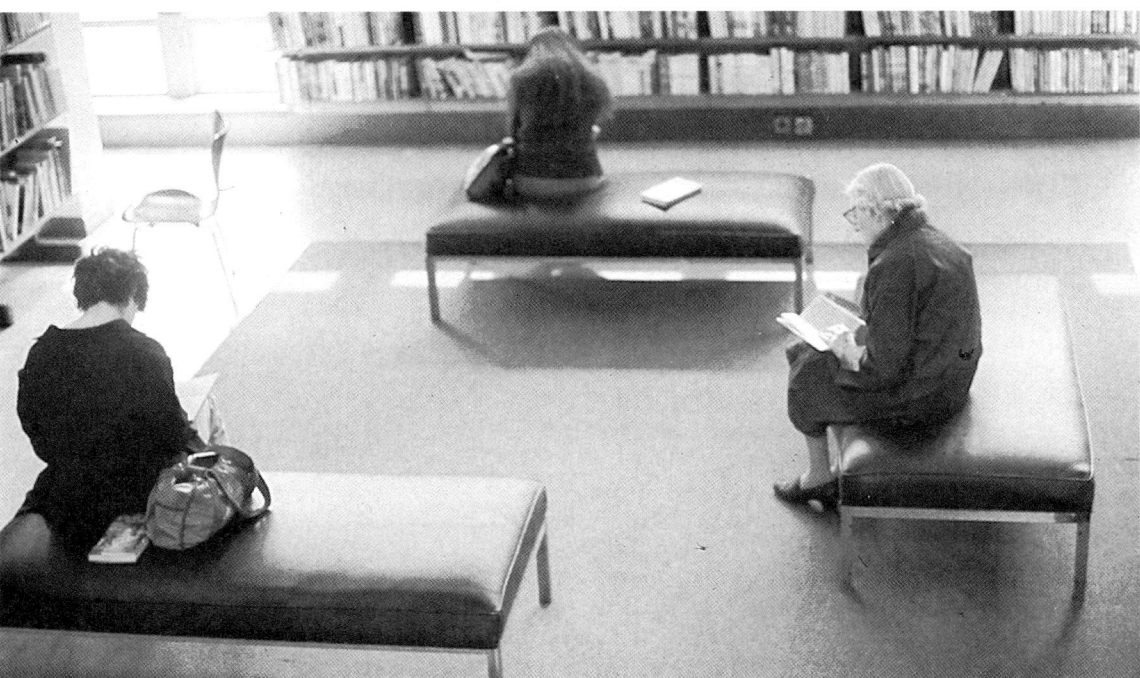

Studenten, die allein in einer Bibliothek sitzen, ihr Terrain mit Hilfe von Büchern, Mänteln, Strickjacken usw. markierten und auf diese Weise Hindernisse gegen mögliche Eindringlinge errichteten. Studentinnen neigten dazu, Hindernisse zwischen sich und möglichen Eindringlingen neben sich zu errichten, während die Studenten ihren potentiellen »Feind« gegenüber von sich sahen. Da die Männer stärker zu Konkurrenzverhalten erzogen werden als Frauen, könnte es sein, daß sie den Gegenübersitzenden als eine stärkere Herausforderung oder Bedrohung erleben. Im Gegensatz dazu werden Frauen in der Regel zu mehr Liebenswürdigkeit und Kooperation erzogen, weshalb sie den Fremden neben sich möglicherweise für jemanden nehmen, der Zuwendung und Aufmerksamkeit braucht.

Beeinträchtigung unseres Lebensraumes – wie verhalten wir uns?

Ein weiteres Beispiel für einen Einbruch oder Eingriff in unseren persönlichen Lebensraum dürfte den meisten unter uns vertraut sein – wir meinen den Autofahrer, der bei Rotlicht an der Kreuzung wartet und von den Insassen eines anderen Autos angestarrt wird. Die meisten Leute, die diese Erfahrung kennen, haben sie sicherlich als leicht beunruhigend erlebt und werden sich erinnern, wie sie dabei langsam aber sicher herumzuzappeln begannen, am Radio herumdrehten, mit den anderen Insassen im eigenen Auto zu reden begannen usw. In dieser Situation hat man eine zweite weniger offenkundige Reaktion beobachten können: der betroffene Fahrer rast beim ersten Grünschimmer schon los.

Eine ähnliche Form von Flucht wurde von Vladimir Konečni und seinen Mitarbeitern an der University of California untersucht. Sie entdeckten, daß Fußgänger die Straße rascher überqueren, wenn jemand bei Rot zu nahe neben ihnen gestanden hatte. Man könnte über weitere mögliche Reaktionen von Fußgängern, deren persönlicher Lebensraum beeinträchtigt wird, Spekulationen anstellen. Oder aber die Frage aufwerfen, ob der Störenfried von dem Betroffenen auf eine negative Weise betrachtet wird? Konečni überprüfte diese Möglichkeit, indem er einem normalen Passanten, der am Bordstein auf Grün wartete, einen seiner wissenschaftlichen Mitarbeiter an die Seite stellte, und zwar in einer Entfernung von entweder dreißig Zentimetern oder aber drei Metern. Wenn beide im Begriff waren, die Straße zu überqueren, ließ besagter Mitarbeiter vor den Augen des Passanten »zufällig« irgendeinen Gegenstand fallen. Die Frage war nun, ob dieser Passant auf eine hilfreiche Weise reagierte, mit anderen Worten, ob er dem Assistenten den verlorenen Gegenstand zurückreichte oder ihm lediglich zurief: »Hallo, Sie haben etwas verloren!« In der 30 Zentimeter-Situation waren es lediglich 47 Prozent, die dem Assistenten buchstäblich zur Hand gingen, während es in der Drei-Meter-Situation 80 Prozent waren.

Eine der Aufgaben des persönlichen Lebensraumes könnte darin bestehen, Aggressionen von vornherein auf einem annehmbaren Niveau zu halten, und die Hindernisse oder Barrieren, die wir zu diesem Zweck errichten, können zwar unsichtbar sein, nichtsdestotrotz aber eine Art Sicherheitszone schaffen, auf die sich ein Angreifer nur selten vorwagt, und in der wir selbst ebenfalls nur sehr selten angreifen.

Zwischenmenschliche Vertrautheit: Mögen und Lieben

Jeder von uns hat bereits erlebt, wie Leute ängstlich und unsicher geworden sind, weil das nicht-verbale Verhalten einer anderen Person einen hohen Grad an zwischenmenschlicher Vertrautheit anzeigte – die Beeinträchtigung des eigenen persönlichen Lebensraumes ist eines der sichersten Mittel, um Beunruhigung oder Verwirrung zu stiften. Doch haben Argyle und Dean darauf hingewiesen, daß die Leute mit dieser Situation in der Regel dadurch fertig werden, daß sie irgendein kompensatorisches nicht-verbales Verhalten entwickeln, welches es ihnen ermöglichen soll, das gewünschte Niveau an zwischenmenschlicher Vertrautheit oder eben Unvertrautheit wiederherzustellen.

Miles Patterson meinte ebenfalls, daß die gesteigerte Intimität des einen Partners einer Paarbeziehung zu einer kompensatorischen Abnahme der Intimität des anderen Partners führen könnte, doch vermochte Patterson nicht klar zu sagen, ob dieser Prozeß auch jenen anderen des Sich-Verliebens von zwei Menschen erklären könnte. Denn eine vermehrte nicht-verbale Intimität seitens des einen Partners führt in der Regel zu einer ebenfalls vermehrten nicht-verbalen Intimität seitens des anderen Partners, nicht aber zu einer Verringerung dieser Intimität. Das aber bedeutet für die Liebesleute, daß sie ihr zusehends intimes Verhalten erwidern, anstatt daß der eine das Verhalten des anderen aufzuheben oder zu kompensieren versuchte.

Patterson meinte, vermehrte nicht-verbale Intimität seitens des einen Partners erzeuge eine physiologische Erregung und einen damit verbundenen emotionalen

Oben: Fußgänger, die sich an einem Übergang stauen, queren die Straße häufig rascher als wenn sie allein wären.

Mitte: Zwei separate Welten. Keines der Paare scheint das andere zu bemerken.

Unten: Zwei Freundinnen Arm in Arm. Wenn Liebe oder Freundschaft im Spiel ist, werden Intimitäten meistens erwidert und nicht abgewehrt.

Bombenverwüstetes Land in Kambodscha. Die modernen Waffen säen den Tod aus der Ferne. Gewissensbisse derer, die die Tötungsinstrumente bedienen, werden auf ein Minimum reduziert.

Zustand. Führt die gesteigerte nicht-verbale Intimität aber zu negativen emotionalen Reaktionen (zum Beispiel zu Angst), so reagiert der zweite Partner mit einem kompensatorischen Verhalten (zum Beispiel mit weniger Blickkontakten, einer größeren körperlichen Distanz usw.). Entsteht jedoch ein positiver emotionaler Zustand (zum Beispiel Liebe), so gehen die anfänglichen Intimitätsverhalten der beiden Partner hervorragend zusammen und führen zu einem neuen und anderen Intimitäts- oder Vertrautheitsniveau.

Weshalb aber versuchten Argyle und Dean und andere vor allem die unangenehmen emotionalen Reaktionen auf eine vermehrte Intimität zu erhellen, wo sie doch auch oder vor allem die angenehmeren Situationen hätten durchleuchten können? Die Antwort auf diese Frage ist nach Patterson in der Tatsache zu suchen, daß die meisten Experimente nicht unbedingt Gefühle der Freude oder Euphorie erzeugen. Die Personen, die bei Experimenten als Paare eingesetzt werden, kennen sich in der Regel überhaupt nicht, und der Versuchsrahmen ist gewöhnlich ziemlich unpersönlich, während die Versuchspersonen es zumeist mit recht extremen Situationen zu tun haben.

In einem starken Gegensatz hierzu steht die Interaktion zwischen Mutter und Säugling im häuslichen Umfeld. So berichtete zum Beispiel John Bowlby, daß, je mehr ein Säugling seine Mutter anlächelt, um so mehr Wahrscheinlichkeit bestehe, daß sich die Mutter ihrem Kind zuwendet, daß sie mit ihm redet oder ihm etwas vorsingt, daß sie es auf den Arm nimmt und streichelt und küßt.

Folgerungen

Die wichtigste Aufgabe von nicht-verbalen Signalen besteht darin, daß sie es einer Person erlauben, einer zweiten Person ihre Gefühle zu signalisieren. Partner einer Paarbeziehung, die sich stark zueinander hingezogen fühlen, stehen in der Regel näher beieinander als Partner, die sich nicht leiden können. In jeder Zweierbeziehung gibt es in der Regel ein bevorzugtes Niveau an zwischenmenschlicher Vertrautheit bzw. Unvertrautheit, und Abweichungen von diesem Niveau werden als unangenehm empfunden und auf irgendeine Weise ausgeglichen.

Die Beeinträchtigung des persönlichen Lebensraumes einer Person (oder aber – was das gleiche ist – die Abwehr dieses Eindringens in das persönliche Umfeld) stellt ein besonders eindringliches nicht-verbales Signal dar. Wenn ein Fremder viel näher bei uns steht als uns genehm ist, äußern wir automatisch Anzeichen von Beunruhigung, und wir reagieren angespannt und ängstlich, ja es kann sogar vorkommen, daß wir der Situation zu entfliehen versuchen.

17 Wenn wir uns vor uns selber rechtfertigen

Was jeder von uns jeden Tag beobachten kann, ist, daß sich Leute, wenn sie Entscheidungen gefällt haben, beunruhigt zeigen, weil sie sich überlegen, ob es nicht der falsche Entschluß gewesen sein könnte. Jeder, der einen Gebrauchtwagen gekauft hat, kennt dieses Gefühl. Wir alle wissen ja im Grunde, daß wir letztendlich immer nur das bekommen, was wir auch wirklich bezahlt haben. So steht also von Anfang an unser gesunder Menschenverstand im Widerspruch zu unseren Erwartungen. Eine Möglichkeit, diesen Konflikt zu lösen, besteht darin, daß wir bei unseren Freunden und Kollegen eine gewisse Aufmunterung und Ermutigung suchen: »Gar nicht schlecht, dieses Auto, wo es doch schon 100 000 drauf hat!« Die Leute üben in solchen Situationen meistens eine erstaunliche Selbstbeherrschung, und anstatt daß sie eine zwar schmerzhafte, aber aufrichtige Meinung äußern wie »Das ist ja ein toller Schrotthaufen, der bringt dich keine hundert Kilometer weit«, geben sie die einzige »gesellschaftsfähige« Antwort: »Das ist ein echtes Geschäft, das Sie da gemacht haben.« Mit anderen Worten: die Leute gehen ein auf unser Bedürfnis, uns in bezug auf unsere Handlungen und Entschlüsse wohlzufühlen.

Unser ständiger Wunsch, unsere Entscheidungen zu rechtfertigen und einen folgerichtigen Zusammenhang zwischen unseren Standpunkten und unserem Verhalten herzustellen, hat Äsop zu einer seiner bekanntesten Fabeln inspiriert – es geht um den Fuchs und die Trauben. Ein schrecklich hungriger Fuchs erspäht einige Meter über sich ein paar Trauben. Aber jeder Versuch, diese Trauben springend zu erreichen, mißlingt, so daß es zu einer immer größeren Kluft kommt zwischen dem kräfteraubenden Versuch, das gesetzte Ziel zu erreichen, und dem anhaltenden Scheitern. Diese Kluft aber gelingt es dem Fuchs am Ende dadurch wieder zu schließen, daß er sich selber einredet, wie müßig doch diese mühseligen Versuche und daß diese Trauben in Wirklichkeit sauer und völlig ungenießbar seien.

Eines der besten Beispiele für den wesentlichen Konflikt zwischen Glauben und

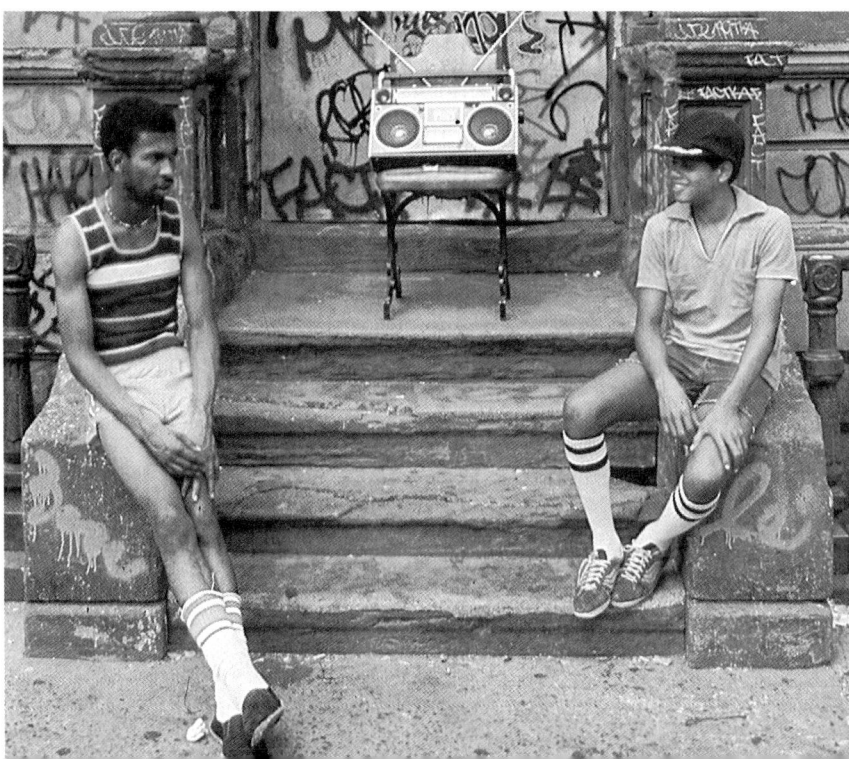

Heruntergekommene Häuser und Arbeitslosigkeit, das sind Zustände, die von den benachteiligten Gruppen der Gesellschaft keineswegs herbeigesehnt werden. Die Graffiti ergänzen dieses Bild der Trostlosigkeit.

Unten: Die Mode der jungen Leute macht aus der Not oft eine Tugend. Diese Arbeiterhosen stehen für den Kompromiß zwischen Geldmangel und dem Wunsch nach persönlichem Stil.

Ganz unten: Ein weiterer Kompromiß: zwischen Maskulinität und Femininität.

Verhalten ist der Raucher, der sehr wohl weiß, daß Rauchen Krebs und andere Krankheiten erzeugen kann, was ihn jedoch nicht hindert, weiter zu rauchen. Wie kommen Menschen mit dieser Art von Konflikt zurecht? Zwei Möglichkeiten bieten sich sofort an: zum einen kann man sein Verhalten verändern (das heißt zu rauchen aufhören), zum anderen kann man sich weigern zu glauben, daß Rauchen Krebs erzeuge oder sonstwie gefährlich sei.

Schlüsselexperiment: Lügen unter Druck (Leon Festinger und James Carlsmith)

Leon Festinger und James Carlsmith von der Stanford University befaßten sich intensiv mit der Frage, wie Leute auf diese weiter oben angesprochenen Konflikte reagieren. Und sie setzten sich insbesondere mit dem Problem auseinander, wie die Meinung von Leuten beeinflußt würde durch die unangenehme Entdeckung, daß sie jemanden bewußt belogen hatten. In Festingers und Carlsmiths Experiment mußte jede Versuchsperson zwei ebenso sinnlose wie geisttötende Aufgaben lösen, die je eine halbe Stunde in Anspruch nahmen.

Nach dieser Stunde voll tödlicher Langeweile erklärte der Versuchsleiter, daß es ihn interessieren würde, welche Erwartungen die Versuchspersonen in die gestellten Aufgaben gesetzt hätten. Und in diesem Zusammenhang erzählte er, daß man früher einige Versuchspersonen gelegentlich davon überzeugt habe, daß das Experiment Spaß mache, interessant und aufregend sei. Er selbst habe einen bestimmten Studenten mit der Aufgabe betraut, die Versuchspersonen in diesem Sinne fehlzuinformieren. Nun sei es leider aber so, fuhr der Experimentator betroffen und verunsichert fort, daß dieser Student nicht mehr zur Verfügung stehe, und er fragte den jeweiligen Partizipanten, ob er nicht für diesen Studenten einspringen wolle. In einigen Fällen bekam dieser einen, in anderen Fällen 20 Dollar angeboten, für den Fall, daß er sich bereit erklärte, diese Lügenaufgabe zu übernehmen und auch künftig in solchen Notfällen einzuspringen.

Beinahe alle Versuchspersonen erklärten sich einverstanden und wurden danach mit der nächsten Versuchsperson, einem Mädchen, bekannt gemacht. Als nun der angeheuerte Heuchler mit glühenden Farben das Experiment zu beschreiben begann, erklärte das Mädchen, daß sie ganz hübsch überrascht sei, denn vor einer Woche habe ihr ein Bekannter von dem Experiment erzählt und ihr dringend abgeraten, daran teilzunehmen. Die meisten Versuchspersonen reagierten auf diese neue Situation dadurch, daß sie etwas sagten wie »Aber nein, die Sache ist wirklich hochinteressant, und ich bin sicher, daß Sie Ihren Spaß dran haben werden.«

Am Ende brachte der Versuchsleiter jede Versuchsperson zu einem Interviewer, dessen Aufgabe es war, diese und andere Experimente zu bewerten, damit sie für die Zukunft verbessert werden könnten. Dieser Interviewer stellte verschiedene Fragen, unter anderem die, wie interessant und vergnüglich die Aufgaben, gemessen an einer bestimmten Punkteskala, gewesen seien.

Nun möchte man doch annehmen, daß die Versuchspersonen mit 20 Dollar positiver reagierten als die Personen mit bloß einem Dollar, denn schließlich ist es angenehmer, anstelle einer kleineren eine größere Summe als Belohnung oder Entgelt zu bekommen. Doch die Ergebnisse fielen tatsächlich gegenteilig aus. Paradoxerweise war es so, daß die Versuchspersonen mit nur einem Dollar das Experiment wesentlich interessanter und amüsanter fanden als die Personen mit 20 Dollar! Das Aussprechen einer Lüge (bzw. der Behauptung, daß das Experiment wesentlich interessanter sei als es tatsächlich war) erzeugt wahrscheinlich deshalb eine Konfliktsituation, weil sich die meisten Menschen im Grunde für ehrlich halten. Die Versuchspersonen mit 20 Dollar aber konnten ihr Verhalten durch die verhältnismäßig hohe Geldsumme rechtfertigen: »Jeder würde ein bißchen lügen, wenn es die Sache wert wäre.« Doch diejenigen, die nur einen Dollar angeboten bekamen, konnten ihr schlechtes Gewissen nicht so leicht beruhigen, und sie lösten ihren Konflikt dadurch, daß sie sich selbst einredeten, so unehrlich nun auch wieder nicht gewesen zu sein, denn schließlich sei das Experiment doch recht interessant gewesen. – Je *geringer* die Geldsumme, desto *größer* der Gewissenskonflikt.

Die Versuchspersonen wurden, wie es in der Sozialpsychologie zuweilen vorkommt, im Hinblick auf einige Aspekte des Experiments entweder im unklaren gelassen oder gar bewußt getäuscht. Der fehlende Student, der vor den Versuchspersonen das Experiment bislang hochgelobt hatte, war eine Erfindung, die weibliche Versuchsperson war in Wirklichkeit eine Mitarbeiterin des Versuchsleiters, und das gleiche gilt für den Interviewer. Das Schlimmste aber war, daß die Versuchspersonen nach dem Experiment gebeten wurden, den einen bzw. die 20 Dollar zurückzugeben. Viele Psychologen äußerten gravierende moralische Bedenken gegen die großangelegten Täuschungsmanöver in diesem Experiment.

Kognitive Dissonanz

Durch seine Befunde gelangte Festinger zu der Behauptung, daß man Menschen dann dazu bewegen könnte, ihre Meinung zu ändern, wenn man als ersten entscheidenden Schritt einen Zustand der »kognitiven Dissonanz« erzeuge. Es ist dies ein unangenehmer Zustand, der sich immer dann einstellt, wenn eine Person mit gleichzeitig zwei Meinungen oder Vorstellungen umgeht, die in einem Widerspruch zueinander stehen. So könnten zum Beispiel in dem Festinger- und Carlsmith-Experiment die Teilnehmer fast in einem Atemzug zu sich selbst gesagt haben: »Eben habe ich gelogen« und »Im Grunde aber bin ich ein ehrlicher Mensch«. Da ein solcher Mensch aber nicht herumgeht und Lügen verbreitet, ist es das Zusammentreffen dieser beiden Gedanken, das diese kognitive Dissonanz bewirkt.

Festinger ging noch etwas weiter und behauptete, die Personen seien dadurch, daß diese Dissonanz ein relativ unangenehmes Gefühl erzeuge, dahingehend motiviert, daß sie, mit welchem Mittel auch immer, dieses Gefühl zu reduzieren versuchten. Eine Möglichkeit, dies zu tun, ist, daß man die bereits vollzogene Handlung beschönigt und im nachhinein rechtfertigt. So konnten sich zum Beispiel die Versuchspersonen, die für 20 Dollar gelogen hatten, einreden, daß dies doch ein hübsches Sümmchen sei, welches eine Lüge schon rechtfertige. Doch kann eine Dissonanz auch dadurch verringert werden, daß man entweder die eine oder aber beide dissonanten Vorstellungen verändert, mit dem Ziel, daß sie besser zusammenpassen. Die Versuchspersonen mit nur einem Dollar konnten ihr Verhalten nicht mittels dieser Geldsumme rechtfertigen, und so war es auch unwahrscheinlich, daß sie ihre Überzeugung von der eigenen prinzipiellen Ehrlichkeit nicht aufgeben würden. Daher bestand die einzige Möglichkeit, den dissonanten Zustand, in den sie geraten waren, zu verändern, darin, daß sie die Überlegung »Ich habe eben gelogen« in etwas anderes verwandelten. Das schafften sie, indem sie sich einredeten, daß das Experiment recht interessant gewesen sei, so daß ihre Lüge nun auch keine Lüge mehr war.

Außerdem behauptete Festinger, daß das höchste Ausmaß an Dissonanz dann erzeugt würde, wenn die divergierenden Vorstellungen oder Überzeugungen für die Einzelperson ungemein wichtig wären. Einer der Gründe für den von Festinger und Carlsmith beobachteten Meinungswandel ist wahrscheinlich darin zu suchen, daß die meisten Menschen eine Ichvorstellung besitzen, deren fester Bestandteil die Überzeugung ist, von Grund auf ehrlich zu sein.

Der Geldaspekt

Festingers Theorie von der kognitiven Dissonanz liefert ganz offensichtlich eine plausible Erklärung für die von ihm und Carlsmith erzielten Ergebnisse. Doch Psychologen sind Skeptiker von Natur, und so hat es einen Punkt in dem besprochenen Experiment gegeben, der bei vielen von ihnen Zweifel aufkommen ließ: es drehte sich um die den Versuchspersonen angebotene Geldsumme. Manche Psychologen behaupteten, daß die Personen mit 20 Dollar ihre Meinung über das Experiment nicht bloß wegen dieses Geldbetrags änderten – denn schließlich sind

Unten: Eine Frau in einem »Männerberuf«. Sie reduziert die resultierende Dissonanz dadurch, daß sie den Arbeitsanzug der Männer trägt, und ihre männlichen Kollegen verringern die Dissonanz vielleicht dadurch, daß sie sagen: »Zwar eine Frau, aber sie steht ihren Mann.«

Ganz unten: Briefverteiler im Postamt. Die Sortierarbeit ist an und für sich langweilig, doch die Leute rechtfertigen diese Langeweile mit Argumenten wie »Die Arbeit wird gut bezahlt«, »Die Kollegen sind toll« usw.

20 Dollar nicht die Welt. Und andere Psychologen erklärten wiederum, daß sich manche Versuchspersonen durch diese 20 Dollar derart verwirrt gefühlt hätten, daß ihr Urteilsvermögen zu wünschen übrig ließ.

Doch keine dieser Kritiken erwies sich als gültig. Arthur Cohen brachte Yale-Studenten dazu, daß sie Aufsätze schrieben, welche die Unterdrückungsmaßnahmen des New Haven Police Department beim Ersticken eines Studentenaufstands rechtfertigten. Pro Aufsatz bezahlt wurden entweder ein Dollar oder 50 Cents. Die Versuchspersonen mit der kleineren Summe glaubten am Ende fester an das, was sie zugunsten der Polizei produziert hatten, als diejenigen mit der größeren Summe.

Tendieren die Leute immer oder fast immer dazu, ihre Meinung in einem entscheidenderen Maße zu ändern, wenn die verabreichte Bestechung kleiner ist? Festingers Grundidee, wonach die Leute ihre Handlungen mit allen verfügbaren Mitteln rechtfertigen, läßt aber auch den Schluß zu, daß es Ausnahmen von dieser »Regel« gibt. So können zum Beispiel Versuchspersonen dazu veranlaßt werden, Lügen über die Erfreulichkeit eines Experiments zu erzählen, doch kann ihnen anschließend der Gedanke »Ich war ja gezwungen zu lügen« als Rechtfertigung für ihr Verhalten dienen. Auch in diesem Fall wäre das Resultat eine Verringerung der Dissonanz. Unter solchen Umständen kommt es, so entdeckte Festinger, zu einer glatten Umkehrung des üblichen Schemas: Die Versuchspersonen mit einem Dollar fanden das Experiment erfreulicher und lohnender als die Personen, die nur 50 Cents oder die Hälfte der Belohnung erhalten hatten.

Der Mechanismus der Selbstrechtfertigung

Die uns vorliegenden Materialien lassen für den Fall, daß Leute gegen ihre eigene Überzeugung handeln, folgende Faustregel erkennen: Wenn diese Leute ihr Verhalten durch irgendwelche äußeren Gründe rechtfertigen können (sei es nun durch eine Menge angebotenen Geldes, durch keine andere Wahlmöglichkeit oder dadurch, daß keine schlimmen Folgen abzusehen waren), so ändert sich ihre Meinung nur geringfügig; können sie ihr Verhalten jedoch auf keine andere Weise rechtfertigen, so kommt es zu einer Meinungsänderung, durch die Meinung und Verhalten auf einen Nenner gebracht werden.

Man hat Festingers Befunde in Bezug gesetzt zu vielen anderen Situationen. So fragte sich zum Beispiel Philip Zimbardo, wie es denn käme, daß sich verabscheute Speisen wie geröstete Heuschrecken in eine Delikatesse verwandeln ließen. Zimbardo selbst meinte hierzu, daß Leute, die von jemandem freundlich und freundschaftlich aufgefordert würden, doch auch mal diese Heuschrecken zu probieren, dies dann auch tun könnten, und zwar indem sie ihr Verhalten mit dem Argument rechtfertigten, daß dieser Mensch so überaus liebenswürdig gewesen sei. Erwiese sich dieser Mensch indes als arrogant, versnobt, taktlos oder aufdringlich, so müßte die Rechtfertigung mittels der Liebenswürdigkeit dieses Menschen ins Wasser fallen, und es würde angesichts des Tellers mit den gerösteten Heuschrecken eine Dissonanz entstehen. Die einfachste Möglichkeit, dieser Dissonanz Herr zu werden, bestünde darin, daß man sich selbst davon überzeugt, wie köstlich geröstete Heuschrecken doch schmeckten. Zimbardo stellte diese ganze Hypothese tatsächlich auf die Probe und entdeckte, daß sich ungefähr die Hälfte seiner Versuchspersonen dazu herbeiließ, zumindest eines von diesen Tierchen zu verspeisen, daß sich aber nur diejenigen mit dem Gedanken, sie könnten nun immer wieder Heuschrecken essen (»Weil sie ja so wie Krabben schmecken«), vertraut machten, die von einer unangenehmen Person zum Verspeisen besagter Köstlichkeit aufgefordert worden waren. Die Unüberzeugten gingen in der Tat den entgegengesetzten Weg: ihr Widerwille gegen das Verspeisen gerösteter Heuschrecken nahm noch um ein Erkleckliches zu.

Im Zusammenhang mit der Tatsache, daß die Dissonanz als ein Zustand des Unbehagens und der Anspannung erlebt wird, führte man eine Untersuchung durch, bei der Studenten sich bereit erklärten, Aufsätze zugunsten eines Systems zu schreiben, das die Kriegsdienstverweigerung radikal ablehnt und Zwangsmaßnahmen zum Wehrdienst befürwortet. Diese Studenten gerieten dadurch in eine

Situation der Dissonanz, und sie tauschten ihre wirkliche Meinung gegen jene fremde ein, die man im Aufsatz von ihnen erwartete. Das aber taten sie, um die entstandene Anspannung in sich selber zu verringern. Wie aber wäre es, so fragten sich die Versuchsleiter, wenn die Studenten ein unwirksames Medikament (Placebo) verabreicht bekämen, noch bevor sie den Aufsatz schrieben, man ihnen aber gleichzeitig bedeutete, daß dieses Mittel Gefühle der Anspannung erzeugen würde? Würden sie jede Anspannung, die sie erlebten, auf dieses Mittel zurückführen und aus diesem Grund nicht das Bedürfnis haben, ihre Meinung zu ändern? Genau das passierte; man entdeckte, daß der übliche Dissonanzeffekt, der zur Meinungsänderung führt, nicht auftrat, wenn davor ein angeblich spannungserzeugendes Mittel verabreicht worden war.

Gesellschaftliche Implikationen

Wie wir gesehen haben, ändert sich unsere Meinung nur unwesentlich, wenn wir gute Gründe haben, uns so und so zu verhalten, wohingegen sich unser Standpunkt ganz entscheidend wandeln kann, wenn wir für unser Handeln eine nur unzureichende Rechtfertigung haben. In diesem Zusammenhang hat man sogar behauptet, daß sich die Geschichte der Medizin vor allem anhand der kognitiven Dissonanz erklären ließe!

Die meisten medizinischen Behandlungsformen waren in der Regel sehr unerquicklich – Cholerapatienten wurden in siedendes Wasser gesetzt, und Leute, die bluteten, bekamen Blutegel angesetzt. Erweist sich eine medizinische Behandlung als unangenehm, zeitraubend oder peinlich, so kommt es meistens zu einer Dissonanz zwischen den folgenden beiden Gedankengängen: »Ich habe dieser widerlichen Behandlungsmethode zugestimmt.« / »Mir geht es genauso schlecht wie vorher.« Diese Dissonanz läßt sich nur dann ausschalten und die Behandlung nur dann wirklich rechtfertigen, wenn der Patient sich selbst davon überzeugen kann, daß es ihm tatsächlich schon besser geht. Wenn die Leute sagen: »Das schmeckt so schrecklich, daß es mir nur gut tun kann«, äußern sie sich scharfsinniger und treffender als sie selbst glauben. (Freilich gibt es viele Krankheiten, die diese Art von Selbsttäuschung nicht zulassen.)

Die Dissonanztheorie wurde auch in einem Bereich benutzt, der für die Entwicklung einer jeden Gesellschaft wichtig ist – wir meinen die Kindererziehung und das Problem, das Verhalten der Kinder so zu beeinflussen, daß es den moralischen Vorstellungen der Gesellschaft, in die sie hineinwachsen, entspricht. Es ist verhältnismäßig einfach, das Verhalten eines Kindes dadurch zu unterbinden, daß man ihm mit einer Strafe droht. Wenn jedoch der Sozialisationsprozeß gelingt, muß das Kind lernen, sich auch in Abwesenheit von angedrohten Strafen oder Sanktionen richtig zu verhalten. Das aber ist eine wesentlich schwierigere Aufgabe.

Wenn man sich an die Dissonanztheorie hält, so stellt sich heraus, daß sich, um das unsoziale Verhalten eines Kindes zu unterbinden, eine Androhung von milder Strafe besser eignet als von harter Bestrafung. Doch warum ist dem so? Wenn das Kind aufgrund einer Androhung von schwerer Strafe aufhört, etwas zu tun, woran ihm gelegen ist (zum Beispiel Steine zu werfen), so dürfte seine Begründung für dieses Nicht-mehr-Handeln etwa folgendermaßen lauten: »Man hat mich gezwungen aufzuhören, obwohl ich weitermachen wollte.« Gibt das Kind hingegen sein Steinewerfen auf, weil man ihm milde gedroht hat, so könnte es dieses Nichthandeln mit der Überlegung begründen: »Eigentlich wollte ich ja gar nicht Steine schmeißen.«

Es waren Elliot Aronson und James Carlsmith, die die Vermutung erhärteten, wonach eine leichte Drohung wirksamer ist als eine schwere. Sie befahlen vierjährigen Kindern, nicht mit einem bestimmten Lieblingsspielzeug (zum Beispiel einem batteriebetriebenen Feuerwehrauto) zu spielen – dabei drohten sie entweder milde (»Wenn du damit spielst, werde ich ärgerlich«) oder aber sie fuhren ziemlich schwere Geschütze auf (»Dann werde ich schrecklich wütend, und ich werde dir alle Spielsachen wegnehmen und heimgehen und nie mehr wiederkommen . . . Du benimmst dich ja wie ein Baby«). Während beide Drohungen den Effekt hatten, daß

Gegenüber (oben): Ein besonders strenges Verbot, mit gewissen Spielzeugen zu spielen, führt selten zu dem gewünschten Ergebnis.

Gegenüber (Mitte): So gut wie jeder Kriegsdienst ist unerquicklich. Deshalb sagen sich die meisten Rekruten: »Eine Schinderei, aber ein gutes Training.«

Gegenüber (unten): Farbenprächtiger Protest gegen den Konformismus.

das Kind besagtes Spielzeug nicht mehr anrührte, solange sich der Erwachsene im Zimmer aufhielt, war es doch so, daß sich die milde Drohung insofern stärker durchsetzte, als in ihrem Fall das Interesse an dem verbotenen Spielzeug abnahm, während dies bei der schweren Strafandrohung nicht der Fall war.

Man hat die kognitive Dissonanztheorie auch im Zusammenhang mit der Frage benutzt, ob Einzelpersonen einen Klub oder eine Organisation dann bevorzugen, wenn der Beitritt mit einem mehr oder minder großen Schock verbunden ist, oder dann, wenn das entsprechende Initiationsverfahren verhältnismäßig milde ausfällt. Da die meisten Leute von Schocks nicht viel halten, könnte man annehmen, daß sie einen Klub, der unangenehme Erfahrungen für sie bereithält, nicht sonderlich schätzen würden. Trotzdem haben diese Leute den Konflikt anders ausgetragen. Hin und hergerissen zwischen den beiden Vorstellungen »Ich habe mich bereit erklärt, diesem Klub beizutreten« und »Wegen dieses Beitritts hat man mir eben einen ganz hübschen Schock versetzt«, erleben sie eine Dissonanz, die nur dadurch reduziert werden kann, daß sie die positiven Aspekte dieses Klubs übertreiben.

Elliot Aronson und Judson Mills von der Stanford University testeten diese Vorstellungen, indem sie College-Studentinnen zur Mitgliedschaft in einer Diskussionsgruppe aufforderten, die sich mit der Psychologie der Sexualität auseinandersetzen würde. Doch um der Gruppe beitreten zu können, sei eine kleine Initiation nötig. Die harmlose Form dieser Initiation bestand darin, daß die betreffende Person nicht-obszöne Wörter, die aber mit Sexualität zu tun hatten (zum Beispiel Prostituierte, Jungfrau, Schmusen), laut vorlesen mußte, während bei der strengen Initiation obszöne Wörter laut vorgelesen werden mußten (zum Beispiel Schwanz, Ficken, Vögeln), und danach waren laut zwei Szenen aus der modernen Literatur darzubieten, bei denen es eindeutig um sexuelle Betätigungen ging. Nach diesen Initiationen hörte man sich eine langweilige und höchst banale Gruppendiskussion über das sekundäre Sexualverhalten bei niedrigeren Säugetieren an. Die Mädchen aber, die sich der strengen Initiation unterzogen hatten, bewerteten die langweilige Diskussion wesentlich positiver als die Mädchen mit der harmlosen Initiation.

Doch hat man, was diese Befunde anlangt, noch andere Erklärungsversuche vorgebracht. Vielleicht, so meinte man, fühlten sich die Mädchen, die die strenge Initiation absolvierten, sexuell nicht verwirrt sondern erregt, so daß der Lusteffekt zur Attraktivität der Gruppe beigetragen haben könnte. Freilich konnte man während der strengen Initiation beobachten, daß sich die Mädchen tatsächlich stark verunsichert fühlten (das heißt sie stotterten, wurden rot und schauten zu Boden).

Den Auswirkungen der kognitiven Dissonanz ist man auch bei verschiedenen Sekten nachgegangen. Bei einer von Festinger und seinen Mitarbeitern durchgeführten Untersuchung gelang es, in eine Sekte, die Lake City Gruppe, einige Psychologen einzuschleusen. Eine Frau, die dieser Gruppe angehörte, erhielt schriftliche Botschaften von einer Reihe von »Wächtern«, die anscheinend irgendwo im Weltenraum lebten, und diese außerirdischen Geschöpfe informierten die gute Frau darüber, daß an dem und dem Tag, kurz vor Morgengrauen, eine entsetzliche Flutkatastrophe den größten Teil der USA heimsuchen würde. Das Tun und Treiben dieser Gruppe erfuhr eine ganz erhebliche Publicity, als eines der Gruppenmitglieder wegen seines Glaubens aufgefordert wurde, seine Arbeit als Arzt in einem Gesundheitszentrum für Studenten aufzugeben.

Die Mitglieder dieser Sekte mußten natürlich eine ganze Menge Spott und Sarkasmus einstecken, so daß sie sich in ihren Äußerungen, während sie sich auf den Untergang vorbereiteten, doch etwas zurückhielten. Dann sagte man ihnen, daß vier Tage vor der Katastrophe um vier Uhr nachmittags eine fliegende Untertasse in ihrem Garten landen würde, um sie abzuholen. Und da warteten sie nun, mit ihren Mänteln überm Arm, doch wer nicht kam, war die fliegende Untertasse. Dem schlossen sich noch weitere Fehlalarms an, und auch die Katastrophe stellte sich nicht ein. Doch schließlich sandte Gott selbst eine Botschaft, des Inhalts, Er habe die Welt nur deshalb gerettet und der Flut nur deshalb Einhalt geboten, weil sie, seine wahren Anhänger, Licht und Stärke über die ganze Welt ausgebreitet hätten.

Wie aber wurden diese Menschen mit der Tatsache, daß sich die Vorhersagen nicht bewahrheiteten, überhaupt fertig? Die meisten von ihnen hatten um dieser Sekte und besagter Prophezeiung willen ihren Beruf und ihren materiellen Besitz aufgegeben, und so war es klar, daß sie so einfach aus dem Unternehmen nicht mehr aussteigen konnten. Die einzige Möglichkeit, die resultierende Dissonanz zu reduzieren, bestand darin, nun so viele Leute wie möglich zu dieser Sekte zu bekehren, denn dadurch wüchse natürlich auch deren moralische und gesellschaftliche Unterstützung. Und das taten sie denn auch begeistert, und ihre frühere Geheimnistuerei vertauschten sie nun gegen eine echte Gier nach Publicity.

Anderen Reaktionen begegnete man indes bei Mitgliedern der Church of the True Word, einer Sekte, die die Botschaft der Bibel wörtlich zu nehmen versuchte. Als diese Sekte die prophetische Botschaft »Die Ägypter kommen« erhielt, verbrachten 103 von den Gläubigen 42 Tage in einem Bunker, wo sie auf einen Atomschlag warteten, der aber nie kam. Als sie schließlich wieder auftauchten, reduzierten sie die entstandene Dissonanz dadurch, daß sie behaupteten, Gott habe ihren Glauben geprüft und sich ihrer bedient, um eine ungläubige Welt noch einmal zu warnen. Und sie alle beschlossen, daß sie die Prüfung bestanden hätten und daher in den Augen Gottes besonders wert und würdig seien.

Anmerkungen zu einer gewissen Fragwürdigkeit der Dissonanztheorie

Die von uns bislang angeführten Beispiele zur Dissonanz sind ziemlich einleuchtend gewesen, und so besteht kaum ein Zweifel daran, daß die schweren Konflikte durch unausgegorene oder widersprüchliche Vorstellungen erzeugt wurden. Doch ist es nicht immer so einfach festzustellen, ob eine Dissonanz nun gegeben ist oder nicht. Nehmen wir einmal an, wir hätten allen unseren Freunden von unserem Lieblingsmaler erzählt, um später jedoch entdecken zu müssen, daß dieser Maler ein Alkoholiker ist. Es kann durchaus sein, daß diese Tatsache noch zu keiner Dissonanz führt, denn schließlich kann man immer noch mit dem Argument aufwarten, daß Künstler eben eine besondere Spezies seien. Andererseits würden wir uns vermutlich einiger Dissonanz bewußt werden, wenn wir herausfänden, daß ein prominenter Vertreter dieser oder jener Kirche nun schon seit Jahren Alkoholiker ist und seine Frau ständig schlecht behandelt.

Eine weitere Schwierigkeit, welche die Dissonanztheorie untergräbt, ist in der Tatsache zu suchen, daß wir alle unterschiedliche Meinungen von uns selbst haben.

Das Lügen bewirkt nach Festinger und Carlsmith nur dann eine Dissonanz, wenn sich der Lügner für einen im Grunde ehrlichen Kerl hält. Hält er sich jedoch für einen bösartigen Psychopathen, so kann ihm der Gedanke, andere zu belügen, ein wahres Ergötzen bereiten, und bei solchen Voraussetzungen sind auch Schuld und Dissonanz ziemlich unwahrscheinlich.

Worauf wir hinauswollen, ist, daß die Anhänger der Dissonanztheorie auch das Selbstbild des einzelnen in Betracht ziehen müssen. So würde man zum Beispiel nicht daran denken, daß die erfolgreiche Ausführung einer Aufgabe Dissonanz erzeugen könnte. Doch wie steht es nun mit Leuten, die zu versagen glaubten, dies aber nicht tun und nun Angst entwickeln, wie man beobachten konnte, wenn sie in einer Sache wirklich Erfolg haben.

Außerdem könnte es sich als katastrophal herausstellen, wenn wir stets alles versuchten, um eine Dissonanz zu verringern; das wäre, als wickelten wir uns ständig in einen Kokon ein. Wir würden in diesem Fall unsere eigenen Handlungen ständig rechtfertigen und begangene Fehler niemals zugeben können, so daß wir auch nicht mehr in der Lage wären, aus Fehlern zu lernen.

Folgerungen

Die Dissonanztheorie behauptet, daß der Mensch eher ein rationalisierendes als ein rationales Geschöpf sei. Wir versuchen unser Verhalten zu rechtfertigen und kommen uns selbst und anderen rational dabei vor. Dieses Bedürfnis nach Selbstrechtfertigung ist ziemlich stark, und wir begegnen ihm auf den verschiedensten Gebieten, sei es nun in der Medizin, im Bereich des Erwerbs von moralischen Wertvorstellungen, im Verhalten von Sekten oder bei zahllosen anderen Aspekten dieses Lebens. Doch gerade weil wir so eifrig darauf bedacht sind, uns selbst zu rechtfertigen, verhalten wir uns manchmal auf eine ebenso absonderliche wie unvorhersehbare Weise.

Oben: Dissonanz ist eine der Ursachen des Humors. Das angekündigte Ende der Welt bleibt unbeachtet.

Unten: Ein Riesenplakat von Papst Johannes Paul II. in Warschau. Der Besuch des Papstes in Polen im Juni 1979 symbolisierte staatliche Toleranz gegenüber katholischen Grundsätzen.

Teil E
Anwendungsbereiche der Psychologie

Man wirft uns Psychologen häufig vor, im Elfenbeinturm zu leben. Wir befassen uns mit trivialen, rein akademischen Fragen, heißt es, die auf die vielen gesellschaftlichen Probleme unserer Zeit keine Antwort geben.

In einigen Fällen ist diese Behauptung zugegebenermaßen nicht von der Hand zu weisen, doch wäre es ein großer Fehler anzunehmen, psychologische Forschung sei gesellschaftspolitisch grundsätzlich irrelevant. Immer mehr Berufspsychologen leisten bedeutende Beiträge in klinischen, bildungs- und berufsbezogenen Bereichen unserer Gesellschaft.

Die Psychologie sollte, das sagt uns der gesunde Menschenverstand, der Gesellschaft von weitreichendem Nutzen sein. Schließlich befaßt sie sich ja mit dem Begreifen und der Vorhersage menschlichen Verhaltens, und das Funktionieren der Gesellschaft hängt letzten Endes davon ab, wie sich Menschen verhalten und gegenseitig beeinflussen. So ist die Psychologie etwa bei Gerichtsverfahren von erheblicher Bedeutung. In Kapitel 13 wurde erläutert, wie mit ihrer Hilfe die Exaktheit von Zeugenaussagen überprüft werden kann.

Einen der wichtigsten Beiträge zum Wohl der Menschheit leistet die Psychologie im Bereich der Behandlung von Geisteskrankheiten – viele Arten von Geistesstörungen können heute erfolgreich behandelt werden.

Kindererziehung war wohl zu keiner Zeit problemlos, heute aber müssen sich Eltern zudem mit widersprüchlichen »fachmännischen« Ratschlägen auseinandersetzen. Wozu sollen sie sich entscheiden: für den nachgiebigen oder für den mehr »altmodischen« disziplinierenden Erziehungsstil? Vor- und Nachteile dieser beiden Erziehungsmethoden werden in Kapitel 18 behandelt.

Es ist absurd, daß gerade die Erziehung – für sie sind psychologische Richtlinien und Erkenntnisse ja besonders von Nutzen – so wenig von der Psychologie profitiert. Die Hauptursache beruht wohl darin, daß die entscheidenden Veränderungen in der Erziehungspraxis von solchen Leuten durchgeführt werden, die sich eher durch ideologische Vorurteile als durch bereits vorliegende Erkenntnisse beeinflussen lassen.

Bedauerlicherweise sind die meisten Pädagogen der irrtümlichen Ansicht, daß alle Kinder ähnlich auf eine bestimmte Lehrmethode reagieren müßten. In Wirklichkeit aber lernen manche Kinder besser bei einer, andere wiederum erfolgreicher bei einer anderen Unterrichtsmethode. Folglich, das wollen wir in Kapitel 19 darlegen, müßte ein global zufriedenstellendes Erziehungssystem allen möglichen Persönlichkeitsunterschieden zwischen den Kindern Rechnung tragen.

In Kapitel 20 erläutern wir die erstaunlichen Möglichkeiten des Biofeedback. Das Biofeedback ist eine auf der Psychologie basierende Methode, bestimmte physische Schäden zu behandeln; in den letzten Jahren hat sie großes Aufsehen erregt. Die Grundidee beruht darauf, daß Probleme, die eine eindeutige physiologische Basis besitzen, geheilt werden können, wenn man die physiologischen Anomalien korrigiert. Die Patienten können aktiv bei der Behandlung mitwirken, wenn sie über die Methode genau informiert werden. Das Biofeedback kann zur Heilung oder zumindest zur Kontrolle von vielen Leiden beitragen, u. a. von Bluthochdruck, Migräne, sowie der Raynaudschen Krankheit (einer Beeinträchtigung der Blutversorgung durch Verkrampfung der Gefäße) und verschiedenen sexuellen Störungen. Bei kritischer Betrachtung der Erfolge des Biofeedback wird jedoch deutlich, daß es sich hier nicht um ein »Allheilmittel« handelt, wie gewisse Bestseller-Autoren gern behaupten.

Die Kriminalität, vor allem Gewaltverbrechen, nehmen in faktisch allen westlichen Ländern zu. Können wir etwas dagegen unternehmen? In Kapitel 21 wird verdeutlicht, daß erste Schritte darin bestehen, die Ursachen herauszufinden, die dazu führen, daß bestimmte Menschen zu Kriminellen werden, während andere mehr oder weniger »auf dem Pfade der Tugend« bleiben. Es gibt immer mehr ermutigende Anzeichen dafür, daß mit Behandlungsmethoden der Psychologie viele, wenn nicht alle, Verbrecher in die Gesellschaft wieder eingegliedert werden können.

In Kapitel 22 wird aufgezeigt, daß die Psychologie auch in politischen und gesellschaftlichen Bereichen – vom Kommunismus bis hin zum Faschismus – relevant ist. Seit langem schon wird zwischen »linker« und »rechter« Einstellung unterschieden; jetzt haben Psychologen eine radikal-konservative Dimension festgestellt, die mit dieser Unterscheidung übereinstimmt. Dennoch sind manche Radikale (das heißt Linke) sensibel, andere dagegen ohne Einfühlung gegenüber ihren Mitmenschen; dasselbe gilt für Konservative. Dies hat zu dem Kriterium wohlmeinend/starrsinnig im Rahmen breiter ideologischer Kategorien geführt.

Warum haben verschiedene Menschen unterschiedliche soziale und politische Einstellungen? Eigentlich müßten diese auf Umwelteinflüsse, also Familie, Freunde und andere soziale Kontakte zurückzuführen sein. Inzwischen jedoch konnte bewiesen werden, daß hier auch die Vererbung eine wesentliche Rolle spielt und daß auch Charakter und Persönlichkeit Aufschluß darüber geben, welche politischen Positionen anerkannt oder abgelehnt werden.

Zusammenfassend können wir feststellen, daß die Psychologie für die Gesellschaft eine immer bedeutendere Rolle spielt, und daß es nur sehr wenige Lebensbereiche gibt, in denen sie keine wesentlichen Beiträge zu leisten vermag.

18 Wie man Kinder nicht erzieht

Es ist erwiesen, daß die permissive Erziehung eher zu Gewalttätigkeit führt als die autoritäre.

Das Thema »Kindererziehung« bereitet den meisten Eltern Sorgen. In ihrer Unsicherheit wenden sich nicht wenige von ihnen an einen Psychologen oder Psychiater, ja manche sogar an einen Psychoanalytiker. Das Resultat ist selten positiv; Akademiker und sogenannte Fachleute sind nur wenig geeignet, verunsicherten Eltern zu helfen. J. B. Watson, der Begründer des Behaviorismus, schrieb den ersten Bestseller zum Thema Kindererziehung. Sein einflußreiches Buch *Psychological Care of the Infant and Child* (1928) brachte es innerhalb von wenigen Monaten auf über 100 000 verkaufte Exemplare! Der englische Philosoph und Mathematiker Bertrand Russell wurde ein überzeugter Anhänger von Watsons Theorien. Die Psychologen dagegen standen seinem Behaviorismus kritisch gegenüber; viele unter ihnen waren der Ansicht, das Buch schade Watsons Ruf als anerkanntem Wissenschaftler. Watsons Botschaft war äußerst simpel: Kinder sollten auf einer wissenschaftlichen und nicht auf einer emotionalen Basis erzogen werden. Er vertrat die Ansicht, man solle seine Nachkommen nicht verhätscheln, ihnen nicht zuviel Zuneigung entgegenbringen oder sie gar küssen und streicheln, denn das alles sei nur dazu angetan, Abhängigkeiten zu schaffen. Die Mahlzeiten sollten strikt nach Zeitplan und nicht etwa auf Verlangen verabreicht werden. Watson wandte diese Methode auf seine beiden eigenen Söhne an; der eine beging Selbstmord, der andere wurde, zu Watsons großem Ärger, Psychoanalytiker! Später hat Watson bedauert, dieses Buch überhaupt geschrieben zu haben, nicht, wie er sagte, »wegen seiner skizzenhaften Form, sondern weil mein Wissen für das Buch, das ich schreiben wollte, nicht ausreichend war.«

Nach Watsons strenger, unnachgiebiger Erziehungstheorie schlug das Pendel zurück, so wie es Pendel zu tun pflegen, und wir wurden mit der Lehre des Psychoanalytikers Dr. Spock und seinen ungemein permissiven Ideen konfrontiert: Mahlzeiten sollten auf Verlangen, nicht nach Zeitplan verabreicht werden, Küssen und Streicheln waren Vorschrift. Sein Buch *Baby and Child Care* wurde an verkauften Exemplaren nur von der Bibel übertroffen. Mütter wandten überglücklich wieder die alten, gefühlsbetonten Erziehungsmethoden an – genau das, wovor Watson ausdrücklich gewarnt hatte. Doch beide Theorien, die permissive ebenso wie die wissenschaftliche, beriefen sich auf eine allzu enge Perspektive. Spock gab schließlich zu, daß seine Lehren falsch gewesen waren. Sie führten nicht zu den Ergebnissen, die er sich erhofft hatte.

Watson *und* Spock illustrierten – wenngleich jeder auf seine Art – die Gefahren einer vermeintlich wissenschaftlichen Beratung, und dies auf der Basis von vorgefaßten Meinungen, statt auf grundierten wissenschaftlichen Theorien. Tatsächlich wissen Psychologen einfach zu wenig über Kindererziehung, um die Rolle von allwissenden Beratern einzunehmen.

Watson errichtete seine Theorie auf der dürftigen Grundlage eines orthodoxen Behaviorismus, während sich Spock auf das ebenfalls unzulängliche Freudsche Credo berief. Keine der beiden Theorien wurde faktisch in einem solchen Maße belegt, daß der Überbau, den Watson, Spock und andere Autoren später errichteten, tatsächlich auch gehalten hätte. Wir wissen noch immer sehr wenig über Kindererziehung, wissen aber genug, um zu erkennen, daß sich Watsons und Spocks Richtlinien für die meisten Kinder nachteilig auswirken – die eine ist zu streng, autoritär und gefühlsarm, die andere zu lasch, permissiv und hätschelig. Viele Mütter hätten ihre Kinder weit erfolgreicher erzogen, wenn sie keines der beiden Bücher gelesen hätten.

Können wir also den ratsuchenden Eltern überhaupt nicht weiterhelfen? Doch ... ein wenig schon. In den letzten Jahren wurden interessante und wichtige

Studien durchgeführt, die einige Richtlinien erkennen lassen. Die erste und offenkundigste unter ihnen – auf die Mütter wohl kaum hingewiesen werden müssen – besagt, daß jedes Kind anders ist, und daß es deshalb keine einheitliche Erziehungsmethode geben kann. Jedes Kind sollte als Individuum behandelt werden. Die zweite Richtlinie weist auf die wesentliche Bedeutung der Vererbung hin, was Intelligenz und Persönlichkeit angeht. Das neugeborene Kind ist nicht, wie Watson behauptete, eine gestaltlose Masse, die sich von den Eltern in jede beliebige Form kneten läßt.

Die Schwierigkeiten der Kinderforschung

Viel Geld und Zeit wurden bereits in die Kinderforschung investiert. Wie ist es möglich, daß wir trotz all dieser Mühen noch so wenig über dieses Gebiet wissen? Die beiden Hauptursachen sind eng miteinander verknüpft. Die erste besteht darin, daß die Forschung in diesem Bereich äußerst kompliziert ist: es widerspricht unseren moralischen Vorstellungen, Kinder Systemen zu unterwerfen, die uns mit Kontrolldaten versorgen könnten; experimentelle Methoden werden für zweckmäßiger, erfolgreicher und vorteilhafter angesehen. Denselben Problemen sieht sich die medizinische und auch die angewandte Psychologie gegenüber.

Die zweite Schwierigkeit besteht darin, daß Psychologen vorgefaßte Meinungen haben, die sie nur ungern durch Experimente unter Beweis stellen, aus Angst, sie könnten sich als falsch erweisen. Psychologen (sowie Psychiater und Psychoanalytiker) sind Menschen wie alle anderen und besitzen deshalb auch ganz menschliche Schwächen – sie können ebenso starrköpfig, stur, aggressiv und eigensinnig sein wie jeder andere, und die Kindererziehung scheint ein Thema zu sein, das die schlechtesten ihrer Eigenschaften ans Tageslicht treten läßt.

Hier ein typisches Beispiel: Stellen Sie sich einen Psychologen (oder einen Soziologen, Psychiater oder Psychoanalytiker) vor, der die Hypothese untersuchen will, die besagt, daß Schläge als Strafmaßnahme das Verhalten der Kinder nicht bessert, sondern vielmehr verschlechtert. Stellen Sie sich weiter vor, er arbeitet ein Experiment aus, in dem er eine Versuchsgruppe von Kindern untersucht, die von ihren Eltern nie oder nur selten geschlagen werden, und vergleicht sie dann mit einer Kontrollgruppe von Kindern, die häufig und schonungslos geschlagen werden. Anschließend befaßt er sich mit der späteren Entwicklung der Vertreter beider Kindergruppen und findet heraus, daß diejenigen, die geschlagen wurden, als Erwachsene selbst aggressiv, feindselig und gewalttätig werden (die Korrelation bei den durchgeführten Studien ist nicht sehr hoch, doch die Tendenz ist unverkennbar). Und seine Schlußfolgerung? Er wird behaupten, daß es schlecht ist, Kinder zu schlagen. Aber ist dem wirklich so?

Dem Anschein nach könnte er recht haben. Die erarbeiteten Daten widersprechen dieser Hypothese nicht, doch sie bestätigen sie auch nicht. Es gibt andere Hypothesen, die diese Fakten ebenso gut erklären, ohne jedoch die von den Eltern erfahrenen Züchtigungen einzubeziehen. Zum Beispiel wäre es auch möglich, daß die Erbanlage der Eltern, die dazu führt, daß sie so brutal mit ihren Kindern umgehen, zum Teil von den Kindern ererbt wird und diese wiederum veranlaßt, als Erwachsene brutal zu werden, ganz gleich, welche Züchtigungen sie auch erfahren haben.

Erwiesenermaßen wird das Verhalten der Eltern oft auch durch das ihrer Kinder hervorgerufen. Mit anderen Worten, es reagieren Eltern auch auf das Verhalten ihrer Kinder, und zwar viel mehr als umgekehrt. Damit haben wir eine weitere gute Erklärung für den ursprünglichen Befund unseres hypothetischen Psychologen.

Dieses Beispiel zeigt deutlich einen grundlegenden Trugschluß auf, der bei vielen modernen soziologischen und psychologischen Forschungsarbeiten auftritt, nämlich den Irrtum, beobachtete Korrelationen mit dem Gesetz von Ursache und Wirkung zu interpretieren. Das unfolgsame Verhalten der heranwachsenden Kinder wird mit den brutalen Züchtigungen der Eltern in Wechselbeziehung gebracht; also zieht der Wissenschaftler den Schluß, das erstere sei tatsächlich eine Folge des letzteren, bewiesen aber hat er es nicht. Hier ein Beispiel: In Kopenhagen wurden innerhalb der letzten dreißig Jahre immer weniger Babies geboren; gleichzeitig nahm auch die Anzahl der in der Stadt nistenden Störche ab. Ist das etwa ein Beweis dafür, daß Störche die Kinder auf die Welt bringen? Dieser »soziologische Trugschluß« (so genannt, weil es ein Irrtum ist, dem vor allem Soziologen häufig verfallen) verfälscht viele Studien und Forschungsarbeiten auf diesem Gebiet und macht es sehr schwer, logische Folgerungen auf reale Ursachen und Wirkungen zu beziehen.

Es gibt zwei Wege, diese Schwierigkeiten zu umgehen. Einer besteht darin, eine genetische Studie auszuarbeiten, die genetische und umweltbedingte Auswirkungen voneinander isoliert. Wir könnten zum Beispiel eineiige und zweieiige Zwillinge, ihre Ehepartner und Kinder einer Studie unterziehen, um Informationen über die verschiedenen genetischen und umweltbedingten Relationen zu erhalten, die sich für exakte statistische Analysen eignen. Der Nachteil solcher Untersuchungen besteht darin, daß sie eine große Zahl von Zwillingspaaren voraussetzen und deshalb schwierig und kostspielig sind. Von wenigen Ausnahmen abgesehen, haben Psychologen solche Experimente vermieden und sich statt dessen darauf konzentriert, die Auswirkungen bestimmter Behandlungsformen auf nach Zufallsprinzipien ausgewählte Experimentier- und Kontrollgruppen von Kindern zu beobachten.

Ein gutes Beispiel für diesen zweiten Ansatz der Kinderforschung ist eine von Mary Gribbin[1] durchgeführte Studie. Sie wollte die Auswirkungen der »permissiven« und der »altmodischen« Erziehungsmethoden auf Kinder- im Vorschulalter untersuchen.

Jedes Kind ist vom Augenblick seiner Geburt an ein Individuum und nicht, wie manche behaupten, eine undefinierbare Masse, die sich in jede Form kneten läßt, die die Gesellschaft wählt.

Schlüsselexperiment: Vorschulspielgruppen (Mary Gribbin)

Bei diesem Experiment wurden die Spielmuster von Kindern zweier unterschiedlicher Vorschulgruppen verglichen – der herkömmlichen, konservativen und der modernen, permissiven Richtung. Beide Gruppen setzten sich aus Mädchen und Jungen im Alter zwischen zwei und vier Jahren zusammen. Die Versuchsleiterin war vor allem an aggressiven Spielmustern (»agonistisches Verhalten«) interessiert. Beide Gruppen hatten denselben sozialen Hintergrund.

Der »permissiven« Kindergruppe wurde verboten, Kriegsspielzeug und andere gewaltbezogene Spielsachen mitzubringen, ein Verbot, das gewiß auf der Hypothese beruhte, daß Spielen mit Pistolen und Panzern zu antisozialem und gewalttätigem Verhalten führt. In der »autoritären« Gruppe durften die Kinder jedes beliebige Spielzeug mitbringen; sie wählten vorwiegend Gewehre, Panzer und andere Spielzeugwaffen aus.

Der zweite Unterschied bestand darin, daß der permissiven Gruppe eine große Auswahl an Klettergerüsten, kreativen Spielsachen und ein Spielplatz im Freien zur Verfügung stand. Das Spielen dieser Kinder wurde nur geringfügig beaufsichtigt. Die autoritäre Gruppe dagegen hatte weniger Geräte und nur einen Spielraum zur Verfügung und wurde stärker überwacht. Diese Überwachung schloß strenge Verhaltensvorschriften ein (z. B. durch Beißen eines anderen Kindes), wurde in eine »Sündenkiste« verbannt. Antisoziales Verhalten in der permissiven Gruppe dagegen wurde von den Versuchsleitern so interpretiert, daß dem unartigen Kind Liebe und Verständnis fehlten.

Großer altmodischer Spaß in einer aufblasbaren Burg.

Kinder beim Spiel mit tödlichen Waffen an einem »Tag der offenen Tür« bei der Armee. Man kann ihr Interesse schwerlich als unschuldig abtun, wo Gewalt so häufig in den Medien und im Fernsehen gezeigt wird.

Die beiden Gruppen liefern also einen deutlichen Kontrast zwischen der permissiven und der restriktiven Gesellschaftsorganisation.

Gribbin definierte »agonistisches Verhalten« (aggressives Spielen) als eine Vielzahl von Verhaltensweisen, die sich zwischen leichtem Fehlverhalten, begleitet von verbalen oder nicht-verbalen Drohungen, bis hin zu tatsächlicher physischer Gewaltanwendung bewegten. Bei den Jungen in der autoritären Gruppe gab es fünf Fälle von aggressivem Verhalten, in der permissiven waren es 89! Bei den Mädchen der autoritären Gruppe gab es keinen einzigen Fall von aggressivem Verhalten, in der permissiven Gruppe aber 42. Zählt man Jungen und Mädchen zusammen, so gab es fünf Fälle von aggressivem Verhalten in der autoritären Gruppe gegen 131 in der permissiven. Bei den fünf Fällen in der autoritären Spielgruppe handelte es sich lediglich um verbale Drohungen. Bei der permissiven Spielgruppe dagegen ging es in etwa 65 Prozent der Fälle um regelrechte Raufereien, oft verbunden mit Kratzen und Beißen. Es bestand ein enormer Unterschied zwischen den beiden Gruppen, wobei die permissive ›Nicht-Waffen-Gruppe‹ bedeutend mehr agonistisches Verhalten an den Tag legte als die autoritäre und disziplinierte Gruppe.

Gribbin stellte sich daraufhin die Frage: »Sind Kinder, die kein gewalttätiges Spielzeug besitzen, denen viel Verständnis entgegengebracht wird, die wenigen Verboten beim Gruppenspiel unterworfen sind und eine reichlichere Auswahl an Spielsachen zur Verfügung haben, eher geneigt, kooperatives und soziales Verhalten an den Tag zu legen?« Und die Antwort lautete: »Weit davon entfernt!« Besonders interessant an ihrer Studie, fuhr sie fort, war die Feststellung, daß die Kinder in der »waffenlosen« Gruppe eifrig damit beschäftigt waren, Gewehre, Panzer und Schwerter aus harmlosen Lego-Steinen zu bauen. »Die verbotenen Früchte schmeckten immer süßer als die erlaubten, besonders wenn das Ergebnis dem Erwachsenen die Bemerkung entlockte: ›Na, kleiner Mann, da basteln wir wohl an einem Gewehr!‹« In der autoritären Gruppe dagegen wurden selbst die Waffen-Spielzeuge lediglich als eine tröstliche Erinnerung an das eigene Spielzimmer gesehen und nur selten zu aggressiven oder auch nur schein-aggressiven Zwecken benutzt.

Es gab viele weitere Unterschiede zwischen den beiden Gruppen: Die Kinder der autoritären Gruppe spielten in größeren Einheiten (zu dritt oder viert) als die der permissiven Gruppe, in der meist zu zweit gespielt wurde. Daraus ergibt sich, daß es in der autoritären Versuchsgruppe auch mehr gemischte Einheiten von Mädchen und Jungen gab als in der permissiven. Diese und viele andere Unterschiede werden in Mary Gribbins Bericht erörtert, die bedeutendste Abweichung aber formulierte sie folgendermaßen: »Wir glaubten auch deutlich erkennen zu können (zugegebenermaßen eine subjektive Interpretation, die aber immerhin auf einer stundenlangen Beobachtung jeder einzelnen Gruppe basierte), daß die Kinder der autoritären Gruppe einfach glücklicher waren als die der progressiven.« Das stimmt mit der von vielen Psychologen gemachten Beobachtung überein, daß Kinder eine geordnete Umwelt einer ungeordneten vorziehen. Chaos, auch wenn es als permissive Situation betrachtet wird, ist kein Garant für Fröhlichkeit.

Dieses Experiment liefert uns einen Beweis für die Bedeutung von Umwelteinflüssen auf Kinderverhalten. Durch die unterschiedliche Behandlung der beiden Gruppen verlor selbst der grundlegendste aller biologischen Unterschiede an Bedeutung, nämlich der zwischen den Geschlechtern: in beiden Gruppen waren die Jungen zwar aggressiver als die Mädchen, doch wurde diese geschlechtsspezifische Ungleichheit unwesentlich, verglichen mit der weit größeren Differenz zwischen dem permissiven und dem konservativen Verhaltenstypus.

Dieses Ergebnis entspricht in keiner Weise den Vorhersagen der Verfechter der progressiven Lehre, die seit etwa 70 Jahren (teilweise erfolgreich) anstreben, unsere Kindergärten, Vor- und Grundschulen in Stätten zu verwandeln, wo nicht gearbeitet, sondern nur gespielt wird und aus denen alle sozialisierenden und einschränkenden Einflüsse eliminiert werden. Die Motive waren zweifellos gut, nicht aber die Ergebnisse. Die erhoffte Steigerung von Zufriedenheit und seelischer Gesundheit unserer Kinder hat sich nicht eingestellt. Die progressiven Methoden haben nicht dazu beigetragen, daß sie sich zu gut angepaßten, gesellschaftsfähigen Menschen entwickelten. Gribbins Experiment ist natürlich nicht das einzige Beispiel, bei dem die Nachteile der Permissivität zutage treten, aber es verdeutlicht, wie komplexe soziale Interaktionen experimentell untersucht werden können.

Schulische Leistungen

Wenden wir uns jetzt einer anderen, umfassenderen Studie zu, die unternommen wurde, um den Einfluß von höheren Schulen auf Leistung und Verhalten der Kinder und Jugendlichen zu untersuchen.

James Coleman veröffentlichte 1966 in den Vereinigten Staaten seinen einfluß-reichen Report über die Gleichheit der Ausbildungsmöglichkeiten *(The Equality of Educational Opportunity)*. Er leitete eine großangelegte Studie über die Leistungen von etwa 645 000 Schülern in 400 Grundschulen und Gymnasien. Er glaubte, anhand seiner Arbeit beweisen zu können, daß die Bildungsresultate im großen und ganzen von den Ausbildungsbedingungen unabhängig seien. Diese These wurde 1972 von Christopher Jencks in seinem Buch *Inequality: A Reassessment of the Effect of Family and Schooling in America* (Ungleichheit: eine neuerliche Einschätzung der Einflüsse von Familie und Schule in Amerika) bekräftigt. Jencks beschloß seine komplexe statistische Analyse mit der Feststellung, daß »durch eine Vereinheitlichung des Niveaus von höheren Schulen die Bildungsungleichheit nur um ein Prozent oder weniger reduziert wird« und daß »zusätzliche Ausgaben nicht dazu angetan sind, das Niveau zu heben, und daß eine Neuverteilung der Mittel die Ungleichheit nicht verringern wird«.

In England wurde aus dem Plowden Report von 1967, der in vieler Hinsicht mit der Coleman-Studie vergleichbar ist, der Schluß gezogen, daß der Einfluß des Elternhauses bei weitem wichtiger sei als der der Schule.

Diese dem gesunden Menschenverstand widersprechende Schlußfolgerung basiert weitgehend auf statistischen und spekulativen Irrtümern (Bildungsexperten sind generell ebenso fehlbar wie Experten der Kindererziehung). Coleman z. B. verglich zwei Faktoren, die voraussichtlich das Bildungsniveau des Kindes fördern: den Einfluß des Elternhauses und den der Schule. Solch ein Vergleich aber ist wertlos, weil er der genetisch bedingten Intelligenzdifferenz zwischen den Kindern keine Rechnung trägt.

Coleman ließ diesen wichtigen Faktor außer acht und setzte an seine Stelle die Umweltbeeinflussung durch das Elternhaus, durch den sozialen Status usw.; er überschätzte somit die Bedeutung dieser Faktoren. Würde diese Analyse wiederholt und die genetischen Faktoren mit einbezogen, so würde sich das Bild vollständig ändern, und wir kämen zu dem Ergebnis, daß Schulen einen großen Einfluß auf das Leistungsniveau haben. Daß so viele »Experten« diesen Faktor in der Coleman-Studie übersehen konnten, ist uns unerklärlich.

Im Gegensatz zu diesen umfangreichen Studien, die eine große Anzahl von Schulen und Schülern umfassen, beschäftigt sich die von Professor Rutter und seinen Kollegen mit dem Titel *Fifteen Thousand Hours* (Fünfzehntausend Stunden) beschriebene Untersuchung nur mit einer kleinen Gruppe von höheren Schulen und ihren Auswirkungen auf die Kinder[2]. Der geringe Umfang dieser Studie schmälert auf keine Weise ihren Wert, ganz im Gegenteil. Umfangreiche Studien werden gewöhnlich aus einem viel zu großen Abstand heraus geführt. Enger Kontakt ist ein wichtiges Korrektiv, und Rutters Buch ist sehr viel exakter als all die großangelegten Untersuchungen.

Aber was waren nun seine wichtigen Schlußfolgerungen? Erstens stellte er fest, daß höhere Schulen in London große Unterschiede aufweisen, was Betragen und Leistungen ihrer Schüler angeht. Das zeigte sich am Verhalten der Kinder während der Unterrichtsstunden (von Wissenschaftlern ebenso wie von Lehrern und den Schülern selbst beobachtet), an ihrer mehr oder weniger regelmäßigen Anwesenheit, am Prozentsatz derer, die über das Schulpflichtalter hinaus die Schule besuchten, an der Erfolgsrate bei Prüfungen und an der Kriminalitätsrate.

Zweitens kam er zu dem Ergebnis, daß, ungeachtet des unterschiedlichen Anteils an zugelassenen Kindern mit gutem oder schlechtem Betragen, mit hohen oder geringen Leistungen, solche Unterschiede keine ausreichende Erklärung für die

Der schulische Fortschritt eines Kindes hängt sehr stark von der Schule ab, die es besucht.

Schwankungen darstellen, denen man zwischen den Schulen einerseits und dem späteren Verhalten und Erfolg der Schüler(innen) andererseits begegnete. Kinder wiesen mit größerer Wahrscheinlichkeit gutes Betragen und gute Leistungen auf, wenn sie die einen Schulen und nicht die anderen besuchten. Daraus können wir folgern, daß Erfahrungen in der Schule die Fortschritte des Kindes tatsächlich beeinflussen. Außerdem wurde festgestellt, daß Abweichungen zwischen den Schulen, was nachschulische Erfolge oder Mißerfolge angeht, über Zeiträume von mindestens vier oder fünf Jahren Fortbestand hatten.

Rutters dritte Schlußfolgerung war, daß einzelne Schulen in den verschiedenen Bereichen ähnliche Ergebnisse erzielten, daß also Schulen, die, was das Betragen ihrer Schüler angeht, über dem Durchschnitt liegen, auch hinsichtlich der Prüfungsresultate, Nachschulerfolge usw. überdurchschnittlich sind.

Als vierten (und besonders wichtigen) Punkt fand er heraus, daß alle diese unterschiedlichen Ergebnisse der Schulen nicht von äußeren Faktoren wie Größe der Schule, Alter des Schulgebäudes oder Geräumigkeit der Klassenzimmer abhingen. Unterschiede in Verwaltung und Organisation waren ebenfalls irrelevant.

Fünftens folgerte Rutter: »Die Unterschiede zwischen den Schulen und erbrachten Leistungen wurden mit ihren Charakteristika als soziale Institutionen in Zusammenhang gebracht. Dabei spielten die verschiedensten Faktoren eine Rolle: der Grad der Betonung von Allgemeinwissen, Maßnahmen der Lehrer während des Unterrichts, Anregungen und Belohnungen für erfolgreiches Lernen, gute Lernbedingungen für die Schüler, Erziehung zur Eigenverantwortlichkeit usw. Alle diese Faktoren oblagen dem Lehrerkollegium und waren nicht externen Zwängen unterworfen.

Die sechste Schlußfolgerung lautete, daß die Leistungsergebnisse auch von Faktoren abhingen, die sich einer Kontrolle durch die Lehrer entzogen, etwa die Zusammensetzung der Schülerschaft. Die Prüfungsresultate waren zumeist in solchen Schulen besser, die einen wesentlichen Kern von Schülern mit überdurchschnittlicher oder zumindest durchschnittlicher Intelligenz besaßen; die Kriminalitätsrate indessen war höher in Schulen mit einem Übergewicht an schlechten Schülern.

Schließlich stellt Rutter fest: »Die Verbindung zwischen den *kombinierten* Maßnahmen des gesamten Schulprozesses und jeder einzelnen Erfolgsmaßnahme erwies sich als wesentlich stärker als jede der Verbindungen mit einzelnen Prozeßvariablen. Daraus können wir schließen, daß die *kumulative* Wirkung dieser verschiedenen sozialen Faktoren bedeutend größer war als die Wirkung jedes einzelnen Faktors.« Abschließend schreibt er: »... das Verhalten der Kinder wird in ganz beachtlichem Maß durch Erfahrungen in der Schule geprägt und beeinflußt, insbesondere durch die Qualitäten der Schule als einer sozialen Institution.«

Diese Folgerungen, so meinen wir, ergeben sich direkt und schlüssig aus den in diesem Buch aufgezeigten Fakten und sind für Lehrer, Verwaltungsbeamte, Politiker und ganz besonders Eltern von großer Bedeutung. Sie mögen den meisten Lesern, die etwas Erfahrung auf diesem Gebiet haben, augenfällig erscheinen, doch Rutter und seine Kollegen fügten zurecht hinzu: »Eine der üblichen Reaktionen von Praktikern auf jegliche Art von Forschungsarbeit ist die Bemerkung, es bedeute doch einen viel zu großen Arbeitsaufwand, auf experimentellem Weg Dinge zu beweisen, die wir durch Erfahrungswerte oder aufgrund unseres gesunden Menschenverstands bereits wüßten... Schließlich sei es nicht verwunderlich, daß Kinder von solchen Schulen profitierten, die hohe Anforderungen stellen, an denen die Lehrer gute Verhaltensmuster liefern, wo die Kinder gelobt und zur Verantwortung erzogen werden, die allgemeinen Bedingungen günstig sind und der Unterricht gut geführt wird.« Möglich, doch Rutter fährt fort: »Es wäre ebenso augenfällig gewesen, wenn wir herausgefunden hätten, daß die besonders wichtigen Faktoren seien: eine kleine Schule in einem modernen zweckmäßigen Gebäude, dazu ein optimales Lehrer/Schülerverhältnis, eine kontinuierliche Betreuung durch einzelne Lehrer und eine strikte Disziplin, bei der schlechtes Betragen streng bestraft wird. In Wahrheit war keiner dieser Faktoren entscheidend mit guten Ergebnissen verbunden, ganz gleich, wie sie gemessen wurden.« Dieser Punkt ist stichhaltig und überzeugend, und er rechtfertigt den enormen Zeit- und Arbeitsaufwand, der für das Sammeln, Festhalten und Analysieren der Daten notwendig war. Das Buch ist ein Paradebeispiel dafür, wie solche Forschung betrieben werden sollte; es stellt die wesentlich ehrgeizigeren Projekte von Coleman, Plowden und anderen weit in den Schatten.

Folgerungen

Darf man hoffen, daß die Verantwortlichen diesen Ergebnissen Beachtung schenken, daß sie solche Lehrer entlassen, die ein schlechtes Beispiel geben, und jene fördern, die unsere Kinder im positiven Sinne beeinflussen? Die letzten zwanzig Jahre waren gezeichnet durch eine ideologische Auseinandersetzung mit unrealistischen Theorien, mangelhafter Forschungsarbeit, wenig überzeugenden Schlußfolgerungen, fehlerhaften Statistiken und der festen Absicht, Realitäten zugunsten von utopischen Idealen hintanzustellen, die den um die Zukunft ihrer Kinder besorgten Eltern kaum dienlich sein können. Glücklicherweise scheint diese Periode auf ihr Ende zuzugehen und die Realität wieder in den Vordergrund zu rücken.

Mancher Leser mag den Eindruck gewinnen, wir würden für eine Rückkehr zu viktorianischen Regeln der Disziplin eintreten. Das ist nicht der Fall. Wie Rutter und seine Kollegen herausstellen, führen strenge Disziplin und harte Strafen *nicht* zu positiven Ergebnissen (was wir schon in Kapitel 17 hervorhoben). Übertriebene Disziplin und zu harte Strafen sind ebenso nachteilig wie extreme Nachgiebigkeit. Wie überall ist auch hier der goldene Mittelweg der beste.

19 Verwirklichung erzieherischer Möglichkeiten

Traditionelle Kindergärten und Kleinkinderschulen begünstigen meist extravertierte Kinder.

Seit Jahrtausenden schon ist der Mensch bestrebt, bessere Voraussetzungen zur Verwirklichung gesellschaftlicher Ziele zu schaffen. In Erziehung und Politik, im Strafrecht und in vielen anderen Lebensbereichen wurden zahlreiche Theorien aufgestellt und neue Methoden erprobt, um bereits existierende Praktiken zu verbessern. Eine neue Theorie wird »geboren« und mit dem üblichen Mißtrauen, der üblichen Verachtung von den Reaktionären zur Kenntnis genommen, doch aufgrund der leidenschaftlichen Befürwortung ihrer Anhänger setzt sie sich schließlich durch und wird auf breiter Basis angewandt. Eine Zeitlang scheint der Erfolg die neue Methode zu rechtfertigen, dann aber entdeckt man, daß sie letzten Endes auch nicht besser oder schlechter als andere frühere Methoden ist, und sie wird fallengelassen. Warum sind all die Versuche, das Zusammenleben mit unseren Mitmenschen zu verbessern, so wenig erfolgreich?

Dies ist eine wichtige und interessante Frage. Sind nach all den »Erziehungserfolgen« unsere heutigen Methoden wirklich besser als jene von Sokrates? Haben wir in den letzten beiden Jahrtausenden wirklich etwas dazugelernt? Genießen unsere Kinder heute eine bessere Erziehung und Bildung als die des antiken Griechenlands oder Roms? Sind wir heute erfolgreicher, wenn es darum geht, Kriminalität und Gewalt zu verhindern? Man muß schon ein unheilbarer Optimist sein, will man alle diese Fragen bejahen. Sagen wir es ehrlich: unsere Erziehungspraktiken scheinen, verglichen mit denen der letzten dreißig oder fünfzig Jahre, keine Resultate zu erzielen, die besser oder so gut sind wie die, welche vor der Einführung der verschiedenen neuen Methoden erzielt wurden. Woher rühren diese Mißerfolge?

Zwei Hauptursachen sind hier zu nennen, eine davon ist äußerst einfach: Im wissenschaftlichen Bereich sind die meisten neu vorgebrachten Ideen fehlerhaft; nur wenige halten seriösen Experimenten stand. Im Bereich der Psychologie und besonders der Soziologie werden nur relativ selten Versuche durchgeführt; gesellschaftliche Maßnahmen werden auf der Basis von politischen und sozialen Ideologien ergriffen. Erwartungsgemäß sind nur wenige Ideen gut oder nützlich – das beweist auch die Geschichte. Es sollte immer ein Zwischenstadium geben zwischen dem Entstehen einer Theorie und ihrer Anwendung auf die Gesellschaft, nämlich ein Experimentierstadium in begrenztem Rahmen, in dem Wissenschaftler, die der neuen Theorie völlig neutral gegenüberstehen, diese testen, um festzustellen, ob sie etwas langfristig Positives enthält. Erst nach einer solchen Analyse und empirischen Untersuchung sollte die Durchführung eines neuen Systems im großen Rahmen in Angriff genommen werden.

Die zweite Ursache für die kontinuierlichen Mißerfolge neuer gesellschaftspolitischer Maßnahmen ist vielleicht weniger einleuchtend. Sie basiert auf der allgemein verbreiteten Einschätzung der menschlichen Natur, die bewiesenermaßen falsch ist und dennoch von praktisch allen gesellschaftlichen Reformatoren vertreten wird, ganz gleich, ob es Politiker sind, die neue Ideen befürworten, oder jene, die sie schließlich in die Tat umsetzen. Diese irrtümliche Ansicht besteht in der Annahme, daß alles, was für Hinz nützlich und hilfreich sei, auch für Kunz und Lieschen Müller von Nutzen sein müsse. Mit anderen Worten, es wird davon ausgegangen, daß alle Menschen ähnlich auf ähnliche Reize, Bedingungen, Lernmethoden usw. reagieren. Diese Annahme ist falsch, und, was noch viel schlimmer ist, sie ignoriert die Individualität und Persönlichkeit des Menschen.

Eine weitverbreitete Form des »Entdeckungslernens« ist das individuelle »Projekt«. Insgesamt gesehen kommen Extravertierte mit dieser Aufgabenform besser zurecht als Introvertierte.

Anpassen der Lehrmethode an den Schüler

Wir stellten (in Kapitel 10) bereits fest, daß sich die Menschen stark voneinander unterscheiden und daß diese Unterschiede viel tiefer reichen, als die meisten unter uns wahrhaben wollen. Diese Differenzen basieren auf genetischen Anlagen, die zwar durch Umwelteinflüsse modifiziert werden können, dennoch aber das menschliche Verhalten entscheidend prägen. Deshalb ist es sehr gut möglich, daß sich gewisse Lehrmethoden für Extravertierte als günstig und hilfreich, für Introvertierte aber als ungünstig erweisen.[1] Wenn wir eine neue Lehrmethode mit einer herkömmlichen vergleichen und zu dem Schluß kommen, daß die neue Methode weder besser noch schlechter sei als die alte, so könnte dies tatsächlich bedeuten, daß es keine Unterschiede zwischen den beiden Methoden gibt. Es könnte aber auch bedeuten, und das ist weitaus wahrscheinlicher, daß die neue Methode *für einige Menschen besser, für andere hingegen schlechter* ist. Die neue Methode ist nur dem Anschein nach weder besser noch schlechter als die alte, weil die beiden Auswirkungen, die eine positiv, die andere negativ, einander aufzuheben scheinen.

Betrachten wir den Zusammenhang zwischen Persönlichkeit und schulischer Leistung: Man kann immer wieder feststellen, daß extravertierte Kinder in der Grundschule und zu Beginn der höheren Schule bessere Resultate erzielen als introvertierte. In den späteren Jahren, in der höheren Schule und an der Universität, wendet sich häufig das Blatt, und die Introvertierten tun sich dann leichter als die Extravertierten. Das scheint vor allem darauf zu beruhen, daß die relativ zwanglosen Lehrmethoden in den meisten Grundschulen extravertierten Kindern mehr zusagen, da sich diese ja am besten in einem ungezwungenen Klima entfalten und rasch und gern von einem Thema zum anderen wechseln. Introvertierte dagegen ziehen das formale Lernen an der späteren höheren Schule vor.

Mit anderen Worten: wir können nicht einfach behaupten, die eine Methode sei »besser« als die andere; wir können lediglich feststellen, daß eine Methode dem Extravertierten mehr zusagt, die andere dagegen für den Introvertierten geeigneter ist. Vielleicht würden sich Introvertierte an Grundschulen leichter tun, wenn dort ein formaleres System vorherrschen würde. Ähnlich würden Extravertierte an höheren Schulen und an der Universität wahrscheinlich erfolgreicher sein, wenn die Kurse weniger spezialisiert wären und breiter gefächerten Interessen Rechnung trügen.

Aber gibt es überhaupt Beweise dafür, daß unterschiedliche Charaktere auch wirklich unterschiedlich auf verschiedene Methoden reagieren? Die Antwort lautet Ja. Es konnten viele verschiedene Interaktionen zwischen den Lehrmethoden und der Persönlichkeit festgestellt werden. Leider ist die Vielzahl dieser Interaktionen so groß, daß es faktisch unmöglich ist, die Überlegenheit einer Methode über die andere zu demonstrieren.

Passives gegen aktives Lernen

Seit langem schon unterscheidet die Unterrichtstheorie zwischen der sogenannten »Entdeckungs-Methode« und der »Instruktions-Methode«. Wesentlich bei der Entdeckungs-Methode ist, daß die Gesetze oder Prinzipien, die einem Phänomen zugrunde liegen, nicht vom Lehrer erklärt werden, sondern daß der Schüler sie durch Experimente selbst herausfindet (natürlich werden ihm die Mittel für die Durchführung des Experiments zur Verfügung gestellt). Ganz anders beim instruktiven oder rezeptiven Lehrverfahren, denn hier werden dem Kind Gesetzmäßigkeiten und Verallgemeinerungen präsentiert, die es einfach nur lernen muß. Das rezeptive Lernen wird häufig kritisiert, weil es den Schüler zu einem passiven Wissensempfänger macht. Die Entdeckungs-Methode dagegen wird gelobt, weil sie das Kind anregt, die Gesetzmäßigkeiten selbst herauszufinden. Kritiker dieser Methode jedoch argumentieren, daß die meisten Kinder zu jung und unreif seien, um komplexe Gesetze selbst zu entdecken.

Schlüsselexperiment (Professor G. O. Leith)

Vergleiche, die durchgeführt wurden, um zu beweisen, daß die eine oder die andere Methode die bessere sei, sind in der Regel fehlgeschlagen. Professor G. O. Leith[2] untersuchte die Hypothese, daß »die Tendenz Extravertierter, durch Routine gelangweilt, aber durch Stimulusveränderung angeregt zu werden, und die Neigung Introvertierter, durch Abwechslung irritiert, aber einer klar vorgegebenen Aufgabe ihre Aufmerksamkeit zu bewahren, in einer Interaktion resultieren könnte, bei der sich Methode und Persönlichkeit multiplizieren«.

Leith ließ das Lehrmaterial für einen Genetikkurs vorbereiten und sorgte dafür, daß Entdeckungs- und Instruktions-Lernen für die nach dem Zufallsprinzip ausgewählten Schülergruppen zu gleichen Teilen vorhanden waren. Dabei kam er zu dem Ergebnis, daß es tatsächlich eine signifikante Wechselwirkung zwischen Persönlichkeit und Methode gibt. Bei beiden Tests lernten Introvertierte und Extravertierte *im Durchschnitt* gleich gut; mit anderen Worten, keine der beiden Methoden erwies sich insgesamt als die bessere. Doch lernten die Extravertierten erfolgreicher mit der Entdeckungs-Methode als die Introvertierten, während die Introvertierten erfolgreicher mit der instruktiven Lehrmethode umgingen.

Ein weiteres Beispiel der Wechselwirkung zwischen Persönlichkeitstypus und Lehrmethode vermittelt uns eine von Leith und Trown im Jahre 1970 geleitete Studie[3]. Sie untersuchten die optimale Placierung von Regeln bei Lernaufgaben, d. h. die Frage, ob die von einem Lernprogramm abstrahierten Regeln besser vor oder nach dem Programmteil gegeben werden, der die praktischen Beispiele enthält. Allgemein wird angenommen, es sei vorteilhafter, die Regeln der Praxis folgen zu lassen, doch auch hier gab es eine bezeichnende Interaktion mit dem Persönlichkeitsfaktor. Für die Extravertierten war das »Regel-Vorher-Programm« bedeutend weniger brauchbar als das »Regel-Nachher-Programm«. Für die Introvertierten gab es keinen signifikanten Unterschied zwischen den beiden Programmen, wenngleich sich das »Regel-Vorher-Programm« als etwas hilfreicher erwies.

Paarweises Lernen

Es gibt einen anderen interessanten Erziehungsbereich, bei dem die Interaktion zwischen Persönlichkeit und Methode besonders deutlich zutage tritt: das paarweise

Oben: Individuelle Lehrmethoden sind anderen nicht überlegen. Für manche Kinder sind sie von großem Vorteil, bei anderen rufen sie akute Ängste hervor.

Unten: Eine Lernpause.

Lernen. Leith beschrieb (1974) ein solches Experiment, bei dem das paarweise Arbeiten auf der Basis des Neurotizismus (d. h. die Paare waren ähnlich, also stabil-stabil, ängstlich-ängstlich, oder aber gegensätzlich, also stabil-ängstlich) sowie der Begabung untersucht wurde. Die Paare stimmten also überein oder stimmten nicht überein, was ihren Neurotizismus anging, und sie waren homogen (gleichartig) oder heterogen (verschiedenartig), was ihre Begabung anging, wobei sich zehn verschiedene Paarkategorien ergaben. Die Resultate der einzelnen Paare waren in der Tat sehr unterschiedlich und hingen von den Persönlichkeiten der jeweiligen Partner ab. Die im Bereich des Neurotizismus gegensätzlich gelagerten Paare waren den gleichgelagerten Paaren um 100 Prozent überlegen! Wollen wir also die Ergebnisse beim paarweisen Lernen verbessern, so sollten wir stets ein stark neurotizistisches und ein schwach neurotizistisches Kind zusammentun und nie zwei stark oder zwei schwach neurotizistische Kinder. Dabei waren die Begabungen des Paares, ob homogen oder heterogen, ohne Einfluß auf das Ergebnis.

Ein ganz anderes Bild ergab sich, als Extraversion/Introversion und Begabung als Basis für die Paarzusammenstellung genommen wurde. In diesem Fall waren homogene Paare erfolgreicher als heterogene, ganz gleich ob sich das Paar aus zwei Extravertierten oder zwei Introvertierten zusammensetzte. Daraus läßt sich folgern, daß wir den Lernprozeß der Kinder erleichtern und fördern können, wenn wir sie unter Beachtung ihrer Persönlichkeitsstruktur zu Lernpaaren gruppieren. Wie wir gesehen haben, ist die Zusammenstellung von heterogenen Kindern, eines ängstlich, eines stabil, ein Weg, die negativen Auswirkungen der Ängstlichkeit zu bekämpfen.

Stützende und erforschende Lehrmethoden

Trown und Leith führten 1975 ein weiteres Experiment[4] durch, an dem fast 500 Jungen und Mädchen beteiligt waren. Dieses Experiment sollte die Ergebnisse der »stützenden« und »erforschenden« Lehrmethoden (Fach Mathematik) in vier Grundschulen einander gegenüberstellen (das Durchschnittsalter der Schüler lag bei 10 Jahren und 6 Monaten). Trown und Leith berichteten: »Bei der stützenden Methode war die Reihenfolge für alle zwölf gestellten Aufgaben die gleiche: der Lehrer erläuterte das Organisationsprinzip, dann befaßten sich die Schüler mit den entsprechenden mathematischen Modellen, und abschließend kam der Lehrer noch einmal auf jenes Prinzip zurück. Die Erläuterungen des Lehrers geschahen mündlich und wurden an der Tafel schriftlich festgehalten.

Ähnlich war das Verfahren bei der Erforschungs-Methode, nur daß sich die Kinder hier gleich zu Anfang mit den Modellen beschäftigten. Dabei erläuterte der Lehrer nicht das Organisationsprinzip, sondern gab den Schülern die Möglichkeit, die Gesetzmäßigkeiten selbst herauszufinden und die entsprechenden Regeln aufzustellen.«

Bei der schüler-zentrierten Erforschungs-Situation hatten Unterschiede im Grad des Neurotizismus (Angstniveau) sehr deutliche Leistungsunterschiede zur Folge; für einige Kinder war sie von Vorteil, für andere wirkte sie sich nachteilig aus. Im Fall der stützenden Methode hingegen ergaben sich keine Unterschiede zwischen Kindern mit hohen und niedrigen Neurotizismuswerten. Auch hier waren die Unterschiede zwischen den beiden Lehrmethoden insgesamt minimal, wenn die Persönlichkeit der Kinder unberücksichtigt blieb.

Daraus ergibt sich folgendes: Hätten die Experimentatoren die Persönlichkeitsunterschiede der Kinder nicht in Betracht gezogen, so wären sie zu dem irrtümlichen Schluß gekommen, daß mit beiden Methoden gleiche Ergebnisse erzielt würden. Extraversion und Neurotizismus spielen beide eine wichtige Rolle bei der Reaktion eines Kindes auf diese unterschiedlichen Lehrmethoden. Keine Methode, für sich genommen, ist gut oder schlecht; ihre Brauchbarkeit oder Unbrauchbarkeit hängt sehr stark von der Persönlichkeit des einzelnen Kindes ab. Das stabile, extravertierte Kind entfaltet sich eher bei der Entdeckungsmethode, während das introvertierte Kind, vor allem wenn es unstabil ist, durch diese stark benachteiligt wird. Es kommt mit der stützenden oder rezeptiven Lehrmethode besser zurecht.

Zusammenfassend stellt Leith fest: »Der wiederholt konstatierte Nachweis von Interaktionen zwischen Persönlichkeit (gemessen anhand von Neurotizismus- und Extraversions-Skalen) und Lehrmethoden (definiert durch globale Unterschiede und experimentell manipulierbare Variationen) müßte unsere Pädagogen davon überzeugen, daß Lernsituationen den Lernenden angepaßt werden sollten.«

Eine genaue Überprüfung der Interaktionen zwischen Persönlichkeit und Lehrmethode zeigt, daß Extravertierte nicht wirklich schlechtere Schüler sind. Sie wurden lediglich durch die Methoden benachteiligt, die besser für Introvertierte geeignet sind. In einem Zeitalter erziehungswissenschaftlicher Ignoranz mag das zu entschuldigen sein, heute aber nimmt es sich wie eine regelrechte Diskriminierung aus. Sehr viel mehr Forschung auf diesem Gebiet ist vonnöten.

Wenn sich nun nach zukünftigen Forschungsarbeiten die Resultate von Leith und anderen bestätigen – was soll dann geschehen? Gewiß wäre es falsch, die Schüler in Persönlichkeits- und/oder Begabungsklassen einzuteilen. Lehrsysteme, die Klasseneinheiten als relativ homogene Gruppen von Kindern behandeln, sind zwar vom administrativen Standpunkt her gesehen zweckmäßig, pädagogisch jedoch nicht zu vertreten. Ein Lehrsystem, das Persönlichkeitsunterschiede voll anerkennt, wird eher auf den Methoden basieren, die in vielen Vorschulen angewandt werden; mit anderen Worten, es würde eine Vielzahl von Ansätzen bereithalten, die durch sorgfältige Beobachtung seiner Lernfortschritte und -schwierigkeiten auf den einzelnen Schüler abgestimmt werden müßten. Untersuchungen zum kooperativen

Unten: Lernen zu Hause: eine Notwendigkeit für Kinder, die in isolierten Gegenden leben.

Ganz unten und rechts: Paarweises Lernen ist erfolgversprechend, wenn die Paare nach ähnlichen Talenten, aber nach unterschiedlichen Angstwerten zusammengestellt werden.

Lernen waren ein erster Schritt hin zur Verwirklichung von individuellem Unterricht in Einheitsklassen, die nicht in Leistungsstufen eingeteilt sind. Kooperatives Lernen würde nicht nur zu schülerzentrierten Aktivitäten führen, sondern auch zu ständigem Feedback, zu Leistungsüberprüfungen und zur optimalen Nutzung der sozialen Umgebung, die die Schule bereitstellt.

Lehrer aufgepaßt!

Künftige Lehrer (aber auch solche, die schon im Beruf stehen!) müßten über die Persönlichkeitsstrukturen und die Interaktionen zwischen Persönlichkeit und Lehrmethoden und -systemen aufgeklärt werden. Die Art von psychologischer Ausbildung, welche jungen Lehrern heute zuteil wird, ist so gut wie sinnlos. Mit dem Wissen um Verhaltensmuster von extravertierten und introvertierten, stabilen und unstabilen Kindern und unter Zuhilfenahme von Fragebögen zur Bestimmung extremer Charaktermerkmale der Schüler, sollten Lehrer in der Lage sein, Kinder mit unterschiedlichen Begabungen und Persönlichkeitsstrukturen zu motivieren und optimal zu unterrichten. Wer weiterhin behauptet, alle Kinder seien gleich, denkt unrealistisch, und die meisten Lehrer wissen das.

Was hier in bezug auf die Erziehung festgestellt wurde, gilt genauso für alle anderen Aspekte der Psychologie – der experimentellen Psychologie, der Sozialpsychologie, der klinischen Psychologie, der Betriebspsychologie usw. In allen diesen Bereichen wollen Fachleute und Experimentatoren es einfach nicht einsehen, daß Individuen sehr unterschiedlich auf alle möglichen experimentellen oder sozialen Situationen reagieren, und daß die Reaktion eines Menschen stark durch seine Persönlichkeit bestimmt wird. Es wäre völlig irrational zu erwarten, daß sich ein Introvertierter ähnlich verhält wie ein Extravertierter, ganz gleich, ob es sich um Versuche im Labor oder um Situationen im wirklichen Leben handelt.

Bislang haben wir uns lediglich mit schulischem, abstraktem Lernen befaßt, doch die Aufgaben des Lehrers gehen natürlich weit über diesen Aspekt hinaus. Aufgabe der Schule ist es ja auch, die Kinder dahingehend zu erziehen, daß sie zu vollintegrierten, charaktervollen Mitgliedern der Gesellschaft werden. Wir erwähnten bereits Experimente (Kapitel 6), die beweisen, daß dieses Ziel durch einen Prozeß der Konditionierung verwirklicht werden kann, und auch, daß die großen angeborenen Unterschiede in der Konditionierbarkeit auch große Unterschiede im sozialen oder unsozialen Verhalten hervorrufen. Doch gibt es noch andere Bereiche, in denen Persönlichkeit und Erziehung sich wechselseitig beeinflussen.

Prüfungsängste und Schulphobien

Wir alle haben schon von Prüfungsängsten gehört und mehr oder weniger am eigenen Leibe erfahren, wie unangenehm und hinderlich solche Ängste sind. Der Prüfling ist nervös und in der Examenssituation nicht in der Lage, sein Bestes zu geben. Prüfungsangst ist ein weitverbreitetes Phänomen; das gleiche gilt für die Schulphobie, die Angst zur Schule zu gehen.

Prüfungsängste und Schulphobien treten hauptsächlich bei solchen Kindern auf, die stark emotional reagieren oder zu Neurotizismus neigen. Glücklicherweise sind diese leichten Neurosen recht einfach in den Griff zu bekommen und zwar durch die sogenannte Desensibilisierungs-Therapie. Bei dieser Therapie wird der Patient mit den Methoden physischer Entspannung vertraut gemacht, da Entspannung ebenso unvereinbar mit Angst ist wie Verkrampfung mit einem überschwenglichen Glücksempfinden.

Die Behandlung verläuft in etwa so: Das Kind wird zunächst in einen gänzlich entspannten Zustand versetzt und dann aufgefordert, sich bestimmte Szenen vorzustellen, etwa das morgendliche Aufstehen und Sichvorbereiten auf den Schulweg. Diese Vorstellung verursacht zwar Angstgefühle, doch sind diese schwächer als die angsthemmenden Eigenschaften der Entspannung. So lernt das Kind, einen geringen Grad an Angst zu tolerieren; mit anderen Worten, es wird konditioniert, mit »Nicht-Angst« oder »Wenig-Angst« auf eine davor noch bedrohliche Situation zu reagieren.

Schritt für Schritt baut der Therapeut Situationen auf, die bei dem Kind im normalen Leben ein immer stärkeres Angstgefühl hervorrufen würden. Dabei gibt er acht, nicht jene Grenze zu überschreiten, über die hinaus der Angstfaktor den Entspannungsfaktor überwiegen würde. Der Patient wird durch eine Reihe von vorgestellten Situationen geführt, vom morgendlichen Aufstehen und Vorbereiten auf den Schulweg bis hin zum tatsächlichen Verlassen des Hauses, dem Einsteigen in den Schulbus, dem Erblicken des Schulgebäudes aus der Ferne, der Begegnung anderer Schulkinder, dem Sichnähern und Betreten der Schule usw. Wenn alle

Oben: Frühreife Anpassung an die Werte des »Establishments«?

Unten: Jugendliche, deren Anpassung an gesellschaftliche Werte auf weniger strengen Maßstäben beruhte.

diese Schritte in der Vorstellung vollzogen werden konnten, ohne übermäßige Ängste zu erzeugen, so veranlaßt der Therapeut das Kind – erneut in einem Zustand totaler Entspannung – diese Schritte im wirklichen Leben nachzuvollziehen, wobei er es stets begleitet. Nach und nach wird das Kind »desensibilisiert« und ist am Ende wieder in der Lage, angstfrei in die Schule zu gehen. Die Erfolgsquote dieser Therapie liegt bei fast 100 Prozent, die Behandlung selbst dauert meist nicht lang.

Prüfungsängste können ähnlich und mit praktisch den gleichen Erfolgschancen behandelt werden. Das Kind lernt, sich zu entspannen, und stellt sich dann in Prüfungssituationen vor – von Situationen mit niedrigem Angstfaktor bis hin zu echten Prüfungssituationen.

Beide Therapien werden heute häufig bei Kindern angewandt. Leider sind unsere Lehrer in diesen Methoden kaum bewandert, doch es wäre ein Leichtes, solches nachzuholen. Prüfungsängste und Schulphobien sind heute so weit verbreitet, daß es sich durchaus lohnen würde, die entsprechenden Behandlungsmethoden in die praktische Lehrerausbildung miteinzubeziehen.

Sehr viel lohnender noch wäre die Prophylaxe, das Ergreifen von Maßnahmen zur Vorbeugung solcher Probleme. Dazu müßten zunächst jene Kinder herausgefunden werden, die am ehesten zu Prüfungsängsten und Schulphobien neigen. Das ist glücklicherweise verhältnismäßig einfach: es könnten beispielsweise Fragebögen angefertigt werden, die den Grad an Neurotizismus und Introversion erkennen lassen. Kinder mit hohen Werten in beiden Bereichen, also solche, die am ehesten zu Examensängsten und Schulphobien neigen, müßten herausgegriffen werden. Der Lehrer (oder Therapeut) könnte die Kinder dann durch die oben beschriebene Desensibilisierung »schutzimpfen«, noch *bevor* sie überhaupt Anzeichen von Phobien und Ängsten an den Tag legen.

Folgerungen

Wir erwähnten die Tatsache, daß in Schule und Universität Schüler und Studenten mit hohen Neurotizismus-Instabilitäts-Emotionalitäts-Werten sehr viel schlechter abschneiden als stabilere Jugendliche. Es könnte ihnen in vielerlei Hinsicht geholfen werden, Ängste abzubauen und ihre Talente optimal auszunutzen. Der Begriff Erziehung darf nicht allein in seinem engen Sinne verstanden werden. Schließlich zählen nicht nur schulische Leistungen. Mindestens ebenso wertvoll ist es, seine überstarken oder unstabilen Emotionen, die sich störend auf den Lernprozeß auswirken, in den Griff zu bekommen. Das Lehrpersonal an Schulen und Universitäten sollte mit diesen Fakten vertraut sein und einen Einblick in die Persönlichkeitsdynamik gewinnen, besonders was Neurotizismus und Extraversion angeht. Es sollte in der Lage sein, entweder direkte Hilfe zu leisten oder seine Schüler an Psychologen zu verweisen, die auf diesem Gebiet kompetent sind. Es ist sinnlos und grausam, emotional unstabile Menschen ihren Ängsten, ihren Zusammenbrüchen und ihrem Scheitern zu überlassen, wo doch die Heilmittel verfügbar sind. Ist es nicht das Kennzeichen einer progressiven und humanen Gesellschaft, sich um die Benachteiligten und Unglücklichen zu kümmern? Unsere Gesellschaft könnte in dieser Hinsicht wesentlich mehr unternehmen als sie bisher getan hat.

20 Bio-Feedback: Der Geist ist willig, aber das Fleisch?

Wenn Sie aufgefordert würden, sich für eine Weile hinkend umherzubewegen, also beim Gehen ein Bein mehr zu belasten als das andere, so würde Ihnen das vielleicht sonderbar erscheinen, doch Sie hätten gewiß keinen Zweifel daran, dazu in der Lage zu sein. Würden Sie hingegen aufgefordert, mehr Blut durch Ihr rechtes Ohr strömen zu lassen als durch Ihr linkes, so würden Sie dies nicht nur für merkwürdig, sondern auch für physisch unmöglich halten.

Es ist allgemein bekannt, daß wir viele Tätigkeiten wie Gehen, Denken, Sprechen mit dem Willen steuern können, daß die Funktionen unserer inneren Organe (Herz, Leber, Magen, Nieren usw.) jedoch außerhalb unserer bewußten Kontrolle stehen. Physiologen bezeichnen diese inneren Organe als »Viszera«.

Einerseits ist es natürlich von Vorteil, daß unsere inneren Organe für sich selbst sorgen (man denke nur an den Verdauungs- und Stoffwechselprozeß), andererseits jedoch gibt es Situationen, in denen uns die Fähigkeit, unsere Viszera steuern zu können, äußerst gelegen käme. Jeder, der einen »Kater« hat oder seekrank ist, wäre dankbar, wenn er seine revoltierenden Eingeweide bezähmen könnte.

Die Einteilung in willentlich beeinflußbare und nicht beeinflußbare Körpertätigkeiten hat eine lange Geschichte. Schon Platon unterschied zwischen der höheren rationalen Seele hoch oben im Kopf und den niedrigeren Seelen im Körper darunter. Neuer ist die These, daß willentliches Handeln nur durch Muskelantworten zustande kommt, die vom zerebralen Spinalnervensystem ausgehen, während das unwillkürliche Verhalten durch viszerale und emotionale Reaktionen des (primitiven) autonomen Nervensystems zustande kommt.

Feuerschlucken, eine dramatische Demonstration des Prinzips: der Geist siegt über die Materie.

Diese simple Unterscheidung herrschte über lange Zeit bei Philosophen, Psychologen und Physiologen vor. Inzwischen gibt es jedoch eine Reihe von verblüffenden Beispielen, die darauf hindeuten, daß diese These allzu simpel ist. In Einzelfällen konnte eine willentliche Kontrolle über scheinbar »unwillkürlich« ablaufende

Antworten des Organismus nachgewiesen werden. Der berühmte Gedächtniskünstler S. besaß eine außergewöhnliche Vorstellungskraft und war in der Lage, seinen Puls und seine Körpertemperatur zu steuern. Allein durch die Vorstellung, zu schlafen oder sich besonders aktiv zu betätigen, gelang es ihm, innerhalb von kürzester Zeit seinen Puls um fast 40 Schläge in der Minute zu verlangsamen oder zu beschleunigen (der durchschnittliche Puls liegt bei 70 Schlägen pro Minute). S. konnte sogar die Hauttemperatur seiner rechten Hand erhöhen, indem er sich vorstellte, sie läge auf einer heißen Ofenplatte, während er gleichzeitig die Temperatur seiner linken Hand senkte, indem er sich vorstellte, sie würde einen Eisklumpen berühren.

Der weltbekannte Zauber- und Entfesselungskünstler Harry Houdini verstand es, aus ähnlichen besonderen Fähigkeiten eine Menge Kapital zu schlagen. Trotz der kritischen Beobachtung und Kontrolle, denen er ausgesetzt war, gelang es ihm jedes Mal, sich von seinen Hand- und Beinschellen zu befreien. Dazu bediente er sich des folgenden Tricks: Er verbarg einen Schlüssel in seiner Kehle und würgte ihn, wenn er unbeobachtet war, wieder heraus. Die natürliche automatische Reaktion, sobald man einen Fremdkörper in der Kehle hat, besteht darin, diesen wieder herauszuwürgen; deshalb überrascht es nicht, daß niemand auf den Gedanken kam, Houdini könnte einen Schlüssel in seiner Kehle versteckt halten. Das eigentliche Kunststück Houdinis war es, seine Würgreflexe in den Griff zu bekommen. Das übte er stunden- und tagelang mit einem kleinen Kartoffelstück, das er an einer Schlinge befestigt hatte.

Den indischen Jogis werden die erstaunlichsten Fähigkeiten nachgesagt, etwa die, ihren Herzschlag zum Stillstand zu bringen. Es ist sehr schwer, den Wahrheitsgehalt solcher Behauptungen zu bewerten, denn zweifellos sind einige Jogis eher von dem Wunsch getrieben, mit der Leichtgläubigkeit ihrer Mitmenschen Geschäfte zu machen. Dr. Bal K. Anand, Vorsitzender des All-India Institute für medizinische Wissenschaften in Neu Delhi, führte einen seriösen Versuch durch, um die Jogis auf wissenschaftlicher Basis zu untersuchen. Mehr als 400 Jogis wurden unter streng kontrollierten Laborbedingungen getestet. Die meisten Ergebnisse waren enttäuschend, einige wenige Jogis aber konnten höchst ungewöhnliche Fähigkeiten unter Beweis stellen. Einer beispielsweise war in der Lage, seinen Pulsschlag auf die Hälfte zu reduzieren, indem er die Tätigkeit des sogenannten Herzschrittmachers (der Muskelzellen, die den Herzrhythmus steuern) blockierte; ein anderer konnte Schweiß auf seine Stirn treiben, ohne auch nur einen einzigen Muskel zu bewegen.

Der berühmte amerikanische Psychologe Neal Miller untersuchte die Frage, ob unsere inneren Organe oder Viszera auf ähnliche Weise lernfähig sind wie etwa Ratten, die durch Hebeldruck lernen, sich Futter zu beschaffen. Erst durch seine gewissenhafte Forschungsarbeit in den sechziger Jahren kam das inzwischen bedeutende Interesse am »Bio-Feedback« zustande.

Ist wachsende Alkoholtoleranz teilweise auf »viszerales Lernen« zurückzuführen?

Schlüsselexperiment: Sind unsere inneren Organe lernfähig? (Neal E. Miller und Leo DiCara)

Als Neal E. Miller von der Rockefeller University, New York, aufmerksam sein Bild im Badezimmerspiegel seines Wochenendhauses in Guildford, Connecticut, betrachtete, blickte ihm ein stämmiger, energischer Mann mit einer Glatze (bis auf einen weißen Haarkranz hinter den Ohren), einem kräftigen Kinn, einer breiten Nase und tiefliegenden grünen Augen entgegen. Sein Blick war jedoch ausschließlich auf seine Ohren gerichtet, denn er versuchte, sich selbst beizubringen, mit dem rechten Ohr zu wackeln, ohne dabei das linke zu bewegen. Er war der Überzeugung, daß jeder Lernprozeß mit dem Prinzip der Belohnung oder Verstärkung gefördert werden kann. Deshalb wartete er aufmerksam auf die geringsten Anzeichen, die darauf hindeuteten, daß er im Begriff war, die Kunst des Wackelns mit einem Ohr zu beherrschen, um sich anschließend mit einem wahren Ausbruch an Selbstbeglückwünschungen zu belohnen.

Er probierte verschiedene Techniken aus: zum Beispiel stellte er sich vor, daß die linke Seite seines Gesichtes kalt oder taub sei, so daß das Ohr auf dieser Seite nicht in der Lage war zu wackeln; all diese Versuche schlugen fehl. Er entdeckte schließlich, daß er die größten Fortschritte dann machte, wenn er vor dem Spiegel stand und Schritt für Schritt an die Aufgabe heranging. Gerald Jonas vom *New Yorker* erklärte er seine Technik folgendermaßen: »Ich begann mit dem Versuch, die kleinste unabhängige Bewegung mit meinem rechten Ohr zu machen und diese mit jedem Tag ein wenig zu verstärken. Immer wenn mein linkes Ohr anfing, sich mitzubewegen, ging ich mehrere Stufen zurück, bis ich sicher war, daß nur noch mein rechtes Ohr sich bewegte. Dann verstärkte ich die Bewegung erneut Schritt für Schritt. Schließlich. . .« An diesem Punkt seines Gesprächs mit Jonas hielt Miller inne; er schien sich stark zu konzentrieren. Sein rechtes Ohr begann zu wackeln, ohne daß sich das linke mitbewegte.

Diese Geschichte illustriert, wie manche Menschen es fertigbringen, sonderbare und ungewöhnliche Dinge zu erlernen, wenn sie entsprechend belohnt werden und direkte Information oder Feedback über den Erfolg ihrer Bemühungen erhalten. Könnte somit auch der Puls willentlich beschleunigt oder verlangsamt werden, wenn der Betreffende ständig über die Veränderungen der Herzfrequenz informiert würde? Miller hielt dies für möglich und er meinte, dies sei über zwei verschiedene Wege erzielbar: (1) direkt, durch tatsächliches viszerales Lernen; (2) indirekt, durch willentliche Kontrolle der Muskeltätigkeit oder durch Atemübungen (zum Beispiel: bei langsamen, tiefen Atemzügen verlangsamt sich die Herzfrequenz).

Miller betrachtete die Beeinflussung der Herzfrequenz über den indirekten, nicht-viszeralen Weg als »Mogeln«. Er meinte, echte Lernprozesse der inneren Organe setzten voraus, daß jede mögliche Muskeltätigkeit ausgeschaltet sei. Um dies zu ermöglichen, beschloß er, das Versuchsobjekt mit Kurare zu behandeln. Kurare ist ein Gift, das eine totale Muskellähmung (auch der Atemmuskulatur) erzeugt, bei dem jedoch die Funktion der inneren Organe praktisch nicht beeinträchtigt wird.

Ursprünglich wurde Kurare von südamerikanischen Indianern aus Wurzeln, Stämmen und der Rinde von Urwaldgewächsen gewonnen und in Pfeile gefüllt, die sie gegen feindliche Stämme einsetzten. Sie hatten herausgefunden, daß das getroffene Opfer innerhalb von wenigen Minuten an Atemversagen starb. Später wurde Kurare bei Operationen zum Anästhesieren verwendet. Da die Patienten völlig bewegungslos blieben, wurde allgemein angenommen, daß sie während der Operation keine Schmerzen verspürten. Sobald die Wirkung des Kurare nachließ, beklagten sich die Patienten über die unendlichen Schmerzen, die sie bei jedem Messerschnitt erleiden mußten. Ihre Behauptungen wurden als Halluzinationen abgetan.

Miller und seine Mitarbeiter stellten folgende These auf: Wenn die viszeralen Reaktionen von mit Kurare injizierten Tieren durch Belohnung oder Verstärkung manipuliert werden können, so dürfe man daraus schließen, daß die inneren Organe lernfähig sind. Da aber der Gebrauch einer starken Droge wie Kurare bei Menschen mit offensichtlichen Gefahren verbunden ist und es deshalb schwer gewesen wäre, menschliche »Versuchskaninchen« zu finden, beschloß Miller, für die meisten seiner Experimente Ratten zu benutzen. Weil kurarisierte Ratten nicht ohne Hilfe atmen können, wurde ihre Atmung künstlich aufrechterhalten.

Miller führte die Hauptursache dafür, daß die inneren Organe normalerweise nicht lernfähig zu sein scheinen, darauf zurück, daß wir uns ihrer Tätigkeiten gewöhnlich gar nicht bewußt sind. Um das Erlernen der Herzfrequenzbeeinflussung bei ihren Ratten zu erleichtern, erfanden Neal Miller und Leo DiCara ein kompliziertes System, mit dessen Hilfe die Ratten über ihre Herzfrequenz informiert werden konnten. Jede Ratte wurde anfangs einer Operation unterzogen, bei der ihr Elektroden unter die Haut genäht wurden, die wiederum an ein Elektrokardiogramm angeschlossen werden konnten. Dieses Gerät war so konzipiert, daß auf jede leichte Beschleunigung der Herzfrequenz (gewöhnlich 2 Prozent) eine Belohnung bzw. Verstärkung erfolgte.

Wie in aller Welt kann eine total gelähmte Ratte belohnt werden? Miller und DiCara lösten dieses Problem, indem sie den Teil des Rattengehirns elektrisch stimulierten, der als »Belohnungszentrum« dient. Sie stellten fest, daß sie durch Belohnen einer immer größeren Herzfrequenzbeschleunigung mittels Gehirnstimulation den Puls der kurarisierten Ratte innerhalb von 1½ Trainingsstunden um 80 Pulsschläge erhöhen konnten! Also zogen sie den Schluß, daß innere Organe mit Hilfe der Belohnungsmethode lernfähig sind, trotz des damals weitverbreiteten Glaubens, daß so etwas unmöglich sei.

Waren die Ratten in der Lage, auch die Funktion anderer innerer Organe zu beeinflussen? Miller fand heraus, daß mit Kurare behandelte Ratten lernen konnten, ihre Darmkontraktionen zu vermindern oder zu verstärken; sie lernten außerdem, den Blutstrom zu den Magenwänden zu beeinflussen, ja, sogar ihre Urinbildung zu steuern!

Miller gab sich nicht damit zufrieden, gezeigt zu haben, daß viszerales Lernen ähnlich verläuft wie das Erlernen von Muskelreaktionen (etwa Drücken eines Hebels, um Futter zu erhalten). »Normale« Lernprozesse beispielsweise lassen sich verhältnismäßig leicht merken. Um zu beweisen, daß auch viszerales Lernen leicht zu behalten ist, testete Miller Ratten, die er drei Monate zuvor 1½ Stunden lang einem Pulsbeschleunigungstraining unterzogen hatte. Er stellte fest, daß sich seine Ratten tatsächlich noch erinnerten, wie sie ihre Herzfrequenz steuern konnten.

Miller argumentierte abschließend, daß »normales« Lernen, etwa das Erlernen einer Sportart, dadurch gekennzeichnet sei, daß der Sportler immer präziser bestimmte Bewegungen ausführt. Läßt sich eine ähnliche Präzision bei viszeralem Lernen feststellen? Es scheint so, denn die mit Kurare behandelten Ratten waren in der Lage, mehr Blut durch ein Ohr fließen zu lassen als durch das andere, wenn sie dafür belohnt wurden!

Warum hat uns die Natur mit Fähigkeiten zu viszeralem Lernen ausgestattet, wenn wir diese so wenig nutzen, daß wir über die Existenz dieser Fähigkeiten kaum Bescheid wissen? Ganz gewiß hängt das damit zusammen, daß sich der gesunde Körper stets in einer »Homöostase«, also einem Gleichgewicht befindet, das durch Konstanthaltung der Körpertemperatur, des Blutdrucks usw. erreicht wird. Ungelernte Regelungssysteme reichen gewöhnlich aus, um die Erhaltung dieses Gleichgewichts zu gewährleisten. Viszerales Lernen aber könnte dann einen zusätzlichen Regelungsmechanismus anbieten, wenn die Homöostase ernstlich bedroht wäre.

Obwohl der wissenschaftliche Wert der Forschungen von Miller noch nicht endgültig feststeht, bleibt außer Zweifel, daß Bio-Feedback als medizinische Behandlungsmethode ohne seine Arbeit nicht entwickelt worden wäre.

Unten: Viele Zirkuskünstler beherrschen auf eine phänomenale Weise ihre Reflexe und besitzen eine erstaunliche Konzentrationsfähigkeit.

Ganz unten: Ein Experiment, bei dem die Testperson versucht, ihren Herzschlag willentlich zu beeinflussen. Der Herzschlag wird ihr über Kopfhörer zugespielt (Feedback).

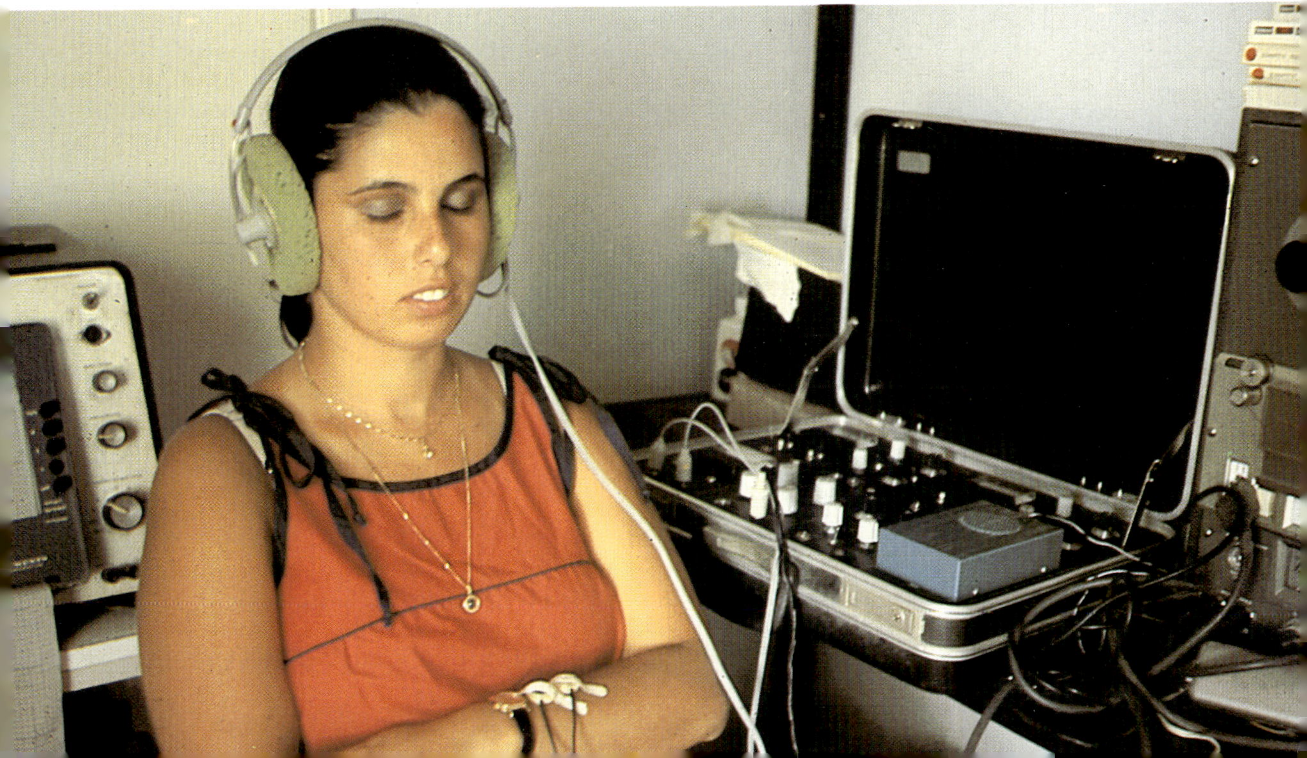

Auf rein theoretischer Ebene haben Millers Untersuchungen gezeigt, daß der Unterschied zwischen dem Verstand des Menschen und seinen Emotionen gar nicht so groß ist, wie allgemein angenommen wird, da beides auf ähnliche Weise gesteuert werden kann. Auf der mehr praktischen Ebene eröffnete seine These, daß der Mensch seine inneren Organe steuern kann, ganz neue Aussichten, was die Behandlung vieler Leiden angeht, von migräneartigen Kopfschmerzen bis hin zu Herzbeschwerden. Natürlich unternahm Miller seine meisten Versuche nur mit Ratten; da aber der Mensch intelligenter ist als die Ratte, sollte er in der Lage sein, seine inneren Organe mindestens ebenso gut zu trainieren.

Als sehr hilfreich erwies sich die Mitarbeit Lee Birks von der Harvard Medical School, der freiwillig anbot, sich Kurare injizieren zu lassen. Nach der Injektion war er weder in der Lage, seinen Kopf zu bewegen noch seine Füße oder Hände zu heben, seine Augen zu öffnen, zu schlucken oder zu sprechen. Selbst in diesem Zustand konnte er sich offensichtlich an viszerale Reaktionen erinnern, die er vor der Behandlung mit Kurare gelernt hatte.

In den Medien wird viel vom »Bio-Feedback«, dem neuen »Allheilmittel« gesprochen. Der Begriff »Bio-Feedback« umschreibt lediglich eine Technik, bei der der Patient mit Hilfe von biophysiologischen Geräten über Veränderungen solcher Körpertätigkeiten informiert wird, deren er sich gewöhnlich nicht bewußt ist. ›Belohnt‹ wird der Patient dadurch, daß er die zunehmende Steuerung bestimmter innerer Organe beobachten kann. Der Apparat ist so konzipiert, daß er die viszerale Antwort schrittweise in die gewünschte Richtung »formt«.

Dieser Klient benutzt Bio-Feedback, um seine Anspannung zu regulieren.

Fallgeschichten

Einer der spektakulärsten Erfolgsberichte im Bereich des Bio-Feedbacks wurde durch Peter Lang und Barbara Melamed von der University of Wisconsin bekannt. Der Patient, ein neun Monate alter Junge, hatte bei seiner Geburt etwa 3,5 kg gewogen. Mit sechs Monaten war sein Gewicht auf etwa 6,5 kg angestiegen, dann aber hatte er angefangen, einen Großteil der eben aufgenommenen Nahrung wieder auszuspucken, und mit neun Monaten war sein Gewicht auf 4,5 kg zurückgegangen. Er befand sich in einem fortgeschrittenen Zustand der Dehydration und Unterernährung und mußte mit einer Magenpumpe ernährt werden. Seine Überlebenschancen waren gering.

Viele Psychoanalytiker behaupten, daß solche Symptome bei Kindern durch einen Bruch in der Kind-Mutterbeziehung hervorgerufen werden; die Unfähigkeit der Mutter, eine psychisch-sexuelle Erwachsenenrolle auszufüllen, hindert sie daran, ihrem Kind eine warme liebevolle Pflege zukommen zu lassen. Das Kind reagiert auf die mangelnde Wärme und sucht sich seine eigene Belohnung oder Befriedigung, indem es die eingenommene Nahrung wieder hochwürgt und im Mund behält. Leider erwies sich die vorgeschriebene Behandlung »viel Liebe und Wärme« als erfolglos: das Kind erbrach weiter seine Nahrung.

Lang und Melamed untersuchten das Muskelpotential der Speiseröhre (Ösophagus) des Kindes und stellten fest, daß die erste antiperistaltische Welle dem Würgen vorausging. Sie veranlaßten, daß das Kind unangenehme elektrische Schocks verabreicht bekam, wenn die Gegenbewegung des Ösophagus einsetzte, bis hin zu dem Augenblick, da das Würgen abgeschlossen war. Schon nach wenigen Mahlzeiten erbrach das Kind seine Nahrung nicht mehr. Einen Monat nach Verlassen des Krankenhauses hatte sich sein Gewicht verdoppelt, und es entwickelte sich zu einem gesunden strammen Kerlchen.

Auch zur Behandlung von männlichen Sexualstörungen bediente man sich des Bio-Feedbacks. Trotz der Behauptung der berühmten Sexologen Masters und Johnson, daß »Erektionen ebenso unwillkürlich und mühelos zustande kommen wie das Atmen«, kann die Peniserektion trainiert und gesteuert werden. In einer länger zurückliegenden Studie stellte Raymond Rosen fest, daß die Versteifung des männlichen Gliedes bedeutend gefördert werden kann, wenn der Betreffende

195

Informationen über die Fortschritte erhält, oder wenn ihm finanzielle Anreize geboten werden. Nicht überzeugen ließ er sich jedoch von der angeblichen Fähigkeit einiger erfahrener Jogis, die Sperma-Ausschüttung (Ejakulation) während des Orgasmus zurückhalten zu können.

Rosen wandte seine Bio-Feedback-Technik bei der Behandlung von Mr. W., einem 45jährigen Schuldiener an, der seit 22 Jahren verheiratet war. Mr. W. war auf einem Supermarkt-Parkplatz verhaftet worden, wo er sich, als Frau verkleidet, exhibitionistisch betätigt hatte. Zuerst machte Rosen eine 30minütige Videoaufnahme, bei der Mr. W. in seinem üblichen weiblichen Aufzug bis zum Orgasmus masturbierte.

Während der Behandlungssitzungen war Mr. W. an ein Meßgerät angeschlossen, welches selbst flüchtige Veränderungen des Blutstroms im Penis registrierte. Anfangs waren, während Mr. W. den Videofilm ansah, beständige und langanhaltende Erektionen auf dem Gerät abzulesen. Um dies zu verhindern, wurde jedesmal, wenn die Penisversteifung eine gewisse Schwelle überschritt, eine laute Tonbandaufnahme von Mr. W.s Wecker abgespielt; die Lautstärke der Aufnahme wurde auf den Grad der Erektion abgestimmt. Mr. W. sollte durch eine Kontrolle seiner Erektionen verhindern helfen, daß die unangenehme Weckeraufnahme abgespielt wurde. Ergebnis: bei der zwölften Sitzung zeigte Mr. W. überhaupt keine Reaktion mehr auf den Videofilm. Leider aber nahm Mr. W. seine transvestitischen Aktivitäten später erneut auf und wurde wegen wiederholter exhibitionistischer Handlungen festgenommen und inhaftiert. Der scheinbare Erfolg der Bio-Feedback-Behandlung war demnach nur von vorübergehender Dauer.

Ist es möglich, daß das Bio-Feedback sexuelle Erregung hervorruft, nur weil die Person »schmutzige Gedanken« hat? In einem Experiment wurde der vaginale Blutstrom bei zwei sexuell erfahrenen unverheirateten Frauen von Mitte 20 untersucht, die sich stark-erotischen Phantasien hingeben sollten; sie sollten sich dabei an eigenen sexuellen Erlebnissen orientieren oder sich Aktivitäten und Situationen vorstellen, die sie für erotisch hielten. Interessanterweise konnte nur bei der sexuell erfahreneren Frau ein verstärkter vaginaler Blutstrom festgestellt werden. Dagegen wurde bei beiden Frauen eine wesentliche Steigerung nachgewiesen, als ihre Phantasien mit dem Bio-Feedback kombiniert und sie selbst über die Ab- oder Zunahme des Blutflusses informiert wurden. In diesem Fall hatte also Bio-Feedback eine Wirkung, die über das hinausging, was durch sexuelles Phantasieren hervorgerufen wurde.

Zwei Situationen, in denen sich Aufregung durch unwillkürliche Verkrampfung in der Magengrube äußert: Die Angst, nicht von der Schule abgeholt zu werden, und das Reisen per Flugzeug.

194

Ein Grund, den Blutdruck einen jeden Autofahrers in die Höhe zu treiben: eine alte Frau, die offensichtlich keine Notiz vom vorbeifließenden Verkehr nimmt.

Willentliche Steuerung des Blutdrucks

Am häufigsten wird das Bio-Feedback bei der Behandlung von Hypertonie (Bluthochdruck) angewandt. In den komplexen schnellebigen Gesellschaften der westlichen Welt haben degenerative Störungen wie Herzkranzgefäßkrankheiten und Bluthochdruck auf alarmierende Weise zugenommen. Es wird geschätzt, daß 10 bis 30 Prozent der gesamten erwachsenen Bevölkerung an Hypertonie leiden (abhängig von der Definition von Bluthochdruck). Bei mehr als 90 Prozent dieser Fälle ist die Ursache unbekannt; sie fallen somit in die Kategorie »primäre« oder »essentielle« Hypertonie. Hypertonische Menschen laufen eher Gefahr, einem Herzinfarkt oder Schlaganfall usw. zum Opfer zu fallen.

Hypertonie wird gewöhnlich mit verschiedensten Medikamenten, einschließlich Beruhigungsmitteln, behandelt. Viele dieser Medikamente haben jedoch unerwünschte Nebenwirkungen, und deshalb könnte das Bio-Feedback eine vorzuziehende Behandlungsmethode sein. Häufig bedient man sich im Fall von Hypertonie der sogenannten »kontinuierlichen Manschetten-Methode«, die ein ständiges »Schlag-für-Schlag-Feedback« des Blutdrucks ermöglicht. Im Innern einer üblichen Druckmanschette wird ein Kristall-Mikrophon angebracht, das direkt auf der Armschlagader sitzt. Die Manschette wird aufgepumpt und auf einen konstanten Druck eingestellt, der annähernd dem durchschnittlichen systolischen oder diastolischen Blutdruck entspricht. Durch Licht- oder Geräuschsignale wird dem Patienten angezeigt, wenn es ihm gelungen ist, seine Blutdruckwerte zu senken.

197

Durch die Bio-Feedback-Behandlung hypertonischer Patienten konnte eine Senkung von 10 bis 15 Prozent der systolischen und eine fast ebenso hohe Verringerung der diastolischen Blutdruckwerte erzielt werden. Das klingt sehr eindrucksvoll, ist aber irreführend. Man hat nämlich hypertonische Patienten aufgefordert, ihren Blutdruck willentlich zu senken, ohne ihnen das Wie zu erklären und ohne ihnen die technischen Geräte des Bio-Feedbacks zur Verfügung zu stellen. Der Erfolg war fast ebenso groß wie bei den Bio-Feedback-Patienten! Möglicherweise beruhen die Erfolge des Bio-Feedback ganz einfach darauf, daß man sich um den Patienten kümmert und er das Gefühl hat, daß sein Problem auf konstruktive Weise angegangen wird.

Unsere Bedenken, was die tatsächliche Wirksamkeit des Bio-Feedbacks bei Hypertonie angeht, beruhen vor allem darauf, daß die positiven Wirkungen bislang nur im Labor demonstriert werden konnten. Niemand weiß bislang zu sagen, ob die Senkung des Blutdrucks in den Streß-Situationen des täglichen Lebens aufrechterhalten werden kann. Peter Seer untersuchte Ende 1979 alle Arbeiten über die Anwendung des Bio-Feedback bei Hypertonikern und sah sich zu der Schlußfolgerung gezwungen: »Gegenwärtig gibt es keine überzeugende Beweise dafür, daß durch Bio-Feedback eine klinisch relevante und nachhaltige Blutdruckreduzierung erreicht werden kann.«

Andere Anwendungsbereiche des Bio-Feedbacks

Es ist allgemein bekannt, daß Menschen, die unter Migräne leiden, zu kalten Extremitäten neigen. Also folgerte man, daß durch die Förderung des Blutstromes hin zu den peripheren Regionen der Blutstrom zum Kopf vermindert und somit die Kopfschmerzen gelindert werden könnten. Wenn auf die Bio-Feedback-Methode zurückgegriffen wurde, um die Fingertemperatur zu erhöhen, so konnte gewöhnlich eine Linderung der Migräne festgestellt werden, aber es ist nicht erwiesen, daß dies auf den erhöhten Blutfluß an die Peripherie zurückzuführen ist.

Ein weiterer Bereich, in dem man gern auf das Bio-Feedback zurückgreift, ist die Raynaudsche Krankheit, eine besonders an den Händen auftretende Gefäßkrankheit. Dieses Leiden wird auch chirurgisch (Durchtrennung des Sympathikus) behandelt, die Nebenwirkungen aber sind irreversibel und nicht immer wünschenswert. Durch Bio-Feedback konnte ein Anstieg der Handtemperatur um 4–5 Celsiusgrade erreicht werden, ein vielversprechendes Resultat.

Lebhafte sexuelle Phantasien rufen bei den meisten Menschen starke körperliche Erregung hervor.

Ein anderer, eher psychologischer Anwendungsbereich des Bio-Feedbacks ist die Steigerung der Alphawellen-Tätigkeit im Gehirn, bis hin zu dem sogenannten »Alpha-Erlebnis«. Dieses Erlebnis scheint sehr wohltuend zu sein, sonst wären nicht so viele Menschen bereit, enorme Geldsummen für die dazu nötige Bio-Feedback-Ausrüstung auszugeben. Erwiesenermaßen aber werfen diese Leute ihr Geld zum Fenster heraus. Denn lediglich das Gefühl (berechtigt oder nicht), seine Gehirnwellen steuern zu können, verbunden mit der Suggestionskraft, führt zum »Alpha-Erlebnis«. Diese Leute glaubten auch dann ein solches Erlebnis gehabt zu haben, wenn ihnen nur vorgetäuscht wurde, daß die Alphawellen verstärkt worden seien.

Bio-Feedback ist kein ›Allheilmittel‹, wie viele Erfolgsautoren versprochen haben. Aber wie kommt es dann, daß Ratten eher zu visceralem Lernen fähig zu sein scheinen als Menschen? Miller machte eine Entdeckung, die eine Antwort auf diese Frage geben könnte: Er stellte fest, daß mit Kurare behandelte Ratten bessere Lernergebnisse erzielten als nicht kurarisierte, und kam zu dem Ergebnis, daß Kurare dazu beiträgt, die verschiedenen Ablenkungsfaktoren zu eliminieren, die dem Lernen entgegenstehen. Mit anderen Worten, Menschen müßten in einen vergleichbaren Lähmungszustand versetzt werden, um ähnliche Bio-Feedback-Erfolge zu erzielen wie Ratten.

Folgerungen

Trotz der vorherrschenden Ansicht, unsere inneren Organe seien nicht lernfähig, konnte inzwischen nachgewiesen werden, daß sie durchaus in der Lage sind zu lernen und sich darüber hinaus bestimmte Fähigkeiten aneignen können. Deshalb sollten wir die alte Einteilung von Geist und Körper oder Verstand und Gefühl neu überdenken.

Diese spektakulären neuen Entdeckungen haben allgemeines Interesse an der Behandlung durch Bio-Feedback geweckt. Leider aber hat sich das Bio-Feedback im medizinischen Bereich (trotz lauter Lobeshymnen) bislang als enttäuschend erwiesen.

21 Ist Kriminalität heilbar?

1859 begründete Charles Darwin mit dem Werk *On the Origin of Species by Means of Natural Selection* (Über den Ursprung der Arten durch natürliche Zuchtwahl) seine Selektions- und Evolutionstheorie und stellte die Behauptung auf, daß der Mensch und selbst das niederste Lebewesen noch eine gemeinsame Abstammung habe. Damals erregten seine Ideen großes Aufsehen und wurden heftig kritisiert, heute dagegen wird ihnen in allen Bereichen der Humanwissenschaften Rechnung getragen.

Der berühmte amerikanische Neurophysiologe P. D. McLean[1] bediente sich bei seinen Gehirnstudien der Darwinschen Theorie. Das menschliche Gehirn läßt sich deutlich in drei Sektoren aufteilen. An der Basis liegt das Stammhirn und der niedere Teil des Gehirns, den McLean das »Reptiliengehirn« nennt. Es ist der stammesgeschichtlich älteste Teil, der von unseren Reptilien-Vorfahren stammt. Es wird überlagert und eingehüllt von der Paläocortex oder dem limbischen System, einer Gehirnstruktur, die sich später entwickelte und die Äußerung unserer Emotio-

Eine weibliche Gefangene mit ihrem Baby. Viele Aspekte des sozialen und kriminellen Verhaltens lassen sich mit Hilfe der Konditionierungstheorie erklären.

nen steuert. Diese beiden Systeme werden wiederum vom stammesgeschichtlich jüngsten Teil, der Neocortex, überlagert und eingehüllt, der sogenannten grauen Substanz, dem wichtigsten Merkmal, wodurch sich der Mensch vom Tier unterscheidet. Der Neocortex verdankt er die Fähigkeiten, logisch zu denken, sich der Sprache zu bedienen und die Grenzen der biologischen Evolution zu durchbrechen. So erbt der Mensch nicht nur Gene, sondern darüber hinaus die komplexen, von ihm geschaffenen Kulturen. Und die drei genannten Gehirnteile stehen zwar bis zu einem gewissen Grad miteinander in Verbindung, besitzen jedoch separate Funktionen. Deshalb ist jeder Versuch, die menschliche Natur zu begreifen, zum Scheitern verurteilt, solange diese Unterschiede nicht berücksichtigt werden.

Das Wachstum der Neocortex ermöglicht die eng verketteten Funktionen von

logischem Denken und Sprache; da sie aber von einer separaten, jüngeren Struktur stammen, haben logisches Denken und Sprache nur wenig Einfluß auf das limbische System der Paläocortex und die Emotionen, die dieses steuert. Trotzdem besitzt auch das limbische System eine Sprache, die Sprache der Pawlowschen Konditionierung. Die meisten Leser werden Pawlows berühmtes Experiment kennen, in dem er Hunde konditionierte, bei dem Geräusch einer Glocke vermehrten Speichel abzusondern, nachdem er das Läuten immer wieder mit dem Erscheinen des Futters verbunden hatte. Nach einer gewissen Zeit vermehrte sich der Speichelfluß beim Läuten der Glocke auch dann, wenn die Hunde kein Futter ausgeteilt bekamen. Die Bedeutung von Pawlows Experiment wird sehr häufig vergessen. Es ist deshalb so bedeutend, weil es bewiesen hat, daß Emotionen und physische Reaktionen auf gleiche Weise konditioniert werden können (siehe Kapitel 6). Dies ist es auch, was die Konditionierungstheorie für die Manipulierung des menschlichen Verhaltens relevant macht.

Der soziologische und der psychoanalytische Ansatz

Vor allem im Bereich der Behandlung von kriminellem Verhalten ist die Konditionierung relevant. Ja, wir gehen sogar soweit zu behaupten, daß eine adäquate Kriminalitätstheorie ebenso wie eine adäquate Neurosentheorie ohne Pawlows Konditionierungs-Experimente kaum denkbar sind. Aber lassen Sie uns vorher zwei alternative Theorien erwähnen, die, unserer Meinung nach, beide nicht für kriminelles Verhalten zutreffen – die soziologische und die psychoanalytische.

Oben: Selbstbedienung und Supermärkte, ein Aspekt des modernen Lebens, an den die meisten von uns schon in frühen Jahren gewöhnt werden.

Unten: Die Theorie, daß Kriminalität in erster Linie ein äußerliches Zeichen von Armut und Entbehrung sei, trifft nicht zu.

Der Soziologe verbindet Kriminalität mit Fakten wie Armut, sozialem Ungleichgewicht, Kapitalismus, schlechten Wohnverhältnissen usw. Seit etwa 30 Jahren spielen diese Faktoren in den meisten europäischen Ländern und den Vereinigten Staaten eine immer geringere Rolle. Abbildung 1 auf Seite 208 illustriert die in England festgestellte Abnahme des Gesamtvermögens der oberen 1 und 10 Prozent der Bevölkerung. Ähnliche Daten für die anderen erwähnten Variablen stehen zur Verfügung; sie verdeutlichen, daß in der westlichen Welt immer größere Gleichheit, bessere Wohnverhältnisse und ein höherer Lebensstandard erzielt wurden. Nach der soziologischen These müßte die Kriminalität folglich ständig abnehmen, in Wirklichkeit aber nimmt sie ständig zu, in manchen Fällen um ein Vielfaches. Und das widerspricht der Behauptung, daß wirtschaftliche Entbehrungen der Faktor sei, der kriminelles Verhalten hervorruft.

Nach der psychoanalytischen Theorie ist kriminelles Verhalten eine Abart von neurotischem Verhalten, das durch Kindheitskomplexe hervorgerufen wird, durch psychoanalytische Behandlung jedoch heilbar ist. Wir erwähnen hier nur zwei Experimente, die dieser Hypothese widersprechen. Das erste ist das Cambridge-Somerville Experiment, bei dem eine große Anzahl von potentiell kriminellen Jugendlichen in Boston, Massachusetts, einem Zufallsverfahren gemäß in zwei

Gruppen aufgeteilt wurden. Die Versuchsgruppe erhielt eine umfangreiche psycho-analytische Behandlung, die Kontrollgruppe nicht. Man hoffte, die psychoanalyti-sche Behandlung würde sich als erfolgreiche Präventivmaßnahme erweisen. Nach 30jähriger begleitender Beobachtung der beiden Gruppen stellte sich jedoch das Gegenteil heraus: die Gruppe mit psychoanalytischer Behandlung neigte mehr zu kriminellen Handlungen als die Kontrollgruppe.

Das Grendon Unterwood Gefängnis in Großbritannien wurde zu dem Zweck errichtet, Gefangene auf psychoanalytischem Weg zu bessern. Die Rückfallquote in Grendon wurde mit der eines typischen herkömmlichen Gefängnisses (Oxford) verglichen: die Ergebnisse sind in Abbildung 2 aufgezeigt. Die Quote war in beiden Gruppen genau identisch. Es gibt eine Vielzahl weiterer Beispiele, die beweisen, daß die psychoanalytische Interpretation der Kriminalität nicht mit der Realität übereinstimmt, und daß durch eine psychoanalytische Behandlung kriminelles Verhalten nicht »geheilt« werden kann.

Kriminalität = schlechte oder unzulängliche Konditionierung

Zunächst einmal muß hervorgehoben werden, daß sittliches Verhalten nicht das Resultat von rationalen Entscheidungen ist und von rationalen Erwägungen kaum beeinflußt wird. Nur wenige derer, die Verbrechen begehen, werden verhaftet und bestraft, das ist eine allgemein bekannte Tatsache. Wer sein Leben nach rein rationalen Gesichtspunkten organisiert, könnte sich deshalb für eine kriminelle Karriere entscheiden, weil sie ihm in materieller Hinsicht erfolgversprechender erschiene als ein untadeliges, tugendhaftes Leben. Daraus ergibt sich die Frage: Warum begehen verhältnismäßig wenige Menschen Verbrechen, wenn der »Lohn« so unmittelbar und offensichtlich, die Wahrscheinlichkeit aber, bestraft zu werden, so gering ist?

Die von uns vorgeschlagene Antwort liegt im Bereich des »Gewissens«, wobei wir den Begriff Gewissen als konditionierte Reaktion auf Dinge verstanden wissen möchten, die uns in unserer Kindheit und Jugend als schlecht oder böse eingeprägt wurden. Betrachten wir die Begebenheiten und Ereignisse, die im Kindheitssta-dium ablaufen. Natürlich ist ein Kind ungezogen, selbstsüchtig, unsozial und unehrlich. Wann immer es diese Unarten an den Tag legt, wird es bestraft. Solche Strafen sind schmerzhaft und unangenehm. Wir haben es also mit einer regelrechten Ereigniskette zu tun: Zunächst ist da der *konditionierte Stimulus,* im Fall von Pawlows Experimenten das Läuten der Glocke, beim Kind die Absicht, eine unsoziale Handlung zu begehen, gefolgt von der tatsächlichen Ausführung dieser Handlung. Der *unkonditionierte Stimulus,* der dem Erscheinen des Futters in Pawlows Experiment entspricht, ist die Strafe durch Eltern, Lehrer oder Altersge-nossen. Die *unkonditionierte Reaktion,* bei Pawlows Hunden der vermehrte Spei-chelfluß, sind beim Kind durch die Strafe bewirkte Schmerzen und Ängste. Laut Pawlows Theorie sollte der konditionierte Stimulus nach einer Reihe von verstär-kenden Situationen mit der unkonditionierten Reaktion assoziiert werden, so daß nach einer gewissen Zeit unsoziale Verhaltensweisen mit der Angst verbunden werden, die gewöhnlich aus der Strafe resultiert. Diese Angst, gekoppelt mit der Absicht, eine unsoziale Handlung zu begehen, ist das, was wir gemeinhin unter »Gewissen« verstehen. Es hält die meisten Menschen davon ab, sich unsozial oder kriminell zu verhalten, auch wenn dies einen Vorteil für sie bedeuten würde.

Es konnte experimentell nachgewiesen werden, daß konditionierte Reaktionen sehr wirkungsvoll sind, soziales Verhalten hervorzurufen. Wir möchten an dieser Stelle ein von Solomon und seinen Kollegen durchgeführtes Experiment[2, 3] beschreiben, das sowohl mit sehr kleinen Kindern als auch mit jungen Hunden durchgeführt wurde. Wir beschränken uns hier auf die Arbeit mit den Hunden; die Resultate bei den Kindern waren ebenso eindrucksvoll.

Die jungen Hunde (sie sind einen ganzen Tag nicht gefüttert worden) werden in einen Raum geführt. In diesem Raum sitzt der Versuchsleiter auf einem Stuhl, zu seiner Rechten ein Napf mit gekochtem Pferdefleisch (das die Hunde besonders gern mögen) und zu seiner Linken ein Napf mit Dosenfutter (das die Hunde wenig schätzen). Der Versuchsleiter hält in seiner rechten Hand eine gefaltete Zeitung, und jedes Mal, wenn die Hunde versuchen, von dem Pferdefleisch zu fressen (was er bei seinem Experiment als unsoziale Handlung definiert hat, die verhindert werden soll), schlägt er ihnen mit der gefalteten Zeitung auf den Rücken. Dabei muß hervorgehoben werden, daß diese »Strafe« äußerst mild und nicht mit Schmerz verbunden ist; sie deutet lediglich das Mißfallen des Versuchsleiters an. Nach mehreren Versuchen, das gekochte Pferdefleisch zu fressen, wenden sich die Hunde dem Dosenfutter zu und verzehren es sichtlich verstimmt. Damit ist das Experiment für den ersten Tag abgeschlossen; es wird eine Woche lang täglich wiederholt.

Die nächste Phase des Experiments beginnt am Anfang der zweiten Woche. Dieses Mal gibt es keinen Versuchsleiter, wenn die 24 Stunden lang nicht gefütterten Hunde in den Raum geführt werden. Statt wie gewöhnlich auf seinem Stuhl zu sitzen, beobachtet der Versuchsleiter die Szene durch eine Einwegscheibe. Dieses Mal steht ein Napf mit gekochtem Pferdefleisch und auch einer mit einer geringen Menge Dosenfutter für die Hunde bereit. Wird das konditionierte »Gewissen« die Hunde veranlassen, gegen ihr Verlangen und ihren Instinkt zu handeln? Bei den meisten war dies tatsächlich der Fall. Sie schlichen um den Napf mit dem Pferdefleisch herum, schnupperten sehnsüchtig daran, ließen ihn jedoch unberührt und fraßen nur das Dosenfutter. Nur wenige konnten der Versuchung nicht widerstehen. Nach einer halben Stunde wurden die Hunde wieder in ihren Zwinger geführt, wo sie weitere 24 Stunden fasten mußten. Dann kamen sie wieder in den Raum, und die Prozedur wurde wiederholt. Dieses Mal waren es einige wenige Tiere mehr, die beschlossen, von dem gekochten Pferdefleisch zu fressen, die Mehrzahl aber vermochte der Versuchung zu widerstehen. Kurz, es schien, als wollten viele der Hunde lieber vor Hunger sterben, als gegen das konditionierte »Gewissen« zu handeln, das ihnen der Versuchsleiter eingeprägt hatte (natürlich hat der Versuchsleiter dies nicht geschehen lassen; die Hunde wurden lange vor einer Schädigung durch das Hungern wieder richtig gefüttert). Dennoch ist zu bemerken, daß die verhältnismäßig milde »Strafe«, der unkonditionierte Stimulus, eine ausreichend starke konditionierte Reaktion hervorrief, so daß die Hunde lieber verhungert wären, als ihrem neuangeeigneten »Gewissen« zuwiderzuhandeln. Sehr ähnlich war das Ergebnis bei den kleinen Kindern; deshalb kann nicht behauptet werden, das Resultat gelte nur für Tiere.

Vom Hund auf den Menschen gekommen

Dies ist nur ein Beispiel der »Gewissenstheorie«. Es gibt darüber hinaus vielerlei Versuchsmaterial, das darauf hinweist, daß diese Theorie, wenn auch nicht absolut, so doch im großen und ganzen korrekt ist. Daraus ergeben sich zwei Punkte: Erstens könnte die Ursache für den enormen Anstieg der Kriminalitätsrate seit dem letzten Weltkrieg daraus resultieren, daß im allgemein »permissiven« Klima der letzten 30 Jahre die Zahl der Konditionierungserlebnisse abgenommen hat, welche die Kinder durch Eltern oder Lehrer erfahren. Dies führt automatisch zu einer Schwächung des »Gewissens« und macht das Kind eher als sein Vorkriegsebenbild zu unsozialem oder kriminellem Verhalten bereit. Auch für diese Hypothese gibt es ausreichendes Beweismaterial. So scheint es keinen Zweifel daran zu geben, daß Kinder aus besonders permissiven Schulen eher zu kriminellem Verhalten neigen als Kinder aus konservativeren, autoritären Schulen (Rutter et al., 1979[4]). Leider können wir in diesem Buch nicht auf all die Experimente und Studien eingehen, die diese These unterstützen; wir können sie nur erwähnen.

Zweitens steht fest, daß die »Gewissens«theorie für die Behandlung von Krimi-

Einprägen von Verhaltensre-
geln. Weil die meisten von uns
ein »Gewissen« besitzen, einen Sinn für das, was gesellschaftlich akzeptabel und was
unannehmbar ist, kann unsere
Gesellschaft fortbestehen.

nellen, ganz gleich ob Kinder, Jugendliche oder Erwachsene, relevant ist. Sie
eröffnet Möglichkeiten, unsoziales oder kriminelles Verhalten zu ändern, so daß
der Verbrecher zu einem sozialisierten Menschen mit normalem »Gewissen«
werden kann. Dazu bedarf es keiner psychoanalytischen Behandlung von nicht-
existenten Komplexen und Neurosen, sondern eines Nachholens der Elemente, die
der betroffenen Person in Kindheit und Jugend gefehlt haben – einer angemessenen
Anzahl an Konditionierungserfahrungen.

Das Token- oder Markensystem

Es gibt vielfältige Methoden der Rekonditionierung, eine davon ist das sogenannte
Token- oder Markensystem. Es wurde vor mehr als einem Jahrhundert von dem
englischen Strafrechtler Maconochie auf Norfolk Island eingeführt. Norfolk Island
war eine Sträflingskolonie vor der australischen Küste, wo Großbritanniens
Schwerstverbrecher ihre Strafen absaßen. Als Maconochie in Norfolk Island
eintraf, mußte er feststellen, daß die Behandlung der Gefangenen grausam,
unmenschlich und bestialisch war, mit dem Resultat, daß die Rückfallquote
besonders hoch lag (siehe Eysenck 1973).

Maconochie führte ein System von Marken ein, die die Gefangenen durch harte
Arbeit, Verzicht auf Gewalthandlungen und allgemeine gute Führung erwerben
konnten. Bestraft wurde durch Markenentzug. Schon bald zeigten sich die ersten
positiven Auswirkungen dieser Methode; die Gefangenen verhielten sich sehr viel
sozialisierter als unter den davor herrschenden brutalen Strafbedingungen. Ebenfalls bemerkenswert waren die Nachwirkungen. Zeugenberichte, selbst die seiner
Kritiker, beweisen, daß es Maconochie gelungen war, seinen Gefangenen ein
Konzept von sozialem Verhalten einzuprägen, das sich über ihre Haftzeit hinaus
auswirkte. Leider wurden seine Bemühungen, das Gefängnissystem von Grund auf
umzugestalten, ständig attackiert und vereitelt, bis er schließlich vom British Home
Office seines Postens enthoben wurde.

In jüngerer Zeit wurde das Markensystem von amerikanischen Psychologen in
verschiedenen Gruppen, vor allem mit jugendlichen Verbrechern, erprobt. Das
tatsächliche Resultat läßt sich natürlich noch nicht feststellen, dazu bedarf es noch
vieler Jahre weiterer Beobachtungen und Untersuchungen. Eines steht jedoch schon
heute fest: Mit Hilfe eines richtig benutzten Tokensystems kann die Rückfallquote
junger Delinquenten in den ersten drei Jahren nach der Haftentlassung um etwa 50
Prozent reduziert werden. Dieses entspricht natürlich bei weitem keiner hundert-
prozentigen Erfolgsquote. Und dennoch zählt die Tatsache, daß die Anzahl der
Rückfälligen um die Hälfte reduziert werden konnte, zu den wichtigsten von der
Psychologie geleisteten Beiträgen im Bereich der Kriminalitätsbekämpfung. Wenn
sich diese Reduzierung über die gesamte Gefangenenpopulation ausdehnen ließe,

so könnten mit dem eingesparten Geld die Kosten für dieses Unterfangen tausendfach zurückgezahlt werden (Ayllon & Azrin, 1968[5]; Sarason 1978[6]; Stumphauzer, 1973, 1979[7],[8]).

Die moderne Forschung rät immer häufiger davon ab, Kriminelle in geschlossenen Anstalten wie Besserungsanstalten, Jugendstrafanstalten oder Gefängnissen zu behandeln, und zwar aus dem einfachen Grund, weil in solchen Anstalten die Peer Gruppen einer Rekonditionierung stark entgegenarbeiten. Ja, in einem solchen Rahmen werden alle Rekonditionierungs-Versuche die kriminellen Neigungen ihrer Insassen eher noch verstärken. Der sogenannte »Ent-Institutionalisierungs-Prozeß« (»ambulante« Behandlung außerhalb der Anstalt) dagegen scheint sehr viel erfolgreicher zu sein – außerdem ist er auch billiger! Einige der in den USA durchgeführten Experimente haben bewiesen, daß neue Behandlungsmethoden, die außerhalb von Haftanstalten durchgeführt wurden, nur ein Drittel der herkömmlichen Behandlungskosten verschlingen und darüber hinaus sehr viel erfolgreicher sind. Eigentlich müßte man doch annehmen, daß kostenbewußte Regierungen dies als ein hinreichendes Argument betrachten würden, um neue psychologische Behandlungsmethoden einzuführen. Die europäischen Länder jedoch scheinen trotz ihrer vielversprechenden Möglichkeiten wenig Interesse an ihnen zu haben.

Wir möchten natürlich die bisher erzielten Erfolge nicht hochspielen. Vielleicht spricht nicht jeder Gefangenentypus auf diese Methoden an; möglich ist auch, daß Versuche, die in den USA erfolgreich sind, in Europa keine Gültigkeit haben. Sicher ist, daß der Persönlichkeit bei der Art der Konditionierung Rechnung getragen werden muß. Zugegebenermaßen gibt es eine Vielzahl von erwähnenswerten Vorbehalten, die wir hier leider im einzelnen nicht aufzählen können. Was wir allerdings vorschlagen möchten, sind im kleinen Rahmen angelegte Forschungsprojekte mit den geeigneten Straftätern, vor allem Jugendlichen, um diese Methoden zu testen und zu prüfen, in welchem Ausmaß die Erfolge unserer amerikanischen Kollegen auch bei uns zu erzielen sind.

Gibt es eine kriminelle Persönlichkeit?

Mehrere wesentliche Teilbereiche des Problems wurden bislang nicht erwähnt. Der erste hängt mit der Frage des Persönlichkeitstypus zusammen. Es wird häufig behauptet, daß Kriminelle durch spezifische Persönlichkeitsmerkmale gekennzeichnet sind. Inzwischen gibt es ausreichendes Beweismaterial, das diese Sichtweise bestätigt.

Zweitens besitzen verschiedene Menschen unterschiedliche Voraussetzungen, die auf die schnelle und feste Bildung konditionierter Reaktionen Einfluß haben. Pawlow beobachtete dies bei Hunden; manche Hunde stellten die Gedankenverbindung zwischen Läuten und vermehrtem Speichelfluß bereits her, nachdem sie die Läuten-Futter-Verbindung nur fünfmal erlebt hatten, während andere 100 oder gar 200 oder 300 Konditionierungsdurchgänge brauchten, bis sie die konditionierte Reaktion zeigten.

Anhand von Experimenten konnte bewiesen werden, daß Introvertierte raschere und stärker konditionierte Reaktionen zeigen als Extravertierte (siehe Kapitel 6). Geselligen, impulsiven, unbekümmerten, aus sich herausgehenden Menschen fällt es verhältnismäßig schwer, konditionierte Reaktionen zu zeigen, während schüchterne, ungesellige, zurückhaltende Menschen, die denken, bevor sie handeln, zu schnellen und starken Konditionierungsreaktionen neigen.

Abbildung 3 auf Seite 208 veranschaulicht die Resultate eines mit Menschen durchgeführten Experiments und illustriert den deutlichen Unterschied zwischen Extravertierten und Introvertierten. Bei dem Experiment wurde der Lidschlagreflex benutzt (d. h. das Schließen des Auges bei einem Luftstoß auf die Hornhaut des Auges). Die Versuchspersonen tragen Schutzbrillen, die mit einem Gummischlauch versehen und an ein externes Luftversorgungssystem angeschlossen sind. Der konditionierte Stimulus ist ein Tonzeichen, das über Kopfhörer kurz vor dem Luftstoß gegeben wird. Das Experiment besteht darin, den Lidschlag zu messen, der durch das Tonzeichen ausgelöst wird. Zunächst zeigt sich keine Reaktion, doch

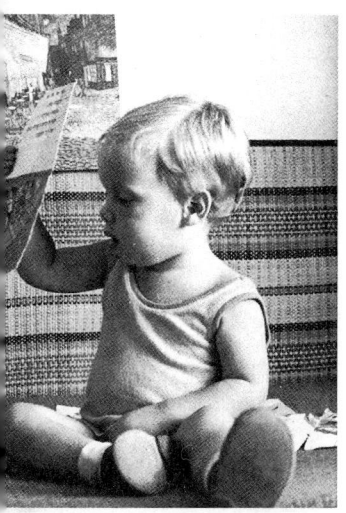

Ganz oben: Zwillingsstudien haben dazu beigetragen, die genetische Komponente der Kriminalität zu durchleuchten; die Chancen, daß der Bruder eines eineiigen kriminellen Zwillings auch kriminell ist, sind viermal so groß wie bei zweieiigen Zwillingen.

Oben: Adoptivkinder legen eher die Verhaltensmuster ihrer leiblichen als die ihrer Adoptiveltern an den Tag.

nachdem der Ton stetig von einem Luftstoß gefolgt worden ist, führt diese Kombination schließlich dazu, daß die Versuchsperson nach und nach dazu konditioniert wird, daß sie mit dem Schließen des Lides auf den Ton reagiert (dieses Schließen des Lides ist keine willentliche Reaktion; willentliche Reaktionen erfolgen sehr viel langsamer als konditionierte und können deshalb ganz deutlich von ihnen unterschieden werden).

Es ist erwiesen, daß Introvertierte sehr viel schneller mit dem erlernten Lidschließen reagieren als Extravertierte; mit anderen Worten: sie zeigen rascher und stärker konditionierte Reaktionen. Folglich können wir erwarten, daß Extravertierte auch in anderen Bereichen schwerer zu konditionieren sind und demnach (unter sonst ähnlichen Bedingungen) eher disponiert sind, unsoziales Verhalten an den Tag zu legen. Es gibt eine Reihe von Studien, die diese These bestätigen, wobei die Versuchspersonen Schulkinder, Halbwüchsige und Erwachsene waren.

Andere Persönlichkeitsmerkmale, die Kriminelle mit Menschen, die zu unsozialem Verhalten neigen, gemeinsam besitzen, sind starke Emotionalität oder hohe Neurotizismus-Werte (d. h. eine Überempfindlichkeit des limbischen Systems im Gehirn, das die Äußerung von Emotionen regelt). Es gibt noch weitere Persönlichkeitszüge, die mit Kriminalität assoziiert werden[9, 10], doch wir brauchen hier wohl nicht ins Detail zu gehen, um deutlich zu machen, daß asoziales oder unsoziales Verhalten sehr stark mit spezifischen Persönlichkeitstypen verbunden ist.

Diese Verknüpfung hat nicht nur in den westeuropäischen Ländern und in den Vereinigten Staaten Gültigkeit. Ähnliche Verbindungen wurden in den kommunistischen Ländern, wie Ungarn und der Tschechoslowakei, und in Ländern der Dritten Welt, wie Indien, aufgezeigt. Mit anderen Worten: sie ist nicht kulturell bedingt, wie manche marxistischen Denker behauptet haben, sondern hat universelle Gültigkeit.

Die genetische Komponente der Kriminalität

Wie wir bereits erläutert haben, sind diese Persönlichkeitsdimensionen sehr stark in der genetischen Konstitution des Menschen verankert, wobei der Anteil der Vererbung prozentual etwa drei Vierteln entspricht, während die Umweltfaktoren nur etwa ein Viertel ausmachen. Dies läßt die Behauptung zu, daß Kriminalität (wie Intelligenz) eine genetische Komponente besitzt; eine Vielzahl von Studien hat dies eindeutig bestätigt.

Eine mögliche Beweisführung stützt sich auf die Zwillingsforschung (ein- und zweieiige Zwillinge). Der Psychologe sucht in Gefängnissen nach Zwillingen, geht anschließend dem Zwillingspartner (eineiig oder zweieiig) nach, um festzustellen, ob dieser in puncto Kriminalität »konkordant« und ebenfalls bereits mit dem Gesetz in Konflikt gekommen ist. Da eineiige Zwillinge zu 100 Prozent dieselbe Erbmasse teilen (gegen durchschnittlich nur 50 Prozent bei zweieiigen Zwillingen), wird er die These aufstellen, daß eineiige Zwillinge eine größere Konkordanz an den Tag legen als zweieiige, vorausgesetzt natürlich, kriminelles Verhalten ist erblich mitbedingt. Etwa ein Dutzend Untersuchungen dieser Art wurden in verschiedenen Ländern durchgeführt, und überall kam man zu dem Ergebnis, daß die Konkordanz bei eineiigen Zwillingen viermal größer ist als bei zweieiigen. Mit anderen Worten: der Bruder eines kriminellen (eineiigen) Zwillings ist mit viermal so großer Wahrscheinlichkeit selbst kriminell veranlagt, als dies bei einem zweieiigen Zwillingsbruder der Fall ist.

Die zweite mögliche Beweisführung beruht auf Studien über adoptierte Kinder. Adoptivkinder, ganz gleich in welchem Alter sie adoptiert werden, haben das Erbgut von ihren leiblichen Eltern, die Umwelt hingegen von ihren Adoptiveltern. Jetzt stellt sich die Frage: welcher von beiden Faktoren hat im späteren Leben größeren Einfluß auf mögliches kriminelles oder nichtkriminelles Verhalten? Die Antwort, basierend auf mehreren Untersuchungen in verschiedenen Ländern, lautet auch hier, daß die genetische Komponente weit bedeutender ist, und daß adoptierte Kinder sehr viel mehr dazu neigen, sich so zu verhalten wie ihre leiblichen Eltern und nicht wie ihre Adoptiveltern, obgleich diese sie aufgezogen haben. Auch hier erweist sich der genetische Faktor wichtiger als der Umweltfaktor, obwohl es natürlich unsinnig wäre, die Umwelt völlig außer acht zu lassen. Beide Faktoren sind bedeutend, beide spielen eine wichtige Rolle, was unsoziales und kriminelles Verhalten angeht.

In den letzten 50 Jahren wurden die Umwelteinflüsse viel zu stark betont, und so nimmt es nicht wunder, daß nur unwesentliche Erfolge erzielt wurden, menschliches Verhalten zu ändern, es in bessere Bahnen zu lenken und Verbrecher zu gesetzestreuen Bürgern zu machen. Es gibt also einen starken genetischen Faktor, und dieser ist mit dem älteren Gehirnteil (der Paläocortex) verbunden, dessen Sprache der (durch die Neocortex bedingten) Vernunft völlig fremd ist. Bislang wurde versucht, mit Kriminellen so zu kommunizieren, als wären sie vom Verstand gelenkte, für Vernunftappelle empfängliche Wesen. Dieser Weg hat sich als falsch erwiesen. Wenn wir in Zukunft erfolgreicher sein wollen, so müssen wir lernen, die Sprache der Paläocortex zu sprechen, und herausfinden, wie die Konditionierungsgesetze auf die Probleme der Kriminalität anwendbar sind.

Das Wann und Wie der Rekonditionierung

Dies ist eine sehr schwierige Aufgabe, doch es konnten bereits erste, wenn auch begrenzte Erfolge erzielt werden. Unsere Argumentation wurde häufig mißverstanden und so interpretiert, daß die von uns beschriebene Konditionierungs-Theorie harte Strafen rechtfertigt. Das ist nicht der Fall. Wir wissen bereits eine ganze Menge über die Auswirkungen von Strafen, vor allem aber, daß harte Züchtigung die emotionale Erregbarkeit erhöht, die ja ohnedies ein wichtiger Charakterbestandteil des Kriminellen ist. So werden die unerwünschten Verhaltensweisen also nicht beseitigt, sondern eher noch verstärkt (Walters und Grusec, 1977[11]). Wir müssen noch einmal daran erinnern, daß bei Solomons oben beschriebenem Experiment mit jungen Hunden die Strafe (ein leichter Klaps mit einer gefalteten Zeitung) sehr mild war, so mild, daß man kaum von Strafe sprechen kann. Schon mit relativ kleinen Bestrafungen und Belohnungen unter genau geregelten Bedingungen können die gewünschten Resultate erzielt werden. Die Konditionierungs-Theorie rechtfertigt weder eine besonders harte noch eine zu lasche Behandlung der Gefangenen.

Solomons Experiment führte zu einem anderen, höchst interessanten Ergebnis, das vor allem von praktischem Interesse ist: Die Gewissens-Konditionierung der jungen Hunde verlief sehr viel erfolgreicher, wenn sich der Versuchsleiter zuvor um die Tiere gekümmert, sie gefüttert und gepflegt hatte. Die persönlichen Bande zwischen Mensch und Tier machten den Konditionierungsprozeß also effektiver – ein wichtiger Aspekt bei der Gewissenskonditionierung von Kindern und Jugendlichen durch Eltern und Lehrer!

Weiter fand Solomon heraus, daß das *Timing* des Klapses mit der Zeitung für das spätere Verhalten der Hunde sehr wichtig war. Wenn der Klaps erfolgte, während sich der Hund dem gekochten Pferdefleisch näherte und bevor er davon zu fressen begann, so hatte er eine abschreckende Wirkung. Die Hunde lernten, sich dem Fleisch nicht zu nähern und es nicht zu fressen, was ja das Ziel dieses »Gewissens«-trainings war. Wurde der Klaps jedoch später verabreicht, also nachdem die Hunde bereits angefangen hatten zu fressen, so fiel das Ergebnis ganz anders aus: bei Abwesenheit des Versuchsleiters näherten sich die Hunde dem Fleisch und fraßen es, wobei sie anschließend deutliche Schuldgefühle an den Tag legten. Es ist aber völlig sinnlos, Schuldgefühle hervorzurufen, nachdem die strafbare Handlung stattgefunden hat. Ziel muß es sein, die Ausführung dieser Handlung von vornherein zu verhindern.

Oben: Junge Burschen, die sich einer Bande angeschlossen haben. Eine Ablehnung elterlicher Autorität?

Mitte: Durch Konditionierung kann unsoziales und soziales Verhalten gelernt werden. In manchen Jugendgruppen gelten Vandalismus und Sich-Zurschaustellen als Großtaten, die von den Mitgliedern beklatscht und ermutigt werden.

Rechts: Tätowierungen korrelieren erstaunlich stark mit Gewaltverbrechen.

Der Umgang mit »harten Nüssen«

Es gibt eine weitere Persönlichkeitsdimension, die in bezug auf soziales und kriminelles Verhalten von großer Bedeutung ist. Diese Dimension steht in Zusammenhang mit psychotischem und psychopathischem Verhalten und äußert sich vor

allem in egozentrischen, feindseligen, aggressiven, ich-bezogenen Verhaltensweisen, verbunden mit einem Mangel an Verständnis für die Rechte und Privilegien anderer, wobei allein die persönliche Befriedigung im Vordergrund steht. Dieses Charaktermerkmal, das wir als »starrsinnig« *(tough-minded)* bezeichnen möchten, ist erwiesenermaßen erblich bedingt. Es hängt, wie man erwarten kann, mit dem »Männlichkeitsfaktor« zusammen: Männer legen es häufiger und in stärkerem Ausmaß an den Tag als Frauen. Das steht in Einklang mit der Tatsache, daß Männer aggressiver sind als Frauen und unpersönlicher in ihren sozialen Beziehungen. Starrsinniges Verhalten steht vermutlich in einem Kausalzusammenhang mit dem Testosteron-Ausstoß (d. h. der Menge des männlichen Sexualhormons, die für eine Person charakteristisch ist).

Der Starrsinn ist vor allem mit solchen Straftaten verbunden, die ein aggressives Element enthalten; Verbrechen gegen Personen – Raubüberfälle, Sexualverbrechen, Körperverletzungen – sind die verbrecherischen Handlungen, die am häufigsten mit diesem Persönlichkeitsmerkmal verbunden sind. Gewaltverbrechen sind es, die für die Gesellschaft besonders destruktiv sind. Gerade sie nehmen stärker zu als alle anderen Arten von Verbrechen, und dies vor allem in der westlichen Welt. Auch hier scheint die Permissivität der bestimmende Faktor zu sein.

Auch aus therapeutischer Sicht ist diese Sturheit von großer Bedeutung; Untersuchungen haben ergeben, daß starrsinnige Menschen für Psychotherapien, Verhaltenstherapien und andere Behandlungsarten vergleichsweise wenig empfänglich sind. Man könnte fast so weit gehen zu sagen, daß der Grad, bis zu dem das Verhalten einer Person durch irgendeine Art von sozialer Intervention veränderbar ist, weitgehend von seinem Grad an Starrsinn abhängt; je sturer er ist, desto schwieriger ist es auch, sein Verhalten zu beeinflussen. Nur zwei Wege gibt es, auf solche Menschen einzuwirken, der eine führt über das oben genannte »Tokensystem« (in einem strengen Konditionierungsprogramm), der andere über das Verabreichen von Phenothiazinen oder anderen antipsychotischen Drogen, die vorübergehend die Starrsinnigkeit reduzieren und den Klienten für eine Behandlung zugänglicher machen. Leider haben diese Phenothiazine feminisierende Auswirkungen; männlichen Patienten, die sie über längere Zeit einnehmen, können beispielsweise Brüste wachsen.

Ob die Gesellschaft das Recht hat, Drogen zu benutzen, um den Starrsinn eines Häftlings zu reduzieren und ihn für die Konditionierung zugänglicher zu machen, ist eine ethische Frage, auf die wir hier nicht eingehen können.

Ein letzter Punkt: Es wäre eine grobe Vereinfachung zu sagen, daß Kriminelle eine homogene Gruppe sind, daß irgendeine Verallgemeinerung auf alle Sträflinge zutrifft. Unsere Untersuchungen haben ergeben, daß es ein ganzes Spektrum von Verbrechen gibt, die von Menschen verschiedenster Persönlichkeitsstrukturen begangen werden können. Wie wir bereits erklärt haben, kann man bei sehr sturen Sträflingen eher davon ausgehen, daß sie Gewaltverbrechen begangen haben. Mordfälle innerhalb einer Familie (die am häufigsten auftretende Mordart in der westlichen Welt, ausgenommen Amerika) sind gewöhnlich auf eine Introversion zurückzuführen. Potentielle Mörder sind häufig sanfte, introvertierte Menschen, die Groll und Haß in sich aufstauen, bis es zu einer »Explosion« kommt, die dann zur Mordtat führt. Betrüger auf der anderen Seite sind meist stark extravertiert veranlagt, haben aber niedrige Werte, was Neurotizismus und Starrsinn angeht. Auch das ergibt einen Sinn, weil Betrug darauf beruht, einen guten Eindruck zu erwecken, abnormales Verhalten, wie solches, das mit Neurotizismus und Starrsinn verbunden ist, würde den »Klienten« nicht günstig beeindrucken.

Folgerungen

Auch bei der Behandlung von Sträflingen muß dem Persönlichkeitsfaktor Rechnung getragen werden; keine der hier erörterten Methoden wäre für alle Kriminellen geeignet. Die groben Grundrisse sind klar, doch es bedarf noch entscheidender Detailarbeit, bis wir die wirkungsvollsten Methoden für die verschiedenen Persönlichkeitstypen gefunden haben. Neben der Persönlichkeit müssen Alter und

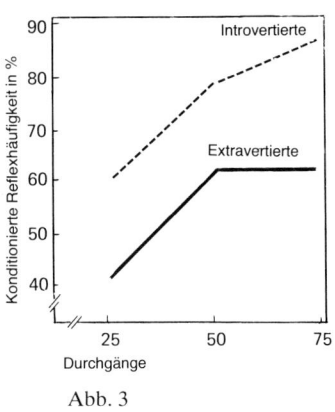

Abb. 3

Geschlecht berücksichtigt werden. Diese Forschung steckt noch in den Kinderschuhen, und solange nicht mehr Gelder dafür aufgebracht werden, sind wir nicht in der Lage, mit Gewißheit zu sagen, welches der optimale Rehabilitationsweg für diesen oder jenen Verbrecher ist.

Abbildung 1. Der Prozentsatz des Privatvermögens in Händen der obersten 10 und der obersten 1 Prozent der britischen Bevölkerung zwischen 1912 und 1974 belegt deutlich die Abnahme sozialer Ungleichheit in dieser Zeit.

Abbildung 2. Rückfälligkeit bei Häftlingen, die aus einem traditionellen Gefängnis (Oxford) und einem psychiatrischen Modellgefängnis (Grendon) entlassen wurden. Die Rückfallquoten sind gleich hoch!

Abbildung 3. Lidschlagreflex-Konditionierung bei Introvertierten und Extravertierten nach drei Serien von je 25 Durchgängen. Die Konditionierbarkeit von Introvertierten ist deutlich größer.

Abbildung 4. Verschiedene Typen von Kriminellen haben unterschiedliche Persönlichkeitsstrukturen. Die fünf hier analysierten Häftlingstypen sind Betrüger, Gewalttäter, Diebe, gesellschaftlich nicht Angepaßte und eine Restgruppe von verschiedenen anderen Arten von Verbrechern. P, E, und N verweisen auf Psychosegefährdung (Starrsinnigkeit), Extraversion und Neurotizismus. Die Zahlen geben die tatsächlichen Punktwerte der verschiedenen Gruppen auf den entsprechenden Skalen an.

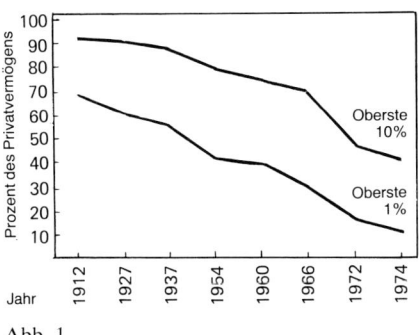

Abb. 1

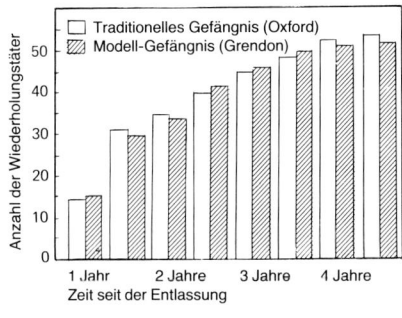

Abb. 2

Abb. 4

22 Persönlichkeit und Politik

Für die meisten von uns hat der Begriff »Ideologie« einen starken Beigeschmack von Kampf, Terror und Gewalt, und das aus gutem Grund. In unserem Jahrhundert hat politische Gewalt in »Führern« wie Hitler, Mussolini und Stalin, in Philosophen wie Sorel, Fanon und Sartre ihre Verfechter gefunden. Der britische Soziologe M. Cranston schrieb dazu: »Es ist charakteristisch für eine Ideologie, ›Aktionen‹ hochzujubeln und diese analog zu sehen mit militärischen Aktionen. Man betrachte nur die Alltagssprache der Begründer vieler Ideologien und den militärischen und kriegerischen Stil, dessen sie sich gewöhnlich bedienen, geprägt von Worten wie Kampf, Widerstand, Marschieren, Sieg usw. Die Literatur der Ideologie ist vollgepfropft mit kriegerischen Begriffen. So gesehen kann man die Festlegung auf eine Ideologie mit dem ›Eintritt in eine Armee‹ vergleichen, so daß ein Anhänger einer Ideologie zu werden, gleichbedeutend damit ist, ein Kämpfer oder Partisan zu werden.«

Wäre es von daher abwegig anzunehmen, daß die Persönlichkeitszüge eine wichtige Rolle bei der Definition des Ideologen spielt, also der Person, die an eine Ideologie glaubt und sich mit ihr identifiziert? Eine solche Person wäre nach Cranstons These aggressiv, gewalttätig, physisch aktiv und »verpflichtet«. Es kann hier zunächst nur von einer Hypothese gesprochen werden: wir werden aber später sehen, daß es empirische Beweise gibt, die eine solche These belegen.

Eine engumrissene Definition des Begriffs Ideologie würde sich allein auf relativ junge politische Systeme, etwa Kommunismus und Faschismus, beschränken; angemessener wäre vielleicht die Umschreibung des amerikanischen Soziologen J. Plamenatz, der von einem »Komplex engverwandter Überzeugungen, Ideen oder Einstellungen« spricht, »die für eine Gruppe oder Gemeinschaft charakteristisch

Improvisierte Waffen bürgerlicher Auflehnung. Dieses Foto wurde im Mai 1968 während der Studentenunruhen in Paris aufgenommen.

sind«. Aufgrund dieser Definition können wir als Ideologien auch die religiösen und nationalistischen Überzeugungen, Ideen und Einstellungen von Gruppen und Gemeinschaften früherer geschichtlicher Epochen betrachten. Ideologien lassen sich dann mit Hilfe von psychologischen Methoden systematisch untersuchen. Wir sind der Überzeugung, daß Ideologien eine so bedeutende Rolle in der Politik der modernen Welt spielten und spielen, daß es gleichsam eine Pflicht für Psychologen ist, sich mit diesem Problem auseinanderzusetzen.

Seit Anbeginn der Einstellungsforschung herrschte in der Psychologie die Ansicht vor, daß soziale und politische Einstellungen anhand von Dimensionsstrukturen radikal-konservativ oder progressiv-reaktionär oder links-rechts meßbar seien ... es gibt viele Bezeichnungen für diese Dimensionsdarstellung, doch sie laufen alle auf dasselbe hinaus. Darüber hinaus schließt diese Dimensionierung eine Theorie ein, die sich über Jahrhunderte zurückverfolgen läßt, und die von Politikern ebenso wie vom Mann von der Straße fast universell anerkannt wird.

Gemäß den Gebräuchen der Französischen Revolution, als Gemäßigte und Konservative auf der rechten und Jakobiner und andere Militante auf der linken Seite der Nationalversammlung saßen, wurden politische Parteien wie die Labour Party in Großbritannien oder die Sozial-Demokratische Partei in der Bundesrepublik Deutschland als »Linke« und die politischen Parteien der Mittelklasse wie die Conservative Party in Großbritannien und die Christlich-Demokratische Union in der Bundesrepublik Deutschland als »Rechte« bezeichnet. Selbst in den Vereinigten Staaten, die weniger klassenbezogen sind als die europäischen Länder, neigt man dazu, die Democratic Party eher der »linken« und die Republican Party eher der »rechten« Seite zuzuordnen.

Untersuchungen dieser Dimension radikal-konservativ fielen zum großen Teil in den Bereich der psycho-politischen Forschung; hier gab es eine Vielzahl von Schwierigkeiten zu bewältigen. Erstens galt es, eine allgemein gültige Definition für »konservativ« zu finden, denn es gibt ja viele verschiedene Arten des Konservatismus. So kann man konservativ sein, wenn es um sozialistische Vorschläge zur Verstaatlichung der Industrie geht, radikal dagegen, wenn es sich um ästhetische Präferenzen in Musik oder Kunst handelt. Es wurden die verschiedensten Skalen zur Messung von Konservatismus entwickelt, doch sie stimmten nur ungenügend überein. Zweitens stellen Parteien der extremen Linken (etwa Kommunisten) oder der extremen Rechten (etwa Faschisten) Schwierigkeiten dar. Trifft es wirklich zu, daß Kommunisten linker sind als orthodoxe Labour-Mitglieder? Die Labour Party ist gegen die Todesstrafe, doch der Respekt vor dem menschlichen Leben war zu keiner Zeit ein Charakteristikum des Kommunismus. Trifft es wirklich zu, daß Faschisten rechter sind als italienische oder deutsche Konservative? Mussolini fand großen Anklang bei der italienischen Arbeiterklasse; Hitler fügte sogar das Wort sozialistisch dem Namen seiner Partei hinzu (Nationalsozialistische Deutsche Arbeiterpartei).

Der berühmte amerikanische Soziologe E. Shils argumentierte, daß die moderne Weltgeschichte wiederholt gezeigt habe, wie unvollkommen die Einordnung von Ideologien auf einer einzigen Rechts-Links-Achse ist[1]. Dabei hebt er hervor, daß der italienische und deutsche Faschismus nicht durchweg rechter Natur waren, ebensowenig wie der sowjetische Kommunismus durchweg linke Züge aufweist. Der Faschismus führte Methoden wie Staatskontrollen der freien Wirtschaft ein. Im Namen des Kommunismus ordnete Stalin »Säuberungsaktionen« an, er führte den Patriotismus als offizielle Politik wieder ein und ließ nationale und religiöse Minoritäten unterdrücken. Wohlfahrtsgesetze wurden häufig dazu verwendet, die Pille politischer Repression zu versüßen. Die feindliche Einstellung gegenüber dem Privateigentum ging einher mit rassischen und ethnischen Vorurteilen. Das hebt Shils ganz deutlich hervor, als er über ähnliche Züge im Faschismus und Kommunismus schrieb: »Die ihnen gemeinsame feindliche Einstellung gegen bürgerliche Freiheiten und Demokratie; ihre gemeinsame Antipathie gegen parlamentarische Institutionen, Individualismus, freie Wirtschaft; ihre Vorstellung von der politischen Welt als ein Kampf zwischen moralisch unvereinbaren Kräften; ihr Glaube, daß sich alle ihre Feinde heimlich gegen sie verbünden und ihre eigene Vorliebe für Geheimhaltungen; ihre Überzeugung, daß in einer feindlichen Welt alle Formen der

Macht am besten in wenigen Händen konzentriert sind, sowie ihr eigenes Streben nach konzentrierter und totaler Macht – all dies zeigt, wieviel die beiden Extreme gemeinsam haben.«

Der Volkswirtschaftler und Nobelpreisträger F. A. Hayek machte den Versuch, diese These der Gemeinsamkeiten von Faschismus und Kommunismus mit den Gegensätzlichkeiten zwischen rechts und links zu kombinieren[2]. Dabei stellte er fest: »Die allgemein übliche Darstellung der relativen Positionen der drei Parteien (Konservative, Liberale, Sozialisten) trägt mehr dazu bei, ihre wahren Positionen zu verdecken als zu erhellen. Sie werden gewöhnlich als verschiedene Positionen auf einer einzigen Achse dargestellt, wobei sich die Sozialisten auf der linken, die Konservativen auf der rechten und die Liberalen irgendwo in der Mitte befinden. Nichts könnte irreführender sein. Wenn wir uns schon eines Diagramms bedienen, so müßte dies eher in der Form eines Dreiecks angeordnet sein, wobei die Konservativen die eine Ecke besetzen, die Sozialisten in die zweite und die Liberalen in die dritte Ecke drängen.« Somit sehen wir, daß empirische Probleme auftreten, wenn es darum geht, Modelle von den Zusammenhängen zwischen verschiedenen Einstellungen zu entwickeln. Folglich sollten wir sehr behutsam vorgehen, wenn wir zu einem angemessenen Verständnis der modernen Ideologien gelangen wollen.

Der erste Psychologe, der ausdrücklich darauf hinwies, daß im Bereich sozialer Einstellungen, neben der Dimension rechts-links oder konservativ-radikal, eine weitere Dimension existieren könnte, war der deutsche Psychologe E. R. Jaensch von der Universität Marburg[3]. Er hat sich vor allem durch seine Untersuchungen über die eidetische Vorstellungskraft einen Namen gemacht (siehe Kapitel 15). Wir wollen uns jedoch in diesem Kapitel mit seinem Werk *Der Gegentypus* beschäftigen. Die Person des »Gegentypus« steht der Philosophie von Hitlers Nationalsozialismus ganz und gar feindlich gegenüber; sie wird als liberal oder sogar extrem liberal in ihrer Einstellung charakterisiert. Wie wir sehen werden, ist der *Gegentypus* in vielerlei Hinsicht der Gegenpol zu der *autoritären Persönlichkeit*, die von Adorno und anderen Autoren[4] beschrieben wird.

Nun war Jaensch aber ein offener Anhänger Hitlers, lange bevor die Nazis an die Macht kamen. T. W. Adorno, E. Frenkel-Brunswick und die anderen Autoren von *The Authoritarian Personality* (1950; »Die autoritäre Persönlichkeit«) dagegen waren Opfer von Hitlers Verfolgungen und energische Antifaschisten. Unser verständlicher Abscheu vor Hitlers entsetzlichen Verbrechen macht es uns fast unmöglich, nicht die Position der Adorno-Frenkel-Brunswick-Gruppe zu beziehen und Jaensch radikal entgegenzutreten. Doch im Namen der Wahrheit sollten wir uns der Parteilichkeit enthalten. Wenn wir lernen, dann durch unsere Gegner. Und so müssen wir denn erkennen, daß Jaensch, so falsch seine Prämissen auch waren, dennoch einen wesentlichen Denkansatz fand.

In seinen Schriften sind die Einstellungen, welche die Person des »Gegentypus« vertritt, engstens verbunden mit der Darstellung von Persönlichkeit. Diese Verbindung ist es, die den entscheidenden Teil von Jaenschs Buch bildet. Aber darauf werden wir noch zurückkommen. Lassen Sie uns zunächst einmal festhalten, daß der »Gegentypus« Einstellungen besitzt, die als radikal zu bezeichnen sind, wenngleich seine Grundcharaktermerkmale als »extrem liberal« eingestuft werden können. In vielerlei Hinsicht ist der »Gegentypus« das exakte Gegenteil der autoritären Persönlichkeit, die zwar zur konservativen Seite neigt, jedoch auf eine ganz spezifische, autoritäre Art konservativ ist. Die genaue Bedeutung und Position dieser beiden theoretischen Konzepte geht am besten aus Abbildung 1 auf Seite 217 hervor.

Diagramm A illustriert die traditionelle Rechts-Links-Achse, mit dem Kommunismus auf der linken und dem Faschismus auf der rechten Seite; Diagramm B zeigt den hypothetischen Gegensatz zwischen liberalen Ideologien auf der einen Seite und kommunistisch-faschistischen Ideologien auf der anderen. Gemäß unserer Hypothese werden die beiden Einzeldimensionen zu einem zweidimensionalen Gefüge, Diagramm C, kombiniert. Beachten Sie, daß die Dimension radikal–konservativ durch eine andere Dimension ergänzt wurde, die sich zwischen autoritär auf der einen Seite und demokratisch auf der anderen bewegt.

Ideologien sind ein so wichtiger Aspekt des modernen Lebens, daß Psychologen die Pflicht haben, sich mit ihnen auseinanderzusetzen.

Darüber hinaus meinen wir, daß Autoritarismus durch eine bestimmte Persönlichkeitsstruktur charakterisiert ist, die wir als »starrsinnig« *(tough-minded)* bezeichnen, während die demokratische Einstellung durch eine Persönlichkeitsstruktur gekennzeichnet ist, die wir als »wohlmeinend« *(tender-minded)* umschreiben. Auf dieses Konzept werden wir später zurückkommen.

Die autoritäre Persönlichkeit und der »Gegentypus« lassen sich um keine der beiden in Diagramm C vorgeschlagenen Achsen ordnen. Wie in Abbildung 2 auf Seite 217 gezeigt, ist der Autoritäre starrsinnig, neigt aber zur konservativen Seite, während der »Gegentypus« wohlmeinend ist, aber zur radikalen Seite neigt. Viele Kritiker haben hingewiesen auf diese Neigung, die nicht wirklich mit den Daten übereinstimmt und die sich vorwiegend aus den politischen Tendenzen und Präferenzen der Autoren der beiden Bücher ergab. Was uns vor allem in diesem Kapitel beschäftigen wird, ist die Achse starrsinnig–wohlmeinend und weniger die Achse radikal–konservativ.

Die hier von uns aufgestellte Hypothese bedarf natürlich einer empirischen Beweisführung, in diesem Fall einer Korrelationsanalyse der Befürwortungen und Ablehnungen von Einstellungserklärungen, die für diese Dimensionen relevant sind, anhand von umfangreichen Stichproben in der Bevölkerung. Viele solcher Studien sind durchgeführt worden. Abbildung 3, Seite 217, beispielsweise zeigt die Daten der ersten Studien, die Anstoß gaben zu *The Psychology of Politics* (Eysenck 1954[5]). Der Quadrant starrsinnig/konservativ enthält Einstellungen, die allgemein als faschistisch betrachtet werden, während der Quadrant starrsinnig/radikal Einstellungen enthält, die allgemein als kommunistisch angesehen werden. Wohlmeinende Einstellungen werden mit dem Liberalismus identifiziert. Dies ist lediglich eine Interpretation der Daten. Viele empirische Untersuchungen haben jedoch gezeigt, daß Mitglieder von kommunistischen und faschistischen Parteien, ebenso wie Mitglieder sozialistischer, liberaler und konservativer Parteien Einstellungen besitzen, die sie in bestimmte Teile von Diagramm C in Abbildung 1 verweisen. Das zwei-achsige System der Einstellungsmessung, das wir vorschlagen, vermittelt also ein verhältnismäßig akkurates Bild von den Positionen der beiden wichtigsten neuzeitlichen Ideologien.

Schlüsselexperiment (Thelma Coulter)

Das bedeutendste Experiment, das sich mit diesen verschiedenen Bezügen auseinandersetzte, wurde von der kanadischen Psychologin Thelma Coulter durchgeführt. Sie ließ Mitglieder von kommunistischen und faschistischen Parteien interviewen und legte ihnen verschiedene Persönlichkeits- und Einstellungs-Fragebögen vor. Dabei wandte sie sich nie an studentische Mitglieder, sondern stets an Angehörige der Arbeiterklasse mit langer Mitgliedschaft (und zu einem geringen Teil an Angehörige des Mittelstands, die ebenfalls lange Mitglieder waren). Studenten neigen dazu, sich extremen Parteien anzuschließen und nach kurzer Zeit wieder abzuspringen; deshalb können sie nicht als repräsentativ angesehen werden (Eysenck & Coulter 1972[6]).

Coulter hatte größte Schwierigkeiten, Testpersonen (ausschließlich Männer) zu finden, die sich bereit erklärten, an dem Experiment teilzunehmen. Ideologen sind äußerst mißtrauisch (ja, sogar paranoid) und neigen zu der Ansicht: wer nicht für mich ist, ist gegen mich. Im Interesse der Forschung sah sich Coulter gezwungen, gleichzeitig beiden Parteien beizutreten, ein sehr gewagtes und gefährliches Unterfangen. Glücklicherweise ist man der Wissenschaftlerin nie auf die Schliche gekommen, und so besuchte sie Versammlungen, machte bei Wahlkampagnen mit, verkaufte Zeitungen für beide Parteien und schloß sich noch anderen Aktivitäten an, ohne daß die eine Partei jemals ihr Techtelmechtel mit der anderen erfahren hätte. Da sie aber nun Parteimitglied war, zeigten sich Kommunisten und Faschisten willens, an ihrem Testprogramm teilzunehmen. So entwickelte sich ihre Studie zu einer der abenteuerlichsten und faszinierendsten, die jemals auf sozialpsychologischem Gebiet gemacht wurden.

Die Gegensätzlichkeiten und Ähnlichkeiten der beiden Gruppen waren verblüf-

Mussolini verkündet, daß das faschistische Italien in den Zweiten Weltkrieg auf seiten Nazi-Deutschlands eingetreten ist.

Rechts: Die Bewegung der British Socialists besitzt eifrige Propagandisten gegen jeden Krieg und für Abrüstung.

Mitglieder des Ku Klux Klan, die auf ein weißes Amerika eingeschworen sind.

fend, und die Persönlichkeitsstrukturen der Mitglieder beider Parteien waren auffallend verwandt, wie wir gleich sehen werden. Die Studie wurde in den fünfziger Jahren durchgeführt, als es in England noch eine faschistische Partei gab. Offiziell existiert eine solche Partei heute nicht mehr, obgleich die der National Front zu einem großen Teil in ihre Fußstapfen getreten ist. Es wäre sicherlich interessant, eine solche Untersuchung mit einer neuen Generation von Faschisten und Kommunisten durchzuführen, wobei man sich nicht nur englischer, sondern vermutlich auch deutscher, amerikanischer und anderer Stichproben bedienen könnte.

Was waren nun die wichtigsten Persönlichkeitszüge von Coulters Faschisten und Kommunisten? Sie stellte einen hohen Grad an Feindseligkeit und Aggression fest, und bestätigte somit Cranstons zu Anfang dieses Kapitels erwähnte Beschreibung. Eine weitere Entsprechung, durch die sich die beiden ideologischen Gruppen von den Kontrollgruppen unterschieden, war die Starrheit ihrer Einstellungen. Faschisten und Kommunisten zeigten sich in ihren Ansichten wesentlich rigider als die Vergleichsgruppen. Auch verteidigten sie ihre Standpunkte mit wesentlich mehr Nachdruck. Wovon immer sie überzeugt waren, daran hielten sie heftigst fest, und jegliche Kritik und Infragestellung interpretierten sie als Feindseligkeit. Ambivalenzen waren ihnen unerträglich, das heißt Zweifel oder Ungewißheit wollten sie nicht dulden. Sie forderten von jedem Parteigänger, daß er sich ständig und unmittelbar für sie entscheide und für sie agiere. Weitere Charaktermerkmale, die zu beobachten waren, waren dogmatisches und dominantes Verhalten, wobei die Faschisten dem ersteren, die Kommunisten dem letzteren zuneigten. Insgesamt zeigte das zusammengetragene Material, daß es deutliche Ähnlichkeiten aber auch einige Abweichungen zwischen den beiden ideologischen Gruppen gab; so legten die Faschisten eine offenere Aggression an den Tag als die Kommunisten. Insgesamt aber überwogen die Ähnlichkeiten.

Jaensch bestand ursprünglich auf einem engen Zusammenhang zwischen Persönlichkeit und den sozialen Verhaltensweisen, die für den »Gegentypus« charakteristisch sind: »In den vieljährigen Untersuchungen unseres Instituts stießen wir immer wieder auf eine menschliche Grundform, die wir als ›Auflockerung- oder Auflösungstypus‹ bezeichneten ... Dieser Typus ist durch seinen extremen Liberalismus charakterisiert. Der extreme Liberalismus ist nicht nur ein politischer, sondern ein viel umfassenderer, ein biologisch-psychologischer Tatbestand, der sich in erster Linie und in ausgeprägter Form wohl ausschließlich beim Auflösungstypus findet ... Die Psychophysik hat experimentell bewiesen, daß der Liberalismus eine biologische Basis besitzt und somit weit über eine rein politische Doktrin hinausgeht.«

Adorno und seine Kollegen machten auch den Versuch, die Persönlichkeit mit dem Konzept des Autoritarismus zu verbinden; dabei bedienten sie sich der Psychoanalyse. Ihre wie auch Jaenschs experimentelle Studien waren wenig exakt, und ihre Arbeit wurde von vielen Seiten kritisiert. Lassen Sie uns lediglich festhalten, daß das Konzept des »Gegentypus« und der »autoritären Persönlichkeit« von ihren Autoren sehr eng mit der Persönlichkeit verbunden wurde und daß, zumindest bei Jaensch, für diese Verbindung eine genetische Basis mit einbezogen wurde. Gibt es irgendeinen Beweis für eine genetische Determination der Achse

»starrsinnig–wohlmeinend« (S-Achse) und der Achse »radikal–konservativ« (R-Achse)?

Die einzige empirische Studie, die sich mit der Frage beschäftigt, ob Einstellungen genetisch determiniert sind, wurde von Eaves und Eysenck[7] durchgeführt. Bei dieser Studie wurde der von Eysenck konzipierte Fragebogen zur Messung von S- und R-Achse, in Abbildung 3 illustriert, verwendet. Die Untersuchung maß auch eine zusätzliche Variable, die »Emphase« (Nachdruck) genannt wurde, nämlich einfach die Summe der extremen Bejahungen oder Verneinungen. Für jede Aussage wurde eine Fünf-Punkte-Beurteilungsskala vorgegeben: bin völlig dieser Ansicht; bin dieser Ansicht; bin unsicher; bin anderer Ansicht; bin gänzlich anderer Ansicht. Für die Gewichtung von »Emphase« wurde die Anzahl völliger Zustimmung und völliger Ablehnung festgehalten, ohne Rücksicht auf ihre Aussagetendenz.

Dieser Fragebogen wurde insgesamt 708 Zwillingspaaren vorgelegt, von denen 451 eineiig und 257 zweieiig waren. Wir müssen uns hier auf eine knappe Zusammenfassung beschränken. Beim R-Faktor (radikal–konservativ) machte die Erblichkeit 65 Prozent aus, beim S-Faktor (starrsinnig–wohlmeinend) 54 Prozent. Beim Emphase-Faktor schlug die Erblichkeit mit 37 Prozent zu Buche. Diese Werte sind sehr viel höher als man *a priori* annehmen würde, und sie widerlegen die allgemein vertretene Ansicht, daß Einstellungen allein durch Umwelteinflüsse determiniert werden. Ein solcher Glaube an die Allmacht der Umweltfaktoren ist, wie empirisch nachgewiesen werden konnte, nichts weiter als eine Manifestation des Zeitgeistes.

Bei der obengenannten Studie von Eaves und Eysenck wurden auch Persönlichkeitsinventare erhoben. Aus früheren Arbeiten der beiden Forscher war bereits hervorgegangen, daß Persönlichkeitsfaktoren stark genetisch bedingt sind; dasselbe Phänomen wurde bei dieser Studie beobachtet. Die untersuchten Persönlichkeitszüge waren E (Extraversion–Introversion), N (Neurotizismus–Stabilität) und P (Starrsinnigkeit). Die Beschaffenheit einiger dieser Persönlichkeitsdimensionen und ihrer biologischen Determinanten wurden in Kapitel 10 erörtert. Wir wollen an dieser Stelle nur noch einmal betonen, daß Extraversion–Introversion die Gegensätzlichkeit von soziablen, impulsiven, physisch aktiven auf der einen Seite und nicht-soziablen, nicht-impulsiven, nicht-aktiven Verhaltensmustern auf der anderen Seite widerspiegelt. Starrsinnigkeit dagegen ist eine Persönlichkeitsdimension, die durch kühle Gleichgültigkeit, Feindseligkeit, Aggressivität, Indifferenz gegenüber gesellschaftlichen Konventionen, Nichtangepaßtheit und einen gewissen Grad an Paranoia gekennzeichnet ist. Neurotizismus ist durch eine emotionale Überempfindlichkeit und überlanges Nachwirken emotionaler Reaktionen gekennzeichnet. Eaves und Eysenck stellten die Hypothese auf, daß Extraversion mit Starrsinnigkeit (P) einhergeht und daß P und Autoritarismus sogar noch stärker korrelieren. Eine statistische Analyse der Ergebnisse der Zwillingsstudien bestätigte beide Hypothesen.

Eaves und Eysenck haben seither viele weitere Untersuchungen durchgeführt, die Familienbeziehungen und Adoptivkinder mit einbezogen; diese haben die wichtigsten Folgerungen aus den ursprünglichen Arbeiten bestätigt.

Diese verschiedenen Studien sprechen also eindeutig dafür, daß es einen engen Zusammenhang zwischen Persönlichkeit und Autoritarismus gibt und daß dieser eine genetische Basis besitzt. Folglich kann man Ideologien nicht nach Kriterien rationaler Überzeugungen diskutieren[8]. Die Einstimmung in diese Überzeugungssysteme wird weitgehend von genetischen und somit philosophisch irrelevanten Faktoren bestimmt.

Der Zusammenhang von Emphase und P auf der einen Seite und Autoritarismus auf der anderen ist von besonderem Interesse. Das kämpferische Element der Ideologien, von dem zu Anfang des Kapitels die Rede war, und das eingebrachte »Engagement« spiegeln sich in Emphase-Werten wider, die zu bestimmten Statements von starrsinnigen Personen gegeben wurden, und in der allgemein aggressiven Natur der Personen mit hohen P-Werten.

Weiteres Beweismaterial für diesen Zusammenhang ergibt sich aus einer Studie von Eysenck und Coulter (1972) über Kommunisten und Faschisten, die diese Persönlichkeitsmerkmale deutlich und extrem an den Tag legten. Auch hier sprechen die Resultate eindeutig für den in *The Psychology of Politics* (Eysenck 1954) vorausgesagten Zusammenhang.

Unsere Theorie scheint die wichtigste aller Fragen offen zu lassen, nämlich die, aus welchem Grund Ideologien überhaupt entstehen. Die Frage nach dem Ursprung verlangt eine Antwort, die notwendigerweise über die Psychologie hinausgeht, obgleich sie unausweichlich auch bestimmte psychologische Prinzipien einschließen muß.

Unsere Hypothese lautet grob skizziert: Rechte und linke politische Ideen, Kapitalismus und Sozialismus, enthalten Widersprüche, die unweigerlich zu Konflikten, zu Veränderung und Auflösung führen müssen. Die Widersprüche des Kapitalismus wurden von vielen Autoren, natürlich auch von Marx hervorgehoben; der Kapitalismus führt zur Monopolisierung und Bereicherung weniger auf Kosten vieler, wenn dieser Prozeß nicht durch Eingriffe der Regierungen und Druck der Gewerkschaften eingeschränkt wird. Die Widersprüche des Sozialismus wurden von F. A. Hayek, K. Popper[9] und vielen anderen aufgezeigt. Das Gleichmachungs-Prinzip, das dem Sozialismus zugrundeliegt, widerspricht den biologischen Realitäten und kann nur mit diktatorischer Macht durchgesetzt werden. Mit anderen Worten: reiner Kapitalismus und reiner Sozialismus können nur durch Unterdrückung und Mißachtung der Menschenrechte aufrechterhalten werden.

Der Faschismus konserviert nur die leere Schale des all seiner tatsächlichen Macht beraubten Kapitalismus, und der Kommunismus konserviert nur die leere Schale des all seiner Ideale beraubten Sozialismus. In der Praxis müssen rechte und linke Ideale durch Regierungsmaßnahmen eingeschränkt werden, sonst enden sie in einer Sackgasse. Staatseingriffe aber erstarren schließlich zu Staatskontrolle, Diktatur und Freiheitsverlust. Die einzige vertretbare Alternative ist ein Kompromiß.

Warum wird ein solcher Kompromiß so häufig zugunsten von extremen und militanten ideologischen Haltungen abgelehnt? Lassen Sie uns an dieser Stelle das *principle of certainty* (»Prinzip der Gewißheit«) erwähnen, das der britische Psychologe R. H. Thouless auf der Basis seiner Untersuchung von religiösen Glaubensrichtungen herausarbeitete. Er definierte dieses Gewißheitsprinzip folgendermaßen: »Wenn es in einer Gruppe von Personen entgegengesetzte Strömungen gibt, eine, die eine Idee befürwortet, eine andere, die sie ablehnt, so wird es keine Mehrheit geben, die sich auf einen niedrigeren Grad der Überzeugung einigt, sondern die einen werden sie mit einem hohen Grad an Überzeugung beibehalten,

Links: Massenveranstaltung der Nationalen Front (extreme Rechte in Großbritannien) in einem Londoner Vorort. Die NF führt ihre Demonstrationen vorzugsweise in Gebieten mit einer hohen Immigranten-Bevölkerung durch.

Oben: Solidaritäts-Kundgebung von Arbeitern während eines Streiks.

während die anderen sie mit einem hohen Grad an Überzeugung verwerfen.« Diese Beobachtung gilt auch für politische »Glaubensrichtungen«.

Einer der Autoren dieses Buches führte eine Studie durch, bei der er, anhand unterschiedlicher sozialer und politischer Fragen, von denen klar war, daß zu den in Frage stehenden Überzeugungen »sowohl für ihre Annahme als auch für ihre Zurückweisung Einflüsse wirksam« waren, die Verteilung von 22 208 Entscheidungen auf einer 7-Punkte-Einstellungsskala darstellte. Das Ergebnis zeigte eine deutliche Tendenz zu extremen Werten ($+3$ und -3) und nicht zu Mittelwerten. Bei einem Vergleich der verschiedenen, an der Untersuchung teilnehmenden Gruppen wurde die Tendenz sichtbar, daß sich die extremeren Gruppen ihrer Ansichten sehr sicher waren. Daraus könnte man schließen, daß in jeder Gesellschaft mit Besitzenden und Nicht-Besitzenden (also in allen Gesellschaften, bis auf die kleinsten und primitivsten) konservative und radikale Einstellungen teils als Reflexion des sozialen Status, teils als Reflexion der Persönlichkeit ihrer Mitglieder zu deuten sind, und daß der Grad der Überzeugung, mit dem diese Einstellungen verteidigt werden, wiederum von der Persönlichkeit ihrer Träger abhängt. P+ Persönlichkeiten hätten wohl hohe Überzeugungswerte, P− Persönlichkeiten niedrige.

Bei einer spezifischen Form von sozialer Organisation, ganz gleich ob kapitalistischer oder sozialistischer Natur, müßten die Widersprüche schließlich zum Zusammenbruch führen, es sei denn jene, die von ihrer essentiellen Berechtigung überzeugt sind, sicherten ihr Überleben durch physische Gewalt und Unterdrückung der Bürgerrechte. Ideologien würden als eine natürliche Konsequenz zweier Faktoren entstehen: aus den internen Widersprüchen der existierenden politischen Systeme und dem »Prinzip der Gewißheit«, das es vielen Menschen nicht erlaubt, einen niedrigen Überzeugungsgrad bei ihren Einstellungen zu haben, obgleich dieser sicherlich unserer mangelnden Kenntnis von den Konsequenzen sozialer Aktionen angemessen wäre.

Repression erzeugt Rebellion genauso unausweichlich wie in der Newtonschen Physik Krafteinwirkung Widerstand produziert. Folglich ruft eine Ideologie ihre Gegenideologie hervor. Der politische Prozeß verstärkt die Spannungen, die durch das »Prinzip der Gewißheit« hervorgerufen werden. Die Überzeugung, daß er letzten Endes doch recht hat, treibt den Ideologen weiter und weiter von der Möglichkeit eines Kompromisses fort und führt ihn schließlich zum Genozid, zum Mord an ganzen Klassen oder Rassen und zu anderen Greueltaten (die Chroniken der jüngsten Geschichte sind voll davon). Die hier kurz umrissenen Grundsätze haben natürlich auch für andere Bereiche Gültigkeit. Wir brauchen nur Kapitalist und Sozialist durch Katholik und Protestant zu ersetzen, und wir stehen vor dem gleichen Phänomen (mit kleinen Abweichungen, um dem religiösen Gehalt gerecht zu werden).

Folglich stellen wir fest, daß es unmöglich ist, moderne oder ältere Ideologien gründlich zu untersuchen, ohne psychologische Prinzipien, insbesondere den engen Zusammenhang zwischen Ideologie und Persönlichkeit zu berücksichtigen. Es bedarf jedoch noch langer und intensiver Studien, bis wir dieses komplexe Problem in den Griff bekommen haben.

217

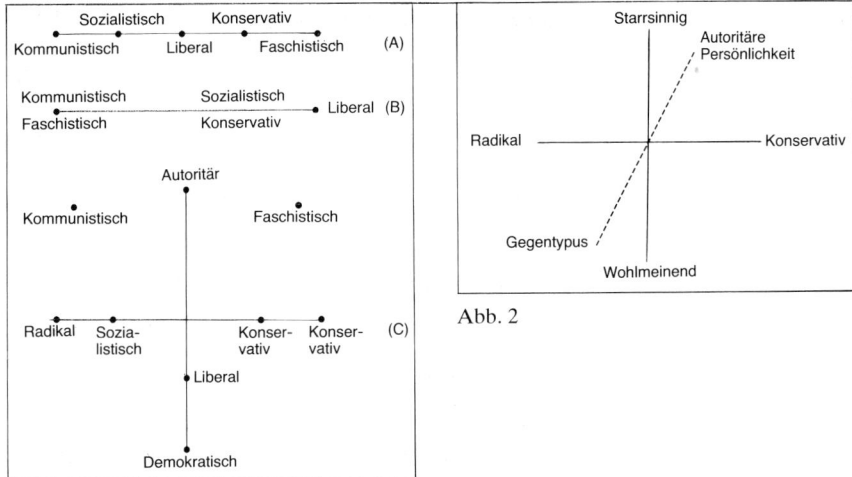

Abb. 1

Abb. 2

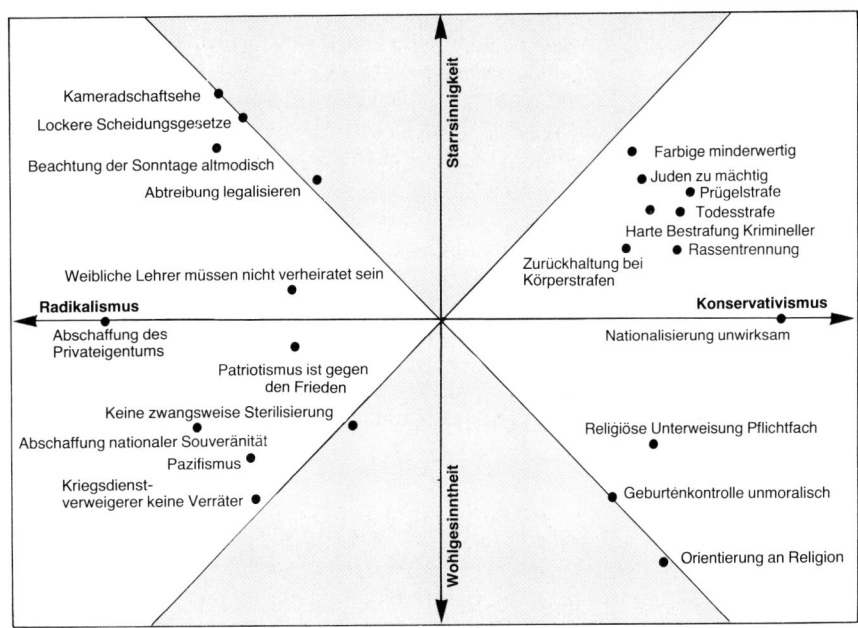

Abb. 3

Abbildung 1. Das Diagramm illustriert drei Hypothesen, die sich auf die relative Position der fünf wichtigsten politischen Gruppierungen beziehen.

Abbildung 2. Position der »autoritären Persönlichkeit« und des »Gegentypus« in einem zwei-achsigen Modell der Einstellungsstruktur.

Abbildung 3. Verteilung von Einstellungen gegenüber den Achsen Starrsinnigkeit *(tough-minded-ness)* und Radikalismus.

Nachwort

Wir haben uns in diesem Buch mit einigen der faszinierendsten und wichtigsten Entdeckungen der Psychologie auseinandergesetzt. Allerdings haben wir dabei nicht einmal ein Zehntel der Forschungsgebiete abgedeckt, auf denen Psychologen heutzutage tätig sind. Um den Gesamtbereich der Psychologie abzudecken, hätten wir mehrere umfangreiche Bücher schreiben müssen. Das kommt insofern nicht von ungefähr, als die Psychologie sich mit dem Verhalten des Menschen befaßt und daher relevant ist für beinahe jeden Tätigkeitsbereich des Menschen.

Nennen wir kurz einige der Gebiete, die wir in diesem Buch ausklammern mußten. Zum Beispiel ist da die Architektur. Die meisten Leute sind der Meinung, Häuser und Wohnungen sollten so geplant und gebaut werden, daß sie ein menschenwürdiges Wohnen garantieren und einen menschenwürdigen Anblick bieten. Zu diesem Ziel haben Psychologen einen entscheidenden Beitrag zu leisten.

Die Überbevölkerung, einer der Alpträume unserer Zeit, ist ein weiteres wichtiges Problem für den Psychologen. In 20 oder 30 Jahren werden wir mit einem derart massiven Anwachsen der Bevölkerung konfrontiert sein, daß Hungersnöte und andere soziale Spannungen an der Tagesordnung sein werden, es sei denn, man realisiert schon von heute an Programme zur Geburtenregelung. Zwar ist man geneigt, diesen Bereich den Politikern zu überlassen, doch nicht sie werden es sein, die solche Programme überwachen und wirksame Werbekampagnen dafür konzipieren – zuständig wird der Psychologe sein.

Ein weiteres wesentliches Gebiet, aus dem die Psychologie gar nicht mehr fortzudenken ist, ist die Ergonomie, die Untersuchung des Zusammenwirkens von Mensch und Maschine. Wenn man nur ein wenig darüber nachdenkt, so wird die gesamte Struktur und Organisation unserer Arbeit und der Umgebung, in der wir arbeiten, in einem zunehmenden Maße von Arbeits- und Betriebspsychologen

Heute und in den folgenden 20 Jahren steht die Menschheitsfamilie vor ihrer größten Herausforderung: Überbevölkerung.

beeinflußt. Die Probleme, die durch den Niedergang von ganzen Industriezweigen, durch schlechte Arbeitsmoral, niedrige Produktivität und technologische Veränderungen entstehen, sind Herausforderungen an unsere Zeit – Herausforderungen freilich, die eher auf der psychologischen als auf der politischen Ebene angegangen werden müssen.

Die Psychologie durchdringt mannigfache Teilbereiche unseres täglichen Lebens. Manchen Leuten ist bei diesem Gedanken deshalb sehr unwohl, weil sie befürchten, daß die Schrecken aus George Orwells *1984* gleich um die Ecke lauern. Die Autoren des vorliegenden Buches lehnen diesen pessimistischen Standpunkt total ab, denn er läßt sich einfach nicht begründen. Wie wir uns zu zeigen bemühten, hat uns die Psychologie zu einem tieferen Verständnis der menschlichen Natur verholfen, und dieses Verständnis wiederum hat dazu geführt, daß wesentliche Aspekte unserer Gesellschaft (nehmen wir nur den Bildungs- und Ausbildungssektor, den Strafvollzug und die Behandlung von Geisteskrankheiten) auf vorteilhafteste Weise um- und neugestaltet wurden.

Und wie sieht es mit der Psychologie von morgen aus? Natürlich ist es mehr als kühn, die Zukunft voraussagen zu wollen, doch soll uns das nicht hindern, in bezug auf die künftige Entwicklung der Psychologie drei Vorhersagen (oder, vorsichtiger, gründlich fundierte Vermutungen) zu äußern.

Erstens wird die Psychologie für eine immer größere Anzahl von gesellschaftlichen Problemen relevant werden. Nehmen wir als Beispiel die praktischen Ärzte. Ihr Wissen über und ihr Interesse an der Psychologie ist meistens nicht gerade überwältigend. Sie behandeln lediglich die körperlichen Symptome ihrer Patienten, obwohl es unter diesen Hilfebedürftigen viele gibt, denen eine psychologische Zuwendung viel mehr helfen würde als Pillen und andere Heilmittel. Der sogenannte Placebo-Effekt (Gesundung von Patienten durch ein Scheinarzneimittel) läßt stark vermuten, daß körperliche Krankheiten auch durch psychische Prozesse verursacht und geheilt werden können. So aber ist zu hoffen, daß das psychologische und medizinische Wissen in Zukunft eine fruchtbarere Ehe miteinander eingehen werden.

Zweitens hat es in der modernen Psychologie einige Experimente gegeben, die deshalb Schlagzeilen machten, weil sie wesentliche ethische Fragen aufwarfen. Und wenn wir einen Blick in die Zukunft tun, so entdecken wir, daß die Psychologen, die in der Forschung arbeiten, höchstwahrscheinlich in einem immer größeren Maße gezwungen werden, ihre Arbeit in moralischen Begriffen zu rechtfertigen. Unser einziger Wunsch aber ist der, daß immer wieder ein vernünftiges Gleichgewicht zustande kommt zwischen der psychologischen Forschungsarbeit, die relevant und nützlich ist, und der Pflicht von Administratoren, Politikern und Öffentlichkeit, die Rechte und die Menschenwürde derjenigen zu schützen, die an psychologischen Experimenten teilnehmen. Es wäre eine Tragödie, wenn man eine Hexenjagd auf Psychologen veranstaltete, denn das Ergebnis wäre eine gravierende Blockierung ihrer Forschungsbemühungen.

Drittens ist es in allen Wissenschaften immer wieder so gewesen, daß wesentliche Fortschritte aus technologischen Neuerungen und Umwälzungen hervorgingen. Das Radioteleskop war eine solche Neuerung; durch diese Erfindung konnte die Astronomie plötzlich in völlig neue Bereiche vorstoßen. Und ähnlich wären wohl auch die von den Hendricksons gemachten Entdeckungen auf dem Gebiet der Intelligenzforschung nicht zustande gekommen, wenn man davor nicht neue ungeahnte Möglichkeiten der Messung von Hirnströmen entwickelt hätte.

Sollte die Zukunft in irgendeiner Weise der Vergangenheit ähneln, so können wir heute schon voraussagen, daß die entscheidenden Forschungsergebnisse der achtziger und neunziger Jahre dieses Jahrhunderts von weiteren technologischen Innovationen und Erfindungen abhängig sein werden. Natürlich wissen wir nicht, welcher Art diese Entwicklungen genau sein werden, doch möchten wir zuversichtlich voraussagen, daß eine Zeit kommen wird, in der sich unsere heutigen Bemühungen, in die Geheimnisse der menschlichen Psyche und des menschlichen Geistes einzudringen, wie die ersten, unsicheren Gehversuche eines kleinen Kindes ausnehmen werden.

Literaturhinweise

Kapitel 1
[1] Darley, J. M. & Latané, B. »Bystander Intervention in Emergencies: Diffusion of Responsability«, *Journal of Personality and Social Psychology, 8,* 377–383 (1968)
[2] Latané, B. & Darley, J. M. *The Unresponsive Bystander: Why doesn't he help?* London, Appleton-Century-Crofts (1970)

Kapitel 2
[1] Efran, M. G. »The effect of physical appearance on the judgement of guilt, interpersonal attraction, and severity of recommended punishment in a simulated jury task«, *Journal of Research in Personality, 8,* 45–54, (1974)
[2] Berscheid, E. & Walster, E. »Physical attractiveness«, *Advances in Experimental Social Psychology,* Vol. 7, London, Academic Press (1974)

Kapitel 3
[1] Milgram, S. »Behavioral study of obedience«, *Journal of Abnormal and Social Psychology, 67,* 371–378 (1963)
[2] Milgram, S. *Obedience to Authority.* London, Harper & Row (1974)

Kapitel 4
[1] Zimbardo, P. G. »On the ethics of intervention in human psychological research: with special reference to the Stanford prison experiment«, *Cognition, 2,* 243–256 (1973)
[2] Zimbardo, P. G. »Transforming experimental research into advocacy for change«, in: M. Deutsch und H. A. Hornstein (Eds.), *Applying Social Psychology: Implications for Research, Practice, and Training.* London, Halstead (1975)

Kapitel 5
[1] Rosenhan, D. L. »On being sane in insane places«, *Science, 179,* 250–258 (1973)
[2] Rosenhan, D. L. »The contextual nature of psychiatric diagnosis«, *Journal of Abnormal Psychology, 84,* 462–474 (1975)
[3] Spitzer, R. L. »On pseudoscience in science, logic in remission, and psychiatric diagnosis: A critique of Rosenhan's ›On being sane in insane places‹«, *Journal of Abnormal Psychology, 84,* 442–452 (1975)

Kapitel 6
[1] Baum, M. »Rapid extinction of an avoidance response following a period of response prevention in the avoidance apparatus«, *Psychological Reports, 18,* 59–64 (1966)
[2] Carlson, N. J. & Black, A. H. »Traumatic avoidance learning: Note on the effect of response prevention during extinction«, *Psychological Reports, 5,* 409–412 (1959)
[3] Page, H. A. & Hall, G. F. »Experimental extinction as a function of the prevention of a response«, *Journal of Comparative & Physiological Psychology, 46,* 33–34 (1953)
[4] Polin, A. T. »The effects of flooding and physical suppression as extinction techniques on an anxiety motivated avoidance locomotor response«, *Journal of Psychology, 47,* 235–245 (1959)
[5] Rachman, S. & Hodgson, R. *Obsessions and Compulsions.* New York, Appleton-Century-Crofts (1980)

Kapitel 7
[1] Terrace, H. S. *Nim.* New York, A. A. Knopf (1979)

Kapitel 8
[1] Harlow, H. F. »The nature of love«, *American Psychologist, 13,* 673–685 (1958)
[2] Harlow, H. F. & Mears C. *The Human Model: Primate Perspectives.* Washington, D. C., Winston (1979)

Kapitel 10
[1] Eysenck, H. J. (Ed.) *A Model for Personality.* New York, Springer (1980)
[2] Mac Arthur, R. S. »An experimental investigation of persistence and its measurements at the Secondary School level«, London (1951; Doktorarbeit)
[3] Zubin, J., Eron, L. D. & Schumer, F. *An Experimental Approach to Projective Techniques.* New York, Wiley (1965)
[4] Eysenck, H. J. »Graphological analysis and psychiatry: an experimental study«, *British Journal of Psychology, 35,* 70–81 (1945)
[5] Fulker, D. W. »The genetic and environmental architecture of psychoticism, extraversion and neuroticism«, in: H. J. Eysenck (Ed.), *A Model for Personality.* New York, Springer (1980)
[6] Eaves, L. & Eysenck, H. J. »The nature of extraversion: A genetical analysis«, *Journal of Personality and Social Psychology, 32,* 102–111 (1975)

Kapitel 11
[1] Sperry, R. W. »Hemisphere deconnection and unity in conscious awareness«, *American Psychologist, 23,* 723–733 (1968)
[2] Gazzaniga, M. S. & LeDoux, J. E. *The Integrated Mind.* New York, Plenum Press (1977)

Kapitel 12
[1] Schachter, S. & Singer, J. »Cognitive, social, and physiological determinants of emotional state«, *Psychological Review, 69,* 379–399 (1962)
[2] Marshall, G. D. & Zimbardo, P. G. »Affective consequences of inadequately explained physiological arousal«, *Journal of Personality and Social Psychology, 37,* 970–988 (1979)

Kapitel 13
[1] Clifford, B. & Bull, R. *The Psychology of Person Identification.* London, Routledge & Kegan Paul (1978)
[2] Loftus, E. F. & Palmer, J. C. »Reconstruction of automobile destruction: An example of the interaction between language and memory«, *Journal of Verbal Learning and Verbal Behavior, 13,* 585–589 (1974)

Kapitel 14
[1] Cherry, E. C. »Some experiments on the recognition of speech with one and with two ears«, *Journal of the Acoustical Society of America, 25,* 975–979 (1953)
[2] Kahnemann, D. *Attention and effort.* Englewood Cliffs, N. J., Prentice-Hall (1973)

Eysenck, H J. Die Ungleichheit der Menschen (= The Inequality of Man, London 1973) Paul List Verlag KG, München 1975

Kapitel 15

[1] Eysenck, M. W. *Human Memory: Theory, Research, and Individual Differences*. Oxford, Pergamon (1977)
[2] Tulving, E. »Cue-dependent forgetting«, *American Scientist, 62*, 74–82 (1974)
[3] Tulving, E. & Psotka, J. »Retroactive inhibition in free recall: Inaccessibility of information available in the memory store«, *Journal of Experimental Psychology, 87*, 1–8 (1971)

Kapitel 16

[1] Argyle, M. & Dean, J. »Eye-contact, distance, and affiliation«, *Sociometry, 28*, 289–304 (1965)
[2] Patterson, M. L. »An arousal model of interpersonal intimacy«, *Psychological Review, 83*, 235–245 (1976)

Kapitel 17

[1] Festinger, L. & Carlsmith, J. M. »Cognitive consequences of forced compliance«, *Journal of Abnormal and Social Psychology, 58*, 203–210 (1959)
[2] Wicklund, R. A. & Brehm, J. W. *Perspectives on Cognitive Dissonance*. London, Halstead (1976)

Kapitel 18

[1] Gribbin, Mary, »Granny knows best«, *New Scientist, 84*, 350–351 (1979)
[2] Rutter, M., Maughan, Barbara, Mortimer, P. & Ouston, Janet. *Fifteen Thousand Hours*. London, Open Books (1979)

Kapitel 19

[1] Eysenck, H. J. »The development of personality and its relation to learning«, in: S. Murray-Smith (Ed.), *Melbourne Studies in Education*, 134–181. Melbourne, University Press (1978)
[2] Leith, G. O. »Individual differences in learning: interactions of personality and teaching methods«, in: *Personality and Academic Progress, Conference Proceedings*, 14–25. London, Association of Educational Psychologists (1974)
[3] Leith, G. O. & Trown, E. A. »The influence of personality and task conditions on learning and transfer«, *Programmed Learning, 7*, 181–188 (1970)
[4] Trown, E. A. & Leith, G. O. »Decision rules for teaching strategies in primary schools: Personality-treatment interactions«, *British Journal of Educational Psychology, 45*, 130–140 (1975)

Kapitel 20

[1] Miller, N. E. »Learning of visceral and glandular responses«, *Science, 163*, 434–445 (1969)
[2] Miller, N. E. & DiCara, L. »Instrumental learning of heart rate changes in curarized rats: Shaping, and specificity to discriminative stimulus«, *Journal of Comparative and Physiological Psychology, 63*, 12–19 (1967)

[3] Seer, P. »Psychological control of essential hypertension: Review of the literature and methodological critique«, *Psychological Bulletin, 86*, 1015–1043 (1979)

Kapitel 21

[1] Maclean, P. D. *A Triune Concept of the Brain and Behaviour*. Toronto, University of Toronto Press (1973)
[2] Solomon, R. L. »Punishment«, *American Psychologist, 19*, 239–253 (1964)
[3] Solomon, R. L., Turner, L. H. & Lessac, H. S. »Some effects of delay punishment on resistance to temptation in dogs«, *Journal of Personality and Social Psychology, 8*, 233–238 (1968)
[4] Rutter, M., Maughan, Barbara, Mortimer, P. & Ouston, Janet. *Fifteen Thousand Hours*. London, Open Books (1979)
[5] Ayllon, T. & Azrin, N. *The Token Economy*. New York, Appleton-Century-Crofts (1968)
[6] Sarason, I. G. »A cognitive social learning approach to juvenile delinquency«, in: R. D. Hare & D. Schalling (Eds.), *Psychopathic Behaviour*. London, Wiley (1978)
[7] Stumphauzer, J. S. *Behaviour Therapy with Delinquents*. Springfield, C. C. Thomas (1973)
[8] Stumphauzer, J. S. *Progress in Behaviour Therapy with Delinquents*. Springfield, C. C. Thomas (1979)
[9] Eysenck, H. J. *Die Experimentiergesellschaft – Soziale Innovationen durch angewandte Psychologie*. Hamburg, Rowohlt (1973; übersetzt von Irmela Brender)
[10] Eysenck, H. J. *Kriminalität und Persönlichkeit*. Zürich, Europa-Verlag (1977; übersetzt von Liesl Nürenberger)
[11] Walters, G. C. & Grusec, J. E. *Punishment*. San Francisco, W. H. Freeman (1977)

Kapitel 22

[1] Shils, E. »Authoritarianism: ›Right‹ and ›Left‹«, in: R. Christie & M. Jahoda (Eds.), *Studies in the scope and method of »The Authoritarian Personality«*. Glencoe, Ill., The Free Press, 24–49 (1954)
[2] Hayek, F. A. *The Constitution of Liberty*. London, Routledge & Kegan Paul (1960)
[3] Jaensch, E. R. *Der Gegentypus*. Leipzig, J. A. Barth (1938)
[4] Adorno, T. W., Frenkel-Brunswick, E., Levinson, D. J. & Sanford, R. N. *The Authoritarian Personality*. New York, Harper & Row (1950)
[5] Eysenck, H. J. *The Psychology of Politics*. London, Routledge & Kegan Paul (1954)
[6] Eysenck, H. J. & Coulter, T. »The personality and attitudes of working-class British communists and fascists«, *Journal of Social Psychology, 87*, 59–73 (1972)
[7] Eaves, L. & Eysenck, H. J. »Genetics and the development of social attitudes«, *Nature* (London), *249*, 288–289 (1974)
[8] Eysenck, H. J. & Wilson, G. D. *The Psychological Basis of Ideology*. Lancaster, Medical & Technical Publishers (1978)
[9] Popper, K. R. *Die offene Gesellschaft und ihre Feinde* (2 Bände). Bern, P. K. Feyerabend (1957/58)

Register

Kursiv gesetzte Seitenangaben weisen auf Abbildungen hin.

Bildnachweis

Aliza Auerbach – 80, 85 (oben), 205; *Barnaby's Picture Library* – 34; *Werner Braun* – 110 (unten); *Yael Braun* – 30 (oben), 106, 127, 130; *Gadi Dagon* – 142 (unten); *C. Dvorjak* – 38, 42; *Vera Etzion* – 66 (unten); *Barry Goodwin* – 28 (oben); *Ya'acov Harlap* – 82 (unten); *Susan Kuklin* – 60, 74 (4); *Lisa Mackson* – 65; © *1965 Stanley Milgram. Aus dem Film »Obedience«* (Gehorsam), Vertrieb durch die New York University Film Library – 40 (4); *Monitin* (Alex Lieback) – 110 (oben); *Multimedia Publications Inc.* (Herbert Bishko) 41: (Bob Bray) 142 (oben); (Israel Sun) 11, 16, 22, 25 (oben, unten links), 28 (2), 29, 58 (oben), 68, 69, 73 (unten), 76 (2), 82 (oben), 83, 84 (unten), 85 (unten), 91 (oben), 92 (unten), 94, 96, 97 (oben), 98 (2), 101 (2 oben Mitte), 102, 108 (unten), 109, 116 (2), 121 (oben), 123 (3), 154, 156 (oben), 157 (2), 158 (2), 159, 160 (unten), 162 (2), 165 (2), 166 (2), 169 (Mitte), 183 (2), 185 (2), 189 (unten), 190, 193 (unten), 194, 195 (unten), 203 (2), 205 (unten), 206 (oben), 213 (unten); (Miki Koren) 2, 6, 8 (2), 12, 17, 19, 21, 25 (unten rechts), 26 (links), 30 (2), 32, 44 (unten), 49 (3), 52, 54 (2), 55 (2), 56 (3), 59, 63, 64 (oben), 66 (oben), 73 (unten), 77, 79 (2), 84 (oben), 88, 91 (unten), 92 (oben), 95 (2), 97 (unten), 100, 101 (oben links, oben rechts, unten rechts, unten Mitte links), 103 (2), 104, 107, 108 (oben), 113, 114, 121 (unten), 124 (2), 128, 132 (2), 140 (2), 143, 144 (unten), 147, 150, 151, 152, 156 (unten), 160 (2), 161 (2), 162 (oben), 164, 169 (2), 171 (oben), 172, 175, 176 (2), 180, 184, 186 (2), 187, 191, 195 (oben), 196, 197, 200 (3), 206 (2), 214 (unten), 218; (Arnon Orbach) 25 (oben), 144 (oben), 155 (unten), 178, 179, 189 (oben); (Sergio Trippodo) 14, 53, 64 (unten), 71, 101 (unten links, unten Mitte rechts), 119, 126, 151 (unten), 155 (2), 193 (oben); *Pixfeatures* – 51 (2), 58 (unten), 199, 214 (oben); *Rex Features* – 23, 24, 25 (unten Mitte), 26 (rechts), 33, 36, 37, 39, 43, 44, 45, 46 (2), 86, 112, 118, 131, 134, 135 (2), 136 (3), 139, 145, 148 (2), 149 (2), 163, 209, 210, 212, 213 (oben); *Syndication International* – 171 (unten); *H. S. Terrace*, Columbia University – 72 (4), 75 (2); *Philip Zimbardo*, Stanford University – 47, 48 (3), 50 (2).